シリーズ
転換期の国際政治 6

解体後の
ユーゴスラヴィア

月村太郎 編著

晃洋書房

まえがき

ユーゴスラヴィアとは

　俗にユーゴ，即ちユーゴスラヴィアとは「南スラヴ人の国」という意味である．歴史上，ユーゴスラヴィアという名前を持つ国家が登場したのは，1929年10月，ユーゴスラヴィア王国の誕生によってであった．それまでの「セルビア人・クロアチア人・スロヴェニア人王国」が改称されたのである．この王国は第一次世界大戦後の1918年12月に，主に旧ハプスブルク帝国領とセルビア，モンテネグロの両独立王国の国土とが一緒になったものである．

　ユーゴスラヴィア王国は，1941年4月にナチス・ドイツを中心とする三国同盟諸国に侵攻され，国土は分割された．しかし，ユーゴスラヴィアは1945年11月にユーゴスラヴィア連邦人民共和国として復活．この国は1963年4月にユーゴスラヴィア社会主義連邦共和国に改称された後，1991年6月以後，領内のスロヴェニア，クロアチア，マケドニア，ボスニア・ヘルツェゴヴィナ（以後，ボスニア）が次々と独立，残留したセルビアとモンテネグロが承継国家として1992年4月にユーゴスラヴィア連邦共和国を建国するまで続く．そして，ユーゴスラヴィア連邦共和国は国家連合「セルビア・モンテネグロ」へと2003年2月に更に改編された．こうしてユーゴスラヴィアという国名はなくなった．

　ユーゴスラヴィアはその歴史を通じて，非常に複雑な国家であった．なかでも日本において最も馴染みのあるユーゴスラヴィア社会主義連邦共和国の時代に，ユーゴスラヴィアと言えば，決まって持ち出される次のようなフレーズがあった［柴 1996: i］．

>　「7つの国境，6つの共和国，5つの民族，4つの言語，3つの宗教，2つの文字，1つの国家」

　このフレーズは非常に有名であり，インターネットや先行研究（例えば，月村［2006: 11-12］）に当たれば，具体的に意味するところは容易に分かるので，ここでそれを繰り返すことはしない．但し，このフレーズの中で，一般的なものと用法が異なっている言葉がある．これに関連して，その言葉を簡単に解説して

おこう．その言葉とは「民族」である．

民族とは

　ユーゴスラヴィアは多民族国家である．そして，王国時代も社会主義時代も民族間関係の対応に失敗したことから，崩壊への道を歩むことになる．従って，民族はユーゴスラヴィアを理解する際のキーワード，即ち本書におけるキーワードのひとつである．

　先ほどのフレーズでは「5つの民族」であるから，ユーゴスラヴィア社会主義連邦共和国は「5つの民族」から構成される多民族国家であるということになる．フレーズでいう「5つの民族」とは，セルビア人，クロアチア人，スロヴェニア人，マケドニア人，モンテネグロ人である．しかし，ここにはボスニア紛争の当事者であったボシュニャク人やコソヴォの民族的多数派であるアルバニア人も含まれていない．これはどういうことなのだろうか．

　まず，ボシュニャク人とはかつてムスリム人と言われていた．ムスリム人とはボスニアのイスラーム教徒を意味する．ムスリム人は第二次世界大戦後に人為的に設けられたカテゴリーであり，10年ごとに行われていた国勢調査において，「ムスリム人」が最初に登場するのは1948年であるが，民族として認められたのは，1981年の国勢調査においてであった．ボスニアでは，長期間に渡るオスマン帝国統治時代においてイスラーム教スンナ派に改宗した住民が，独自の集団的アイデンティティを有していた．それを民族としてのムスリム人と定めたのである．彼らはその後にボシュニャク人と名乗ることになる．この辺りの詳細については，該当する章で確認して欲しい．

　ボシュニャク人の場合からも分かるように，民族をそれと認めるか否かは非常に政治的である．アルバニア人の場合もそれが明らかである．アルバニア人は独立国家アルバニアの主たる民族であったが，社会主義時代のユーゴスラヴィアにおいては民族として認められずに，セルビア語やクロアチア語で民族に当たる narod（英語の nation）ではなく，narodnost（英語の nationality）とされたのである．その理由は，ユーゴスラヴィアの域内に民族的本拠を持っていないというものであった［柴・林・中井 1998: 72］．従って，コソヴォの民族的多数派であったアルバニア人，現在のセルビア北部に多く居住するマジャール人（ハンガリー人）やその他の多くの民族的少数派は narodnost と位置づけられていたのである．

こうした特殊ユーゴスラヴィア的用法は別として，そもそも民族とは何であろうか．民族の捉え方は学問のディシプリンによって異なる．編者は社会学や政治学による捉え方を参考にして，既に自身が使用する定義を紹介しているが［月村 2013: 5-6; 月村編 2013: 3-4］，本書におけるキーワードのひとつでもあるので，ここでも簡単に紹介しておきたい．それは，イギリスの社会学者であったスミスによる定義である．スミスによれば，民族（スミスの言う ethnie）の属性は，固有の名称，祖先などに関する共通の神話，共有された記憶，独自の文化，故郷との繋がり，何らかの（エリート間の）連帯という6点である［Smith 2010: 13］．

　民族と似て非なるものとして，国民という単語がある．国民とは当該国家の国籍を有する人々と簡単に定義することも可能である．しかし，日本語では可能であるかもしれないが，日本語の民族，国民と，他の言語において民族，国民にそれぞれ該当する単語とでは，その意味する範囲やニュアンスは異なってくるのである．アンダーソンによる「想像の共同体」［Anderson 2006］は比較的容易に国民であると納得できるかもしれないが，民族と国民との境界は明確にできるものではない［塩川 2008: 1-20］．同一の文化に基づく共同体を民族という一方の極，同一の国家的政治体の権力下にある共同体を国民という他方の極として，個々のケースに応じて，民族と国民のどちらに近い存在かという形で考えていかざるを得ない．

本書の構成と用語に関する注釈

　本書において，前史を扱っている序章の後は大きく2部に分けられる．第I部は，ユーゴスラヴィア社会主義連邦共和国から独立した7カ国（スロヴェニア，クロアチア，ボスニア，セルビア，モンテネグロ，マケドニア，コソヴォ）を各国別に論じた各章から構成されている．各章はそれぞれ2つのパートに分かれ，第1のパートは独立後から現在に至る政治情勢を概観している．第2のパートは，その間に各国の政治に最も特徴的なイシューや分野を特に詳しく取り上げている．読者の皆さんには，第2のパートを読まれることで，第1のパートの理解が更に深まることを期待している．また，巻末に，各国の大統領，首相，政党に関する資料を付してある．

　第II部は，各国の対外政策や国際関係，そして経済（政策）について取り上げている．この時期の各国の対外政策や国際関係の焦点は，何と言っても，EU加盟問題であり，しばしばそれに付随するNATO加盟問題である．尚，

EUやNATOでは，スロヴェニア以外の6カ国にアルバニアを加えて，一括して西バルカン諸国として取り扱うことが多い．従って，本書でもこの章だけそうした用例に従っている．

独立後，7カ国は程度の差はあれ，経済的苦境に陥っており，経済問題は最優先に解決を必要とする課題である．読者の皆さんには，経済に関する章を読んで，是非ともこうした経済的状況を念頭に，各国における政治変動を理解して欲しい．

ここに，本書に出てくるユーゴスラヴィアという言葉の使い分け，そして政党などの名称の表記について少し付言しておきたい．序章を除く各章に出てくる，国家としてユーゴスラヴィアは社会主義時代のユーゴスラヴィア社会主義連邦共和国である．本書の各章では，初出のみ日本語の正式名称を付し，その後は，セルビア語，クロアチア語などによる現地での略称であるSFRJを利用している．前述のユーゴスラヴィア連邦共和国については，同じく略称としてSRJを用いている．他方で，国家としてではなく，SFRJが位置している領域などを示す場合には，ユーゴスラヴィアとしていることもある．

政党など組織の名称の表記については，これも初出のみ日本語の正式名称，2回目以降は現地語による略称を記している．どの略称がどの組織を意味するかは，巻末の政党リストで確認できる．

最後に，SFRJ時代における「共産党」について注釈しておきたい．ユーゴスラヴィア共産党は，1952年に組織を改編してより分権的になった．1952年に生まれたユーゴスラヴィア共産主義者同盟は，アンブレラ構造における上部組織であり，SFRJを構成する6共和国，セルビア内の2自治州にはその下部組織が置かれる．従って，例えば，セルビア共産主義者同盟は，ユーゴスラヴィア共産主義者同盟においてセルビアを管轄する組織であり，ユーゴスラヴィア共産主義者同盟と別個の政党を意味するものではない．

SFRJが存在したのは，冷戦時代である．一方にEU加盟を果たしているスロヴェニア，クロアチア，他方で国連加盟の目途すら立たないコソヴォ，というSFRJ後継諸国の多様な現状は，まさに冷戦後の国際社会の「秩序」の不在を象徴しているとも言える．

それでは，ユーゴスラヴィアがSFRJであった時期まで一気に鳥瞰することから，本書を始めていこう．

目　次

まえがき

序章　前　史　　1

1　バルカン地域　　(1)
2　第一次世界大戦勃発までの「ユーゴスラヴィア」　　(3)
3　ユーゴスラヴィア王国の時代　　(9)
　　――「第1のユーゴスラヴィア」――
4　ユーゴスラヴィア社会主義連邦共和国時代　　(13)
　　――「第2のユーゴスラヴィア」――
5　ユーゴスラヴィア社会主義連邦共和国の解体　　(16)

第Ⅰ部　政　治

第1章　スロヴェニア共和国　　25

はじめに　　(25)
1　スロヴェニアの政治概況　　(26)
2　スロヴェニアのカトリック教会　　(33)
　　――教権主義化への意欲と不成功――
おわりに　　(42)

第2章　クロアチア共和国　　45

はじめに　　(45)
1　クロアチアの概況　　(46)
2　クロアチア・ナショナリズムと歴史政策　　(57)

おわりに　（64）

第3章　ボスニア・ヘルツェゴヴィナ　　　　　　　　　67

　　はじめに　（67）
　1　ボスニアの政治概況　（68）
　2　ボスニアにおける学校教育問題　（84）
　　おわりに　（90）

第4章　SFRJ解体後のセルビア共和国とモンテネグロ　　93

　　はじめに　（93）
　1　解体後のセルビア政治　（95）
　2　解体後のモンテネグロ政治　（107）
　3　ポスト・ミロシェヴィッチのセルビア外交　（117）
　　おわりに　（126）

第5章　マケドニア共和国　　　　　　　　　　　　　　129

　　はじめに　（129）
　1　マケドニア共和国における国内政治概況と対外関係　（130）
　2　2001年紛争後の国内政治状況　（140）
　3　オフリド枠組み合意以後の教育改革　（148）
　　おわりに　（151）

第6章　コソヴォ共和国　　　　　　　　　　　　　　　155

　1　ユーゴスラヴィア解体とコソヴォ　（155）
　2　デイトン合意以降のコソヴォ　（156）
　3　コソヴォにおける国際社会の介入と国家建設　（173）
　　おわりに　（178）

第Ⅱ部　国際関係と経済

第7章　国際関係と政治
―― 西バルカン諸国とEU・NATO ――　183

　はじめに　（183）
　1　西バルカン諸国のユーロ・アトランティック構造への接近　（183）
　2　EU・NATOと西バルカン諸国を取り巻く状況　（190）
　3　西バルカン諸国のEU・NATO加盟プロセスの現段階　（193）
　4　西バルカン諸国をめぐるヨーロッパ国際関係　（199）
　　　―― 「忘れられる」懸念，「巻き込まれる」懸念 ――
　おわりに　（200）

第8章　SFRJ後継諸国の経済　206

　1　SFRJ後継諸国の経済状況　（206）
　2　SFRJ後継諸国の経済戦略　（213）

あ と が き　（225）
参 考 文 献　（231）

資料1　国別データ　（247）
資料2　略年表および政治体制　（248）
資料3　政党変遷図　（276）
人 名 索 引　（293）
事 項 索 引　（297）

序章

前史

月村太郎

1 バルカン地域

(1) 「バルカン」とは

ユーゴスラヴィアが位置していた場所は，バルカン地域（バルカン半島），あるいは南東欧に含まれる．しかし，バルカン地域と南東欧とは異なる．その差は，領域的な範囲に加えて，それぞれが呼び起こすイメージにある．南東欧とは文字通りにヨーロッパの南東部を指す．これに対して，「バルカン」とはどのような意味を持つのであろうか．少し長いが，『東欧を知る事典』から引用しておこう．

> 現在われわれがバルカン半島と呼んでいる半島は，古来，ギリシャ人の半島，ビザンティン半島，イリュリア人の半島などと呼ばれ，第一次世界大戦前には，〈ルーメリア〉ないし〈ヨーロッパ・トルコ〉（オスマン・トルコのヨーロッパ部分）として一般に知られていた．バルカンという名称は，1808年にドイツの地理学者ツォイネ（Johann August Zeune, 1778-1843）によって初めて命名されたといわれているが，近代地理学の創始者 A. von フンボルトの学説にしたがい，できるだけ政治色をもたない地名設定の方法が科学的であると考えたツォイネは，現在のスタラ・プラニナ山脈（バルカン山脈）が現地住民のあいだでバルカンと呼ばれていたところから，そのように命名したのである．のちにこのバルカンという呼び名が実はトルコ語の普通名詞で〈山脈〉を意味することが明らかとなり，ツォイネの命名には幾多の批判が加えられ，19世紀中葉にはバルカン半島を南東ヨーロッ

パ半島と命名すべきだと説くドイツ人地理学者も現れたが，19世紀末ころからしだいにバルカンという名称が市民権を得るにいたった．」(『東欧を知る事典』，言葉遣いは原文の通り)

このようなバルカン地域に関する来歴は価値中立的なものである．しかし，バルカン地域が想起するイメージ，特にヨーロッパ人に与えるイメージはかなりマイナスである．例えば「バルカン化」である．この言葉は，オスマン帝国から次々と独立したバルカン諸国が互いに争ったという歴史的事実から生まれた言葉である．「バルカン化する」こととは，「(ある地域を) 数多くのより小さく，しばしば敵対的な，政治的または領域的単位へと分裂させる」こと，または「(ある地域が) 数多くのより小さく，しばしば敵対的な，政治的または領域的単位へと分裂することであり，更に否定的な意味合いをもって分裂・断片化すること」も意味するという (デジタル版 OED 第2版)．

(2) 395年の意味

「バルカン化」のマイナス・イメージは，1914年6月28日のサライェヴォ事件から1990年代のボスニア内戦，コソヴォ内戦に至るまで続いており，それは，ハンチントン流の「文明の衝突」の言説に繋がることになる．他方で，バルカンは「文明の十字路」に象徴される多文化地域でもあった．

「文明の衝突」にせよ，「文明の十字路」にせよ，それらが示していることは，バルカン地域が複数の文明 (圏) に接してきたという歴史的事実である．それでは，こうした状態はいつから生まれたのだろうか．それについては，395年の出来事から始めたい．当時のバルカン地域はローマ帝国に統治されており，ダルマチア，モエシア，トラキアなどの属州が存在していた．テオドシウス1世は，それまで東西に分裂していたローマ帝国の統一を完全に回復させたが，翌年の395年に亡くなるとローマ帝国は再び分裂し，以後のローマ帝国は東西に分かれたままであったのである．395年の境界は，ドナウ川，ドナウ川の支流のサヴァ川，サヴァ川の支流のウナ川に沿って引かれた．これは，現在のルーマニア，セルビア，クロアチア，ボスニアの辺り，すなわちバルカン地域内を走っている．

周知のように，西ローマ帝国は476年に滅亡し，以後，旧西ローマ帝国領では，比較的国力に差のない複数の大国が覇権を争うことになる．我々におなじ

みの，ヨーロッパ的な国際関係である．他方で，東ローマ帝国（ビザンチン帝国）は，暫くは東地中海地域の覇権国であり，ビザンチン帝国に代わる覇権国となったオスマン帝国は19世紀前半まではバルカン地域に広い領土を有していた．覇権国が衛星国を従えるというのは，実は，アジアにおいてよく見られる国際関係である．

東西ローマ帝国の境界は，実は「ヨーロッパ」と「アジア」との歴史的境界と言えるかもしれない．「ヨーロッパ」と「アジア」の境界は，特にオスマン帝国の栄枯盛衰に従って東西南北に移動することになるが，現在でも，ドナウ川＝サヴァ川＝ウナ川の線は，「進んだヨーロッパ」と「遅れたバルカン」とを画する境界として，現地の人々の話題に持ち出されがちである．[2)]

2　第一次世界大戦勃発までの「ユーゴスラヴィア」

(1)　オスマン帝国の北上

フン人，ゴート人，アヴァール人などがバルカン地域を駆け抜けていった後，スラヴ人の定住が盛んになり，バルカン地域のスラヴ化が始まっていく．各地で王国や公国などが建国されることはあったが，近世になると，スラヴ人の定住地は，南部はオスマン帝国，北部はハプスブルク帝国の支配下に組み入れられることになる．

1299年にアナトリア高原に建国されたオスマン帝国は次第に勢力を伸ばしていった．そしてバルカン地域の勢力地図を一変させたのが，1389年6月28日（「ユリウス暦」では6月15日）のコソヴォの会戦であった．この戦いは，敗れたセルビア王国のラザル公に加えて，オスマン帝国のスルタンであるムラト1世も亡くなるという激しい戦いであった．ムラト1世の後を継いだバヤジィト1世の下で進撃を続けるオスマン帝国であったが，突如北上を中断することになる．ティムールが中央アジアからオスマン帝国の本拠，アナトリアに侵入してきたのである．虚を突かれたオスマン帝国は滅亡するが，ティムールが1405年に急死した後にすぐに再建され，北上を再開することになった．

再建後のオスマン帝国は，バルカン地域の諸国を次々と併呑する一方で，1453年にビザンチン帝国の首都コンスタンチノープルを陥落させる．当時のビザンチン帝国にはかつての栄光は見る影もなく，東地中海の覇権は既にオスマン帝国の手に移っていたが，それでも首都の陥落は，覇権国の交代を象徴する

出来事であった．

　北上を続けるオスマン帝国は，更に1526年のモハーチの戦いでハンガリー王国を滅亡させ，1529年にはハプスブルク帝国の帝都ウィーンを包囲するのである（第一次ウィーン包囲）．当時のハプスブルク家は既に神聖ローマ帝国皇帝を世襲していた．カール5世在位時代の神聖ローマ帝国はその最盛期にあり，ヨーロッパの歴史においては例外的存在とも言える，覇権国の座にあった．対するオスマン帝国もスレイマン1世の下で最盛期を迎えていた．オスマン帝国は1571年のレパント沖の海戦に敗れて，東地中海地域の覇権を失っていくが，陸上では1683年に再度のウィーン包囲を行う（第二次ウィーン包囲）．

　オスマン帝国北上のベクトルが逆転したのは17世紀末のことであった．1684年，ローマ教皇インノケンティウス11世主導で神聖ローマ帝国，ポーランド王国（リトアニア大公国と合同），ヴェネツィア共和国の間で神聖同盟が結ばれた．神聖同盟はオスマン帝国の勢いを押し返し，1699年にカルロヴィッツ条約が結ばれたのである．この条約によって，オスマン帝国はバルカン地域の領土の一部を返還することになった．

　オスマン帝国の北上と占領はバルカン地域に多くの影響を残した．例えば，セルビア王国住民のうちでオスマン帝国による支配を嫌って北上した人々を，ハプスブルク帝国は一種の「屯田兵」として遇し，両帝国間の国境には「軍政国境地帯」が設けられた．また，コソヴォでは，北に去っていったセルビア人の後にアルバニア人が定住することになる．ボスニアでのイスラム教への改宗が進むのもこの時期であった．

(2) ハプスブルク帝国の支配

　神聖ローマ帝国は三十年戦争後に既に形骸化していたが，1806年にナポレオンによって完全に解体された．ハプスブルク帝国宰相のメッテルニヒは，ポスト・ナポレオン時代のヨーロッパを牛耳っていたが，1848年革命で失脚し，ハプスブルク帝国は国家分裂の危機に瀕する．しかし，この危機は，ハンガリー独立運動がロシア帝国の支援によって鎮圧されたために，何とか乗り切られた．

　その後のハプスブルク帝国には，プロイセンとのドイツ統一競争を勝ち抜けるだけの国力はもはやなく，1866年の普墺戦争に完敗する．対プロイセン復讐戦を夢みるも，ナポレオン3世の率いるフランスが普仏戦争（1870-1871年）に

惨敗し，その希望も潰えた．

　ハプスブルク帝国が国家再建のパートナーとして選んだのは，領内のマジャール人（ハンガリー人）であった．ハンガリーは，モハーチの戦いに敗れたことでその支配権がハプスブルク家に移ったのであり，以後も政治的一体性を保っていたのである．1867年にハプスブルク帝国とハンガリーとは協定を結んで，ここにオーストリア＝ハンガリー二重君主国（以後，第一次世界大戦まで二重君主国全体を示す場合には，ハプスブルク帝国，それを構成する部分を示す場合には，それぞれオーストリア，ハンガリーとする）が成立するのである．二重制下のハプスブルク帝国では，君主（オーストリア皇帝兼ハンガリー国王）を同一人物（1916年までフランツ・ヨーゼフ1世が在位）が兼ね，オーストリアとハンガリーとの間では，外交，国防，それらに関わる財政を共通とするほか，両者の間ではいくつかの共通事項が定められたのである．

　ユーゴスラヴィアでは，スロヴェニアとイストリア，ダルマチア（いずれも現クロアチアのアドリア海沿岸）がオーストリア，クロアチアとセルビア北部がハンガリーに属することになった．

　また，クロアチアはハンガリーと独自の協定を結んだため，総督をトップとするクロアチア政府，そしてハンガリー議会に代表を派遣するクロアチア議会が認められ，特別な自治を付与されることになった．しかし，ハンガリーは常にクロアチアに対して圧力をかけ，それは，1883－1903年のクエン＝ヘーデルヴァーリ総督時代に最高潮に達することになる．

(3) 露 土 戦 争

　普墺戦争に敗れたハプスブルク帝国が選択した外交政策は，プロイセンが中心となって建国されたドイツとの同盟関係であった．1873年10月，ドイツ，ロシア，ハプスブルク帝国によって三帝同盟が結成されるのである．しかし，三帝同盟は露土戦争をめぐってすぐに難題に直面する．

　ロシアは常に南下を試みており，オスマン帝国との間で戦争を繰り返していた．そのロシアにとって，ボスニア・ヘルツェゴヴィナ（以下，ボスニア）で1875年夏に起きた農民叛乱は絶好の機会であった．当初は反地主的な色彩が濃かった叛乱であったが，地主の多くがイスラム教徒，農民がキリスト教徒であったために，イスラム教を国教とするオスマン帝国を敵視する方向へと次第に変化していくのである．

こうした叛乱に乗じて，オスマン帝国下の自治公国であったキリスト教国のセルビア自治国とモンテネグロ自治国が，1876年夏にオスマン帝国に宣戦布告した．両国はたちまち降伏したが，ボスニアからブルガリアに飛び火した農民叛乱をオスマン帝国が武力鎮圧したために，ヨーロッパで反オスマン的な国際世論が盛り上がるのである．

　ロシアはまず1877年1月にハプスブルク帝国との間で結んだブダペシュト協定によって後者の中立を確保（ハプスブルク帝国には代わりにボスニア獲得を約束），4月中旬にはルーマニアからロシア軍の領内無害通行の保証を得た．そしてその1週間後，オスマン帝国に宣戦布告するのである．当初予想以上に善戦したオスマン帝国であったが，軍事力の差は如何ともし難く，1878年3月にサン・ステファノ条約を結ばざるを得なかった．しかし，この条約内容に不満を持ったハプスブルク帝国とイギリスが強く抗議し，結局，ビスマルクの仲介によってベルリン条約が改めて結ばれるに至ったのである．

　ベルリン条約の結果，セルビア，モンテネグロ，ルーマニアの3自治公国が独立を果たし，サン・ステファノ条約で独立が認められていたブルガリアは半独立のブルガリア自治公国，特別な自治を与えられた東ルーメリア，露土戦争以前への原状復帰のマケドニアと領土を3分された．そして，ハプスブルク帝国にはボスニアとサンジャック地方の軍事占領が認められたのであった．

　露土戦争によって破綻した三帝同盟の代わりに，1879年10月に独墺同盟が締結された．この同盟は第一次世界大戦に至るまで両国の外交の柱となる．

(4) 1903年

　二重制を採用していたハプスブルク帝国と南スラヴ人との関係において，1903年は大きな節目となる1年であった．

　まずセルビアで政変が起きる．当時のセルビア王家のオブレノヴィッチ家はハプスブルク帝国寄りの外交路線を採っていた．しかし，国民の大半は同じスラヴ人であるロシアとの接近を望んでいた．国王ミラン・オブレノヴィッチが選んだ人気獲得策はブルガリア公国への宣戦布告であった（1885年11月）．当時のブルガリア公国ではベルリン条約に不満が高まり，東ルーメリアとの合併が宣言されており，セルビア王国はこうした混乱に乗じたのである．しかし，セルビアはブルガリア公国との戦争に敗北した．ミランは息子のアレクサンダルに王位を譲ったが，外交路線は変わらず，国民に不評であった．そうしたとき

に，国王夫妻が1903年6月10日晩に軍将校団によって銃殺されたのである．王家はカラジョルジェヴィッチ家に交代し，あわせて外交路線も親露へと変更された．ハプスブルク帝国は様々な圧力をかけるが，それは更なるハプスブルク離れに繋がるのである．

次に6月27日には，クエン＝ヘーデルヴァーリがクロアチア総督を辞任した．当時のクロアチアでは，反ハンガリーの大規模な民衆運動が続いていた．民衆運動は，クエン＝ヘーデルヴァーリの総督辞任の原因ではなく，彼はすぐにハンガリー首相に任命されるのであるが，20年にわたるクエン＝ヘーデルヴァーリ時代の終わりは，クロアチアに変化をもたらす．それまで対立していたクロアチアのクロアチア人とセルビア人との間で反ハンガリーという共通目標が設定され，それが1905年12月のクロアチア人・セルビア人連合の設立に繋がるのである．

更に7月13日には，ハプスブルク帝国共通財務相のカーライが死去した．共通財務相はボスニアを管轄しており，カーライは1882年以来，ボスニア統治の最高責任者であった．カーライは，ボスニアの近代化に努めると共に，ボスニア人アイデンティティの構築を目指した．カーライのボスニア主義政策は根付かなかったとはいえ，彼の後継者であるブリアーンが自由主義的な政策を進めたために，ボスニアの3宗派（イスラム教，セルビア正教，ローマ・カトリック）の教徒は政治組織作りを進めていく．

そして，8月2日にはマケドニアで大規模な蜂起「イリンデン蜂起」が起きたのである．当時のマケドニアでは，ブルガリア人，セルビア人，ギリシャ人住民がそれぞれ本国と連携して，自民族の勢力伸長を競っていた．これに対して，「マケドニア人のためのマケドニア」を標榜する内部マケドニア革命組織がオスマン帝国に対して起こしたのが，「イリンデン蜂起」であった．「イリンデン蜂起」は徹底的に鎮圧され，内部マケドニア革命組織は，活動の中心をテロへとうつすことになる．

(5) バルカン戦争

1908年夏，オスマン帝国では「統一と進歩の委員会」による革命（青年トルコ革命）が起きた．革命の目的がオスマン帝国の強化であったために，バルカン諸国は警戒心を抱き，バルカン諸国間で協調の動きが見られる．また，革命による混乱に乗じて，ハプスブルク帝国は1908年10月にボスニアの併合を敢行

した．セルビアは，南スラヴ人が多数居住するボスニアが併合されることに抗議し，ロシアがこれを後押しした．しかし，ハプスブルク帝国の背後に控えるドイツの強硬姿勢に，日露敗戦直後のロシアは譲歩せざるを得なかった．ロシアが失点回復のために選択したのは，バルカン諸国の協調の動きに乗じたバルカン同盟工作であった．

　バルカン同盟は，1912年3月のセルビア＝ブルガリア，5月のブルガリア＝ギリシャ，9月のモンテネグロ＝セルビア，モンテネグロ＝ブルガリアという二国間同盟条約の積み重ねによって成立した．同盟成立後，事態はロシアの意図を超えて動いていく．バルカン諸国が対オスマン帝国戦争の準備を始めるのである．これに驚いたロシアは，ハプスブルク帝国と共に戦争阻止に動くが既に遅く，10月8日のモンテネグロによる対オスマン帝国宣戦布告によって，オスマン帝国対バルカン同盟諸国の第一次バルカン戦争が始まった．

　依然として広大な国土を有するオスマン帝国は，バルカン戦線だけに兵力を集中させることができなかったために戦争に敗れ，1913年5月のロンドン条約によって，ヨーロッパにおける領土のほとんどを喪失することとなった．ところが，オスマン帝国領の分配をめぐってバルカン諸国間で対立が生じ，第二次バルカン戦争が6月末に起きるのである．戦争の構図は，ブルガリアがセルビア，ギリシャ，モンテネグロ，オスマン帝国，ルーマニアと戦うというものであった．衆寡敵せず，ブルガリアは第一次バルカン戦争で得た「戦利品」の大半を失ったのである．

(6)　サライェヴォ事件

　1914年6月28日，ボスニアの中心都市サライェヴォにおいて，ハプスブルク帝国の推定皇位継承者であったフランツ・フェルディナントが，その妃であるゾフィーと共にセルビア人青年に暗殺された．サライェヴォ事件である．この日は奇しくも，コソヴォの会戦以来，525回目の6月28日であった．

　事件の第一報を受けたハプスブルク帝国の御前会議では，事件の背後に存在すると考えるセルビアへの即時宣戦布告を求める声も強かったが，ロシアとの全面戦争に懸念した帝国首脳は，ドイツの意向を照会した．ドイツがハプスブルク帝国に対して「白紙委任」を行った結果，7月23日にハプスブルク帝国はセルビアに対して48時間の期限付最後通牒を送った．セルビアは，10項目に及ぶ内容のほとんどを受け入れたが，内政干渉を理由として一部を拒否した．

ハプスブルク帝国は7月28日にセルビアに対して宣戦布告を行った．第一次世界大戦の開始である．

3　ユーゴスラヴィア王国の時代
―――「第1のユーゴスラヴィア」―――

(1)　ユーゴ王国の建国

多くの当事者が半年で終わると考えていた第一次世界大戦は4年以上続き，1918年11月11日に終わった．

第一次世界大戦が終了し，ハプスブルク帝国は解体された．そして，その領土には多くの国家が生まれることになった．そのひとつがユーゴスラヴィア王国（以下，ユーゴ王国）である．ユーゴ王国は，南スラヴ人を統一的な政治体の下に結集するという南スラヴ統一主義が結実したものである．しかし，ハプスブルク帝国の南スラヴ人，特に域外に同胞を持たないクロアチア人は，ハプスブルク帝国の三重制への改編（オーストリア＝ハンガリー＝南スラヴ三重君主制）をそもそも目標としていた．彼らは1915年4月にパリでユーゴスラヴィア委員会を結成していた．これに対して，セルビアは南スラヴ人を結集した独立国を求めていた．

ユーゴ王国は，セルビアによる南スラヴ統一主義が実現したものであった．しかし，独立国を建国するにしても，ハプスブルク帝国領内の南スラヴ人地域とセルビアなどが統一される際に，それを新たな連邦国家とするのか，セルビアの拡大版とするのかで，その内容は全く異なっていた．

ユーゴ王国建国の基礎となったのは，1917年7月のコルフ宣言である．しかし，セルビア亡命政権のパシッチとユーゴスラヴィア委員会のクロアチア人政治家トルムビッチは，南スラヴ人を結集した独立国建国については合意したが，国家形態については先送りにしたのであった．

1918年12月1日，ベオグラードにおいてユーゴスラヴィア王国，正式名称「セルビア人・クロアチア人・スロヴェニア人王国」（混乱を避けるために，1929年10月の改名以前もユーゴ王国と記載する）が建国された．ユーゴ王国領内の南スラヴ人を構成する主要な3民族の名前を羅列した国名自体，新王国の国民形成が如何に未完成であるかを象徴しているかのようであった．

(2) 憲法制定過程をめぐる混乱

ユーゴ王国には「古さ」と「新しさ」が混在していた．初代国王はセルビア時代から引き続いて，ペータル1世であり，首都も同じくベオグラードである．他方で，国土はセルビア時代の倍以上になり，民族構成も全く変わってしまった．こうした「古さ」と「新しさ」のどちらがユーゴ王国の基幹をなす特徴となるのか．それを決めるのは憲法ということになる．

ユーゴ王国憲法を制定する憲法制定議会選挙は1920年11月に実施された．その結果，セルビア急進党とセルビア民主党によるパシッチ連立政権が成立した．両党は，セルビアをモデルとした中央集権的な国家制度を求め，ユーゴ王国の「古さ」を代表していた．これに対して，ラディッチ率いるクロアチア農民党はユーゴ王国に「新しさ」を求めるのである．

クロアチア農民党は憲法の審議をボイコットした．そのために，審議は政権主導のペースで進み，1921年6月28日に，中央集権的なユーゴ王国憲法が憲法制定議会で可決された．

6月28日はキリスト教の聖人「聖ヴィトゥスの日」（セルビア語では「ヴィドヴダン」）とされ，1921年憲法は，それに因んでヴィドヴダン憲法と呼ばれる．1921年6月28日は，セルビアの歴史において，1389年，1914年などと並ぶ画期的な6月28日（ユリウス暦では6月15日）となったのである．

(3) 政治の破綻と暴力の支配

憲法制定後も，ユーゴ王国の国制をめぐる中央集権主義と連邦主義との対立は依然として続く．議会はしばしば混乱し，その主たる原因はクロアチア農民党，特にそのリーダーのラディッチの言動であった．

ラディッチはその言動の責任を，身をもってとらざるを得なくなる．1928年6月，セルビア急進党所属の議員に，国会内でクロアチア農民党の同僚議員と共に銃撃されたのである．ラディッチはその1カ月半後に死亡した．

ペータル1世の後を継いでいたアレクサンダル1世は，ラディッチ銃撃事件の約半年後，1929年1月にヴィドヴダン憲法を停止して議会を解散，国王独裁を宣言した．国王自身で，ユーゴ王国の政治における遠心的な傾向に歯止めをかけようと考えたのである．また，10月に国名も改称して，「ユーゴスラヴィア王国」とした．

しかしながら，国王アレクサンダル1世のこうした強引なやり方は反感を呼

ぶ. 彼は, 1934年10月, フランスのマルセイユ訪問中に, フランス外相バルトゥーと共に暗殺されたのである. 暗殺犯は内部マケドニア革命組織に属していた. 内部マケドニア革命組織は「イリンデン蜂起」の失敗後にテロ活動を盛んに行っており, ウスタシャと密接な関係にあった. ウスタシャとは現地語で「反乱者」という意味を持つクロアチア人極右組織であった.

当時のユーゴ王国は, 小協商, バルカン協商という対ハンガリー, 対ブルガリア封じ込めの同盟に加盟しており, アレクサンダル1世暗殺の背後には, こうした同盟関係を動揺させようとする国外の動きも存在していた.

(4) スポラズムの締結

アレクサンダル1世の後は, 彼の息子であるペータル2世が継ぐが, まだ11才であったために, 従兄弟のパヴレ公などによる摂政が立てられた. クロアチア人の反発は依然として強く, ユーゴ王国が, 彼らを宥めるためにクロアチア農民党に対して行ったことは, 1939年8月のスポラズムの締結であった. スポラズムとは現地語で「協定」を意味する.

スポラズムによって, クロアチアは自治州となった. 自治州には国王が任命する知事や議会が認められた. また知事はユーゴ王国政府には責任を負うことがなかった. 自治州政府の管轄は広く, 自治州に関してユーゴ王国政府に残された管轄は, 外交・貿易などごく僅かであった. また, ユーゴ王国副首相にはクロアチア農民党の党首が就任することとなった.

しかし, スポラズムによって事態は悪化するのである. ウスタシャの動きは収まらず, 更にクロアチア人に妥協したことから, 他の民族からも同じような要求が起きてくるのである.

ウスタシャの背後にはナチス・ドイツが存在していた. スポラズム締結後, 1週間も立たずに第二次世界大戦が始まる.

(5) ユーゴ王国の崩壊と内戦

ヒトラーは1933年1月末に首相に任命された. 3月には「全権委任法」がドイツ議会を通過した. そして, 1934年8月にヒンデンブルク大統領が死去すると, ヒトラーは大統領と首相を兼ねる「指導者」(Führer, 通常は総統と訳される) に就任したのである. ドイツは1938年3月にオーストリアを併合し, 10月にチェコスロヴァキアのドイツ人地域であるズデーテンラントもドイツに吸収さ

れた．更に1939年3月には，チェコ人地域のボヘミアとモラヴィアがドイツの保護領化される一方で，スロヴァキアが独立を宣言し，ナチス・ドイツの傀儡政権であるスロヴァキア共和国が成立するのである．ウスタシャが勢いづくのも無理はなかった．

　オーストリア，チェコスロヴァキアに続いて，第二次世界大戦開始直後にポーランドも消滅する．ヒトラーは1940年9月の日独伊三国同盟の成立後，東欧各国には三国同盟への加盟を求めていく．11月20日のハンガリー，1941年3月1日のブルガリアと加盟が続き，ユーゴ王国も選択を迫られた結果，3月25日にウィーンにおいて三国同盟加盟に同意したのである．

　しかし，首脳が調印式のためにベオグラードを空けている間に，加盟に反対する軍部によるクーデターが発生し，4月5日にはソ連との間で友好不可侵条約が締結される．翌4月6日，ヒトラーはユーゴ王国，ギリシャへの攻撃を指令した．ドイツに加えて，三国同盟加盟諸国（枢軸国）であったイタリア，ハンガリー，ブルガリアがユーゴ王国に進撃を開始，ユーゴ王国は4月17日に降伏した．ユーゴ王国の国土が枢軸国の占領地や保護領にされた中で，最大の版図は，ウスタシャが支配するクロアチア独立国に与えられた．また，セルビアの一部にも，ナチス・ドイツの傀儡国家が建国された．

(6) 第二次世界大戦中の内戦

　完全に解体されたユーゴ王国領では，占領に対する抵抗運動と内戦があわせて起きることになる．

　その当事者としては，第二次世界大戦中，占領地や保護領に駐留していた枢軸国の部隊のほか，ユーゴ王国領内に本拠を有する3つの勢力が挙げられる．すなわちウスタシャ，チェトニク，ユーゴ共産党の武装組織パルチザンの3者である．ウスタシャは既に触れた通り，ユーゴ王国時代に組織されていたクロアチア人極右組織である．彼らは，ナチス・ドイツの支援を受けてクロアチア独立国を支配し続けた．その残虐な行為は夙に知られており，リーダーのパヴェリッチには猟奇的なエピソードも伝えられている．

　チェトニクは，ユーゴ王国軍の系統を引く部隊である．枢軸国部隊の領内進撃後，ペータル2世はロンドンに亡命し，そこで亡命政権を組織した．チェトニクは亡命政権と密接に連絡をとり，リーダーのミハイロヴィッチは，亡命政権の国防大臣，参謀総長に任命される．チェトニクは，当初は枢軸国に対する

抵抗運動を行っていたが，その後はむしろ枢軸国に協力していく．

ユーゴ共産党は，1919年8月にユーゴスラヴィア社会主義労働者党として結党され，翌年にユーゴスラヴィア共産党に改称された．1920年11月の憲法制定議会選挙では第3党になるなどかなりの人気を博したが，要人暗殺事件などの嫌疑をかけられ，1921年8月に非合法化された．

これらによって三つ巴の内戦が展開されたのであり，特に南スラヴ人同士の戦闘については「兄弟殺し」という異名が付けられていた．大規模な武力紛争の犠牲者は100万人と言われている．なかでもサヴァ川沿いのヤセノヴァツに設けられた強制収容所は，「ユーゴスラヴィアのアウシュヴィッツ」と称せられる程であった．

こうした武力紛争を勝ち抜いたのは，パルチザンであった．

4　ユーゴスラヴィア社会主義連邦共和国時代
——「第2のユーゴスラヴィア」——

(1)　「第2のユーゴスラヴィア」の建国

ユーゴ共産党は1942年11月末にボスニア西部のビハチにおいて第1回ユーゴスラヴィア人民解放反ファシスト会議（AVNOJ）を開催し，戦後の政治体の原則を定めた．また，ボスニア中部ヤイツェで1943年11月末に開催された第2回AVNOJでは，AVNOJが戦後のユーゴ及びユーゴ人民における最高立法機関であると決定された．また執行機関としてユーゴスラヴィア国民解放委員会が組織され，チトーが首班となった．

チトーは，第一次世界大戦に従軍後，ロシアに捕虜として抑留された．そこでボルシェヴィキに参加し，ユーゴ王国に帰国後に，ユーゴ共産党の創設者のひとりとなり，1937年12月に書記長に就任以来，1980年5月に死去するまでその座にあった．

ユーゴ共産党は単独政権を目指すが，イギリスが連立政権樹立に向けて圧力をかけ，ソ連がそれを支持したために，譲歩せざるを得なかった．亡命政権を代表するのは，元クロアチア自治州知事で当時の亡命政権首相であったクロアチア農民党出身のシュバシッチであった．チトーとシュバシッチとの2回の協定（第1次は1944年6月，第2次は11月）の結果，1945年3月にチトーを首相とする連立政権が作られたが，ユーゴ共産党がユーゴ王国領の実効支配をしている

という現実を反映し，閣僚のほとんどを共産党出身者が占めることとなった．

チトー主導の連立政権は社会主義国家実現への道を邁進する．1945年11月11日には早くも憲法制定議会選挙を行い，ユーゴ共産党の選挙リスト「人民戦線」はこれに圧勝，29日に王制廃止とユーゴスラヴィア連邦人民共和国（FNRJ）の建国宣言を行った．FNRJ は，スロヴェニア，クロアチア，ボスニア，セルビア，モンテネグロ，マケドニアの6共和国からなる連邦国家であった．

1946年1月には，ソ連憲法をモデルとした憲法も採択した．他の東欧諸国に先駆けた社会主義化であり，すでに冷戦が始まっており，外交においても西側を強く批判し続けた FNRJ はソ連ブロックの「優等生」だったのである．しかし「優等生」は突然「退学」させられる．ソ連＝ユーゴ論争（両国リーダーの名前をとって，スターリン＝チトー論争とも言う）の勃発である．

(2) ソ連＝ユーゴ論争

ソ連と FNRJ との間でまず大きな問題となったのは，旧ユーゴ王国領を誰が解放したのかという点であった．パルチザンによる自力解放を当然視している FNRJ からしてみれば，ソ連側の端々に現れる高圧的態度の根底に潜む解放者意識は許せなかった．

他方で，自力解放を誇る FNRJ の自立的な外交活動は，ソ連には秩序を攪乱するものと映った．FNRJ は旧枢軸国のブルガリア（1947年11月27日），ハンガリー（12月8日），ルーマニア（12月19日）と矢継ぎ早に友好協力相互援助条約を締結した．更に，ブルガリアとはバルカン連邦構想を掲げ，その上にアルバニアに対して FNRJ への併合も働きかけるのである．

ソ連は1948年3月に，FNRJ に派遣していた軍事・民間顧問団を引き上げた．そして，ソ連共産党中心の共産党の国際組織コミンフォルムは，1948年6月28日，第2回大会において，FNRJ を非難して事実上の除名処分を下したのである．

(3) チトー主義の形成

「ソ連ブロック」から追放された FNRJ にとって問題は2つあった．第1は経済的打撃であった．それまで「ソ連ブロック」に属していた FNRJ の主要な貿易相手国は当然に他の「ブロック」加盟国であった．例えば，1946年の輸

出相手国は第1位ソ連，第2位チェコスロヴァキアであり，両国をあわせると全輸出量の68.3%を占めるのである（Savezni zavod za statistiku 1989: 300-302）. それが1950年には0となった. これに代わって，1950年の相手国の上位には西側諸国が並ぶ. すなわち，上位5カ国は，イギリス（18.5%），米国（13.5%），イタリア（13.4%），西ドイツ（12.5%），オーストリア（10.1%）である（Savezni zavod za statistiku 1989: 300-302）. この数字からは，冷戦構造がFNRJを経済的に救ったとも言えるであろう. 他方でFNRJ側も，内戦が続くギリシャにおいて支援していた共産党系武装組織との関係を絶つのである.

第2の問題はより深刻であった. 正統な社会主義モデルを有するソ連から「破門」されたFNRJは早急に，スターリン型モデルに代わる国家統合イデオロギーを見つけ出さなくてはならなかったのである. FNRJが辿り着いたのは，集権的なスターリン型モデルと対照的な分権モデルであった. それに従い，1950年より企業に「労働者評議会」が設けられ，労働者自身が直接に生産管理することになった. 「労働者自主管理」である. 分権化による自主管理社会主義は企業のみならず，各方面に及ぶことになる. 1952年11月，ユーゴ共産党は第6回党大会においてユーゴスラヴィア共産主義者同盟（SKJ）へと党名を変更する一方で，党組織が分権化された結果，各共和国に共産主義者同盟が設立されたのであった. こうした動きは，1953年1月の改正憲法にも反映されることになる.

FNRJは外交においても，新たな局面を迎えることになる. すなわち，西側諸国の関係が安定する中で，1953年3月のスターリンの死去後，ソ連との関係も改善された. FNRJはソ連の共産党や政府の首脳を1955年5月末から6月にかけて首都に迎え，「ベオグラード宣言」が発せられた. 更にチトーは，インドのネルー，エジプトのナセルとの間で米ソのどちらとも組みしない第3の勢力を結集するという点で合意し，1961年9月にはベオグラードで第1回非同盟諸国会議が開催されたのである. チトーは国際社会の「顔役」の1人ともなり，まさに「国父」だった.

1963年4月には新憲法が採択されて分権化が更に進められ，国名もユーゴスラヴィア社会主義連邦共和国（SFRJ）に改められた.

(4) **1974年憲法体制**

分権化が進む程，その社会なり国家なりにおいて，統合を安定させるには何

らかの紐帯が必要となる．SFRJ の場合，組織的紐帯は SKJ であり，軍隊であったが，なによりもチトーその人が最も重要な紐帯であった．

チトー体制の指導部を形成していたキドリッチは1953年4月に死去，ジラス，ランコヴィッチは路線対立から1954年1月，1966年7月にそれぞれ失脚し，後継者レースから脱落した．1892年生まれのチトーの後継者問題が表面化してくることは，時間の問題であった．

ポスト・チトー体制を規定したのは，1974年1月に採択された新憲法である．この憲法において，国家制度の分権化は更に進められる．SFRJ を構成する6共和国に加えて，セルビアに存在する2自治州（ヴォイヴォディナとコソヴォ）にも憲法を認めることで，SFRJ は実質的に8つの領域的政治体から構成されることになった．自治州を含む各政治体の政府は，司法権，警察権，経済主権まで有することとなった．

更に，最高意思決定機関としての連邦幹部会には，各政治体からの1名の代表に加えて，議長役として SKJ 書記長のチトーが参加して合計9名から構成されることとなった．連邦幹部会の議長はチトー，チトー後の議長は連邦幹部会メンバーの互選で決定され，任期1年の輪番制で務めることとなった．

こうして自治州が実質的に共和国と同等の扱いになったのである．自治州の「共和国化」の動きは1963年憲法でもある程度は見られたが，それでもそのときには共和国と自治州の扱いには差が付けられていた．

皮肉なことに，ポスト・チトー・システムにおいて一層の分権化が進むに従って，国家統合の結束はいよいよチトーに頼らざるを得なくなったのであった．チトーの右腕とされ，唯一残った後継者候補であるカルデリは1979年2月10日に死去した．

5　ユーゴスラヴィア社会主義連邦共和国の解体

(1) チトーの死

SFRJ は多民族国家であり，民族主義と深く関わる内戦を経験しただけに，チトーは自民族主義の政治化に対して断固として拒否した．例えば，1970年から1971年にかけて起きた「クロアチアの春」は当初こそ自由化運動であったが，それが民族主義の色彩を濃くするに従ってチトーの不興を買い，彼の一喝で終息するのである．

そのチトーが1980年5月4日に死去した。1892年5月7日生まれ、88才になる直前での死であるから、早すぎるということはないであろう。しかし、多民族国家のSFRJはチトーに永遠の命を望んでいたのである。
　チトーが死ぬと、辛うじて保たれていたSFRJの結束は次第に緩み、SFRJは解体していく。チトー以外の紐帯として先に挙げた2つの組織のうち、SKJは後述するので、ここでは軍隊について触れておこう。
　SFRJの軍隊はユーゴスラヴィア人民軍（JNA）と言う。JNAはユーゴ共産党パルチザンの系統を引いており、まさに内戦を勝ち抜いたユーゴ解放の立役者であった。しかし、時が過ぎるに従って、JNAの栄光は次第に色あせてくる。冷戦時代はそれでも仮想敵国のソ連侵攻に備えるという役割があったが、冷戦構造は1989年に崩壊した。JNAの存在意義は低下する一方であった。
　国民皆兵制を採用していたSFRJにおいて、多民族性という意味でも、JNAはSFRJの象徴的存在であった。しかし、こと職業軍人に限ってみると、南部出身者が多かった。そのために、北部の独立の動きに対して、JNAがSFRJの統一を守るために介入したところで、北部はJNAを南部の手先と理解しがちであった。

(2) ミロシェヴィッチの登場

　多民族主義が行き詰まると、政治的資源としての自民族主義に注目する政治家が登場することは当然であった。それがミロシェヴィッチである。もともとは経済畑の人間であった彼が政界に転身するのは1984年のことである。そして、彼のボスであるスタンボリッチがセルビア幹部会議長（大統領）に就任する際の後任として、1986年5月にはセルビア共産主義者同盟議長となった。多民族主義のSFRJで昇進するのであるから、本来ミロシェヴィッチは自民族主義と無縁の筈である。そのミロシェヴィッチがセルビア民族主義の政治的有効性に気づいたきっかけは、1987年4月、彼がコソヴォで行った演説である。
　1974年憲法体制下の自治州コソヴォにはセルビアの権限が及ばず、民族的少数派のセルビア人は多数派アルバニア人からの様々な圧力に危機感を持っていた。ミロシェヴィッチは演説の中で、セルビア人を守ることを宣言した。その内容はセルビアの各紙面を飾り、その場面は何度も放送され、ミロシェヴィッチはセルビア人の「守護神」となるのである。
　ミロシェヴィッチは党内に根回しした後に「クーデター」に成功し、スタン

ボリッチを追い落とす．セルビアの政治権力を掌握したミロシェヴィッチは，セルビア人が多数派を占める自治州ヴォイヴォディナ，セルビアに歴史的親近感を有するモンテネグロを続けて自陣営に取り込んだ．コソヴォについては警察隊を投入して，反発するアルバニア人の動きを鎮圧した．そして，1989年3月にセルビア憲法を改正し，自治州の権限を大幅に縮小したのであった．

　ミロシェヴィッチは，セルビア，モンテネグロ，ヴォイヴォディナ，コソヴォの実権を掌握した．これによって，ミロシェヴィッチは，連邦幹部会における8人のメンバーのうちの半分を掌握したことになる．そのことはすなわち，連邦幹部会において，ミロシェヴィッチの意思に反する決定ができなくなったことを意味するのである．とはいえ，SKJがしっかりしていれば，SFRJは残ったかもしれなかった．

(3) 1990年の共和国議会選挙

　1989年の「東欧の激動」はSKJにも衝撃を与える[3]．「東欧の激動」以後，各国共産党の無誤謬性の神話に終止符が打たれ，各国共産党は下野していったのであり，SFRJの人々がその姿をSKJに投影することは当然であった．しかも，もはやチトーはいないのである．

　SFRJの紐帯であったSKJの一枚岩的支配が終了するときがきた．SKJ第14回臨時党大会が開催された1990年1月のことである．SFRJの分権化を求めるスロヴェニア共産主義者同盟代表が大会途上で退場し，クロアチア共産主義者同盟代表も後に続くのである．

　1990年は6共和国議会の選挙が行われた1年となった．4月のスロヴェニア議会選挙とクロアチア議会選挙では，非共産系の政党が圧勝した．スロヴェニアでは共産主義者同盟出身のクーチャンが，クロアチアではクロアチア民主同盟の設立者で根っからのクロアチア民族主義者であったトゥジマンが，それぞれ大統領に就任した．

　11月のボスニア議会選挙では自民族主義を主張する3政党が合計で議席の8割を占めることとなった．イスラム教徒によるムスリム人のイゼトベゴヴィッチを党首とする民主行動党が第1党となり，イゼトベゴヴィッチはボスニア大統領に就任することになる．マケドニア議会選挙でも第1党は非共産系であった．

　12月の議会選挙は，それらとは対照的な結果となった．セルビアではミロ

シェヴィッチがセルビア共産主義者同盟を改組して結党したセルビア社会党が勝利し，モンテネグロではモンテネグロ共産主義者同盟が勝ったのである．

SFRJ の更なる分権化を求めるスロヴェニアとクロアチア，集権化を主張するセルビアとモンテネグロ，両者の溝はますます広がる．

(4) SFRJ 維持の試み

こうした状況では，SFRJ の最高意思決定機関である連邦幹部会が機能する訳がなかった．そもそも民主的正統性という点からは，選挙の「洗礼」を受けていない連邦幹部会メンバーよりも，各共和国の大統領の方が優っているとみなされた．更に，連邦幹部会のメンバーは，各共和国の立場を代弁する政治家へと交代していく．

手詰まり状態を打開するのは，各共和国の大統領が直接に議論する「6人サミット」しかなかった．スロヴェニアのクーチャンとクロアチアのトゥジマンは既に独立を視野に入れており，自国ではその準備も進みつつあった．セルビアのミロシェヴィッチとモンテネグロのブラトヴィッチは，将来の構想については，SFRJ 全体で信を問うべきであるなど，手続き論を主張していた．ボスニアのイゼトベゴヴィッチとマケドニアのグリゴロフにも名案はなかった．「6人サミット」は1991年3月末からの1ヵ月間に5回にかけて開催されたが，事態を打開するには至らなかった．連邦幹部会に至っては，議長すら選出できない状態へと陥っていく．

クロアチアでは既に，政府部隊と領内の民族的少数派セルビア人の武装組織との小競り合いが頻発していた．もはや時間切れであった．

(5) クロアチア内戦とボスニア内戦

1991年6月25日，スロヴェニアとクロアチアは同じ日に独立した．これに対して，SFRJ 維持のために JNA が両国に攻撃を開始した．一連の内戦の開始である．スロヴェニアでは JNA 兵士の士気が低く，戦闘は短期で終了した．「10日間戦争」と呼ばれる所以である．

これに対して，政府部隊とセルビア人武装組織との間で戦闘が始まっていたクロアチアでは，クロアチアの独立阻止という共通目標を持つ JNA がセルビア人を支援することになったために戦闘は長期化し，かつセルビア人側に有利に運んだ．

停戦が成立したのは1992年1月のことである．クロアチア領内の1/3を占めるセルビア人地域では，「クライナ・セルビア人共和国」が宣言されており，国連安保理決議743号に基づいて国連保護軍（UNPROFOR）が展開することとなった．しかし，クロアチアは以後もボスニア内戦の舞台裏として位置づけられていく．その上に，クロアチア政府が1995年5月と8月に仕掛けた攻撃の結果，「クライナ・セルビア人共和国」は滅亡するのである．クロアチア領内での戦闘が完全に終了するのは，ボスニア内戦と同時期であった．とはいえ，クロアチアでは1992年初めにひとまず戦闘は収まった．しかし，内戦はボスニアに飛び火することになる．

　ボスニアでは3民族政党（民主行動党，セルビア民主党，クロアチア民主同盟）による連立政権が成立していたが，ボスニアの主権をめぐる審議で紛糾した結果，民主行動党とクロアチア民主同盟がセルビア民主党の反対を押し切って，1991年10月15日未明に，ボスニアの主権をみとめる文書が議会で可決されたのであった．民主行動党とクロアチア民主同盟が独立への準備を始める一方で，セルビア民主党議員は議会をボイコットし，セルビア人地域で「自治区」作りに励むことになる．こうした緊張状態を更に高めたのが，ECであった．

　ECは1991年12月の外相会議において，SFRJ，ソ連からの「独立国家」に対して国家承認の指針を示した．ボスニアは国家承認の要望を行い，ECは判断の前提として「国民投票」の実施を求めた．「国民投票」は1992年2月29日と3月1日に行われ，セルビア人住民が投票をボイコットした結果，圧倒的多数で独立が承認されたのである．

　投票期間中に既にバリケード作りなどが始まり，ボスニアはたちまち内戦状態に突入する．ボスニア内戦は，当初はボスニア政府部隊とセルビア人が建国した「セルビア人共和国」部隊との間で戦われた．戦況は，ボスニアに配備されたJNAの装備の大半を継承した「セルビア人共和国」側に有利に運んだ．その後に，クロアチア人住民も「ヘルツェグ・ボスナ・クロアチア人共和国」を建国し，内戦は三つ巴の様相を呈することになる．更に，ボスニア政府の一部の離反，クロアチアやセルビアの介入など，内戦の構図は複雑化する一方であった．

　内戦を終わらせたのは，米国であった．1994年3月1日にワシントン協定が締結され，ボスニア政府と「ヘルツェグ・ボスナ・クロアチア人共和国」政府がボスニア連邦を結成すること，ボスニア連邦とクロアチアが国家連合を組織

することが決定されたのである．こうして内戦の構図は，「クロアチア＋ボスニア連邦」対「セルビア人共和国」に単純化された．そして，1995年8月のサライェヴォ小売市場への砲撃をきっかけに，NATOが「セルビア人共和国」に大規模空爆を行うのである．地上では，クロアチアとボスニア連邦が攻撃を仕掛け，「セルビア人共和国」は敗走を重ねた．停戦合意は10月中旬に発効し，和平合意が11月21日に仮調印された．デイトン合意である．こうして3年半続いたボスニア内戦が終了したのであった．

(6) その他の共和国の動き

他の共和国の動きについては，改めて触れられるが，本章でも若干見ておこう．

まず，マケドニアは戦乱に襲われる他の共和国を横目に，平和裡に独立することができた．1991年11月20日のことである．マケドニアにおいて武力衝突が起きるのは，2001年2月であった．

スロヴェニア，クロアチア，マケドニア，ボスニアが独立した結果，SFRJに残ったセルビアとモンテネグロは，SFRJの承継国として1992年4月27日に，「第3のユーゴスラヴィア」とも言われるユーゴスラヴィア連邦共和国（SRJ）を建国した．しかしその後，モンテネグロのセルビアに対する不満が高まった．何故ならば，国際社会は，ボスニア内戦の関係者と目していたミロシェヴィッチに対して圧力をかけるために様々な制裁をSRJに行い，モンテネグロはその巻き添えになるからである．SRJは2003年2月に国家連合「セルビア・モンテネグロ」へと改組され，モンテネグロは2006年6月に独立する．

セルビアの自治州コソヴォでは，セルビア憲法改正後に一種の「二重権力」状態が続いていた．しかし，ボスニア内戦後にアルバニア人武装組織がテロを頻発するのに業を煮やしたミロシェヴィッチが，1998年になると治安部隊を投入，それに対してNATOが1999年3月下旬から2カ月半の間，コソヴォのセルビア人の拠点やセルビアに大規模空爆を行った．「降伏」したミロシェヴィッチは下野した後に身柄を拘束され，2001年6月29日にオランダのハーグにある旧ユーゴ国際刑事法廷（ICTY）へ移された[4]．他方で，コソヴォは8年半の国連暫定統治の後，2008年2月に独立宣言を出すことになる．

注

1) バルカン地域が現在のどの国を具体的に指すかは、国境が歴史的に移動しているために、実はかなり難しい。例えば、柴編［1999］が取り扱っているのは、ルーマニア、モルドヴァ、ブルガリア、ユーゴスラヴィア連邦、マケドニア、スロヴェニア、クロアチア、ボスニア・ヘルツェゴヴィナ、アルバニア、ギリシャである。それ以降に、ユーゴスラヴィア連邦はセルビア、モンテネグロ、コソヴォに解体されている。
2) 進んでいるか遅れているかの判断基準が不明確である上に、ルーマニアやクロアチアは主にドナウ川の北に位置しながら、バルカン地域に属しているとされる。この種の議論が単なる印象論であることはいうまでもない。
3) 1989年は冷戦が終了した年である。東欧では、東ドイツ、ポーランド、チェコスロヴァキア、ハンガリー、ルーマニア、ブルガリアで民主化が始まり、これらの諸国は「ソ連ブロック」から脱退することとなる。
4) ICTYはSFRJ解体過程において発生した戦争犯罪を裁く法廷であり、国連安保理決議827に基づいて設立された。特定の紛争における戦争犯罪を裁くために設けられたものとしては、第二次世界大戦後のニュルンベルク裁判、東京裁判、そして国連安保理決議955に基づくルワンダ国際刑事法廷（ICTR）がある。その後、常設の裁判所として国際刑事裁判所（ICC）が設立された。

第Ⅰ部

政治

第1章

スロヴェニア共和国

齋藤　厚

はじめに

　スロヴェニアでは，1991年6月25日に独立を宣言すると，その翌々日，スロヴェニア駐屯のユーゴスラヴィア人民軍（JNA）とスロヴェニア共和国軍との間で国境管理権をめぐる衝突が発生した．しかし，戦闘は数日で終息し，JNAはスロヴェニアから全面撤退した．スロヴェニアが，このようなかたちで独立

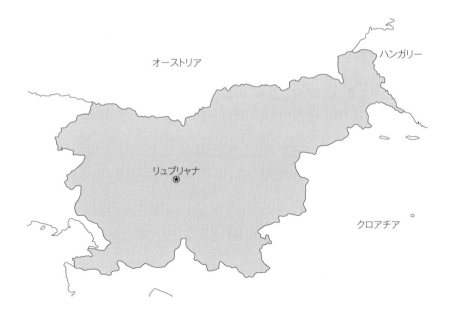

を手中にできたのは，国内にセルビア人の居住地域がないためであり，民族的同胞の連邦残留にこだわるセルビアが，スロヴェニアの独立については事実上容認したためであった [Greenburg and McGuiness 2000: 44]．自国の独立を一大目標としてきた民主野党連合（DEMOS）政権は，目標達成を確実にすると，新憲法の制定など国づくりの過程において鋭い内部対立を抱え込んだ．そして，DEMOSは，新憲法採択直後の1991年12月30日に，解散を宣言してしまう [Kotar 2000: 321]．

本章では，このDEMOS政権の崩壊後から現在までのスロヴェニアの内政についてまず概観する．その上で，同国における政治的特質の一例として，スロヴェニアの中心的な宗教組織であるローマ・カトリック教会（以下，カトリック教会）が，自らの政治的影響力の増大を試みるなか，国民の間で信頼を得られていない状況と，その歴史的な諸背景について検討する．スロヴェニアのカトリック教会は，教権主義を追求し健全なキリスト教民主主義政党の成長を阻害してきた点で，キリスト教民主主義政党の世俗化，大衆政党化を受容してきたドイツなど西欧諸国のカトリック教会とは大きく異なっており[1]，カトリック教会と政治の関係を考える上でも，また，他の旧共産圏諸国における主要宗教組織の政治関与・不関与の動向と比較する意味でも，興味深い素材であると思われる．

1 スロヴェニアの政治概況

(1) 自由民主党（LDS）連立政権（1992-2004年）

スロヴェニアのユーゴスラヴィア社会主義連邦共和国（SFRJ）からの独立に踏み切ったDEMOS政権は，1989年に設立された新政党5党（キリスト教民主党（SKD），人民党（SLS），民主同盟（SDZ），社会民主党（SDS），緑の党（ZS））の連合が1990年4月の議会選挙で勝利を収め，樹立した政権であった．このDEMOSが解散を宣言した1991年末当時，新憲法制定後間もないスロヴェニアはすぐに選挙が実施できるような状況ではなく，新政権の樹立は各党間の話し合いに委ねられた．そして，旧体制派政党の社会民主連合リスト（ZLSD：旧共産主義者同盟），自由民主党（LDS：旧社会主義青年同盟），社会党（SSS：旧社会主義労働人民同盟）とDEMOS内中道・左派勢力の民主党（DS：SDZが改称），SDS，ZSが連立に合意し，元SFRJ幹部会議長（大統領に相当）でLDS党首のドゥルノウシェ

クを首班とする政権が1992年5月に発足した.なお,1990年4月に議会選挙と同時に行われた大統領選挙では,前スロヴェニア共産主義者同盟（ZKS）中央委員会委員長のクーチャンが当選して大統領に就任したが,DEMOS政権は憲法制定に当たって,政治的に対抗関係にあったクーチャン大統領の権限を弱めることに力を注いだ.この結果,スロヴェニアでは,政府の力が強く首相に実権があり,国家元首である大統領の権限は極めて限定的であるという,いわゆるドイツ型の政治制度がつくられることとなった [Lukšič 2001: 11-12].

新国家スロヴェニアでは,ドゥルノウシェク首相のリーダーシップの下で国づくりが進められた.SFRJからの独立後間もないスロヴェニアは,外交面と経済面において明確な目標を有していた.外交面での目標は,SFRJを構成していた他の共和国とは同列に扱われないかたちで国際社会に参画することであった.また,経済面での目標は,既存の経済力の維持であった [Zapp 1993: 63-65].特に経済面に関して,スロヴェニアは1970年代から80年代に国際競争力のある製造業の育成と輸出主導型経済の構築に成功し,独立前年である1990年の1人当たりGDPは8600ドルを超え,ギリシャやポルトガルと同レヴェルであった.ドゥルノウシェク政権は,1992年5月22日の国連加盟をはじめとして,世界各国との外交関係の樹立など,外交面での課題を着実にこなしていった.また,経済面では,経済発展を生んできた既存の経済システムを基本的に維持しつつ経済安定化を図り,国家の独立が国民経済に及ぼすマイナスの影響を限定的なものにとどめることに成功した.しかも,ドゥルノウシェク首相は,豊富な政治経験を活かして,連立与党間の調整が巧みであった.こうして,独立直後のスロヴェニアを上手く取り仕切ったドゥルノウシェク首相率いるLDSは,小選挙区比例代表併用制で行われた1992年12月の議会選挙において第一党となった.その後も,ドゥルノウシェク首相は連立政権の運営に能力を発揮しつつ,民族紛争を抱えた他のSFRJ後継諸国を尻目に,スロヴェニアの欧州連合（EU）加盟プロセスと経済建設とを着実に進めて,1996年6月にはEU・スロヴェニア間の連合協定締結を実現し,また,1993-2000年の間,年率平均4％を超える経済成長を達成した.そして,任期満了に伴う1996年11月と2000年10月の議会選挙において,ドゥルノウシェク政権の業績を有権者に評価されたLDSは,いずれも第一党となった [Zajc 2001: 30].

一方,スロヴェニアの国家建設を軌道に乗せたドゥルノウシェク首相に対して,野党側のリーダーとして台頭してきたのが,1993年以来現在までSDSを

率いているヤンシャである．ヤンシャは，SFRJ時代の1988年，スロヴェニアの週刊誌において，JNAがスロヴェニアに軍事介入を計画している，との記事を執筆して逮捕され，1990年4月の議会選挙ではSDZから出馬して当選，同選挙後にはDEMOS政権において国防相に就任した人物であった．1992年にSDSに移籍したヤンシャは，DEMOS政権後のドゥルノウシェク政権においても国防相に留任したが，1994年春に情報機関の管轄権をめぐってクーチャン大統領，ドゥルノウシェク首相と鋭く対立し，国防相を解任された．するとヤンシャは，連立政権を離脱したSDSを中道左派から右派に旋回させて現状打破主義，反共主義，民族主義に訴え，独立後，体制変動後の境遇を不満とする社会層の支持を集めていった［Rizman 1998: 261-262］．以後，SDSは一定の政治勢力となったが，旧体制的要素の一掃以外に主張に一貫性はなく，1990年代後半にはカトリック教会の支持を取りつけるべく右派色を強め，この路線により中道寄りの支持者を失うと，2000年10月の議会選挙を境に今度は中道寄りに旋回した［Lukšič 2001: 40］．また，1996年6月のEUとの連合協定締結までは，同協定の締結に否定的であったが，締結後になると，EU加盟賛成の立場を打ち出したりした．

　2002年11月，クーチャン大統領の任期満了（規定により三選不可）に伴う大統領選挙で，LDSから立候補したドゥルノウシェク首相が当選し，翌12月，ドゥルノウシェク大統領が就任した．これに伴い首相には，それまで財務相であったロップが就任した．スロヴェニアは，ロップ首相の下，2004年3月に北大西洋条約機構（NATO）加盟を，続く5月にEU加盟をそれぞれ実現した．しかし，ロップは，ドゥルノウシェクのように連立政権を上手に運営することはできず，また，野党指導者のヤンシャに比べて強烈な個性，強力なリーダーシップを欠いていた．そして，スロヴェニアでは，政治的な変化を求める声や，EU内での政治的経済的自立に対する不安の声が有権者の間で高まってゆき，2004年10月に行われた議会選挙において，過去三回の選挙でいずれも第一党であったLDSに代わって，ヤンシャ率いるSDS[2]が第一党となる［Manske 2004］．

(2) 非旧体制派政権（2004-2008年）

　ヤンシャ率いるSDSは，2000年半ばに，SLSとSKDによる合同政党形成の動きを後押しする中で，SLSをLDSから離反させて自陣営に引き入れ，非旧体制派の政権を形成したことがあった．しかし，ヤンシャが国防相に就任して

政権の表に出ないなかで，あまりにも拙速に国公営企業の幹部を交代させたり完全小選挙区制の導入などを進めたため，小選挙区比例代表併用制の維持を主張するSLSが事実上連立を離脱して，同政権は数カ月ともたなかった［Lukšič 2001: 33-34］．この経験から，SDSが2004年10月の議会選挙に勝利すると，ヤンシャは自ら首相となり，SLS，SKDの後継政党である新スロヴェニア党（NSi），そして単一争点政党である年金者民主党（DeSUS）との間で連立政権を発足させた．また，国公営企業の幹部人事にも，政権発足後すぐに手をつけることはしなかった．

ヤンシャ政権は，4年の任期中，連立与党間関係も議会との関係においても，概ね安定的であった．また，外交も，2008年前半のEU議長国をはじめとしてそつなくこなし，2007年1月からは通貨にユーロを導入した．連立与党間関係が安定したのは，SDSの議会議席が連立相手の各党の議席を大きく上回っていたうえ，ヤンシャが率先してリーダーシップを発揮したためであった．さらに，議会との関係も安定的であったのは，野党第一党となったLDSが分裂し，有力野党が不在となったためであった．LDSの混乱に対して，2002年まで長らく同党党首を務めてきたドゥルノウシェク大統領は，介入することも関与することもなかった．当時，ドゥルノウシェクは大病を患っており，大統領の職務も満足にこなせないような状態だったのである［Črnič 2007: 22-24］．

このように，閣内も，議会との関係でも，また外交面でも順調だったヤンシャ政権であるが，2008年9月の議会選挙では過半数の議席を確保できなかった．その原因は，問題ある経済運営と，SFRJの他共和国出身の有権者を敵に回したことである．ヤンシャ政権の下，スロヴェニアではバブル景気が発生し，国民は右肩上がりの経済の恩恵にあずかった．その一方で，ヤンシャ政権は，自政権に近い人物が社主を務める主要公営企業のイストラ・ベンズ社（石油公社）とラシュコ・ビール社を通じ，政府系ファンドなどの出資を受けた両社が他の国公営企業の発行済み株式（政府非所有分，全株式の最大49％）を買い占めるという方法で，2005年夏以降多くの国公営企業を政権の影響下に置いて，これらの企業の幹部を一掃した．この方法で，政権の支配下，影響下に入った有力企業には，国内最多部数の日刊紙を発行するデロ新聞社や，南東欧地域有数の小売・流通企業であるメルカトール社などがある．そして，与党の関係者・シンパ以外の有権者の間では，ヤンシャ政権に対して，言論の自由をめぐる不安や，企業活動における政治的干渉への疑念などが高まり，そのほかに

も，株式買い占めを行った二社の CEO である，バウチャル（元 LDS 所属・欧州統合相，ヤンシャの旧友）とシュロット（SLS 元党首シュロットの兄）の蓄財に対する反発が高まっていった [Sever 2010: 25-30]．また，ヤンシャ政権は，スロヴェニアの独立時に国籍を申請せず，永住権さえ持たない SFRJ の他共和国出身者約2.5万人の問題を放置して，人口の13％超を占める SFRJ の他共和国出身者全体の怒りを買った [Chládková 2014: 40-41]．こうしたヤンシャ政権に対する反発は，病身のドゥルノウシェクが出馬しなかった2007年6月の大統領選挙において，DeSUS を除く与党の統一候補であったペテルレ元首相（DEMOS 政権首相）を落選させ，大統領には，社会民主主義者党（SD：ZLSD が2005年に改称）や DeSUS などの支援を受けた，法学者のトゥルクが当選した．そして，2008年9月の議会選挙では，前首相のロップや元外相のターレルなど LDS の元有力党員を加えた SD が，右派および中道右派の有権者の票をほぼ一手に集めた SDS を抑えて，第一党となる [Kustec Lipicer and Toš 2013: 512-513]．

(3) 経済問題への対応と政党の離合集散（2008年-現在）

2008年9月の議会選挙は，同年同月に米国で発生したリーマン・ショックの直後に行われたが，この選挙以降に樹立されたスロヴェニアの各政権は，世界経済危機やユーロ危機などが発生するなかで，現在までバブル経済崩壊後の処理に追われ続けている．また，スロヴェニアは，EU のなかでは小国であるにもかかわらず，例えばヴィシェグラード4カ国（V4）といった中小国グループに加わって協調行動をとることがなく，SFRJ 後継諸国とアルバニアの EU 加盟支援を掲げながら，2009年に二国間の海洋境界問題でクロアチアの EU 加盟交渉をブロックするなど，行動が迷走気味である．国内政党政治では，独立以来2004年まで政権を担ってきた LDS が，2008年9月の選挙を最後に議会から姿を消した．また，有権者の分極化が進むなか，選挙ごとに旧体制派の系譜をひく新政党が出現しては中道から左派寄りの有権者の票を集め，次の選挙で議会外に去る，という現象が発生している．

2008年9月の議会選挙後に発足した，SD 党首のパホル率いる旧体制派政党4党による連立政権は，世界経済危機がスロヴェニアを直撃するなかで，厳しい政権運営，経済運営を強いられた．2009年には，対前年比で輸出総額が16.1％減少，経済成長率も－7.9％を記録し，国内金融市場では不動産バブルの崩壊によって不良債権が急増した [Furlan 2014]．パホル政権は，税収の落ち

込みによる歳入不足を，国際金融市場における国債発行を通じた資金調達でしのぎつつ，年金支給開始年齢の引き上げをはじめとする社会保障制度の改革に着手した．しかし，改革に反対する DeSUS と，改革の停滞に業を煮やしたザレス党（Zares：2008年9月の議会選挙前に LDS から分裂）がそれぞれ連立政権から離脱し，2011年9月には内閣不信任案が可決されるに及んで，パホル首相は議会を解散した［Maver & Urbas 2011: 1-2］．

　2011年12月に行われた議会解散総選挙では，2005年にヤンシャ政権によってメルカトール社 CEO の座を追われた後，2006年以来政界に転じて首都リュブリャナ市の市長を務めていたセルビア出身のヤンコヴィッチが，政党「積極的なスロヴェニア」（PS）を組織して参戦した．そして，クーチャン元大統領の後押しを受けた同党が，ヤンコヴィッチの実績を評価し期待する有権者や，SFRJ の他共和国出身者の票を多く集めて第一党となった．また，ヤンシャ率いる SDS が，パホル前政権による，国籍を持たない SFRJ の他共和国出身者に対する永住権付与の取組を批判して，スロヴェニア民族主義を指向する有権者の票を集め，僅差で第二党となった．さらに，2004-08年のヤンシャ政権において行政相を務め，非党人の閣僚として世論調査で高い評価を得ていたヴィラントが，経済と社会における自由主義の重要性を掲げる知識人グループ「リセット」を基盤とする「市民リスト」（DL）を立ち上げて選挙に参戦し[4]，第四党となった．選挙後の連立交渉では，基本的に政権入りの方針をとる DeSUS を除いて，旧体制派側と非旧体制派側の間で DL をめぐる激しい多数派工作が展開された．そして，DL を自陣営に加えることに成功した非旧体制派側が，ヤンシャを首班とする政権を2012年2月に再び発足させた［Kustec Lipicer and Toš 2013: 508-10］．

　経済問題で，自らの第一次政権時代に発生させたバブル経済の事後処理に取り組むこととなった第二次ヤンシャ政権であるが，2011年後半から2012年は，ギリシャ危機に端を発したユーロ危機が最も深刻化した時期であった．スロヴェニアは，国際金融市場において自国の10年物国債に7％以上の利率をつけなければ資金を調達できない状況に直面し，ヤンシャ政権は歳出削減による財政健全化を図るべく，パホル政権が一度断念した社会保障制度改革法案を，2012年12月に議会通過させた．しかし，その翌月，パホル政権時代に設立された独立国家機関の汚職防止委員会が，議会内各党党首の資産状況に関する調査報告書を公表し，ヤンシャの資産に関して約20万ユーロが出どころ不明，ま

た，ヤンコヴィッチの資産に関して約240万ユーロが未申告であることを明らかにした．これ以降，ヤンシャの首相辞任を求める声が一挙に強まり，2013年2月，議会において，旧体制派の各党および DL の賛成多数により，ヤンシャ内閣を不信任とし，ブラトゥシェク PS 党首代行を次期首相候補とする決議が採択される [Haček, Pickel and Bönker 2014: 1-3]．なお，首相を辞任したヤンシャは，第一次政権時のスロヴェニア軍におけるフィンランド製軍用車の調達をめぐる収賄容疑の裁判で，2014年4月に懲役2年の有罪判決が確定し，同年6月から服役した．しかし，ヤンシャからの上告を受理した憲法裁判所が，同年11月，最終判決を下すまでの仮釈放を命じ，その後，2015年9月に裁判の時効を決定した[5]．また，2011年12月の議会選挙後，2012年2月に首相を離任したパホルは，同年12月に行われた大統領選挙に立候補，現職のトゥルク大統領を破って当選し，現在は大統領の地位にある．

　経済危機が続くなか，2013年3月にスロヴェニア初の女性首相に就任したブラトゥシェクは，2005-2011年に財務省予算局長を務めた経験を活かして，不良債権問題の解決に取り組んだ．ブラトゥシェク政権は，前政権時代に設立されていたバッド・バンク（不良債権処理銀行）を本格始動させると，まず，バッド・バンクに国営の主要銀行が抱える不良債権を買い取らせ，次に，それらの銀行に資金を注入するかたちで，国内金融市場の健全化を図ったのである．ブラトゥシェク首相は，2014年春までにこれらの措置を実行に移したが，その後道半ばで首相の座を降りることとなった．ブラトゥシェクは，同年4月に PS の党首選においてヤンコヴィッチに敗れ，直後に同党を離党するとともに，自らの政権が同党の支持を得られないとして，首相を辞任することを発表したのである[6]．なお，ブラトゥシェク政権下では，国籍を持たない SFRJ の他共和国出身者に対する永住権付与と国家補償に関する法律も，2013年11月に議会で成立している [Oliver 2014: 104-105]．

　ブラトゥシェク首相の辞任発表後，議会では PS も2つに分裂し，各政党が連立の構成を変えて新政権を発足させることはもはや困難であった．こうして，2014年7月に議会の解散総選挙が行われることとなり，同選挙では，それまで政治経験のない法学者ツェラルの政党が第一党となった[7]．党首の名前をそのまま冠したミロ・ツェラル党（SMC：その後現代中道党に改称（略称同じ））は，結党後約1カ月で選挙に臨んだが，党内にはかつて LDS，Zares などに所属した党員も多く，中道および中道左派の有権者の票を幅広く集めた．一方，前回

選挙で第一党であったPSは，党首選をめぐる混乱が有権者に嫌われて議会に議席を得る最低得票率4％を超えることができず，同党から分裂したブラトゥシェク首相の「ブラトゥシェク連合」(ZaAB) は，かろうじて4議席を獲得するにとどまった．[8]

スロヴェニアでは，2014年7月の議会選挙後，ツェラルを首班とする，SMC，SD，DeSUSの三党連立政権が発足した．ツェラル首相は，議会における政権の基盤が安定している上，経済状態が上向きのなか，不良債権処理や財政再建のための各種増税措置はブラトゥシェク前首相時代に着手済みであり，国民に痛みを強いる政策の決断を迫られることがないという幸運にも恵まれて，これまでほぼ順調に政権を運営してきている．今後，ツェラル首相の下，スロヴェニアが経済問題を全面的に解決できるのか，また，長らく棚上げにされてきた国公営企業の民営化が，果たして本格的に実行に移されるのかが注目される．

2　スロヴェニアのカトリック教会
―――教権主義化への意欲と不成功―――

これまで見てきたように，スロヴェニアでは，旧体制の系譜をひく政党の勢力が，SFRJの分裂直前に設立された新政党の勢力に比べて優勢である．一方，新政党の各党は，反共主義にこだわるカトリック教会を味方につけつつも，長期政権の樹立には成功していない．そもそも，スロヴェニアでは，主要宗教組織であるカトリック教会の信頼度が低く，1991年の世論調査における同教会に対する信頼と不信の比率はそれぞれ28.6％，65％であった．その後も，カトリック教会に対する信頼度は概ね低下しており（表1-1），この現象は，SFRJ後継諸国の他の諸民族が，民族紛争を経験するなかで，自分たちが帰属する宗教との絆を急速に強めていったこととは対照的である．[9] それでは，スロヴェニアのカトリック教会は，独立後のスロヴェニアにおいて，いかなる政治的な行動をとってきたのであろうか．また，なぜ，スロヴェニア人の間では，カトリック教会に対する信頼度が低く，かつ，それが好転しないのであろうか．

表1-1 カトリック教会に対する信頼の是非

(単位:%)

	1991	1994	1998	2000	2003	2006	2012
信頼する	28.6	19.4	21.5	31.6	26.4	23.3	18.6
信頼しない	65	73	76	68.5	71.8	73	79

(注) なお,同調査は,「完全に信頼する」,「かなり信頼する」(以上,信頼する),「あまり信頼しない」,「全く信頼しない」(以上,信頼しない)の四項目からの選択回答.
(出所) SJM (Slovensko Javno Mnenje: Slovene Public Opinion) 1991/1, SJM 1994/4, SJM 1998/2, SJM 2000/1, SJM 2003, SJM 2006/2, SJM 2012.

(1) 独立後のスロヴェニアにおけるカトリック教会の政治的行動
① SKD を通じた政治への関与 (1989-1996年)

スロヴェニアでは,1989年に複数政党制が導入されるまで,カトリック教会は政治的に目立った動きを見せなかった.複数政党制導入まで民主化を先導してきたのは,政治的な自由や多元主義を求める知識人や作家,ジャーナリストなどであった.また,ZKS の青年組織であるスロヴェニア社会主義青年同盟 (ZSMS) も,民主化に積極的であった [Velikonja 1999: 10].しかし,カトリック教会は,複数政党制が導入されて共産主義一党支配体制が終わりを告げると,家族,倫理,伝統的価値などの重要性を掲げて,すぐさま活動を活発化させた.また,新たに設立された SKD を,全面的に後押しするようになった.そして,この SKD が加わった DEMOS が,1990年4月の議会選挙で勝利を収めて政権を樹立する.

翌1991年,DEMOS が,独立戦争終結後に内部対立を先鋭化させて,1992年を待たずに解散を発表したことは,本章の冒頭でも述べたとおりである.DEMOS 政権は,カトリック教会の強い要望を受けて,1991年11月に国有化資産返還法を成立させた.また,カトリック教会が重視する妊娠中絶の禁止を,重要政策課題として掲げた.「スロヴェニアは,大きな敵国に囲まれた小国であり,将来,国を守る人材を中絶する権利を,女性は持つべきではない」と謳ったこの政策課題は,DEMOS の解散によって法制化されることはなかった.しかし,それは国内で強力な反発を呼び,国民の教会に対する疑念を高めた上に,国際的にも批判の対象となった [Gaber 1993: 62].

DEMOS 政権の崩壊後,野党に転じた SKD は,1992年12月の議会選挙を経て,ドゥルノウシェク首相率いる LDS 連立政権に加わった.同党は,カトリック教会の意向と方針を踏まえて,公立学校における宗教教育の導入や,女

性の育児休業を3年とすることなどを党の政策に掲げたが、それらが実現することはなかった。憲法に則り、国家と宗教の関係を切り離すことの重要性を認識していたドゥルノウシェクは、これらの政策を担当する教育相と労働・社会政策相のポストを、SKDに譲り渡すことはしなかった［*IWRAW* 1997, Smrke 2008: 169-170］。また、外相、内相、文化相などのポストを得ていたSKDの側も、敢えて連立離脱のリスクを負ってまで、これらの政策の実現に執着しなかったのである。

② ロデ・リュブリャナ大司教の就任とSDSとの接近（1997-2004年）

スロヴェニアでは、1997年春、首都リュブリャナにあるカトリック教会大司教区[10]の大司教が交代した。1980年以来、同年までリュブリャナ大司教であったシュスタルは、スロヴェニアの独立後も政権を担った旧体制派の政治勢力に対して、正面から敵対的な姿勢はとらなかった。しかし、ローマ教皇庁（ヴァティカン）において非信者評議会次官を務めていたロデが新大司教に就任すると[11]、カトリック教会は急進的なロデの下で政治的な活動を活発化させ、政権に対峙する姿勢を強めた。

スロヴェニアのカトリック教会は、第二次世界大戦中にナチス・ドイツとイタリアによる分割占領に協力した過去を持ち、スロヴェニアが独立して以降は、かつての対枢軸国軍協力の過ちを認めない立場にこだわってきた。そして、ロデ自身、一家が第二次世界大戦末期に対枢軸国軍協力のため、チトー率いる共産主義パルチザンによってスロヴェニアから追放され、アルゼンチンに渡った政治移民であった。ロデは、そうした個人的な事情もあって強硬な反共主義者であり、同人の下、カトリック教会は第二次世界大戦時のパルチザン抵抗運動に関して、「共産主義勢力は欺瞞をもって多くの善良な市民を信用させ、共産主義革命に同意しない人々に対してテロを実行した」との立場を公にした［*Izberi življenje* 2002: 15］。また、ロデは、無神論者や他宗教に対してあからさまに否定的な態度をとり、「スロヴェニア人は本質的にカトリックの民族である」として、宗教心のある国民の育成のために、公立学校における宗教教育の導入の必要を声高に訴えた［Velikonja 1999: 16-17］。

こうしたロデ率いるカトリック教会に、ヤンシャ率いるSDSが急接近した。SDSは、1996年11月の議会選挙で16議席を獲得し、議会でLDS、SLSに次ぐ第三党となった。しかし、同党はこの結果に満足せず、党勢拡大を目指して、

組織票を有するカトリック教会の支援獲得に乗り出した．SDS は，カトリック教会の支援を受けるに当たって，SFRJ 時代の共産主義体制を否定するのみならず，第二次世界大戦下スロヴェニアにおける反共勢力としての対枢軸国軍協力側の役割と正当性に言及するようになった．また，カトリック教会が重視する，妊娠中絶の禁止や，公立学校における宗教教育の導入なども党の政策に取り込んだ．カトリック教会は，自分たちの主張に歩調を合わせてきた SDS に対して，支援の軸を，従来の SKD からより急進的な同党に移動させた．そして，ヤンシャ率いる SDS は，カトリック教会と，1996年11月の議会選挙後に野党に転落した SKD とを巻き込んで，ロデと同じく政治移民である経済専門家のバユックを，1999年にアルゼンチンから帰還させた．さらに，2000年には，LDS 連立政権から SLS を離反させて，このバユックを首班とする非旧体制派の政権を，短期間ながらも樹立した[12]．

ロデは，2004年までリュブリャナ大司教を務めた．ロデ指導下のカトリック教会では，同人の急進主義に対して違和感を感じる信者も多く，一部の熱心な信者以外の間では教会離れが進んだ．また，SDS も，カトリック教会に接近するに当たって，同教会の立場や主張を取り込んだことにより，現状打破指向であるが教会とは距離を置く層が離れていくなど，全体としては支持者を減らしてしまった．SDS は，2000年10月の議会選挙で議席を減らすと，支持層を拡大し浮動票を吸収すべく，カトリック教会と共通する党の方針を前面に掲げることを控えるようになった[13]．一方，カトリック教会は，ヤンシャの強い政治力を認めて，SDS の側が蜜月関係から少し距離を置いた後も，同党に対する積極支援を継続した．

なお，スロヴェニアでは，ロデがリュブリャナ大司教を務めていた間に，国家とカトリック教会の法的な関係に変化があったことにもここでは触れておきたい．スロヴェニア政府は，ヴァティカンとの間で，コンコルダート（政教協約）に関して1999年に仮合意に達し，2004年に正式に締結した．これにより，憲法第7条において，国家と宗教の分離や，各宗教共同体の平等な権利が明記されているにもかかわらず，カトリック教会は，宗教共同体としての優越した地位を法的に認められた．そして，病院や老人ホームなどの公的施設において，典礼（公祈祷）を執り行う権利が保証されたのである［Črnič and Lesjak 2003: 363］．

③非旧体制派政権下のカトリック教会とその後（2004年-現在）

　2004年4月，スロヴェニアのカトリック教会では，ロデがローマ教皇庁奉献・使徒的生活会省長官に転出した．空席となったリュブリャナ大司教には，1992年以来補佐司教を務めてきたウランが昇格した．カトリック教会内では，ウランは穏やかな人柄で知られており，補佐司教時代から多くの信者に慕われてきた．ウランは，リュブリャナ大司教となるに当たって，例えば妊娠中絶に関し，禁止論一辺倒ではなく，スロヴェニアで出生と中絶がほぼ同数である状況に触れつつ，中絶の再考を促す立場を示した．そして，このウランの下で，スロヴェニアのカトリック教会は急進的な傾向を弱めていった．

　一方，国内政治においては，2004年10月の議会選挙を経て，ヤンシャを首相としSDSを中心とする，非旧体制派政党による連立政権が発足した．同政権は，カトリック教会の全面的な支持を享受した．しかし，新たに締結されたコンコルダートにより政教関係が明確化されたこともあって，妊娠中絶の禁止や，公立学校における宗教教育の導入などの実現は追求しなかった．これに代わって，ヤンシャ政権がカトリック教会のために力を入れたのが，宗教自由法の制定である．2007年に議会で可決された同法は，宗教共同体としての登録に際して，10年以上の活動と100名以上の会員が必要となることを定めつつ，宗教共同体を公共善に資する組織であると規定して，その宗教行為などに対する国家予算からの支出を可能とした．具体的には，軍，警察，刑務所，病院において典礼を執り行うカトリック教会の聖職者の健康保険を含む社会保障が，国庫負担の対象となった．また，文化省が所管する予算が，文化遺産の維持・修復の名目で，カトリック教会が所有する建築物などに対して重点的に分配されることも可能となった［Smrke 2008: 171-172］．

　2008年9月，リーマン・ショックを契機に世界経済危機が発生してスロヴェニアを直撃すると，その影響はスロヴェニアのカトリック教会にも及んだ．1998年，1991年制定の国有化資産返還法が改正されて，返還資産の対象が大幅に広がって以降，カトリック教会はスロヴェニア最大の土地所有者となった．すると，カトリック教会はこの豊富な土地資産を活用して，投資ファンドや銀行などの経営に乗り出した．しかし，世界経済危機下のスロヴェニアでは，不動産バブルの崩壊と不良債権問題が発生し，リュブリャナ大司教区と並ぶマリボル大司教区が経営していた投資ファンドが，最大8億ユーロと見積もられる負債を抱えて経営破綻した．スロヴェニアのカトリック教会は，この問題を隠

蔽してきたが，2011年1月に隣国イタリアの週刊誌が問題の全容を報じると，もはや隠しきれなくなった．そして，同年2月，マリボル大司教のクランベルゲルが，問題の責任を取るかたちで辞任した．さらに，スロヴェニアのカトリック教会は，2013年3月に就任したローマ教皇フランシスコからこの問題に対する責任を厳しく問われて，同年7月，ウランの後任であるストレス・リュブリャナ大司教と，クランベルゲルの後任であるトゥルンシェク・マリボル大司教が，同時に辞任する事態となった［Smrke 2016: 275-77］．

スロヴェニアのカトリック教会では，リュブリャナ大司教とマリボル大司教の不在期間が1年以上続いた後，2014年11月にゾレ・リュブリャナ大司教が，また，2015年4月にツヴィクル・マリボル大司教がそれぞれ就任した．現在，スロヴェニアのカトリック教会は，新たな指導部の下，マリボル大司教区の投資ファンドの経営破綻問題によって，一般市民のみならず信者の間でも失ってしまった信用の回復に取り組んでいる最中である．

以上のように，スロヴェニアのカトリック教会は，自国の独立以来，同教会が説く寛容の精神やモラルなどに似つかわしくない政治的な行動をとり，国民の間に従来から存在する教会不信を一層強めてしまった．それでは，スロヴェニア人の間では，いかなる要因からこの教会不信が存在してきたのであろうか．次では歴史を遡って，その背景を紐解いてみよう．

(2) スロヴェニアにおけるカトリック教会不信の歴史的背景
① 第二次世界大戦におけるカトリック教会による対枢軸国軍協力

スロヴェニアが，スロヴェニア人の民族領域として領土的な単位になったのは，第一次世界大戦後に創設されたユーゴスラヴィア王国（1929年まではセルビア人・クロアチア人・スロヴェニア人王国）が初めてである．それまで，スロヴェニア人の居住地域はハプスブルク帝国下でいくつかの州に分かれており，スロヴェニアという領土的な単位は存在しなかった．第一次世界大戦において，戦前にドイツ，オーストリアと三国同盟を結んでいたイタリアが連合国側に立って参戦すると，戦後，イタリアは参戦時の密約に基づいて現在のスロヴェニア西部の領域を獲得した．そのため，ユーゴスラヴィア王国下のスロヴェニアは，スロヴェニア人多数派地域のおよそ3/4をカバーするにとどまっていた（地図1-1および地図1-2）．

1939年9月，ナチス・ドイツがポーランドに侵攻して第二次世界大戦が勃発

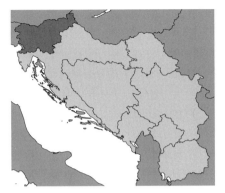
地図1-1　第二次世界大戦後のスロヴェニア（1946年-現在）

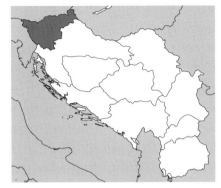
地図1-2　第一次世界大戦後のスロヴェニア（1920-1941年）

■ナチス・ドイツ占領地域
▨イタリア占領地域
▧ハンガリー占領地域

地図1-3　第二次世界大戦中のスロヴェニア（1941-1945年）

すると，1941年4月，ユーゴスラヴィア王国はナチス・ドイツとイタリアを中心とする枢軸国軍の侵攻を受け，10日余りで全土を制圧された．スロヴェニアは，北半分がナチス・ドイツに，南半分がイタリアに併合されて，また，東端の小領域がハンガリーに併合された（地図1-3）．枢軸国側に分割占領されたスロヴェニアでは，最大政党の人民党が待機主義の方針をとったなか，スロ

ヴェニア共産党（KPS）が組織した人民解放戦線が唯一の組織的な抵抗運動を開始した．一方，カトリック教会は，ドイツ併合地域では抑圧の対象となったが，イタリア併合地域では占領当局から協力を強く求められた．そして，カトリック教会は，宗教を同じくするイタリア当局の方が，反宗教的なKPS率いる人民解放戦線よりも，スロヴェニア民族にとり有益な存在であるとの立場から，イタリア当局に全面的に協力していったのである［Pirjevec 1995: 126-127］．

1943年9月，イタリアが連合国側に降伏し，ナチス・ドイツがスロヴェニア内旧イタリア併合地域を吸収すると，ナチス当局は，同地域において，カトリックの抑圧を含むドイツ化政策を強行しない代わりに，カトリック教会に対して協力を求めてきた．カトリック教会は，これに応じて，ナチス当局への協力に着手した．[16] 人民解放戦線が，1941年秋以降チトー率いるパルチザン抵抗運動に加わって占領者への武力闘争を大規模に展開したのに対して，カトリック教会は，ナチス当局によるスロヴェニア人郷土防衛軍[17]の組織などに密接に関わった．パルチザンは，1945年5月までにユーゴスラヴィア全土をほぼ独力で解放して，第一次世界大戦後にイタリア領となったスロヴェニア人多数派地域までも支配下に収めた．一方，カトリック教会においては，第二次世界大戦末期に，ロジュマン・リュブリャナ大司教など対枢軸国軍協力を推し進めた関係者が，ナチス・ドイツ軍やスロヴェニア人郷土防衛軍とともにスロヴェニアから敗走した［Pirjevec 1995: 150-151］．

以上のように，第二次世界大戦において，カトリック教会が枢軸国軍によるスロヴェニアの分割占領に協力したのに対して，パルチザンを基盤として創設されたユーゴスラヴィア連邦人民共和国（FNRJ．1963年にSFRJに改称）は，第二次世界大戦後にイタリア内のスロヴェニア人多数派地域を獲得し，スロヴェニアとしての最大版図を形成した．今日のスロヴェニアでは，かかる歴史的な経緯とその後の経済的成功から，第二次世界大戦後のスロヴェニアにおけるZKS（KPSが1952年に改称）の統治を正統であったと見る傾向が強い．そして，特に第二次世界大戦前にイタリア領であった地域を中心に，現在でも旧体制派の政治勢力に対する支持が根強く，他方，対敵協力の過去があるカトリック教会は，住民に信用されていない．なお，今日のスロヴェニアでは，第二次世界大戦中・戦後の歴史と，カトリック教会に関する立場が分岐点となって，民族主義勢力が大きく二派に分裂していることにもここでは触れておきたい．第一の勢力は，ヤンシャ率いるSDSであり，第二次世界大戦におけるパルチザン

と戦後の ZKS による統治を強く否定視しつつ，カトリック教会との間で協調路線をとっている．また，もうひとつの勢力は国民党（SNS）であり，領土保全・拡張の観点から，第二次世界大戦におけるパルチザンと戦後の ZKS による統治を高く評価しつつ，第二次世界大戦中に枢軸国側による分割占領に協力したカトリック教会に対しては極めて否定的である［Chládková 2014: 25］[18]．

② スロヴェニア人の民族アイデンティティとカトリック，プロテスタント

また，スロヴェニア人の民族アイデンティティの歴史的な形成過程も，第二次世界大戦時の歴史ほど直接的でないとはいえ，スロヴェニアにおけるカトリック教会不信に多少なりとも関係しているといえる．

19世紀，スロヴェニア人は，フランスのナポレオンによるイリリア諸州の設置（1809-1813年）という経験を経て，民族意識を覚醒させていった．そこで，民族意識の重要な基盤となったのが，隣接するセルビア人，クロアチア人とは異なる，民族固有の言語であった．一方で，セルビア人とクロアチア人は，口語の共通性を背景として共通の文語を整備した．そのため，この両民族の間では，民族意識の発達において，宗教（正教，カトリック）が特に重要な意味を持つこととなった．

スロヴェニア人は，スロヴェニア語を整備する作業において，16世紀の宗教改革時にルター派（プロテスタント）が作成した，スロヴェニア語による聖書や辞書，文法書などに依拠することが可能であった．16世紀，ルター派は，今日のスロヴェニアの領域においてスラヴ系住民の民衆語を歴史上初めて文語として用いた．16世紀におけるこの取組は，スロヴェニア人としての自意識を萌芽させるとともに，他民族，特にドイツ人からの同化圧力に対する拠り所ともなった．しかし，17世紀と18世紀には，カトリック教会による反宗教改革が，言語面，文化面も含めてスロヴェニアのプロテスタントを抑圧，弾圧したため，スロヴェニア語の整備と発展は，諸民族のナショナリズムが勃興した19世紀を待たなければならなかった［Pugelj 2014: 37-40］．

近世における，スロヴェニア民族とスロヴェニア語の形成過程の概略は以上のとおりであるが，そこでは，宗教としてのカトリックも，宗教組織としてのカトリック教会も，重要な役割は担ってこなかった．スロヴェニア人にとり，民族意識の重要な基盤となったのは，宗教ではなく言語であった．また，彼らの言語を歴史上初めて文語として用いたのは，カトリック教会ではなくプロテ

スタントであった．そして，21世紀の現在においても，スロヴェニア語はスロヴェニア人の民族アイデンティティの強固な基盤であり，16世紀のルター派による聖書のスロヴェニア語訳は，スロヴェニア民族とスロヴェニア語にとって歴史上最も重要な記念すべき出来事のひとつと見なされているのである［Pugelj 2014: 58］．[19]

　このように，スロヴェニア人の民族アイデンティティにおいては，カトリックはスロヴェニア語に比べて中心的な構成要素ではない．それゆえ，カトリック教会は，「スロヴェニア人は本質的にカトリックの民族である」と敢えて正統性を強調しなければならない状況なのである．また，スロヴェニアの国勢調査でも，宗教的帰属をカトリックと回答した国民の比率が，1991年の71.6％から，2002年の57.8％にまで大きく減少しうるのである［*Statistične informacije* 92/2003: 6］．しかも，この中で定期的に教会に通っている層は一部であって，特に宗教熱心でないという層も少なくない．かつ，教会の政治・経済活動に対する疑念や，第二次世界大戦時に家族が受けた迫害などの理由から，個人的にはカトリックへの信仰心があっても，カトリック教会は信用していないといった層も存在するのである．

おわりに

　以上，1991年に小規模な戦闘のみで独立を達成できたスロヴェニアに関して，その後の内政状況を概観しつつ，同国のカトリック教会が教権主義化を試みながら成功していない現状と，その歴史的な諸背景について考察してみた．独立後のスロヴェニアは，民族紛争を抱えた他のSFRJ後継諸国を尻目に，2004年にEUとNATOへの加盟を実現した．しかし，内政では，他のSFRJ後継諸国以上に，第二次世界大戦においてパルチザン側であったか対敵協力側であったかが重要となってきた．すなわち，隣国イタリアとの領土争いで，領土を拡大したパルチザンの後継政治勢力に根強い支持がある一方，対敵協力の過去があるカトリック教会と，その支援を受けた反共の政治勢力は，幅広い支持や信頼を獲得することに成功していない，という構図である．

　しかし，いくら第二次世界大戦時の対立の構図を引きずっているとはいえ，2008年9月の選挙以降，選挙ごとに旧体制派の系譜をひく新政党が出現しては躍進し，次の選挙で議会外に去ってしまうような状況は，スロヴェニアの政党

政治にとり健全であるとはいえない．第二次世界大戦時の対立構図の克服も含めて，安定的な政党政治の確立と定着に向けた取組が求められている．

付記
本章の内容は全て筆者自身の観点に基づく私見であり，何ら外務省の意見を代表するものではない．

注
1） ドイツをはじめとする多くの西欧諸国では，キリスト教民主主義政党は保守系政党の代表格であり，与党として長期にわたって政権に参加してきている．これらキリスト教民主主義政党は，第二次世界大戦におけるファシズムの悲惨な経験から民主主義の必要性を十分に認識し，カトリック教会の支配を脱して，教会のための政党から大衆のための政党への変容を経験してきた［豊川 2007: 15; 水島 2016: ix］．
2） 2003年にスロヴェニア民主党に改称．略称はSDSで同一．
3） チェコ，スロヴァキア，ポーランド，ハンガリーで構成．
4） *Mladina*, 14. 11. 2011.
5） *Delo*, 07. 09. 2015.
6） *Delo*, 03. 05. 2014.
7） なお，ツェラルの父は1964年東京オリンピック男子体操鞍馬金メダリストで，スロヴェニア人初のオリンピック金メダリスト．また母は1995-1999年にスロヴェニアの検事総長を務めており，ツェラル家はスロヴェニアでは非常に有名である（*Delo*, 07. 06. 2014）．
8） *Mladina*, 18. 07. 2014.
9） 例えば，隣国クロアチアにおける信仰に関する調査結果は次のとおり．1989年：信仰する42％，信仰しない56％，1996年：信仰する73％，信仰しない26％，2004年：信仰する74％，信仰しない21％［Perica 2006: 321］．
10） スロヴェニアのカトリック教会は，2006年までは首都リュブリャナにリュブリャナ教会管区・大司教区があり，その下にコペル司教区，ノボ・メスト司教区，マリボル司教区，ツェリエ司教区，ムルスカ・ソボタ司教区の計5教区が置かれてきた．しかし，2006年にマリボル司教区が大司教区に格上げされ，それに伴いツェリエ司教区とムルスカ・ソボタ司教区がリュブリャナ教会管区・大司教区の管轄を外れ，マリボル教会管区・大司教区の管轄下となった．"Katoliška Cerkev v Sloveniji"（http://www.rkc.si，2016年11月25日閲覧）．
11） ローマ教皇庁非信者評議会は，1965年に非信者局として創設され1988年に評議会に格上げされた後，1993年に文化評議会に統合．所管業務は，無神論者及び他宗教との対話を実施し，無神論者及び他宗教信者を神の福音に導くこと．ロデは1978年から97年まで同局／評議会に長らく所属していた（"Franc *Cardinal* Rodé, C.M," http://www.catholic-hierarchy.org/bishop/brode.html, 2016年11月25日閲覧）．

12) *Mladina*, 24. 12. 2000.
13) *Mladina*, 09. 07. 2001.
14) *Mladina*, 13. 12. 2004.
15) 宗教自由法は，宗教共同体としての登録に，10年以上の活動と100名以上の会員という条件を設定することで，新興宗教団体の淘汰も企図していた。
16) ナチス・ドイツは，当初からの併合地域では，ドイツ系住民が比較的多い状況を踏まえてドイツ化政策を導入し，特に占領開始時においてカトリック教会のスロヴェニア人司祭も弾圧対象とした。しかし，住民の大半がスロヴェニア人であった旧イタリア併合地域では，イタリア当局への協力勢力をそのまま活用する政策をとり，当初からの併合地域でもカトリック教会との協力に転換した。
17) スロヴェニア語では「ドモブラン（Domobran）」。ナチス・ドイツ軍指揮下のスロヴェニア人軍事部隊。ナチス・ドイツの（ドイツ人）兵員不足を補うため1943年9月に創設。対パルチザン攻撃と治安警察業務が主な任務であった。
18) 第二次世界大戦中・戦後の歴史と，カトリック教会に関する立場を分岐点とした場合，その他に，パルチザン・ZKSの統治評価＋カトリック教会と協調，パルチザン・ZKSの統治否定＋カトリック教会に対し否定的，という路線もあり，後者の路線をとる勢力は存在しないが，前者の路線をとる勢力にはSLSがある。しかし，この路線をとるSLSは中道ないし中道右派の傾向が強く，民族主義勢力の範疇には入ってこない［齋藤 2005: 43, 50］。
19) なお，現在，スロヴェニアのルター派人口は，国内の東端に居住する約2万人に過ぎない［Črnič and Lesjak: 2003: 352］。

第2章

クロアチア共和国

石田信一

はじめに

　クロアチア共和国がユーゴスラヴィア社会主義連邦共和国（SFRJ）を構成してきた他の共和国・自治州との国法上の関係の解消を宣言し，その独立が国際的に承認されてから四半世紀が経過した．現在では北大西洋条約機構（NATO）と欧州連合（EU）の加盟国となり，ヨーロッパ統合過程を推進する立場となったが，その歩みは決して平坦なものではなかった．本章では，戦後ほぼ一貫して一党支配を続けてきたクロアチア共産主義者同盟（SKH）にかわって反体制派の民族派知識人であったトゥジマン率いるクロアチア民主同盟（HDZ）が新政権を発足させた1990年から現在に至るクロアチアの歩みを政治・社会情勢を中心に概観する．

　クロアチアを独立へと導いたトゥジマンの排他的なナショナリズムは，しばしば歴史修正主義と結びついてきた．その歴史政策がクロアチア社会に亀裂を生じさせ，近隣諸国との関係を悪化させることも少なくなかった．こうした状況は日本と韓国・中国など東アジア諸国との間で問題となっている歴史認識をめぐる対立・論争と共通する面があり，参考にすべき点も少なくない．具体的事例として，このクロアチア・ナショナリズムと歴史政策の問題についても，ヤセノヴァツとブライブルクに焦点をあてて紹介していく．

1 クロアチアの概況

(1) トゥジマン政権

　1989年から1990年にかけて起こった東ヨーロッパにおける共産主義体制の崩壊は，クロアチアにも強い影響を及ぼした．SFRJを構成する各共和国間の利害対立もあって全国レベルでの諸改革は遅れていたものの，クロアチアではSKHによる一党支配が終わり，1990年4月から5月にかけて戦後初の複数政党制自由選挙が共和国レベルおよび地方自治体レベルで実施された．とくに共和国議会選挙では，セルビアにおけるミロシェヴィッチの台頭への危機感など

を背景として，また小選挙区制の下で，反体制派のナショナリストとして知られていたトゥジマンが結成した右派のHDZがラチャンの下で転身をはかった左派の共産主義者同盟・民主変革党（SKH-SDP）を圧倒して，全議席の58％を単独で確保した．いずれにも与しない「国民合意連合」（KNS）は惨敗したが，その発起人でもあったダブチェヴィッチ＝クチャルは選挙後にクロアチア国民党（HNS）を結成している．

　1990年5月30日，この選挙結果に基づく新たな共和国議会が開催され，幹部会議長にHDZの党首トゥジマンが，執行評議会議長にメシッチが選出された．新政権は脱社会主義と脱ユーゴスラヴィア，すなわちクロアチア化を強力に押し進めた．まず，同年7月25日の憲法修正により，正式国名がクロアチア社会主義共和国からクロアチア共和国に変更されるとともに，国旗の中央にあった赤い星（五稜星）が伝統的な赤白市松模様の盾に差し替えられたほか，幹部会議長は大統領に，執行評議会は政府に改称された．クロアチア共和国の政治・経済主権に関する条文も追加されている．なお，メシッチはユーゴスラヴィア連邦幹部会のクロアチア代表となるため憲法修正の翌月に離任し，その後任には幹部会副議長のマノリッチが就任した．

　1990年12月22日には新たなクロアチア共和国憲法，いわゆる「クリスマス憲法」が採択されたが，この憲法はフランス第五共和政をモデルとして，議院内閣制の枠組みをとりつつ，大統領に強大な権限を付与するものであった．クロアチア人が千年以上にわたって自らのアイデンティティと「国家性」を保持してきた経緯を説明しつつ，その民族自決権と国家主権を強調する，クロアチア・ナショナリズムが色濃くあらわれている長い前文が目につくとともに，クロアチア語・ラテン文字の公的使用に関する条文もあり，それまでも必ずしも平等に位置づけられていたとはいえないクロアチア国内のセルビア人に対する配慮をさらに欠いたものとなった．

　トゥジマン大統領が推進したクロアチア・ナショナリズムに立脚した諸政策は，クロアチアの総人口の12％を占めるセルビア人にとって，第二次世界大戦中の「クロアチア独立国」時代を想起させ，自らの存立を脅かすものととらえられたし，セルビアのメディアもそれを助長したといわれる．実際に差別や迫害に直面したケースが少なからず報告されている．すでに1990年2月にボスニアとの国境に近いクライナ地方の中心都市クニンでセルビア民主党（SDS）が結成されていたものの，この時点ではセルビア人の間でSKH-SDPの支持率が

非常に高く，ユーゴスラヴィア独立民主党（JSDS）などの選択肢も存在した［Šiber 1991: 99］．結局，SDS は共和国議会で 5 議席しか獲得できず，地方議会でも多数派となったのはクニンなどごく一部であった．しかし，トゥジマン政権が発足して緊張が高まると，SDS はこれに対抗する形で急速に組織化を進め，とくにセルビア人が多く住む自治体の議会では SKH-SDP 選出議員の SDS への移籍が相次ぎ，多数派を形成していった［Barić 2005: 61］．

SDS は1990年 7 月25日にクロアチア国内のセルビア人すべてを代表するものとして「セルビア民族評議会」（SNV）の創設を宣言し，自治の賛否を問う住民投票の準備を進める一方，これを阻止しようとするクロアチア政府に対抗するため，ベンコヴァツやクニンなどで道路封鎖事件，いわゆる「丸太革命」を引き起こした．住民投票には約76万人（国内57万人，国外19万人）が参加し，実に99.96％がセルビア人の自治に賛成する投票を行ったとされる［Barić 2005: 86］．これをうけて，同年12月21日，クニンを首都とする「クライナ・セルビア人自治区」の設立が宣言された［Barić 2005: 95］．強硬派のバビッチがクライナの実権を掌握したのも，この時期のことである［月村 2006: 38］．当初はクニン周辺の北ダルマチア・リカ地方に限られていた「クライナ・セルビア人自治区」の範囲は，ザグレブからも遠くないバノヴィナ（バニヤ）やコルドゥン，さらには西スラヴォニア地方にまで急速に拡大していったが，クロアチア東部，セルビアとの国境地帯では，これとは別に「スラヴォニア・バラニャ・西スレム（スリィェム）・セルビア人地区」と称する「自治区」が創設され，SDS 党内での主導権争いを引き起こすことになる[4]．

その間，政治的・経済的危機を回避するための SFRJ 再編をめぐる各共和国間の協議にクロアチアも加わり，スロヴェニアとともに各共和国を主権国家とする国家連合の形成を主張したが，従来の連邦の維持・強化を求めるセルビアなどの主張と激しく対立し，有効な解決策を見いだせなかった．集団国家元首としての連邦幹部会はもはや形骸化しており，メシッチが連邦幹部会議長に就任した1991年 6 月には，ほとんどその機能を果たさなくなっていた．

各共和国間の協議が難航し，上記のセルビア人問題もからんで国内情勢が悪化すると，トゥジマン政権は SFRJ からの分離・独立を志向するようになった．1991年 5 月19日，スロヴェニアの前例にならってクロアチアの独立の是非を問う国民投票が実施されると，94.17％が賛成票を投じた（投票率83.56％）．これをうけて，スロヴェニアの独立宣言と同じ 6 月25日，クロアチア共和国議

会が主権・独立宣言を行った．ユーゴスラヴィア人民軍（JNA）の介入によりスロヴェニアで戦闘が生じると，ECの仲介による「ブリオニ宣言」が成立し，いったん独立は棚上げとなったが，両国とも10月8日にあらためて独立宣言を行った．現在，この日がクロアチアの独立記念日となっている．

一方，1991年3月末に起こったプリトヴィッツェ事件を皮切りに，「クライナ・セルビア人自治区」のセルビア人とクロアチア軍（当初は警察軍）との小競り合いが頻発するようになった．JNAは前者を保護する立場をとり，しだいにセルビアからの志願兵とともにクロアチア軍に直接攻撃を仕掛けるようになった．クロアチアにおける戦争の始まりである．それは「内戦」の性格を帯びており，多くの研究者がそのようにとらえているものの［柴 1996; 久保 2003; 月村 2006］，クロアチアの公式見解では，この戦争は大セルビア主義的な侵略行為に対する防衛・解放のための「祖国戦争」と位置づけられており，クロアチア議会も2000年にあらためてこの趣旨の決議を行っている．こうした危機的状況の下で，1991年7月，トゥジマン大統領はそれまで副首相であったグレグリッチ（HDZ）に初めての「挙国一致内閣」を組織させ，SDPのトマッツが副首相となったほか，かつてはKNSに参加していたクロアチア社会自由党（HSLS）のブディシャ党首，クロアチア・キリスト教民主党（HKDS）のツェサル党首らが入閣した．

クロアチアにおける戦争は東スラヴォニアから西スラヴォニア，さらにバノヴィナ，コルドゥン，リカ，北ダルマチアの各地方にまで拡大していった．1991年8月に始まった戦闘で激しい抵抗の末に陥落した西スリイェム地方のヴコヴァルは，同年10月に始まった包囲戦を耐え抜いた南ダルマチアの世界遺産都市ドゥブロヴニクと並ぶ「祖国戦争」のシンボルとなった．住民投票をへてセルビア共和国との合併およびユーゴスラヴィアへの残留を宣言し，やや遅れて「クライナ・セルビア人共和国」（RSK）を称することとなったセルビア人の支配地域は，1992年初頭には国土の約3割にまで達した．クロアチアは1992年1月にJNAと休戦協定（サライェヴォ合意）を結んで和平を実現したが，セルビア人の支配地域には国連保護軍（UNPROFOR）が派遣され，依然としてクロアチアから分断されたままであった．

米ソ両国にせよECにせよ当初はユーゴスラヴィアの統一を支持する姿勢を示し，クロアチアの独立を承認しなかった．しかし，外交上の努力もあって，サライェヴォ合意の直後，1992年1月15日にECがクロアチアの独立を承認す

ると,多くの国々がこれに追随し,同年5月22日には国際連合の正式加盟国として認められるに至った.同年8月2日,新憲法下で初となるクロアチア議会選挙と大統領選挙が実施され,こうした外交上の成果を掲げて選挙に臨んだHDZが圧勝し,トゥジマン大統領も危なげなく「再選」された.SDPは大統領候補を立てられず,議会選挙の得票率でもHSLS,HNSにつぐ野党第3党にまで落ち込んだ.すでに選挙前に「挙国一致内閣」が解消されていたこともあり,シャリニッチ首相の下でHDZ単独政権が発足し,翌年にはヴァレンティッチ首相がこれを引き継いだ.

1992年から1993年にかけてダルマチア各地でクロアチア軍の攻勢が続き,北部のザダル一帯,南部のドゥブロヴニク一帯の奪回に成功した.一方で,トゥジマン大統領はボスニアにおけるクロアチア人とセルビア人,ムスリム人(現在のボシュニャク人)との三つ巴の戦争に積極的に介入したが,これに消極的なメシッチやマノリッチらがHDZを離党する結果をもたらした[月村 2006: 168-169].彼らはクロアチア独立民主党(HND)を結成したが,それは後述する「ザグレブ危機」の一因となるものでもあった.

クロアチア政府はRSK代表団と経済関係正常化交渉を進めて一定の成果をあげたものの,国際社会が提示したクライナの自治に関する「Z4案」を拒絶した(RSK側も拒絶).さらに,1995年3月末にクロアチアにおけるUNPROFORの任期が切れると,クロアチア政府にとって「領土再統一を実力行使で実現するという自力救済の道が開かれた」[月村 2006: 207].これこそがクロアチア軍のRSKに対する大攻勢,すなわち同年5月の「稲妻作戦」と8月の「嵐作戦」であった.これによって,RSKは事実上崩壊した.残された東スラヴォニア一帯に関しても,同年11月の東スラヴォニア・バラニャ・西スリイェム地方に関する基本合意,いゆわるエルドゥト合意によって平和的に再統合されることが決定した.同地方は国連暫定統治機構(UNTAES)の統治下に置かれたが,1998年1月にクロアチアへの復帰を果たし,クロアチアは独立前の共和国の境界線の回復に成功したのである.

(2)「祖国戦争」後のクロアチア

1995年10月のクロアチア議会選挙は,トゥジマン大統領率いるHDZが「祖国戦争」の成果を生かすべく,任期満了を待たずに実施したものであり,引き続き同党が単独で過半数を制する結果となった.もっとも,戦争における物

的・人的な損失は大きく，トゥジマン大統領と彼が任命したマテシャ内閣は，まず国家再建と難民帰還という難題に取り組まなければならなかった．クロアチアの戦争被害に関するデータは未確定であるものの，最近の「祖国戦争」の教本によれば，被害額1420億米ドル，死者・行方不明1万4154人，1995年末の難民（国内避難民を含む）38万8384人とされている［Barić et al. 2015: 15-19］．こうした状況の下で，社会主義期の延長上にあった経済体制の転換，いわゆる民営化プロセスも順調には進まなかった．

　トゥジマン大統領はクロアチアの独立と「祖国戦争」に勝利し国土の再統合を実現した「国父」とみなされる一方，権威主義的な支配体制を固めて民主化を停滞させたという批判も多い．実際，クロアチア国営放送（HRT）はもとより，『ヴィエスニク』や『ヴェチェルニ・リスト』といった主要な日刊紙もHDZ の影響下に置かれ，政府に批判的なジャーナリストの追放や独立メディアに対する抑圧が続いた［Ramet 2010: 272］．「ザグレブ危機」のさなかに起こった「ラジオ101」放送局の免許取り消しに際しては，首都ザグレブで10万人規模の抗議集会が開催されている［Bartlett 2003: 50］．

　これと同じ時期，首都ザグレブにおける SDP, HSLS などで結成された野党連合と HDZ の主導権争いから政治的な空白・混乱が生じていた．この「ザグレブ危機」は独立後に刷新された地方自治制度に大きな疑問を投げかけるものであり，クロアチアにおける民主化の遅れを象徴する事件となった．その経緯については，ザグレブ市議会議長となって野党連合を率いたトマッツが残した手記から窺い知ることができる［Tomac 1997］．

　1995年9月，それまで県と同格であったザグレブ市がザグレブ県の一部となり，その翌月に新たな市議会選挙と県議会選挙が実施された．しかし，HDZの期待に反して，同党は市議会でも県議会でも野党連合に敗北した．

　ザグレブ市議会では，野党連合はザグレブ県知事を兼務する市長候補をHSLS から選出したが，トゥジマン大統領は2度にわたってこれを承認せず，マテシャ内閣の閣僚であった HDZ のマトゥロヴィッチ＝ドロブリッチを市長に任命した．大統領が県知事（およびザグレブ市長）候補を承認する手続きが地方自治法に明記されていたとはいえ，こうした強硬策は当然ながら野党連合の強い反発を招き，市議会は新市長の不信任決議を行った．市議会はあらためてHSLS のブディシャを新たな市長候補として選出したが，またも大統領の承認は得られなかった．結局，政府は1996年4月にザグレブ市議会を解散させ，

HDZのブロリッヒを行政官として派遣する決定を行った．また，ザグレブ市の位置づけをめぐって住民投票まで実施されたが，政府はその結果に反して，ザグレブ市の領域を縮小した上で，ふたたびザグレブ県から分離させた．なお，もとより法的な拘束力を持つものではないにせよ，イヴァニッチ・グラド，ナシツェ，ノヴスカ，パグなど県境に位置する市・オプチナ（日本の町村にあたる基礎自治体）の帰属替えに関する住民投票がザグレブと同じ時期に一斉に実施されている．[7]

1997年2月には，ザグレブに限らず，県および市・オプチナの領域に関する法律が改正された．セルビア人の自治要求に対応するべく設置したものの，RSKがクロアチアから離反したために実際に機能したことのなかった2つの特別自治区（クニンとグリナ）が正式に廃止されるとともに，クロアチア全土の市・オプチナは多くの境界変更（帰属替え）を伴いつつ122市・416オプチナに増加した．各自治体の規模が小さく，財政あるいは人材確保に問題がある場合も多く，中央からの統制を容易にする制度となっている．

1997年4月に統一地方選挙が実施されると，HDZはザグレブ市議会で50議席中24議席を獲得し，これに野党連合を離脱したクロアチア農民党（HSS）からの移籍者を加えて，マトゥロヴィッチ＝ドロプリッチを市長として「再選」することに成功した．同党は首都における政治的主導権を回復し，「ザグレブ危機」は終結したと見なされている．なお，全国的に見ても，HDZは首都ザグレブに加えて16県議会で優勢となり，同党所属の県知事を選出した．

こうした集権化の動きに対して，地域運動を展開する政党もなかったわけではない．しかし，この時期に運動が一定の成果をおさめたのはイタリアおよびスロヴェニア国境に近いイストリア地方のイストリア民主会議（IDS）のみであった．そのIDSにしても，イストリア県議会で多数派となり，イストリア地方の独自性とその広範な自治を主張する「イストリア憲章」を制定したものの，クロアチア政府によって違憲審査請求が行われ，実際に大幅な修正を余儀なくされるなど，たびたび中央からの統制を受けることになったのである．

(3) 初の政権交代と民主化の進展

2000年初頭の大統領選挙と議会選挙は，クロアチア現代史における大きな転換点となった．大統領選挙は1999年末にトゥジマン大統領が任期半ばで亡くなったことによるものであったが，HDZには有力な後継者がおらず，長らく

外相を務めてきたグラニッチを大統領候補としたものの、決選投票にさえ進むことができなかった。この決選投票では、HDZからHND、さらにHNSに移籍していたメシッチ元首相が、HSSなど他の野党勢力の支持をとりつけ、SDPとHSLSの統一候補ブディシャに大差をつけて勝利し、2人目の大統領となった。また、議会選挙では、HDZが単独で最多の議席を獲得したものの、SDPとHSLSを主軸とする野党連合には及ばず、独立後初めて下野することとなった。SDPのラチャン党首を首相とする連立内閣が発足した。ブディシャでなくメシッチを支持した野党勢力もこの連立内閣に加わっており、例えば地域運動を推進してきたIDSのヤコヴチッチ党首が欧州統合相となっている。

　ラチャン内閣は2000年から2001年にかけて憲法改正を含む抜本的な改革を行い、トゥジマン大統領の下で停滞していた民主化を積極的に推し進めた。憲法改正により、大統領権限は縮小され、準大統領制から議院内閣制へと移行するとともに、クロアチア議会は二院制から一院制となり、地方自治権の拡大も実現した。大統領就任後にHNSを離脱し、「市民の大統領」と呼ばれたメシッチもこうした改革を支えた。ラチャン首相とメシッチ大統領の下で、クロアチアはEU加盟交渉の第一歩を踏み出すことができた。まず、2000年1月に欧州統合局を欧州統合省に昇格させ、同年11月にはEU加盟15カ国および安定化・連合プロセスに関わるクロアチアなど南東欧5カ国の首脳らが一堂に会するザグレブ・サミットを開催して、トゥジマン政権下での国際的孤立からの脱却を印象づけた [Grubiša 2000]。クロアチアは2001年10月に安定化・連合協定に調印し、2003年2月にはEU加盟を正式に申請している。

　一方、内政面では地方自治権の拡大が憲法および地方自治法の改正を通じて具体化された。県は広域的な地方自治単位と再定義され、県知事は国家行政の執行責任者としての役割から解放された。「ザグレブ危機」に際して問題となった県議会が選出する知事候補に対する大統領の承認手続きも廃止された。地方自治体の権限は拡大され、地方税率の変更など財政面での補強も試みられた。地域運動も新たな展開を見せ、イストリア県がイニシアティヴをとって創設した地域協力機構「アドリア海ユーロリージョン」をはじめとして、近隣諸国の地方自治体との越境的な地域協力が進められることとなった。

　もっとも、この時点で地方自治体の首長の公選制は導入されず、しかも自治体の規模の小ささからくる財政上その他の問題は未解決のままであった。その後も市・オプチナの統廃合や県の再編に向けた議論が進められているものの、

自治体側の強い反発もあって実現していない．

2002年12月に少数民族の権利に関する憲法的法律が改正され，「セルビア人問題」に対応するために1991年の施行以来頻繁に修正されてきた条文の整理が行われるとともに，少数民族のための国家評議会や少数民族評議会の設立が決定された．少数民族には人口比に応じた立法・行政・司法機関への代表選出ないし雇用が保証されており，クロアチア議会でもセルビア人に3議席，ハンガリー人に1議席，イタリア人に1議席，チェコ人とスロヴァキア人にあわせて1議席，オーストリア人，ブルガリア人，ドイツ人，ロマ，ルーマニア人，ルシン人，ロシア人，トルコ人，ウクライナ人，ヴラフ，ユダヤ人にあわせて1議席，アルバニア人，ボシュニャク人，モンテネグロ人，マケドニア人，スロヴェニア人にあわせて1議席が確保されている．なお，ここに掲げた22集団は憲法に明記されている少数民族でもある．一方，最大の少数民族であるセルビア人に関しては，「祖国戦争」の時期に生じた難民の帰還など未解決の問題も多い．彼らの雇用が憲法的法律にてらして不十分であることも指摘されている［材木 2011: 24］．

伝統的価値を重視するトゥジマン大統領とHDZ政権の下で差別的な扱いを受けてきたLGBTの権利に関しても，ラチャン内閣は事実婚制度を適用することで一歩前進させた［Vuletić 2008: 308］．同性婚に反対するローマ・カトリック教会の呼びかけにより，のちに婚姻を男女間に限定する憲法改正が行われ，家族法にも同じ規定が盛り込まれるなどの揺り戻しも見られたが，2014年8月に同性のパートナーに異性間の婚姻とほぼ同等の権利を認めるライフ・パートナーシップ法が施行されている［Rešetar and Lucić 2015: 1］．

ラチャン首相はクロアチアにおける民主化の進展に貢献したが，連立内閣が求心力を欠いたことは事実であり，HSLSとIDSの連立離脱といった政治的混乱が生じた．さらに，高い失業率を解消できない経済政策の失敗が国民の支持を急速に失わせ，2003年11月のクロアチア議会選挙では穏健派のサナデルが党首となったHDZが政権を奪還した．

サナデル新首相は国際協調路線をとり，クロアチアは2004年6月にEU加盟候補国として承認された．しかし，旧ユーゴ国際刑事法廷（ICTY）への協力が不十分だとして加盟交渉の開始は2005年10月まで延期された．その後もICTYへの協力などをめぐって交渉は難航し，さらに2008年から2009年にかけてはピラン湾周辺やムラ川流域での国境画定問題やアドリア海における排他的経済水

域の権益をめぐって対立してきた隣国スロヴェニアに加盟交渉全般に対する事実上の拒否権を発動されることとなった.

2007年11月のクロアチア議会選挙でも,サナデル首相率いるHDZが第1党となり,かつてSDPと結びついていたHSSとHSLSの「緑黄連合」や独立民主セルビア党（SDSS）に代表される少数民族政党の支持をとりつけ,2008年1月に第2次サナデル内閣を発足させた.政府はEU側の要請でもあった汚職や組織犯罪の撲滅作戦に着手し,政財界から多数の逮捕者を出した.同年10月に有力誌『ナツィオナル』編集長プカニッチらが殺害される事件が起こると,内相や法相が更迭され,犯罪防止のための一連の法律改正が行われた.また,2009年4月にクロアチアのNATO加盟を実現させたことは,EU加盟交渉の停滞とは対照的に,サナデル首相在任中の最大の成果となった.

(4) 経済危機の中でのEU加盟

サナデル首相が2009年7月に突然辞任すると,コソル副首相がクロアチア初の女性首相に就任した.コソル内閣が最初に直面した課題は経済危機からの脱却であった.財政健全化のために付加価値税や車両税の増税,所得税に加算する「危機税」等の導入に踏み切るとともに,雇用確保のための企業向け補助金制度の新設,国家公務員の給与引き下げなどを行った.こうした措置への反発も強く,とくに雇用者側に有利となる労働法改正案は労働組合連合の猛反発をうけて廃案となった.2010年末には内閣改造を行い,経済・財政部門の梃入れと汚職の嫌疑がかかる閣僚の一掃をはかった.

政府は汚職や組織犯罪の撲滅作戦を継続・強化したが,その最大の成果は皮肉にもサナデル前首相の逮捕であった.職権濫用と汚職の嫌疑がかけられ,刑事訴訟手続きのため国会議員としての不逮捕特権を停止されたサナデルは,国外逃亡を試みて国際手配された挙げ句にオーストリアで身柄を拘束された.その後,クロアチアに送還されたサナデルに対して,複数の事件に対する裁判が行われ,すでに禁固8年半の有罪判決が下っているものもある.

コソル首相はスロヴェニアとの関係を改善し,ピラン湾周辺の国境画定問題を国際的な仲介にゆだねる合意を2009年11月に成立させた.これは大きな前進であり,クロアチアのEU加盟交渉は2011年6月に完了し,同年12月加盟条約の調印に漕ぎ着けた.

メシッチ大統領の任期満了に伴う2009年12月の大統領選挙は12人が立候補し

て大混戦となった．SDPの公認候補となったヨシポヴィッチと同党を離れて無所属で立候補したザグレブ市長バンディッチが決選投票に進む中で，ヘブランクはHDZ候補として過去最低の得票率で脱落した．決選投票の結果，2010年1月にヨシポヴィッチが新大統領に就任した．

　2011年12月のクロアチア議会選挙では，SDPが主導する中道左派の野党連合「ククリク」[8]が圧勝した．初めて第1党となったSDPのミラノヴィッチ党首が首相となり，「ククリク」で協力したHNSやIDSとの連立内閣を発足させた．一方，HDZはEU加盟交渉で大きな成果を上げたにもかかわらず，経済危機による生活不安やサナデル逮捕がイメージダウンとなって伸び悩み，8年ぶりに下野することとなった．その責任問題もあって，コソルは2012年5月の党首選挙で再任されず，まもなく党籍まで剥奪された．彼女に代わり，長らく情報機関で活動していたカラマルコ前内相がHDZの第4代党首に選出された．

　ミラノヴィッチ内閣が最初に取り組んだのはクロアチアのEU加盟をめぐる国民投票の実施であった．2012年1月22日の国民投票では賛成票が66.3％に達した．ユーロ圏の経済危機などからEU諸国に対する不信感が生じていたこともあって投票率は43.5％と低調であった．こうした不信感はICTYに起訴された「祖国戦争」におけるクロアチア軍指揮官ゴトヴィナの処遇とも関連していたが，2012年11月に彼に対して逆転無罪判決が下されると，国民は熱狂的にこれを歓迎した．

　ミラノヴィッチ内閣の下でも，経済・財政上の危機的状況が続き，政府は2012年に付加価値税率の25％への引き上げをはじめとする増税措置や政府職員等に対する賃金カットを強行し，国民生活をいっそう圧迫した．このこともあって2013年5月の統一地方選挙や2014年5月の欧州議会選挙ではHDZが優勢であった．

　2013年7月1日，クロアチアは独立以来の国家目標であったEU加盟を実現した．EU諸国との貿易が自由化された．中欧自由貿易協定（CEFTA）から離脱したことから，主要貿易相手国であるセルビアやボスニアとの経済関係の後退が懸念されたが，その影響は非常に限定的なものであった．また，クロアチア議会はEU加盟直前に欧州共通逮捕令状の適用を2002年以降の犯罪に限定する法律を採択したが，これはドイツが引き渡しを求めてきたペルコヴィッチの移送を阻むものであった．この事件によってドイツとの関係が悪化し，欧州委

員会が制裁手続きに入ったため，結局は法律の改正に応じることとなった．

　ミラノヴィッチ内閣の経済政策に対する国民の不満は，HDZ に政権奪回の機会を与えた．2015年１月，任期満了に伴う大統領選挙の決選投票が行われ，同党の候補であるグラバル＝キタロヴィッチ元外務・欧州統合相が現職のヨシポヴィッチ大統領を破って当選した．また，同年11月のクロアチア議会選挙では，HDZ 主導の中道右派政党連合「愛国同盟」が SDP 主導の中道左派政党連合「成長するクロアチア」に競り勝ち，2012年にメトコヴィッチ市長のペトロヴが結成した新党モスト（橋）との連立内閣を発足させた．カラマルコの首相就任をモストが拒否したため連立協議は難航したものの，2016年１月に経済界（製薬会社）出身のオレシュコヴィッチをクロアチアで初めて無所属の首相とすることで合意し，カラマルコは第一副首相となった．しかし，HDZ とモストの反目，カラマルコとオレシュコヴィッチの対立が深まる中で，同年６月にまずカラマルコが汚職スキャンダルで副首相を辞任，さらに HDZ の支持を失ったオレシュコヴィッチに対する不信任決議が成立し，「祖国戦争」後のクロアチアでもっとも短命な内閣となった．SDP はこの機会に HNS などと「国民連合」を結成して同年９月のクロアチア議会選挙に臨んだが，外交官出身で EU との太いパイプを持つと言われるプレンコヴィッチ新党首の下でイメージ転換に成功した HDZ に惜敗した．プレンコヴィッチはモストとの連立交渉を成功させ，自ら首相となって新たな連立内閣を発足させた．

2　クロアチア・ナショナリズムと歴史政策

(1)　トゥジマン政権下の歴史政策

　クロアチアの初代大統領となったトゥジマンは，第二次世界大戦中のパルチザンによる人民解放闘争に参加したユーゴスラヴィア人民軍の退役軍人（少将）であり，労働運動史研究所の所長やザグレブ大学政治学部の准教授となってクロアチア近現代史に関する研究で多くの論争を引き起こした歴史家でもあった．その研究はクロアチア・ナショナリズムに立脚しつつユーゴスラヴィア共産主義者同盟のオフィシャルな歴史観に反対するものであり，1967年に党籍剥奪・公職追放の処分を受けた後，1971年の「クロアチアの春」への関与も含めて数度にわたる逮捕・投獄を経験することとなった．

　トゥジマンはクロアチア移民協会の活動などを通じて国外に住むクロアチア

人と深く関わった．彼はこれらのクロアチア人を「ディアスポラ」と呼び，それまでユーゴスラヴィアで敵対的なイメージが付与されることもあった移民コミュニティとクロアチア本国との関わりを強調しつつ，その支援を求めた［Colic-Peisker 2008: 160］．トゥジマンはまた第二次世界大戦において激しい戦闘を繰り広げたパルチザンとウスタシャの「国民和解」をこれらの「ディアスポラ」に訴えた．パルチザンとウスタシャにはクロアチア国家という共通の目的があったというのが彼の論法であった［Radonić 2010: 55］．ウスタシャを赦すことにつながる「国民和解」という歴史修正主義的な考え方は，クロアチア国内では必ずしも多くの賛同が得られるものではなかった．しかし，トゥジマンがクロアチア大統領となったことで，「国民和解」をめざす歴史政策とも呼ぶべきものが導入されていったのである．

　前述の通り，トゥジマン政権は脱社会主義と脱ユーゴスラヴィア，すなわちクロアチア化を強力に押し進めた．それは広場や通り，学校などの名前の改称，記念日（祝祭日）の変更，歴史教科書をはじめとする学校教育の刷新など，さまざまな分野に及んだ．

　例えば，広場や通りの名称に関しては，ザグレブ中心部に位置する共和国広場が第二次世界大戦後まもなく撤去されたイェラチッチ総督の騎馬像の再配置とともに戦前のイェラチッチ総督広場という旧称に戻されたことがよく知られている．ザグレブ市内に限れば，こうした改称は1992年から1993年にかけてピークを迎え，この2年間だけでも300件近くに達した［Stanić, Šakaja and Skavuj 2009: 104］．人民解放闘争（反ファシズム闘争）や社会主義に関連する人物や事件を冠したものは，一部の例外を除いてほぼ一掃され，その多くが中世クロアチア国家の統治者を含む旧称に戻された．ザグレブ大聖堂前のカプトル広場を「クロアチア独立国」時代の大司教に因んでステピナツ広場に改称することを求めるイニシアチブは失敗に終わったが，ザグレブ以外のいくつかの都市では，同じく「独立国」で教育相・外相等を歴任したブダックと並んで，少なくとも通りの名称として採用されている［Radović 2013: 317-319］．なお，この時期にクロアチア各地に6000カ所もあった人民解放闘争を記念するモニュメントや記念像・銘板のうち約半数が破壊されたといわれるが，トゥジマン政権は事実上これを黙認した［Hrženjak 2000: XI-XII］．

　当然ながら，広場や通りの名前の改称はつねに市民に歓迎されたわけではなかった．首都ザグレブにおいて，1990年に「ファシズムの犠牲者」広場を「ク

ロアチアの偉人」広場に改称した際には，多くの知識人がクロアチアにおける反ファシズム運動の価値を下げ，犠牲者への敬意を損なわせるなどとしてこれを非難し，野党勢力による初めての抗議デモまで起こっだ［Pavlaković 2012: 318, 336］．事前の世論調査でも，他の主要な広場や通りの名前の改称とは異なり，「ファシズムの犠牲者」広場だけが反対派が過半数を占めていたという［Pavlaković 2012: 331］．

そもそも，この広場は戦前にはセルビア人・クロアチア人・スロヴェニア人王国（のちのユーゴスラヴィア王国）の初代国王に因んで解放者ペタル1世広場もしくは単にペタル王広場と呼ばれていたから，旧称に戻すことはありえなかった．広場の中央には円形の革命博物館があったが，その起源はペタル1世の記念館（機能的には芸術家会館）であり，戦中はモスクになっていた時もある，いわくつきの建築物である．トゥジマンはこの建築物を「クロアチアの偉人」の遺骨をおさめるパンテオンにする計画であったが，すでに展覧会を再開していた芸術家協会の猛反発もあって実現できなかったという［Župan 2000］．

このほか，1991年3月，トゥジマン政権は祝祭日に関する法律を制定し，SFRJが定める祝祭日を無効とした上で，多くの宗教上の休日を設けるとともに，同政権が発足した5月30日を「国家の日」，クロアチアで最初のパルチザン蜂起があった6月22日を「反ファシズム闘争の日」と定めた．とくに後者はセルビア人を主体とするパルチザン蜂起を記念する7月27日の「人民蜂起の日」からの変更であり，この時期に生じたセルビア人問題とも関わるものであった［Pavlaković 2015: 124-125］．その後，祝祭日は追加されていくが，「反ファシズム闘争の日」は現在まで維持されている．

このように，トゥジマンの主張する「国民和解」は反ファシズム運動・人民解放闘争との関連で，むしろクロアチア社会に亀裂を生じさせる危険性をはらんでいた．1990年12月のクロアチア共和国憲法は，クロアチアの国家主権の連続性と関連づけて，辛うじてウスタシャの「クロアチア独立国」ではなく，パルチザンのクロアチア人民解放反ファシスト全国評議会（ZAVNOH）の正統性を追認している．しかし，「国民和解」をめざす歴史政策は必然的に歴史修正主義と結びつき，ウスタシャや「クロアチア独立国」の復権をめざすかのような動きも見られるようになった．ヤセノヴァツとブライブルクの位置づけには，この点がよくあらわれている．

(2) ヤセノヴァツとブライブルクをめぐって

　ヤセノヴァツとブライブルクはともに第二次世界大戦中の傀儡国家「クロアチア独立国」に関連する地名である．ヤセノヴァツはボスニア国境のサヴァ川に面したクロアチアの小村で，「クロアチア独立国」が創設・運営し，多くのセルビア人およびユダヤ人，ロマなどを虐殺した悪名高いヤセノヴァツ収容所の所在地として知られ，「バルカンのアウシュヴィッツ」などと形容されてきた．

　一方，ブライブルクはスロヴェニアと国境を接するオーストリア・ケルンテン州の小都市であり，第二次世界大戦末期に「クロアチア独立国」を逃れてここまで辿り着いた人々が，結局はパルチザンに引き渡され，その場で，あるいはユーゴスラヴィア各地の収容所に送られる「十字架の道」（死の行進）で処刑・虐殺されたといわれる「ブライブルクの悲劇」の舞台である．それはセルビア人にとってのヤセノヴァツと同じく，クロアチア人にとっての「民族的悲劇の象徴的焦点」として位置づけられ ［岩田 1994: 58］，また「民族的殉教地」とみなされているという ［佐原 2008: 58］．

　ヤセノヴァツとブライブルクは単なる歴史論争の対象ではなく，政治家にとって重要なテーマでもある．それぞれの土地で毎年開催されている記念式典への参加は，彼らにとって一種の「踏み絵」としての役割を果たし，その発言がメディアを通じて大きな反響を呼ぶことも多い．

　社会主義期から，第二次世界大戦の犠牲者数はたびたび論争の的となってきた．終戦直後，共産党政権によって提示されたユーゴスラヴィア全土の犠牲者数は約170万人であり，なおセルビアではこの数値が最低限のものとして歴史教科書などに引用されることがある ［Павловић 2011: 122］．しかし，1980年代以降，犠牲者数を約100万人と推計するジェリャヴィッチらの研究があらわれ，少なくともクロアチアではこの数値のほうが信頼度が高いと考えられている ［MacDonald 2002: 162］．

　個々の犠牲者は数値化して語られるべきものではないにせよ，これと同じように，ヤセノヴァツ収容所の犠牲者数についても大きな開きが生じてきた．セルビアではヤセノヴァツはセルビア人に対するジェノサイドと関連づけられており，そこでの犠牲者数を約70万人と推計する研究者は多い．トゥジマンを含むクロアチアの研究者の中には，彼らこそがいわゆる「ヤセノヴァツ神話」を生み出したと主張する者もある ［Geiger 2013: 163-164］．一方，クロアチアでは

ヤセノヴァツ収容所での犠牲者数をはるかに低く見積もる傾向があり，例えばトゥジマンは3-4万人という数値を示していた．トゥジマン政権下の歴史教科書（国定教科書）は，「それまでの覇権主義的な政策やチェトニク[9]の出現とその犯罪行為」ゆえにセルビア人に対するジェノサイドが行われたと説明しながらも，ヤセノヴァツを彼らに対するジェノサイドと関連づけておらず，その犠牲者数にもいっさい触れなかった［Perić 1993: 136］．現在，ヤセノヴァツの犠牲者数に関しては，クロアチアでは8-10万人という推計値が定着しつつあり，現在の歴史教科書（認可制）にはこれを引用しているものがある［Koren 2014: 167］．ただし，なおヤセノヴァツ収容所の全容が解明されたとはいいがたく，論争に何らかの決着がつく見込みもない．

　ヤセノヴァツ収容所の跡地は1960年代末にボグダノヴィッチによる「石の花」のモニュメントに代表される記念地となり，公式行事として犠牲者を追悼する式典が毎年開催されていた［Banjeglav 2012: 106］．しかし，SFRJ解体後，この記念地はクロアチア側とボスニア（セルビア人共和国）側に分断され，後者はドーニャ・グラディナ記念地と呼ばれるようになった．現在この2つの記念地では毎年別々に式典が開催されており，とくにクロアチア，セルビア，ボスニアの政治家にとっては自らの政治的立場を表明する機会となっている．トゥジマン自身はここでの式典に参加したことはないが，ヤセノヴァツをパルチザンとウスタシャの「国民和解」の場となるべきものして位置づけ，ブライブルクの犠牲者の遺骨のヤセノヴァツへの埋葬を構想していたとされる［Radonić 2010: 55; Banjeglav 2012: 107-108］．この構想はザグレブのパンテオンと同じく実現しなかったが，ヤセノヴァツは新たに共産主義の犠牲者とも関連づけられていくことになる．

　一方，社会主義期を通じてタブー視されていた「ブライブルクの悲劇」は，トゥジマン大統領の下で脚光を浴びるようになった．ヤセノヴァツと同じくこの事件の犠牲者数も確定しておらず，最大50万人という非現実的な数字を上げるものまである［MacDonald 2002: 172-173］．クロアチアでは，トゥジマンやジェリャヴィッチの研究を含めて，ヤセノヴァツとブライブルクの犠牲者を同程度に見積もり，まったく性質の異なる両者を同列に論じようとする傾向があった［岩田 1994: 60］．なお，トゥジマン政権下で初めて出版された歴史地図帳には，「クロアチア独立国」の地図上にヤセノヴァツの記載がない一方，ブライブルクと「十字架の道」について非常に詳しく記載しているものもある［Lučić et al.

1993: 46-47]．ちなみに，同じ時期の歴史教科書では，ブライブルクの犠牲者に関して5万人から30万人という推計値があることが紹介されている［Perić 1993: 164］．

ブライブルクにおける犠牲者の追悼式典は非公式ながらすでに1990年に始まっていたものの，1995年にクロアチア議会が「ブライブルクの悲劇」の50周年式典を組織し，さらに翌1996年に事件が起こった5月15日を「クロアチアの自由・独立闘争の犠牲者」の記念日に定めたことで，公式行事として定着した［Banjeglav 2012: 108-109］．ブライブルクの犠牲者が「祖国戦争」と関連づけられるようになったのもこの頃からである．クロアチア議会のミハノヴィッチ議長は，クロアチア軍は「祖国戦争」において「セルビア＝共産党軍」によるブライブルク事件の再発を阻止したのだと発言している［Banjeglav 2012: 109］．

(3) 2000年以降の変化

1999年にトゥジマン大統領が亡くなり，2000年のクロアチア議会選挙と大統領選挙でHDZが下野すると，クロアチアの歴史政策は大きく変化した．「クロアチアの偉人」広場は再び「ファシズムの犠牲者」広場に改称され（ただし「クロアチアの偉人」広場も近隣に移転されて残った），セルビア人を敵対視する論調も抑えられていった．こうした傾向はサナデル政権下でも変わらず，むしろ「クロアチア独立国」に関連する記念碑の撤去や地名（通り）の改称などが積極的に進められた．「祖国戦争」に関連する新たなモニュメントや記念像の設置とあわせて，ごく一部とはいえ，1990年代に破壊された人民解放闘争を記念するモニュメントや記念像の再建が進められている．

2004年にサナデルがヤセノヴァツを訪れた際には，「ブライブルクの悲劇」を引き合いに出すことなく，ウスタシャの犯罪行為を糾弾する演説を行い，それまでの歴史修正主義的な傾向を是正した．ただし，彼が反ファシズムに賛同しつつ全体主義としての共産主義を拒否したことにも注目すべきであろう［Radonić 2012: 174-175］．

このほか，クロアチアはサナデル政権下で2005年に旧ユーゴスラヴィア諸国で初めてホロコースト教育・研究のための国際協同機関に加盟した．同年，クロアチア議会は反ファシズムの重要性を強調する「反ファシズムに関する宣言」を行ったが，ここでも反ファシズム運動と共産主義イデオロギーの区別が求められている．また，2006年には新しい学習指導要領が導入され，歴史教科

書の内容も大幅に自由化された．ただし，クロアチア・ナショナリズムに立脚したものも残っているのが実情であり，とくに第二次世界大戦や「祖国戦争」に関する記述は各教科書の取り上げ方に大きな違いが生じている．

　メシッチもヨシポヴィッチも大統領在任中にヤセノヴァツでの記念式典に積極的に参加した．2002年には，ラチャンがクロアチア首相として初めてヤセノヴァツでの式典に参加するとともに，ブライブルクを訪問して献花を行っている［Pavlaković 2009: 188］．その意味では，ここにトゥジマンのいう「国民和解」の影響を見て取ることもできる．ただし，ブライブルクを「殉教地」扱いし，ウスタシャの犯罪を相対化しようとする動きに批判的な立場をとる政治家が少なくないことも事実である．メシッチはブライブルクを訪れず，ウスタシャを糾弾するメッセージを出し続けたし，ミラノヴィッチも首相となってからはこの地への訪問を避け，その政権下ではクロアチア議会が式典の後援者となる慣習は取りやめとなった．ミラノヴィッチ自身，ブライブルクは犠牲者ではなく「クロアチア独立国」の崩壊を嘆く場所となっていると発言して物議を醸した[10]．もっとも，2015年の「ブライブルクの悲劇」の70周年記念式典はグラバル＝キタロヴィッチ大統領が後援者となり，2万5000人[11]が参加した．現在のブライブルクが国民の強い関心事となっていることは疑いない[12]．

　ヤセノヴァツとブライブルクをめぐる問題は，クロアチア社会に亀裂を生じさせるだけでなく，クロアチアとセルビアの和解を妨げている面もある．セルビアのタディッチ大統領と後任のニコリッチ大統領はいずれもドーニャ・グラディナでの記念式典に参加したものの，ヤセノヴァツを訪れることはなかった．2016年にはニコリッチ大統領がドーニャ・グラディナの式典でヤセノヴァツでの犠牲者数として70万人という数値をあげながらウスタシャの残虐行為を非難するとともに，クロアチア人に対する不信感を表明している[13]．

　2012年にHDZ党首となったカラマルコの言動は，こうした状況をさらに悪化させてきた面がある．彼のナショナリズムのレトリックを，トゥジマン政権時代への回帰とみる研究者もいる［Pavlaković 2015: 130］．また，カラマルコはあらためて歴史教科書を含む学校教育改革を主張する一方，トゥジマンと異なり，チトーを「ブライブルクの悲劇」などに責任を負うべき犯罪者として糾弾し，広場や通りの名称からチトーに関するものを一掃することを提言した[14]．カラマルコ自身は失脚したとはいえ，クロアチアにおける新たな歴史政策の始まりを告げる危険な兆候であると考えられる．

おわりに

　クロアチアでは長らくHDZとSDPという二大政党が拮抗してきたが，いずれも単独過半数を確保できるほどではなく，何らかの政党連合を結成して選挙に臨むようになった．選挙のたびに新党が結成され，モストのようにキャスティングボートを握るものもあらわれる一方，既存の政党の離合集散も繰り返されている．クロアチアにおける登録政党は150を超えるまでになったが，その大半は有権者に認知されない泡沫政党である．クロアチアが緩やかな二大政党制を維持するか，分極的多党制へ移行していくのかが注目される．

　1990年代にクロアチアを独立へと導いたHDZでは分党・分派活動が繰り返され，一時的に下野することはあっても，依然として政権政党であり続けている．「祖国戦争」の時期に比べれば穏健化したとはいえ，ヤセノヴァツやブライブルクの問題に代表される歴史修正主義的傾向や「国民和解」をめざす歴史政策が本質的に変化したとは言いがたい．これらは近隣諸国との対立を助長し，地域の不安定化につながる要素となっている．HDZに対抗するSDPにもこうした傾向がないわけではない．広範な地域協力を含む多国間の取り組みを通じて，段階的にでも現状を変えていくことが求められている．

表2-1　クロアチア議会（代議院）選挙結果

年月	HDZ	HNS	HSLS	HSP	HSS	Most	SDP	定数
1992. 8	85	6	14	5	3	——	11	138
1995. 10	75	2	12	4	10	——	10	127
2000. 1	46	(HSS)	(SDP)	4	*25	——	*71	151
2003. 11	66	*11	*3	8	10	——	*43	151
2007. 11	66	7	(HSS)	1	*8	——	56	153
2011. 12	*47	(SDP)	0	0	1	——	*80	151
2015. 11	*59	(SDP)	(HDZ)	0	(HDZ)	19	*56	151
2016. 9	*61	(SDP)	(HDZ)	0	(SDP)	13	*54	151

（注）＊は選挙連合．括弧内は参加した選挙連合．

表2-2　クロアチア議会県院選挙結果

年月	HDZ	HNS	HSLS	HSP	HSS	IDS	SDP	指名	定数
1993. 2	37	1	16	0	5	3	1	5	68
1997. 4	40	0	6	2	9	2	4	5	68

（注）「指名」は大統領指名議席．

表2-3 クロアチア選出欧州議会議員選挙結果

年月	HDZ	SDP	HL	ORaH	定数
2013. 4	*6	*5	1	--	12
2014. 5	*6	*4	0	1	11

(注) HLはクロアチア労働党，ORaHはクロアチアの持続的発展．＊は選挙連合．

表2-4 ザグレブの地名の変遷 (代表例)

第2次世界大戦前	社会主義期	現在
Varaždinska Cesta ヴァラジュディン大通り	Proleterskih Brigada プロレタリア旅団通り	Grada Vukovara ヴコヴァル市通り
Solovjeljeva ソロヴィヨフ通り	Solovjeljeva ソロヴィヨフ通り	Kneza Borne ボルナ公通り
Ivkančeva イヴカネッツ通り	Anke Butorac ブトラッツ通り	Kneza Lj. Posavskog リューデヴィト・ポサヴスキ公通り
Karadžićeva カラジッチ通り	Karadžićeva カラジッチ通り	Kneza Mutimir ムティミル公通り
Beogradska ベオグラード通り	Kovačevićeva コヴァチェヴィッチ通り	Kneza Višeslava ヴィシェスラヴ公通り
Boškovićeva ボシュコヴィッチ通り	Boškovićeva ボシュコヴィッチ通り	Kralja Državislava ドルジスラヴ王通り
Kralja Zvonimira ズヴォニミル王通り	Socijalističke Revolucije 社会主義革命通り	Kralja Zvonimira ズヴォニミル王通り
Jelačićev Trg イェラチッチ広場	Trg Republike 共和国広場	Trg Bana Jelačića イェラチッチ総督広場
Washingtonov Trg ワシントン広場	Trg Jože Vlahovića ヴラホヴィッチ広場	Trg Burze 証券取引所広場 ↓ (2001年) Trg Hrv. Velikana クロアチアの偉人広場
Krešimirov Trg クレシミル広場	Lenjinov Trg レーニン広場	Trg Kralja Krešimira 4 クレシミル4世広場
Trg Kr. Aleksandra アレクサンダル王広場	Trg Maršala Tita チトー元帥広場	Trg Republike Hrvatske クロアチア共和国広場
Barthouov Trg バルトゥー広場	Trg Bratstva i Jedinstva 友愛と統一広場	Trg P. Preradovića プレラドヴィッチ広場
Trg Kralja Petra ペータル王広場	Trg Žrtava Fašizma ファシズムの犠牲者広場	Trg Hrv. Velikana クロアチアの偉人広場 ↓ (2000年) Trg Žrtava Fašizma ファシズムの犠牲者広場

(出所) Stanić et al. [2009] ほか．

注

1) 共和国幹部会は集団国家元首に準ずるもので，その議長は大統領に相当する．1974年憲法では，共和国議会が選出する8名とSKH党首が幹部会員となった．
2) 共和国政府を指す独自の呼称で，正式名称は共和国議会執行評議会．その議長は首相に相当する．
3) 1974年に制定されたクロアチア社会主義共和国憲法において，すでにクロアチアの公用語は「クロアチア文語」であることが規定されていた（第138条）．
4) SDSヴコヴァル支部長のハジッチが「スラヴォニア・バラニャ・西スレム・セルビア人地区」首相となり，1992年2月にはバビッチにかわって「クライナ・セルビア人共和国」大統領となった．
5) "Deklaracija o Domovinskom ratu," *Narodne novine*, br. 102, Zagreb, 13. 10. 2000.
6) 「Z4案」はクロアチア国内に「セルビア人地区」を確立し，セルビア語・キリル文字を公用語として教育・文化上の自治権を与えるだけでなく，独自の通貨や独自の警察隊などを含む高度の自治権を認めるものであった［月村 2006: 204］．
7) *Izvješće o službenim rezultatima provedenog glasovanja na savjetodavnom referendumu održanom dana 2. lipnja 1996. godine.* Zagreb: Državno povjerenstvo za provedbu referenduma, 1996.
8) 「ククリク」という呼称は，野党連合の結成を決定したリイェカ郊外のカスタヴにあるレストランに由来し，本来は鶏の鳴き声（コケコッコー）を意味する．
9) クロアチアでは，チェトニクは大セルビア主義体制を支える軍事組織で，セルビアの領土拡大のためにセルビア人以外の集団に対してテロ行為を行ってきたと解釈されている［Dubravica 1996: 213］．
10) *Večernji list*, 26. 04. 2015.
11) *24 sata*, 16. 05. 2015.
12) 近年ではブライブルクと並んでスロヴェニアのテズノもクロアチアの政治家にとって重要な訪問先となっている．1999年以降の発掘調査によって，「ブライブルクの悲劇」の直後，パルチザンの捕虜となったクロアチア人など推計1万5000人がテズノで虐殺されたことが判明し［Ferenc 2012: 564］，2012年には戦没者のための記念公園が設けられた．
13) "Nikolić: Sećanje na žrtve genocida je sveta obaveza," *RTS*（*Radio televizija Srbije*），08. 05. 2016（http://www.rts.rs/page/stories/sr/story/125/drustvo/2309840/secanje-na-zrtve-genocida-u-jasenovcu-i-donjoj-gradini.html.（2017年2月5日閲覧））．
14) *Glas Slavonije*, 13. 09. 2014.

第3章

ボスニア・ヘルツェゴヴィナ

久保慶一

はじめに

　3年半におよぶ内戦によって甚大な被害が生じたボスニアは，1995年11月に調印されたデイトン合意の付属文書4として制定された新憲法（本章では以後，デイトン憲法と呼ぶ）によって，新たな国家として歩み始めることになった．本章では，前半部においてデイトン合意以降のボスニアにおける政治の概況を述べ，後半部で，内戦後のボスニア社会が直面している問題のひとつとして学校教育の問題を検討する．

　本章の前半部「ボスニアの政治概況」は，デイトン合意後のボスニアの特殊性により，他の章とは若干異なる構成を取っている．まず，ボスニアに関与する外部アクターとして，欧米諸国を中心とする国際社会と，隣国であるクロアチアとセルビアに関する検討を行う．これは，新国家ボスニアにおける平和と秩序の再建が国際社会の強い介入の下で進められてきたことと，ボスニア内のクロアチア人およびセルビア人における政治の動向が，クロアチアおよびセルビアと密接な関わりを持つことによる．こうした外部アクターの影響力を考慮しなければ，ボスニアの政治を理解することはできないのである．つぎに，デイトン合意によって設立された政治制度とその変化について概観する．これは，デイトン合意後のボスニアの政治制度が極めて特殊であり，その構造を理解しなければ，ボスニアの政治が理解できないためである．つぎに，ボスニアの政党システムについて簡単な解説を行う．ボスニアでは，政党システムが極めて複雑であるため，予めそれについて整理しておくほうが，ボスニア政治の展開を理解しやすいからである．最後に，これらの前提を踏まえて，デイトン

合意後のボスニアにおける政治の展開を,大きく2つの時期に分けて検討していく.

1 ボスニアの政治概況

(1) **外部アクターの関与**——国際社会と特別な隣国——
① 国際社会の関与——デイトンからブリュッセルへ——
　内戦後のボスニアが直面していた問題は,紛争再発の防止と治安維持,破壊されたインフラや家屋の再建,難民・避難民の帰還,行政機構の再建や選挙の実施など,極めて多岐にわたるものであった.そのため,NATOを中心とする多国籍の平和執行部隊(IFOR)が5万人規模で駐留し,国連やUNHCRなど

の専門機関，OSCE，EBRDなどさまざまな国際機関がボスニアで多様な活動を展開した．そして，和平合意の民生部門（インフラ整備，政治・憲法機関の確立，難民・避難民の帰還促進，選挙の実施など）の履行の監視・監督者として，上級代表というポストが設置され，その指揮下で働く職員によって構成される上級代表事務所（OHR）が設置されたのである．

　デイトン合意が調印された当初，国際社会による介入は1年に限定されることが想定されており，上級代表の役割も，諸国際機関や現地政治家の間での諸活動の調整が想定されていた［橋本2000］．しかし，デイトン合意の規定に則って実施された1996年9月の選挙において内戦を主導した3つの政党が勝利したことから，選挙後のボスニア政治は停滞し，内戦後の平和構築に必要な措置が取られない状況が生じた．そこで国際社会は，その介入を延長しただけでなく（当初2年間延長，その後無期限延長），上級代表が「デイトン合意の最終解釈権」を持つことを根拠に，不適切な言動を行った現地政治家を解任する権限や，現地の議会の採択を経ずに法律を制定する権限などを認めたのである．この権限は，ボスニアの平和の再建を支援する諸国・諸国際機関によって構成される和平履行協議会（PIC）のボン会合（1997年12月）において上級代表に付与されたことから，「ボン・パワー」と呼ばれる［橋本2000］．その後，歴代の上級代表はボン・パワーを積極的に行使し，ボスニアにおける諸改革を国際社会主導で推進していった．表3-1は，歴代の上級代表がボン・パワーに基づいて行った決定の数を示している．特にウェステンドルプ，ペトリッチ，アシュダウンの3名の上級代表の任期中にボン・パワーを用いて多くの決定が行われたことがわかる．

　上級代表によるボン・パワーの行使は，より迅速・効率的に改革を進めていくことにはつながったが，他方で問題も生み出した．実施の必要性は高いが国民に不人気な政策は，現地政治家が決定しなくても上級代表が履行するのであれば，現地政治家は上級代表を批判して国民の人気を取ることができる．ボン・パワーによる決定は，現地政治家の無責任な姿勢を助長することになり，その状況は国際社会のボスニアからの撤退をより難しくしてしまうのである．そのため，2000年代に入ると，現地政治家の自主性，主体性（オーナーシップ）をより高める必要性が叫ばれるようになった．

　しかし，ただ現地政治家の自主性や主体性を重んじるだけでは，現地政治家間の足の引っ張り合いにより政治が停滞してしまうという内戦直後の状況に戻

表3-1 歴代の上級代表とボン・パワーによる決定数

	上級代表	決定数
1995/12/14—31	C. ビルト（スウェーデン）	0
1996	C. ビルト（スウェーデン）	0
1997/1/1—6/17	C. ビルト（スウェーデン）	0
1997/6/18—12/31	C. ウェステンドルプ（スペイン）	1
1998	C. ウェステンドルプ（スペイン）	29
1999/1/1—8/17	C. ウェステンドルプ（スペイン）	42
1999/8/18—12/31	W. ペトリッチ（オーストリア）	48
2000	W. ペトリッチ（オーストリア）	86
2001	W. ペトリッチ（オーストリア）	54
2002/1/1—5/26	W. ペトリッチ（オーストリア）	62
2002/5/27—12/31	P. アシュダウン（英国）	91
2003	P. アシュダウン（英国）	78
2004	P. アシュダウン（英国）	73
2005	P. アシュダウン（英国）	90
2006/1/1—1/31	P. アシュダウン（英国）	11
2006/2/1—12/31	C. シュヴァルツ＝シリング（ドイツ）	46
2007/1/1—6/30	C. シュヴァルツ＝シリング（ドイツ）	21
2007/7/1—12/31	M. ライチャク（スロヴァキア）	15
2008	M. ライチャク（スロヴァキア）	9
2009/1/1—2/28	M. ライチャク（スロヴァキア）	2
2009/3/1—12/31	V. インツコ（オーストリア）	27
2010	V. インツコ（オーストリア）	8
2011	V. インツコ（オーストリア）	6
2012	V. インツコ（オーストリア）	3
2013	V. インツコ（オーストリア）	1
2014	V. インツコ（オーストリア）	28
2015	V. インツコ（オーストリア）	0

（出所）OHRのホームページ（http://www.ohr.int/）の情報をもとに筆者作成.

りかねない．そこで欧米諸国が利用しようとしたのが，EUやNATOへの加盟プロセスに際して課されるコンディショナリティーである．現地政治家にとっての「得点」につながるEUやNATOへの加盟プロセスの進展の条件として改革を要求することで，現地政治家の改革推進のインセンティブを与え，現地政治家に主体的に改革を決定させることが目指されたのである．このような，ボン・パワーによる強権行使から加盟インセンティブによる現地政治家主体の改革推進への路線転換は，「デイトンからブリュッセルへ」の転換と言われる［Hays and Crosby 2006; Aybet and Bieber 2011］．

　加盟コンディショナリティーを用いた改革要求は，他のSFRJ後継諸国に対しても行われており，旧SFRJ地域全体に対するEUの外交政策の転換を反映

したものである．しかし，旧ユーゴ戦犯法廷（ICTY）で訴追された戦犯容疑者の引き渡しや，汚職対策・司法制度改革などの分野で一定の成果をもたらしたクロアチアやセルビアと比較すると，ボスニアではEUの加盟コンディショナリティーの成果はより乏しい点に注意が必要である．EU加盟コンディショナリティーを用いてEUがボスニアに要求した改革としては，ボスニアの憲法改革や警察改革が挙げられるが，前者は長年にわたる要求にもかかわらず依然として実現しておらず，後者についてはEUが要求する改革の水準をなし崩し的に下げていったため，当初のEUの要求と比べるとはるかに不十分な改革しか実現しなかった［Aybet and Bieber 2011］．

　国際社会から派遣されてきた上級代表が現地の公職者の解任権や法律制定権を持っている現状では，ボスニアは，完全な主権国家とは言えず，EU加盟も当然不可能である．そのため，上級代表の事実上の任命主体となっているPICは，2000年代半ばから，上級代表の撤退とOHRの閉鎖の意図を明らかにしている．しかし，2017年1月現在，なおOHRは存続している．上述のようにEUの加盟コンディショナリティーを用いた改革推進が必ずしも十分に機能していない中で，強権行使による改革推進という選択肢を完全に放棄することに躊躇していることが伺われる．今後，欧米諸国を中心とする国際社会がどのようにボスニアへの関与・介入の政策を変化させていくのかが注目される．

② **特別な隣国**——クロアチアとセルビア——

　つぎに，クロアチアとセルビアという2つの隣国と，ボスニアに住むクロアチア人とセルビア人の関係について簡単に触れておきたい．デイトン合意の調印者にクロアチアとセルビアの大統領が含まれ，デイトン憲法の第3条2項において「両構成体は，ボスニアの主権と領土保全に合致する範囲内で，隣接する国々と特別の関係を樹立することができる」と規定されていたことが如実に示しているように，ボスニアのクロアチア人とセルビア人は，隣接する両国との緊密な関係の下にあり，その関係を理解することがボスニア政治を理解するうえで極めて重要なのである．

　両国との関係という点では，1990年代と2000年代以降に大きく時期を区分することができる．1990年代は，両国政府は，ボスニアにおけるクロアチア人とセルビア人の遠心的傾向（ボスニアからの分離を求める傾向）を助長する役割を果たしていた．クロアチアの民族主義を推進するトゥジマン政権は，ボスニアに

おいてクロアチア人が設立した「ヘルツェグ・ボスナ・クロアチア人共和国」に対してさまざまな支援を行い，クロアチア人の自称「国家」が事実上存続することを助けていた．一説によれば，クロアチアにおいてクロアチア民主同盟（HDZ）の支配体制が崩壊した2000年1月までの間，国防省などいくつかの省庁の予算を通じ，毎年3億ユーロにのぼる資金がクロアチアからヘルツェゴヴィナ地方に流入していた［Grandits 2007: 107-108］．同じくセルビア民族主義を推進するミロシェヴィッチが主導するセルビア政府（ユーゴスラヴィア政府）は，ボスニア内のセルビア人と緊密な関係を維持し，その分離主義的な傾向を助長していた．例えば，ボスニアのセルビア人指導部内でプラヴシッチが親欧米路線に転じると，ミロシェヴィッチの主導するセルビア政府は，ボスニア内部でのセルビア人による暴動に関与するなど，プラヴシッチを失脚させようとしていた［Thomas 1999a: 363-66］．内戦を主導したセルビア人共和国軍（後述）の将校は，戦争犯罪人としてICTYに訴追されたムラディッチらの指導部を含め，デイトン合意後もユーゴスラヴィア軍の軍属として扱われ，給与や年金をユーゴ政府から得ていた．

　ただし，ここで留意すべきは，ボスニアにおけるクロアチア人とセルビア人が，隣接する両国政府の政策の影響を受けるだけの受動的な存在ではなかったという点である．とくにクロアチア人については，1990年代のクロアチア政府を支配していたトゥジマン率いる与党のHDZの内部で，ヘルツェゴヴィナ地方出身のクロアチア人がヘルツェゴヴィナ・ロビーとして強い影響力を行使していた［Grandits 2007］．ヘルツェゴヴィナ・ロビーはクロアチアのHDZの中でも右派にあたる勢力であり，ボスニアにおけるクロアチア人に対する積極的な政治的・軍事的・財政的支援を含む，トゥジマン政権下でのクロアチア政府による民族主義的な政策の策定・執行を支持していた．クロアチア政府の民族主義的な政策と，ボスニアのクロアチア人の急進的・分離主義的な傾向の間には，一方的な関係ではなく，双方向的・循環的な関係があったと考えるほうが適切なのである．

　こうした状況は，2000年に発生した，クロアチアにおけるトゥジマンの死去とHDZの選挙での敗北と，セルビア（ユーゴスラヴィア）におけるミロシェヴィッチとその主導するセルビア社会党（SPS）の選挙での敗北により，大きく変化した．クロアチア社会民主党率いる連立政権が発足したクロアチアでは，外交政策が転換し，クロアチア政府によるヘルツェグ・ボスナへの財政面

などでの支援が停止した．この直後，2001年にボスニアのクロアチア人勢力がクロアチア民族議会の設立とクロアチア人自治を宣言したことからも分かるように，クロアチア政府による支援の停止は，すぐにボスニア内のクロアチア人の穏健化をもたらしたわけではない．しかし，長期的に見れば，クロアチア政府の政策転換がボスニアにおけるクロアチア人の分離主義的な傾向を抑制する方向に働いていると言えるように思われる．クロアチアでは2003年の選挙でHDZが与党に返り咲き，サナデル政権が発足するが，HDZがEU加盟プロセスを積極的に推進しようとしたこともあり，ボスニアのクロアチア人の分離主義を助長するような政策は取られなかった．

セルビアでも，ミロシェヴィッチ体制の崩壊によって，外交政策において大きな転換が起こった．EU加盟がセルビアの主要な外交政策目標となったため，EUが加盟プロセスの進展の条件として求める近隣諸国との関係改善，戦犯容疑者の引き渡しなどが行われるようになったのである．例えば，2003年11月には国家連合セルビア・モンテネグロのマロヴィッチ大統領が，2004年12月にはセルビア共和国のタディッチ大統領がサライェヴォを訪問し，紛争中にボスニア市民に対して行われた犯罪行為について謝罪している．毎年7月に行われるスレブレニツァ虐殺の追悼式典には，2005年にはタディッチ大統領，2015年にヴチッチ首相が出席している（ただし，内戦中には「セルビア人が1人殺害されればムスリム人を100人殺す」と発言していたヴチッチ首相の式典出席にはボスニア市民が強く反発し，出席した際に投石を受ける事件が発生している）．ただし，セルビアの場合，ミロシェヴィッチの体制崩壊後も，コシュトゥニツァやタディッチといった政府首脳はボスニアにおける民族主義的なセルビア人指導者との良好な関係を維持したため，2000年以前との間で明確な断絶がある訳では必ずしもない点には留意されたい．

(2) 政治制度

デイトン合意によって発足した新国家ボスニアは，ボスニア連邦とセルビア人共和国（RS）という2つの構成体によって構成される国家である．ボスニアという国家を構成する下位単位のひとつとしてボスニア連邦が存在するという一般には見られない構成が取られているのは，ボスニア内戦の過程で，ボスニア連邦がデイトン合意よりも先に形成されたことによる．ボスニアにおける三つ巴の対立が最大の軍事力を持つセルビア人にとって有利に働いていたことか

ら，まずはボシュニャク人（ムスリム²⁾）とクロアチア人の間の対立を終結させてセルビア人に対する共同戦線を構築することが内戦終結への近道であると判断した米国の仲介により，1994年3月にワシントンでボシュニャク人を代表するボスニア政府のシライジッチ首相とクロアチア人を代表するヘルツェグ・ボスナ・クロアチア人共和国のズバク大統領との間で合意が成立し，ボシュニャク人地域とクロアチア人地域を統合する政治体としてボスニア連邦が創設されたのである．このワシントン合意では，クロアチア共和国のトゥジマン大統領とボスニアのアリヤ・イゼトベゴヴィッチ大統領の間でも合意が成立しており，クロアチア共和国とボスニア連邦の間で将来国家連合が形成されることも視野に含まれていた．他方で，セルビア人側ではボスニア内戦勃発前の1992年1月9日にセルビア民族議会によりRSの創設が宣言されていた．1995年のデイトン合意は，それまでにすでに創設が宣言されていたこれらの「国家」を前提とした交渉の帰結であったため，デイトン合意によって創設されるボスニアの下位単位としてボスニア連邦が存在するという，一見すると極めてわかりにくい構成が取られることになったのである．

　両構成体を隔てる境界線は，デイトン合意が調印された時点における，ボシュニャク人・クロアチア人側の軍隊と，セルビア人側の軍隊が対峙していた前線と重なっており，いずれの構成体も地理的なまとまりを欠いている．すなわち，ブルチュコという地区をはさみ，RSは東西に，ボスニア連邦は南北に分断されている．そのため，ブルチュコ地区は双方にとって重要な交通の要衝とみなされ，内戦中はそれをめぐって激しい戦闘が繰り広げられた．デイトン合意ではブルチュコ地区の帰属について当事者の合意を形成することができず，その最終的な地位については後の政治的折衝に委ねられることになった．ボスニア連邦はさらに10のカントン³⁾に分かれており，そのうち5つはボシュニャク人支配下，3つはクロアチア人支配下にあるとされ，2つが両民族混合のカントンとされた．

　デイトン合意によって制定されたボスニアの新憲法は，オランダ出身の政治学者レイプハルトが提唱した「多極共存型民主主義」の諸特徴の多くを意識的に取り入れたものであった．すなわち，デイトン憲法では，ボシュニャク人，セルビア人，クロアチア人という3つの民族集団がボスニアの「構成民族」と明記され，政治的ポストの3民族への平等な配分や民族集団の代表への拒否権付与など，3民族間の「権力分有」が制度化された［久保 2003a; 2010］．ボスニ

アの大統領評議会は，3名によって構成され，その民族構成は各構成民族から1名ずつと明記されており，各民族代表には，自分が支持しない決定を阻止する手続きを発動する権限が与えられている．上院（民族院）は，3民族の議員が5名ずつと定められており，各民族議員団は，議会で行われた決定に対して，当該民族議員団の過半数（すなわち3名）の賛成により，民族の「死活的利益」を害すると宣言することができる．立法はすべて両院の承認を必要とし，いずれかの構成体の議員の2／3が反対票を投じている場合には可決できない．

　内戦終結直後は，ボスニア連邦はボシュニャク人とクロアチア人が支配し，RSはセルビア人が支配するという状況が存在した．そのため，ボスニア連邦では2民族間の権力分有がデイトン憲法と同様の形で制度化されたのに対し，RSではそうした権力分有規定は見られなかった．しかし，1998年，アリヤ・イゼトベゴヴィッチ大統領評議会議長（当時）が憲法裁判所に提訴し，2000年7月，憲法裁判所は，両構成体において3つの構成民族に平等の地位を保証できるよう構成体憲法を改正することを求める判決を下した．この後，ボスニアの諸政党が構成体の憲法修正を議論し，2002年3月末に「サライェヴォ合意」と呼ばれる妥協案が成立した［橋本 2002］．しかし，実際の憲法改正過程では合意が遵守されず，各構成体に都合のよいように書き換えられて憲法修正が行われたため，結局上級代表が介入し，ボン・パワーを行使して構成体の憲法修正を行ったのであった．これにより，両構成体において，3つの構成民族の間の権力分有が制度化されることになった［久保 2003a; 2010］．

　この後，政治制度の改革論議の焦点はデイトン憲法そのものに移った．2005年3月には欧州評議会のベネチア委員会がボスニア憲法に関する意見を発表し，中央政府の弱さや非効率性の問題に加えて，大統領評議会や上院のポストを特定の民族集団に限定している点を問題視した．とくに，国民からの直接選挙によって選ばれる大統領評議会が3民族に限定されていることは，他の民族アイデンティティを持つ市民は事実上被選挙権を持たないことを意味し，政治的権利の平等の原則に反すると批判された．2006年には，ボスニアに居住するロマとユダヤ人が，ポストを3つの構成民族に限っている大統領評議会やボスニア上院に関するボスニア憲法規定は欧州人権規約違反であると欧州人権裁判所に提訴し，2009年12月に欧州人権裁はその訴えを認める判決を出した．こうした中で，ボスニアの諸政党は，デイトン憲法修正に関する政党間協議を開催し，2006年3月に主要政党による憲法修正案の合意が成立した．しかしこの憲

法修正案は，その後一部の政党の議員が反対に転じたことで，僅差で否決され，廃案となってしまったのである．

2008年末には両構成体で主導的立場に立つ3つの政党の指導者が憲法修正協議を再開するが，ブルチュコ行政区の地位問題を除き，目立った成果は得られなかった．2011年から12年にかけて，EUは安定化・連合協定（SAA）発効の条件として憲法修正を要求していたが，2017年1月時点で，憲法修正の展望は依然として開けていない．

(3) 政党システム

選挙と政権の変遷について概観する前に，ボスニアの主要政党について概観しておこう．ボスニアの主要政党は，①1990年選挙後に政権を掌握した3つの民族主義政党とそこから派生した諸政党，②社会主義体制において支配政党であったボスニア共産主義者同盟（SK BiH）ならびに1990年選挙時にマルコヴィッチ連邦首相が結成した改革派左派政党の流れを汲む左派政党，③そのいずれでもなく，デイトン合意後にボスニア政治に参入した新規政党，の3つに大別することができる．そのうち，デイトン合意後のボスニア政治において主要な勢力は①と②であり，③は以前に比べると若干増えつつあるものの，勢力としては依然小さい．

①に属する政党としては，ボシュニャク人を代表する民主行動党（SDA），クロアチア人を代表するボスニア・クロアチア民主同盟（HDZ BiH），セルビア人を代表するセルビア民主党（SDS）というボスニア内戦を主導した3つの政党がデイトン合意後も依然として最も重要な政治勢力となっている．さらに，デイトン合意後には，SDAから分離してシライジッチが設立したボスニアのための党（SBiH）やアブディッチが設立したボスニア民主人民同盟（DNZ BiH），HDZ BiHから分離してズバクが設立した新クロアチア人イニシアティブ（NHI）やリュビッチが設立したクロアチア民主同盟1990（HDZ1990），SDSから分離してプラヴシッチが設立したRSセルビア人人民同盟（SNS RS）など，多数の分離政党がこれまでに誕生している．

②に属する政党としては，デイトン合意直後は，ボスニア連邦にボスニア社会民主党（SDP BiH）とボスニア社会民主主義者同盟（UBSD，のちにボスニア社会民主主義者党と改称）という2つの政党が存在し，RSには独立社会民主党（SNSD）とRS社会党（SPRS）が存在していた．その後，SDP BiHとボスニア

社会民主主義者党（SD BiH）が合併し，SNSDもSPRSから分離して結成された民主社会党という小政党と合併して独立社会民主同盟（略称は同じSNSD）となった．左派政党の側では既存政党からの分離による新党設立はあまり起きていないが，例外的に重要な事例として，SDP BiH の副党首を務め，大統領評議会にも二度選出されたコムシッチが2012年に同党から分離して民主前線（DF）を設立している．

　③に属する政党としては，ボスニア連邦では有力紙『ドネヴニ・アヴァズ』の創刊者でオーナーであるラドンチッチが2009年に設立したボスニアのより良い将来のための同盟（SBB），RSでは，極右政党としてRSセルビア人急進党（SRS RS），大学教授のイヴァニッチが1999年に設立した改革派政党としてRS民主進歩党（PDP RS）が挙げられる．

　このように，基本的に政党システムは構成体によって分断されており，構成体の境界線を越えてボスニア全土で幅広く支持を集める政党は存在しない．RSに基盤をおく政党はボスニア連邦ではほとんど支持を得ていない．ボスニア連邦に基盤をおく政党では，SDAやSBiHが主としてRS内に居住するボシュニャク人票を集めて若干の議席を獲得しているが，数としては極めて少数であり，RSにおける政治的影響力は小さい．

(4) **民族主義政党と改革派・左派政党の対抗（1996-2006年）**

　以上を踏まえ，デイトン合意後のボスニアにおける政治の展開を，1996年から2006年までの時期と，2006年以降に分けて，概観してみたい．**表3-2**は1996年から2016年末現在までのボスニアの歴代の大統領評議会構成員，**表3-3**はボスニアの歴代閣僚評議会議長，**図3-1**はボスニアの主要政党の系譜と各選挙における獲得議席数を示している．

　1996年から2006年までの時期は，1996年選挙によって確立された3つの民族主義政党のヘゲモニーを打破するために，国際社会が民族主義政党に対抗する政党の設立とその協力・合併を促した時期と位置付けることができる．1996年9月に行われたデイトン合意後初の選挙では，3つの民族主義政党が圧勝し，ヘゲモニーを掌握した．デイトン合意で採用された政治制度は，各民族を代表する政党・政治家に拒否権を与え，3つの民族の代表の協力によって政治運営が行われることを想定したものであったため，内戦を主導した3つの民族主義政党の勝利は，政治の機能不全をもたらし，民族主義政党間の対立によって政

策決定が行われない状態へとつながった．この状況が，PICによる上級代表へのボン・パワーの付与につながったことはすでに述べた通りである．

　こうした状況を打破するため，国際社会は，民族主義政党に対抗する勢力の支援に乗り出した．RS では，1996年の選挙で SDS から出馬して RS 大統領となったプラヴシッチが，国際社会により協調的な姿勢を取るようになり，SDS から分離して SNS RS を設立した．これを受けて RS では1997年に国民議会の解散・臨時選挙が行われ，SNS RS と SNSD や SPRS の協力によって新政権が発足し，SNSD の党首であったドディクが RS の首相に就任した．この協力は1998年の総選挙においても継続され，SNS RS と SNSD，SPRS が結成した選挙連合「調和 (Sloga)」は，大統領評議会のセルビア人代表ポストを獲得し，RS 国民議会でも SDS を超える最大勢力となった．しかし，RS 大統領選挙では，プラヴシッチは SDS よりもさらに強硬な極右政党 SRS RS の党首ポプラシェンに敗北してしまった．その後，過激な言動を繰り返したポプラシェンは上級代表のボン・パワーによって解任され，大統領が不在のままで，新首相も選出されず，1997年に成立したドディク内閣が臨時政府として統治を継続する異常事態が続いた．

　さらに，1998年選挙の結果は，ボスニア連邦の側でも，民族主義政党が依然として強力であることを示すものとなった．大統領評議会は SDA と HDZ BiH が獲得し，ボスニア連邦議会でも SDA と SBiH が結成した選挙連合と HDZ BiH だけで全体の2/3を超える96議席を占める圧勝となったのである．国際社会はこうした民族主義政党による政治支配を打破するため，それに代わって政権を担う勢力として左派政党を重視し，左派政党が分裂している状態が民族主義政党を有利にしていると考えて，左派政党の統合を求めた．1999年2月に起きた SDP BiH と UBSD の合併は，こうした欧米政府・OHR の圧力を受けて実現したものであった．

　デイトン合意後から2000年の総選挙までの時期に行われた政策は，国家のシンボルの制定や新通貨の導入といった新国家発足に伴うもの，民営化監督委員会や電信規制局，独立メディア委員会といった社会を規制するために必要な諸機関の創設に関するもの，難民や避難民の帰還促進のためのもの（難民・避難民が以前の住宅を取り戻すことを可能にする財産関連法など）などがある．しかしこれらの政策の多くは，民族主義政党間の対立により制定・施行が進まず，上級代表のボン・パワー行使によって進められた．

この時期，ボン・パワーの行使なしに行われた重要な政治改革として，中央政府（閣僚評議会）の拡大が挙げられる．デイトン合意直後は，国防，財務，内務，司法など重要省庁はすべて構成体レベルで設置され，ボスニア中央政府レベルに設置されたのは外務省，民生通信省，経済関係・貿易省の3省にとどまり，中央政府は極めて脆弱であった．国際社会は，こうした中央政府の脆弱さと構成体の権限の強さを問題視し，中央政府の拡大・権限強化を求めたのである．具体的には，2000年4月にペトリッチ上級代表が，人権・難民避難民担当省，財務省，欧州統合問題担当省の3省新設による6省制をとる閣僚評議会法改正案を提案し，ボスニア議会がこの改正案を同月に採択した．ペトリッチ上級代表は，この法案に反対すれば10月の選挙への参加資格をはく奪することも示唆していたため，ボン・パワーをちらつかせる中での議会決定ではあったが，ボスニアの諸政党が議会でこれを採択したことは肯定的に評価されている［橋本 2001］．

　2000年の総選挙後は，ボスニア中央政府レベルで見れば，民族主義政党の排除にもっとも成功した時期であった．ボスニア連邦において，左派政党の統一によって議席数を伸ばしたSDP BiHや，SBiH，その他の小政党など合計10の政党からなる政党連合「変革のための民主連合（DAP）」が結成され，民族主義政党を排除した連立政権が成立した．さらにボスニア中央レベルでも，PDP RSやSNSDなどのセルビア人政党がDAPを支持した結果，3つの民族主義政党を排除した連立政権が樹立されたのである．ただし，RSでは大統領職をSDSのシャロヴィッチが獲得し，民族主義政党の排除は進まなかった．また，2000年は大統領評議会の選挙が行われなかったため，1998年の大統領評議会選挙でポストを獲得したSDAとHDZ BiHも，一定の影響力を保持し続けた．

　このような限定付きであったとはいえ，2000年の総選挙後に成立したデイトン合意後初の非民族主義政権の発足は，それまで停滞していたボスニアの政治の改革を進めるものと期待された．しかし，DAPは，多数の小政党の野合によるものだったこともあり，求心力に欠け，ボスニアの政治改革を進めることはできなかった．例えば，2002年初頭の構成体憲法修正プロセスでは，上で述べたように，同年3月末の政党間合意に沿った憲法修正を構成体内で実現することができず，各構成体に都合のよい修正案の可決を許してしまったため，上級代表による介入（ボン・パワーによる当初の合意内容に沿った憲法修正）を招いてしまったのである．

DAP 政権成立の2年後に行われた2002年総選挙は，連合を主導した SDP BiH にとって，壊滅的なものであった．SDP BiH は，ボスニア議会選でも連邦下院選でも，得票・議席ともに2000年選挙からほぼ半減する結果となったのである．これに対し民族主義政党は前回選挙とほぼ同程度の得票を維持し，再び支配的な地位に返り咲いた．大統領評議会ポストは SDA，HDZ BiH，SDS の3政党が獲得し，RS 大統領ポストも SDS が維持した．ただし，3つの民族主義政党の復権は，1996年選挙後のように深刻な政治の停滞をもたらしたわけでは必ずしもない．上級代表のボン・パワーによる公職追放の脅威が圧力となり，各党内で世代交代が一定程度進んだこともあり，3民族主義政党が協調して法案を可決することが可能となったのである．例えば，デイトン合意後のボスニアにおける長年の懸案のひとつであった中央政府の権限強化については，司法省，治安省，国防省の3省を新設し，その他の省庁を再編する閣僚評議会法改正案が議会で可決され，2003年に議長と9閣僚からなる10人体制の閣僚評議会が発足した［Krstalić 2011］．2005年以降に進められたデイトン憲法修正協議においても，3つの民族主義政党は2006年4月に政党間で合意した憲法修正案を支持する立場を維持しており，他の民族（を代表する政党）との交渉は必ずしも否定していなかった．

(5) 民族内での「競り上げ」の激化と3民族主義政党の復権（2006-2014年）

　2006年総選挙は，それまで支配的な地位を維持してきた3民族主義政党に挑戦する政党の性格が大きく変わった選挙である．2002年までの選挙において，民族主義政党に挑戦する主な政治勢力は改革派・穏健派と位置付けられる政党（主に左派政党）であった．これに対し，2006年選挙では，民族主義政党に対抗する政党は，さらに民族主義的な立場を取って民族主義政党を批判したのである．ボシュニャク人政党では，2006年のデイトン憲法修正プロセスにおいて，それまで修正論議を主導してきた SBiH が突然修正への反対を唱え，議会で憲法改正案に反対票を投じた．そして，2006年選挙では他の民族の政党に対して譲歩・妥協した SDA を批判することによって，大統領評議会のボシュニャク人代表ポストを SDA に大差をつけて獲得することに成功した．RS では，1990年代には改革派の左派政党の立場をとっていた SNSD が2000年代に入って民族主義に訴える路線に転換するようになり（2002年選挙における SNSD の選挙運動については，久保［2003a］を参照），2006年選挙ではコソヴォが独立すれば RS

も独立するという主張を展開した．このような民族主義的主張が奏効し，SNSD はボスニア大統領評議会のセルビア人代表ポストと RS 大統領ポストを獲得し，ボスニア下院と RS 議会の双方においてセルビア人を代表する最大政党となり，RS 側で支配的な地位を確立した．ただし，RS では，2006年初頭に議会で成立した内閣不信任決議の結果，SNSD のドディク党首を首班とする新内閣が発足しており，10月に行われた2006年総選挙の結果は，政権交代というよりも，すでに発足していたドディク政権に対する信任という意味あいのほうが強かったとも言える．

　クロアチア人社会では，党内の派閥抗争から HDZ BiH が分裂し，リュビッチ率いる反主流派が HDZ1990 を結成して HDZ BiH に挑戦した．2006年選挙では，クロアチア人票は両党にほぼ二分される結果となった．HDZ BiH と HDZ1990 はいずれもクロアチア民族主義を掲げる政党であり，HDZ1990 の議員は2006年の憲法修正案の採決において反対に転じ，他民族の政党と妥協した HDZ BiH を批判する選挙戦略を採用していた．このように，クロアチア人社会でも，民族主義政党に挑戦する有力政党がより民族主義的な立場を取るという状況が生じた．なお，ボスニア大統領評議会選挙では，左派政党の SDP BiH が擁立したコムシッチがクロアチア人代表ポストを獲得している．しかしこれは，クロアチア人有権者が穏健な候補者を支持するようになった帰結ではなく，ボシュニャク人社会では勝ち目がないと判断した SDP BiH がクロアチア人代表選挙に一本化し，同党の主な支持基盤である穏健派のボシュニャク人有権者がコムシッチ候補に投票した結果であった［久保 2010］．コムシッチ候補の選出により，ボシュニャク人に比して圧倒的に少数のクロアチア人が同一の選挙区（構成体）で選挙を戦うことを強いられるデイトン体制に対する批判や，クロアチア人はボシュニャク人から独立した構成体（「第三の構成体」）を持つべきであるという民族主義的な主張はむしろ高まることになった．

　このように，2006年選挙は，3つの民族主義政党の失権という結果にもかかわらず，むしろ民族主義的なレトリックの増加をもたらした［Belloni 2009］．各民族内で，民族主義の「競り上げ（outbidding）」が激化し，より過激な立場を取る政党が勝利する現象が生じたのである．こうした選挙結果は，選挙後の政党間の協調を困難なものにし，政治の停滞をもたらした．そもそも閣僚評議会の選出（組閣）のための連立交渉自体が難航し，ようやく新政権が発足したのは2007年1月のことであった．その後の政治の停滞を如実に示す案件として，

警察改革を挙げることができる．欧米諸国は，ボスニアにおける法の支配の確立や汚職撲滅，組織犯罪対策，戦犯容疑者の取り締まりなど，さまざまな課題に対処するため，より能率的な警察組織の制度化が必要であるとし，とくに，構成体の境界線をまたぐ形で合理的に警察管区を設置すること，閣僚評議会に属する大臣による全体的な政治的統制のもとに統一的な警察組織を置くことなどを要求した．しかし主要政党はこれらの提案をめぐって真っ向から対立し，上記の要求は骨抜きにされ，2008年4月に成立した改革法案は中央レベルに象徴的な統一的警察機構を設置したにとどまった［Aybet and Bieber 2011］．

　2010年選挙では，かつて支配的であった民族主義政党とそれに挑戦する政党の間の関係という点で，民族ごとに異なる結果が生じた．ボシュニャク人社会では，2006年選挙では敗北を喫したSDAが復権し，バキル・イゼトベゴヴィッチ（1990-96年のボスニア大統領．1996-2000年にボスニア大統領評議会のボシュニャク人代表を務めたアリヤ・イゼトベゴヴィッチの息子）がボスニア大統領評議会のボシュニャク人代表ポストを獲得した．SBiHは党勢が大きく衰退し，2014年選挙ではボスニア下院での議席を完全に失うに至った．クロアチア人社会ではHDZ BiHとHDZ1990がクロアチア人票をほぼ2分する状態が続き，クロアチア人票の分裂に乗じてSDP BiHのコムシッチ候補が大統領評議会ポストを獲得し，2006年選挙とほぼ同様の結果となった．RSでは，2008年のコソヴォ独立宣言とその後の欧米諸国によるコソヴォ独立承認を強く批判し，RSの独立を問う国民投票実施も辞さないとする民族主義的な主張を展開したドディクのSNSDが支配的地位を維持した．各民族内で過激な立場を取る政党が勝利したことによって，政党間交渉が難航する状況は2010年選挙後も続いた．選挙後，閣僚評議会の組閣のための政党間協議は以前にも増して難航し，新政権が発足したのは実に1年以上が過ぎた後の2012年1月であった．

　2014年選挙は，程度の差はあれ3つの民族主義政党の復権が目立った選挙といえる．ボシュニャク人社会ではSDAが大統領評議会のボシュニャク人代表ポストを再度獲得し，下院でも最大政党となり，支配的地位を維持した．クロアチア人社会では，SDP BiHがHDZ BiHと協定を締結し，SDP BiHが大統領評議会のクロアチア人代表ポストに候補者を擁立しないことに合意したため，HDZ BiHのチョヴィッチが大統領評議会ポストを奪還した．なお，これに関連し，HDZ BiHとの協定締結に反発したコムシッチは，SDP BiHから分離して新政党のDFを設立し，ボスニア下院選ではSDP BiHをしのぐ得票・

議席を獲得することに成功している．クロアチア人社会では，HDZ1990の党勢が弱体化しつつあり，HDZ BiH の一強状態に回帰しつつあると言えるだろう．セルビア人社会では，2006年以来支配的地位を維持してきたSNSDへの支持が低下し，SDSを中心とする選挙連合がSNSD率いる連合に肉薄している．SNSD率いる連合が僅差で第1党の地位を維持したため，RS大統領ポストや選挙後に組閣された内閣の首相ポストはSNSDが獲得したが，ボスニア大統領評議会選挙では反SNSD側が勝利し，SDSとPDPが共同して立てたイヴァニッチ候補がセルビア人代表ポストを獲得した．ボスニア中央レベルの閣僚評議会でも，RS側から参加しているのはSDSとPDPであり，SNSDは政府から排除されている．選挙後に成立した新政府では，首相（閣僚評議会議長）ポストをSDA，副首相（同副議長）ポストをHDZ BiHとSDSが獲得しており，3民族主義政党主導の連合が支配的地位を取り戻したのである．

　3つの民族主義政党の復権は，以前のように政治の停滞をもたらしているわけでは必ずしもない．RSにおいてSDSが改革派のPDPと連合を組んでいることからもわかるように，2006年以降，民族主義政党に挑戦する政党がより民族主義的な立場を取った中で，3つの民族主義政党は相対的に穏健化したからである．例えばボスニア連邦内では，2015年7月，SDAとHDZ BiHらの与党連合により，約15年ぶりに新労働法が採択された．ボスニア連邦の労働法は1999年に制定されていたが，ボスニアの労働市場条件に適しておらず，ボスニアの雇用促進につながらないため，より近代的な労働法制定が必要とIMFなどから批判されていたものであった［IMF 2000: 17］ため，この新労働法制定は欧米諸国から歓迎された．この法律は，反対する議員が退席した中で採択が行われたことから2016年2月に憲法裁判所が一度無効として差し戻したが，同年3月末に再度採択されている．

　このように，3つの民族主義政党の復権は，必ずしも政治全般の停滞をもたらすものではなくなっている．しかし，民族主義を標榜する勢力の政治的支配の継続は，ボスニアを3つの民族に分断し，各民族の相違を強調し，他の民族・宗教に対する寛容性を低下させる状況をもたらしている点にも留意すべきである．次節では，この状況の例証として，ボスニアにおける学校教育の問題を検討しておきたい．

2　ボスニアにおける学校教育問題

(1)　内戦による学校教育の分断

　1992年に勃発した内戦により，ボスニアにおける学校教育は民族ごとに分断されることになった．各民族の主導的勢力（3つの民族主義政党）がそれぞれの支配する領域において統治を確立していく中で，自分たちが適切と考える教育の内容・カリキュラムを採用し，公教育に導入していったためである．歴史科目を例にとれば，ボシュニャク人が支配的な地域（ボスニア政府軍の統制下にある地域）では，サライェヴォで印刷された歴史教科書が使用されたのに対し，クロアチア人が支配的な地域では，隣接するクロアチア共和国のカリキュラムが採用され，クロアチアで刊行された歴史教科書が使用され，セルビア人が支配的な地域では，セルビア共和国で印刷された歴史教科書がボスニアのセルビア人向けに作成された副教材とともに使用されていたのである［Torsti 2013: 208］．

　このような学校教育の民族ごとの分断は，デイトン合意後のボスニアにおいても継続された．とくに，民族アイデンティティと密接に関わる国語・文学，地理，歴史，宗教といった科目は「民族的科目群（nacionalna grupa predmeta）」と呼ばれ，民族ごとに異なるカリキュラム，教科書が定められている．ボスニアの3民族における民族的科目群の教科書の内容を比較分析したボスニアの研究グループは，これらの科目の教科書の多くにおいて，その内容が，ボスニアの社会の分断を促し，民族間の差異を豊かさないし潜在性ではなく問題として解釈し，自民族を肯定的，他の民族を否定的に描くステレオタイプを用い，自民族が他の民族から受ける脅威を強調し，ボスニアへの帰属意識を高めないようなものになっていると結論づけている［Trbić 2007］．

　デイトン合意後のボスニアの政治体制においては，教育に関する権限が構成体に付与されたことにより，学校教育の民族ごとの分断が制度化された．義務教育を管轄するのはRS側では構成体政府，連邦側ではカントン政府であり，RS政府および連邦内の各カントン政府に教育省が設置されたのである［Perry 2013: 227］．デイトン合意の成立直後の時期には，義務教育のシステムやカリキュラムなどについて，教育省間での調整はまったく行われていなかった．ボスニアに存在する諸教育省の教育大臣によって構成される教育大臣会議が設置されたのは2007年10月のことであり，ボスニア内の諸教育省に対する諮問機関

としての極めて限定的な役割しか与えられていない．この教育大臣会議を設置したメモランダムの第1条には，この会議が「あらゆる意思決定レベルの管轄当局の憲法上・法律上の責任には介入しない」と明記されているのである．ボスニア中央政府のレベルでは，教育・学習の評価基準を確立するための独立機関として教育庁が設置されているが，教育大臣会議に対して報告を行うことが主たる任務であり，実質的な権限はほとんどない．構成体やカントンレベルで行われている教育の制度や内容を統制する中央政府レベルのメカニズムは一切存在しない．

　内戦終結直後は，迫害を恐れた少数派民族の住民が難民・国内避難民となったために各民族の支配地域における住民が民族的に均質的となり，各地域の構成体政府が自民族の教育を実施していれば問題はあまり起きなかった．しかし，内戦の終結から時間が経過するにつれて，内戦中に他の民族勢力の支配を逃れるために難民・国内避難民となった人々が以前に住んでいた土地に帰還するようになると，複数民族が混住する地域において学校教育をどのように行うかが重要な問題となった．少数派民族の住民の児童に対し，多数派民族の教育を強制すれば，少数派民族の住民が「自分の」民族の言語，文学，歴史，宗教などについて「自分の言語で」学ぶ権利を認めないことになり，基本的人権のひとつとして教育を受ける権利を挙げ，民族的な差別を禁止している憲法の理念に抵触してしまうからである．ボスニアの3民族の差異を絶対視する民族主義者にとっては，民族ごとに分断された教育は，自民族の言語，文化，歴史を学ぶ機会を全民族の子弟に平等に提供するために必要不可欠な制度なのである［Sadiković 2012: 55-56］．ボスニアでは，この問題に対処するため，主として2つのシステムが運用されてきた．

　ひとつは，「同一校舎二学校」（Dvije škole pod jednim krovom）と呼ばれるシステムである．一定の学区内に2つの民族集団が一定規模で居住している場合，同一校舎を時間で区切り，各民族の子弟が当該民族の教育を行う時間帯にその校舎に通学する．校舎は同じであるが，時間帯によって，使われる教科書もカリキュラムも異なる2つの学校となるのである．このような制度はボシュニャク人とクロアチア人が混住する連邦内の諸地域で運用されており，2014年時点では連邦内に54校存在する［Čustović 2014］．もうひとつは，多数派のカリキュラムの学校に少数派の子弟が通学する場合に，歴史や国語，宗教といった「民族的科目群」の科目に限り，異なる民族のカリキュラムで教育を受けるという

システムである．このシステムは，ズヴォルニク，スレブレニツァ，ビイェリナ，ドボイ，トゥズラ，プリイェドル，フォチャなど，少数派帰還が進んだ地域で採用されており，ボスニア全土に100校程度存在する [Perry 2013: 228]．

この2つのシステムを運用しても，ボスニア内のすべての市民に対して自民族の教育を提供することが可能になったわけではない．少数派帰還がごく小規模である場合には，少数派の民族の子弟は，多数派民族のカリキュラム・制度で運用されている学校に通学することを余儀なくされている．

(2) 学校教育における民族分断の克服の試み

このような学校教育における民族の分断は，内戦後のボスニアにおける民族間の和解と平和構築を阻害するものとして，国際社会から問題視されるようになり，それを克服しようとする試みもなされてきた．例えば，国際社会の関係者とボスニアの主要政治家を集めてウェステンドルプ上級代表が1998年に開催した会議で採択された「サライェヴォ宣言」では，教育作業部会・教科書小部会を設置し，その部会の監督のもと，サライェヴォの教育当局が教育に使用されている教科書の内容を精査し，民族的な憎悪や不寛容を増幅するような記述があれば1998年9月までに削除するとされていた [Donia 2000; Torsti 2013]．この宣言は，それ自体は教科書の内容を改定するような結果をもたらすことができなかったが，ボスニアにおける学校教育問題に関する国際社会の関心を喚起した点では重要だったと言えよう．

1999年に欧州評議会がボスニアの加盟申請の検討を開始すると，欧州評議会は，加盟の条件として，学校教材における不適切な表現を1999-2000学年度の開始までに削除するよう要求した．そのため，1999年7月にボスニア域内の全教育大臣が集まり，「1999-2000学年度にボスニアで使用される教科書からの不適切教材の削除に関する合意」に署名した．これを受け，翌月には，使用が予定されている教科書から不適切な部分を削除する手続きが定められ（新しい教科書を作成・印刷する時間がなかったため），欧州評議会とOHRが委員会を設置してボスニアの教科書の削除対象項目を選定する作業が行われた [Torsti 2013]．いわば，ボスニアで使われている教科書に対して国際社会の検閲が行われたのである．1999-2000学年度は，削除対象となった箇所は黒塗りされた教科書が用いられることになったが，一部の学校では黒塗りにすべき箇所の一覧を学校の掲示板に張り出して生徒自身に黒塗りにさせるような事態も生じ，検閲の履

行にはさまざまな問題が生じていたことが指摘されている [Torsti 2013].

2000年には，ボスニア国外で刊行された教科書は2002年6月以降使用しないことで合意がなされ，クロアチアやセルビアで刊行された教科書はボスニアの学校教育の現場から排除されることになった．2002年11月にはボスニア域内の教育大臣が教育改革の推進で合意し，2003年にはボスニア中央レベルの議会で「初等・中等教育に関する枠組み法」が採択された [Perry 2013: 230]．同じ年，「構成体間教科書委員会」が初めて設置され，「民族的科目群」の教科書から不適切な記述・教材を削除する作業が続けられた [Torsti 2013: 216]．「構成体間教科書委員会」はその後も活動を続け，2006年には教科書に関する新ガイドラインの策定（ボスニア内の全教育大臣が署名）に至った．しかし，このガイドラインには拘束力がなく，教育当局に対して新たな教科書の作成を義務づけるものではなかった．

教育における民族の分断を克服しようという試みは，国際NGOも行ってきた．例えば，欧州諸国の歴史教師によって構成されている欧州歴史教師協会（ユーロクリオ）は，ボスニアやその近隣諸国の歴史教師とともにさまざまな活動を展開し，その成果として全旧ユーゴ諸国における社会主義時代の日常生活に関する共通副教材を2008年に刊行した．また，ギリシャを拠点とするNGO「南東欧における民主主義と和解のためのセンター」（CDRSEE）は，南東欧諸国の歴史学者を集め，これらの国々で利用可能な共通歴史副教材を作成して刊行した．しかし，これらの教材はいずれも，あくまで公定の教科書と平行して用いることができる副教材に過ぎず，公定教科書としての地位は獲得していない．

このように，国際機関や国際NGOにより，自民族中心主義的な視点ではなく，ひとつの物事にはさまざまな見方があることを学ばせるマルチ・パースペクティブな教育，異文化の理解やコミュニケーションを促すような教育を導入することによって，学校教育における民族間の分断の克服が試みられてきた．しかし，こうした試みは，学校教育を受ける子弟に民族アイデンティティを確立させることを重視する民族主義的な政治家や宗教指導者，その意向を汲んだ学校教育現場による強い抵抗にあっている．例えば宗教教育という点では，さまざまな宗教についての教育を聖職者ではなく一般教師が行う「諸宗教の文化」教育の促進が試みられてきたが，カトリック教会がこれに強く抵抗し，クロアチア語で教育を行う学校では一切この科目が提供されない状況が生じてい

る [Perry 2013: 239-240]．逆に，幼稚園段階から宗教教育を導入し，より早い時期から子弟に宗教・民族のアイデンティティを持たせようという動きも見られ，教育における民族・宗教の分断はさらに深まりつつあるとも指摘されている [Perry 2013: 240]．

民族間の分断を当然視し，それを固定化しようとするような学校教育の在り方に対し，ボスニア国内の市民からも批判の声が上がっている．ボスニアのNGO「ヴァシャ・プラヴァ」（Vaša Prava，「あなたの権利」の意）が，ヘルツェゴヴィナ＝ネレトヴァ・カントン政府を相手取り，「同一校舎二学校」のシステムは，差別の禁止を定める法律に違反していると提訴したのである．一審はこれについて違憲の判決を出し，カントン裁は一審の判決を破棄したが，連邦高裁は一審の判決を支持してこれを違法とする判決を出した．しかし，この判決は当該カントンにしか適用されないため，ヴァシャ・プラヴァは他のカントンでも同様の提訴を進めている．しかし，中央ボスニア・カントンでは，一審で訴えを退ける判決が下されており，今後の進展の行方が注目される．

(3) ブルチュコ行政区の事例

このようにボスニア全土で教育における民族間の分断が進んでいる中で，例外的に，3民族の子弟を同一の学校に通学させることで教育を一定程度統合することに成功している興味深い例としてブルチュコ行政区の事例に触れておきたい．ブルチュコ行政区は，すでに述べたように，いずれの構成体にとっても東西・南北に分かれた領域をつなぐ交通の要衝として重要な地区であったために，デイトン合意では帰属が確定しなかった．その後，1999年の最終裁定によって，ブルチュコ行政区は地理的には双方の構成体に属する（両構成体の「コンドミニアム」と呼ばれる）行政区とされ，その統治については，事実上いずれの構成体の政治的決定も適用されない「ボスニアの主権下にある単一の行政区」とされ（構成体政府はブルチュコ行政区に関する一切の統治権限を行政区政府に移譲したとされる），国際社会の直接管理下に置かれた．すなわち，副上級代表（上級代表が常に欧州諸国から任命されるのに対し，副上級代表職は常に米国から任命される）がブルチュコ行政区の国際監督官を兼務し，行政区内の公職者の罷免権や，立法措置の採択権などを持ったのである．行政区の議会の議員は当初，任命された議員によって構成されており，行政区議員の直接選挙は2004年に初めて実施された．

こうした国際社会の強い管理の下で，ブルチュコでは早くから教育改革が進められた．具体的には，2001年に，SDSやセルビア正教会の強い反対を押し切って，国際監督官が教育改革法を採択し，学校が統合された［Jones 2012: 138］．この新しい制度の下では，学校を民族ごとに規定することはなく，一定の学区内の児童は，民族帰属にかかわらず同一の学校に通うことになった．それを可能にするため，「民族的科目群」については，その児童数にかかわらず，すべての学校ですべての民族向けの科目が提供された．「民族的科目群」の一部について，民族帰属によって分かれて学習する措置も残ったが，この教育改革により，基本的にブルチュコ行政区内の児童は，民族帰属にかかわらず共通のカリキュラムの下で学習することになったのである［Perry 2013: 241-242］．学校名が特定の民族集団を疎外するような名称にならないよう，学校名には番号のみが用いられるなど，すべての民族集団の児童に開かれた通学環境を提供するためにさまざまな配慮が行われた．

　こうした措置は，学校教師が3民族の教科書を参照しながら授業準備をしなければならないため教師に大きな負担を強いるなど，問題も指摘されているが，民族の垣根を超えて児童が一緒に過ごす時間を増やし，諸民族を分離ではなく統合のほうに導くことに一定程度成功しているとして肯定的に評価されている［Jones 2012; Perry 2013: 243］．例えば，ボスニアで行われた世論調査では，ブルチュコ行政区の回答者のほうが，その他の地域の回答者より，多様性や統合に対する寛容性がより高いことを示す結果も得られている［Perry 2013: 243］．ブルチュコ行政区の教育制度は，全ボスニアに適用すべきモデルとして注目されているのである［Jones 2012: 142］．

　PICは2009年，ブルチュコ行政区は制度的に適切に機能しているとし，国際的監督を終了することを決定した．これを受け，2012年8月31日，OHRは，いずれかの構成体がブルチュコ行政区の統治の枠組みを否定するような状況が生じた際に介入する仲裁裁判所は存続させるとしながらも，ブルチュコ行政区の国際的監督を正式に終了した．ブルチュコ行政区の統治権限は，ほぼ完全に現地の行政区政府に委ねられることになったのである．国際社会の介入・監督なしに，諸民族を統合する教育制度が存続できるかどうかが，ボスニアの学校教育における民族間の分断を克服していけるかどうかを占ううえで重要な鍵となるであろう．

　ブルチュコ行政区をめぐる近年の政治の進展を見ると，この点で，予断を許

さない状況があるように思われる．ボスニアでは，市民権はボスニア（国家）レベルと構成体レベルの2段階で取得されることが憲法で規定されているが，2013年のボスニア身分証法改正において，ブルチュコ行政区の市民については，どちらの構成体に属するかを身分証に表示しなければならないと規定された．これまでは，国際管理下にある行政区の市民として，ボスニアの市民権は持ちつつも構成体の市民権は取得せずに生活してきた市民が多かったのだが，身分証の所持が成人市民の義務である以上，ブルチュコ行政区の市民は，どちらかの構成体に帰属することを制度によって強いられることになる [Stjepanović 2015]．どちらかの構成体に帰属しなければボスニア国家レベルの公職選挙における選挙権・被選挙権が得られない現在の政治制度下では，ブルチュコ行政区の市民に他の構成体市民と同様の政治的権利を認めるために必要な措置であるとも言えるのだが，この措置は，ブルチュコ行政区市民のアイデンティティに重要な影響を与える可能性もある．すなわち，これまで，どちらの構成体からも切り離されて単一の行政区を構成することで多民族の統合を維持してきたブルチュコ行政区の住民が，こうした制度の適用によって，2つの構成体に分断されていく可能性が存在するのである．今後国際社会による監視・介入が存在しない中で，ブルチュコ行政区がこれまでと同様にどちらの構成体とも異なる独自の行政区という立場を保持し，多民族を統合する教育制度を維持することができるかどうかが，注目される．

おわりに

　デイトン合意の成立から20年以上が経過し，ボスニアでは，治安の回復，難民・避難民の帰還，インフラの再建といった点では，目覚ましい進展が見られている．新たな政治制度のもとで，定期的に選挙を実施し，平和的に政権交代が行われる状況も定着してきた．当初は極めて脆弱であったボスニアの中央政府の権限が強化され，内戦直後は完全に分断されていた両構成体の統合も徐々に進みつつある．2002年の構成体憲法修正を境に，各構成体・カントンを特定民族が支配・独占する状況も，徐々に変わりつつある．

　他方で，2005年以来修正の必要性が叫ばれてきたデイトン憲法の修正は依然として行われておらず，各民族内で民族主義的な勢力が政治において支配的な地位を維持し，その帰結として社会における民族間の分断が維持・強化される

状況が続いている．すでに10年以上にわたって閉鎖・撤退の方針が示されてきた OHR も，依然としてボスニアに駐留したままである．ボスニアが今後，デイトン憲法を成功裏に修正し，OHR の撤退によって主権を完全に回復した後にも政治的な安定を維持できるか否か，また，ギリシャ債務危機，難民危機，英国の EU 離脱問題など，2010年代に入って数々の危機に見舞われている EU が求心力を持ち続け，ボスニアに対して必要な改革を進めるよう促し続けることができるか否かが注目される．

注
1) ボスニアとヘルツェゴヴィナは本来，異なる地域をさす呼称であり，ボスニアは現在のボスニア・ヘルツェゴヴィナの版図の中部～北部，ヘルツェゴヴィナは南部にあたる．ヘルツェゴヴィナは，オスマン帝国の統治下で，ボスニアから切り離されて別箇の行政単位を構成していたこともあった．本章では，「ボスニア」という名称を，デイトン合意後のボスニア・ヘルツェゴヴィナ全体をさす呼称として用いる（広義のボスニア）．広義のボスニアにおけるボスニアおよびヘルツェゴヴィナの各地域をさす際には，その後に「地方」という言葉を付けることで，広義のボスニアと，その中の中～北部のみをさす地域名としてのボスニア（狭義のボスニア）を区別することにしたい．
2) ここでいう「ムスリム人」とは，イスラム教徒をさす一般名詞としての「ムスリム」とは異なる概念であり，主にボスニアおよびサンジャク地方（セルビアとモンテネグロの国境にまたがる地域）に居住する南スラブ系のイスラム教徒をさす．ムスリム人は，SFRJ において，1960年代以降，その民族性が政治的に承認されるようになり，国勢調査等でも民族名として用いられるようになった．その後，SFRJ の解体とボスニア内戦の進展に伴い，民族名をムスリム人から「ボシュニャク人」に変更することが提案され，1993年頃からボシュニャク人という呼称が使用されるようになった．この民族名は，公式には，1994年に成立したボスニア連邦の憲法において初めて使用され，その後は1995年のデイトン憲法を含めた一連の公式文書で用いられており，今日ではボスニアにおける南スラブ系のイスラム教徒の呼称として定着している．ただし，とりわけサンジャク地方では，ボシュニャク人という呼称の使用に反対しムスリム人という呼称を使い続けるべきであると考える人々も依然として一定数存在しており，ムスリム人という呼称が完全に使用されなくなったわけではない．ボシュニャク人という民族名とその民族言語としての「ボスニア語」の形成については，例えば齋藤 [2001] を参照のこと．
3) ボスニアでは，「カントン」はボスニア語，セルビア語で用いられる呼称であり，クロアチア語ではジュパニヤ（クロアチアにおける「県」にあたる語）が用いられている．本章では，ボスニア連邦を構成する単位をさす呼称として「カントン」を用いることとする．
4) セルビア民主党は1990年にボスニア・セルビア民主党（Srpska demokratska stranka Bosne i Hercegovine）という名称で設立されたが，その後「ボスニア」が名称から削除され，デイトン合意後は一貫してセルビア民主党（SDS）として活動している．本章

では1990年の時期も含めて同党を SDS と表記する．

5) "Presudom Vrhovnog suda Federacije BiH prekinuta evidentna praksa razdvajanja djece na etničkom principu,"（http://www.vasaprava.org/?p=2092, 2016年7月7日閲覧）．

6) Ari Ruffer, ""Two Schools under One Roof": School Segregation in Bosnia and Herzegovina," Columbia Journal of Transnational Law（http://jtl.columbia.edu/two-schools-under-one-roof-school-segregation-in-bosnia-and-herzegovina/, 2016年7月7日閲覧）．

第4章
SFRJ 解体後のセルビア共和国とモンテネグロ

定形 衛

はじめに

　ユーゴスラヴィア社会主義連邦共和国（SFRJ）は1991年以降，構成6共和国のうち5共和国が分離独立をして解体したが，本章であつかうセルビア共和国とモンテネグロは，2006年まではSFRJの2つの「残余」共和国として同一の国家を形成した．この2つは領域的にはセルビアはモンテネグロの6.4倍，人口では17倍と大きな開きがあるが，1992年以降はユーゴスラヴィア連邦共和国（SRJ）を，そして2003年には国家連合セルビア・モンテネグロ（SCG）を構成し，さらに2006年のモンテネグロ独立以後は2つの国家となっている．

　SFRJの解体は国家の領域的分断だけではなく，「民族の友好と統一」の国是のもとその意識の高揚が求められた「ユーゴスラヴィア国民」の最終的崩壊を意味し，現代史にあっては，対枢軸パルチザン闘争，自主管理社会主義，非同盟外交によって大国主導の国際政治に抵抗した国家の消滅であった．さらに，SFRJの解体過程では，冷戦後における大国，国際機関によるさまざまな形での紛争介入が行われた．国連による経済制裁，国際刑事法廷の設置，国連平和保護軍の派遣，人道的介入とNATO空爆，そして暫定統治機構の設置などである．国際的孤立を強いた国家に，国際社会は喧しいほどの国際的介入を行ったのである．

　しかし，SFRJ解体の過程に深く関与し，その方向付けに決定的な役割をはたしたのは，セルビアのミロシェヴィッチであった．ミロシェヴィッチは，80年代以降の経済危機と政治的リーダーシップの欠如に対する民衆の不満をたくみに利用し，自らは党内「改革派」を任じた．また，セルビア人の民族的矜持

を鼓舞するともにセルビアを要とする集権的な連邦体制の復活を展望したのであった．しかし，それは他共和国を分離独立の道へと誘導していくことにもつながったのである．

　セルビアは，90年代を通じてクロアチア，ボスニア，さらにコソヴォ紛争に関わり，国連の経済制裁のもと国際的孤立を強いられた．2000年10月にミロシェヴィッチ政権が倒壊したのち，セルビアは民主化への歩みを開始し，国際社会への復帰と経済危機の克服，EUへの加盟をめざしたが，モンテネグロのSRJからの分離独立，コソヴォ自治州の独立宣言，また国際法廷への戦犯の移送問題，また国内では民主化，経済改革にむけた政治的安定の確保などさまざまな問題に直面した．

他方，モンテネグロは，90年代はセルビアともに国際的孤立に直面し，それによってもたらされた経済危機はセルビア以上に深刻であった．90年代末のコソヴォ危機を契機に，ジュカノヴィッチの指導のもとミロシェヴィッチ政治からの離脱を志向し，2003年の連合国家体制をへて，2006年に独立に至った．独立後のモンテネグロは，ジュカノヴィッチ体制のもとヨーロッパへの統合の道を推進してきたが，89年以来の長期政権下での政治腐敗や地下経済の横行は，民主国家の形成と経済的自立の桎梏となっている．

　以下，本章では1990年代のミロシェヴィッチによる権威主義的体制とその崩壊過程，さらに2000年以降今日に至るまでのセルビア，モンテネグロの政治状況を論じた後，ミロシェヴィッチ以後の「セルビア外交」を事例にとりあげ，国際的孤立からの脱却と国際社会への復帰，さらに西バルカンにおける中軸国家を自任するセルビアの外交戦略を紹介することにしたい．

1　解体後のセルビア政治

(1) SFRJ解体とミロシェヴィッチ

　ミロシェヴィッチ体制の成立は，SFRJチトー体制への異議申し立てであった．各共和国の権限の平等を保障することで共和国間関係の均衡をはかり，国家統合を維持しようとしたチトー体制は，74年憲法のもとで集大成された．セルビア共和国（以下，セルビア）内の2つの自治州（コソヴォとヴォイヴォディナ）も共和国とほぼ同等の権限をもって連邦幹部会を構成し，全会一致を旨とする決議事項に対して拒否権をもった．また，SFRJではセルビア共和国の領域画定にあたり，最大民族セルビア人の分布にしたがった線引きが行われず，その結果セルビア人の42％が自治州を除いた狭義のセルビア共和国以外の地域に居住することになった．

　80年代のSFRJでは経済危機さらにコソヴォ危機が深刻化し，チトーなきあとのチトー体制はその歪みを露呈した．失業，インフレ，対外債務の三重苦に見舞われ，国民の生活水準は著しく低下した．また，コソヴォでは多数派アルバニア人が低開発経済への不満や自治州の共和国昇格要求を掲げて抗議行動を繰り返し，セルビア人との軋轢が高まった．

　ミロシェヴィッチはこうした危機に対処するに，チトー体制のもとでセルビア人が犠牲となってきたこと，セルビア人の誇りと一体感が損なわれてきたこ

とを訴えた．こうした政策をすすめるミロシェヴィッチにとってコソヴォは格好の場であった．ヨーロッパのキリスト教社会を守るべく戦った1389年のコソヴォの戦役から600年，ミロシェヴィッチは中世セルビア史を想起させ，また，コソヴォにおけるセルビア人の苦境，犠牲を象徴的に描くことで，社会主義「改革派」，セルビア人の指導者としての政治的地位を固めていった．

　ミロシェヴィッチがセルビアの地位の向上，民族意識の高揚のために打ち出したのが「反官僚主義革命」であった．それは，2つの自治州そしてモンテネグロにおいて党の改革と称しての親ミロシェヴィッチ勢力の登用であった［Vujačić 2009: 27-34］．これによってミロシェヴィッチは，「改革派社会主義者」として党内の権力基盤を確固たるものにし，また「セルビア民族意識」に訴えて民衆の支持を獲得したのである．それは，当時のソ連，東欧の政治改革，民主化の運動にも連動するものと捉えられた［Rossi 2009: 282］．モンテネグロ政治を4半世紀以上にわたり今日まで指導してきたジュカノヴィッチは，当時若き指導者としてこの「反官僚主義革命」によってミロシェヴィッチに抜擢されたのであった．

　さらに，「改革派」を任じるミロシェヴィッチは，セルビア科学アカデミー所属の知識人による「ユーゴスラヴィアにおけるセルビアの位置に関するメモランダム」を追い風にし，さらにセルビア人の民族的アイデンティティの中心となってきたセルビア正教会にも接近した［Cohen 2002: 102-104］．これらは，セルビア人が抱えるコソヴォ問題の解決と強きセルビアの復権と符合しつつ，ミロシェヴィッチの政治基盤を盤石なものにしていった．「メモランダム」(86年9月) は，「自国のなかにいるセルビア民族を防衛できず，コソヴォのジェノサイドに怯える同胞になす術がない国家とはいかなる国家なのか」と主張し，セルビア正教会はその聖地コソヴォをアルバニア人イスラム教徒から奪還することのシンボルとなった［Pavlaković 2005: 16］．

　しかし，ミロシェヴィッチは民族主義者として登場したわけではない．セルビア社会党の議長であったヨヴィッチは次のように回想している．「ミロシェヴィッチは民族主義者でも狂信的排外主義者でも決してなかった．彼は根っからのプラグマティストであり，政治的成功と権力の維持以外に原則らしきものは持っていなかった」［Jović 2009: 31］．ミロシェヴィッチは西側からは「バルカンのゴルバチョフ」として認知され，ソ連社会主義圏の異端児ユーゴスラヴィアにふたたび期待がよせられた［Glaudić 2011: 23］．

セルビアにおけるミロシェヴィッチの権力奪取と反官僚主義革命は，スロヴェニアやクロアチアといった先進共和国の連邦からの離脱とヨーロッパへの回帰を志向させ，90年1月の第14回臨時党大会での連邦共産党（共産主義者同盟）の瓦解，さらに4月以降の各共和国議会選挙が進行するなかでSFRJ解体の道は不可逆的なものとなった．

　セルビア共産党は90年7月にセルビア社会党（SPS）に改称し，12月のセルビア議会の複数政党選挙では250議席のうち194議席を占め，第二党であるセルビア再生運動（SPO）の19議席を大きく引き離した．SPSは共産党の財政的基盤や選挙メディアを引き継ぎ，「われわれと一緒にいれば心配ない」，これがSPSの選挙スローガンであり，社会主義体制の継続による経済的，政治的安定を強調した．同時に投票された大統領選挙では，ミロシェヴィッチが65.34％の得票で選出され，セルビアの体制転換はミロシェヴィッチ権威主義体制を導いたのであった．91年6月のスロヴェニア，クロアチアの独立宣言と内戦の勃発によって，セルビア軍はユーゴスラヴィア人民軍（JNA）の主力となり紛争に関与していったが，さらに92年4月にはボスニアへと内戦は拡大した．国際社会が分離共和国を承認するなかで，ミロシェヴィッチ体制の90年代は紛争と国際制裁の10年となった．

(2)　SRJとミロシェヴィッチ政治

　モンテネグロの連邦残留の住民投票（92年3月1日）によって，1992年4月27日に発足したSRJであったが，ボスニア紛争におけるセルビアの侵略行為が非難され，5月30日の安保理決議757による制裁決議によって国際的孤立を強いられることになった．ユーゴスラヴィア連邦共和国（SRJ）はヨーロッパの最貧国へと転落し，政治腐敗と地下経済が蔓延し日常化していった［Pavlaković 2005: 21-22］．

　ミロシェヴィッチは民衆の不満をかわすべく警察権力の強化，マスメディアへの統制によって権力を掌握し続けた．これに対して野党勢力は，92年5月にセルビア再生運動（SPO）が主導し，セルビア民主党（DSS），セルビア自由党（SLS），新民主主義（ND）を傘下にいれたセルビア民主運動（DEPOS）を結成した．しかし，この民族主義的色彩をあわせ持つDEPOSに民主党（DS）は加わらず，またこれにあき足らないセルビア急進党（SRS）も参加しなかった［Cohen 2002: 211］．

92年7月に連邦の初代首相に就任したセルビア系アメリカ人のパニッチは，SRJ の国際的地位の向上と民主化をもとめ，ボスニアからのセルビアの正規軍および非正規軍の引き揚げ，さらに SFRJ 後継諸国の承認と経済関係の構築を表明して，反ミロシェヴィッチ勢力の期待を集めた [Cohen 2002: 213]．12月の大統領選挙では DEPOS の支援をうけて出馬し32％の得票で善戦したが，ミロシェヴィッチ（53％）の前に敗北した．
　92年12月のセルビア議会選挙（定数250議席）では SPS が93議席減の101議席，次いでセルビア急進党（SRS）が73議席，さらに SPO，DSS などの DEPOS が50議席を獲得した．90年選挙と比べ，支持基盤を大きく切り崩された SPS は DEPOS の脅威を感じ SRS との非公式の議会協力によって安定多数を確保した．この SRS の躍進は，国際的制裁と経済危機から脱却できないミロシェヴィッチ政治への不満のあらわれであり，社会主義に反旗を翻す急進的なセルビア民族主義を掲げる SRS への期待の表明であった [Thomas 1999b: 131-38]．
　しかし，この SPS と SRS の多数派工作は，議会内にミロシェヴィッチ派とシェシェリ派の鋭い対立を生むことになった．ミロシェヴィッチの議会運営への露骨な関与に SRS の議員が反発したのであるが，以後ますます対立は深まっていった．SPS は93年後半に入ると，クロアチアやボスニアのセルビア人勢力への支援を後退させ，制裁解除をもとめて，国際社会の要求に譲歩し始めたからである．シェシェリは，これをセルビア民族に対する裏切り行為であると激しく攻撃し，ミロシェヴィッチを不信任決議に訴える姿勢を示したのである．
　これをうけてミロシェヴィッチは議会を解散し，3年の任期を前倒しするかたちで93年12月に議会選挙に打ってでた．議会選挙で SPS は123議席に盛り返したものの過半数には届かず，DEPOS 内の新民主主義 ND（5議席）との連立を図った．第二党 SPO（45議席）や第三党 SRS（39議席）との連立では，民族主義が全面にでて社会主義「改革派」かつ「民族主義志向」のミロシェヴィッチの持ち味が否定されかねなかったからである．
　経済制裁と国際的孤立によって国内でのミロシェヴィッチ批判が高まるなか，95年11月のデイトンでのボスニア紛争の処理交渉では，ミロシェヴィッチがセルビア人勢力の代表として国際社会から認知され，合意成立過程のキーパーソンとしての役割をはたした．国際社会は制裁によってセルビアを「嫌われもの国家」に位置付け，ミロシェヴィッチを「悪玉視」する一方で，制裁解除を取引材料にし，ボスニアのセルビア人勢力の説得役を期待したのである．

アメリカは，ボスニア紛争解決に主導権を発揮してヨーロッパ，ロシアにその力を誇示せんとし，他方，ミロシェヴィッチは制裁解除を獲得することで，自らの権力維持の確保を望んでいた．

しかし，この政治的取引は，ミロシェヴィッチ政治のスローガンとなってきた「セルビア人をひとつの国家に」によって熱狂したクロアチアのセルビア人によるクライナ・セルビア人共和国，ボスニアのセルビア人が形成したスルプスカ・セルビア人共和国を見捨てることを意味した［Pavlakovič 2005: 13］．クライナ共和国は95年夏のクロアチア軍の攻勢によって奪回され，これに隣接するボスニア・クライナも一気にクロアチア側の支配地域に下った．ミロシェヴィッチはこの攻勢を傍観するのみであった．さらにミロシェヴィッチは，アメリカの要求に沿いセルビア側からスルプスカ共和国への輸送路を閉鎖し，国際社会が提示するボスニア和平案の受け入れをセルビア人勢力に迫っていた．

デイトン合意は，ミロシェヴィッチの合意なしには成立しえないものであったから，95年11月22日の国連安保理での決議1022による制裁の停止，さらに96年10月1日の決議1074によって制裁解除がなされたのである．制裁解除はミロシェヴィッチの最優先事項であったが，長期におよぶ制裁のなかで蔓延した政治腐敗と不正取引の病巣はあまりにも深く，加えて地方選挙における野党の勝利を認めないミロシェヴィッチに国民は失望感を募らせ，怒りの噴出となった．

生活の窮状には耐えても，選挙の不正行為を許すことは民族の誇りを傷つけ，さらには希望の喪失を意味したのであった．96年10月から97年春にかけての3カ月間，ベオグラードでの10万人規模の街頭デモ，セルビア各都市での大規模な抗議行動が繰り返された．抗議行動を牽引したのはSPO，DS，セルビア市民同盟（GSS）さらにDSSであった．この野党連合はザイェドノ（Zajedno,「みんな一緒に」）と名乗った．

ザイェドノの運動の盛り上がりのなかで行われた97年9月のセルビア議会選挙ではDS，DSSが選挙ボイコットの抗議の意思表示をするなか，SPSは85議席（38議席減）へと後退した．他方，SRSは82議席，SPOは45議席と議席数をふやし，ミロシェヴィッチ体制を倒すには至らなかったが，SPSはSRSとの連立以外に選択肢を見出せなかった．

ミロシェヴィッチ政治への不満のなかで政権打倒の野党連合が形成され，民衆の抗議行動も高まった．前述の92年におけるDEPOS，96年から97年のザ

イェドノである。しかし、こうした野党連合は政党間の対立や指導者間の不和によってやがて解散に追い込まれ、運動の目標であるミロシェヴィッチ政権の打倒には至らなかった。ジンジッチ、コシュトゥニツァ、ドラシュコヴィッチの足並みの乱れはその典型であった。セルビアの民主化はそのたびごとに民衆の前から遠のいていった。

　こうした運動が結実しなかった背景には、マスメディアを掌握しての世論操作、反体制運動への厳しい弾圧を行う権威主義体制に対して統一的、効果的な運動を展開しえない野党指導者の意識の不十分さがあるが、加えて国際制裁のなかで日々生活の窮状に耐えながら抗議行動に立ち向かう民衆の運動を国際社会が放置し、無関心であったことも指摘されよう。

　民族間の殺戮の戦場に目を奪われた国際社会は、その拡大の阻止、紛争終結に関心を寄せるのみであった。セルビアを敵視し、制裁によってセルビアを孤立させることでミロシェヴィッチ政権を打倒し、戦争を終結できると考えていたのである。しかし、セルビアを国際的孤立に追い込むことで、セルビアにおける野党連合、民衆の反政府抗議行動をも孤立させてしまったのである。ミロシェヴィッチは決して孤立していなかった。逆にさまざまな国際社会の「セルビア叩き」を利用して、国内の経済的、社会的問題の窮状を国際社会による孤立政策の責任に帰し、デイトンにみられたように「平和の使者」を振る舞うことで、自らの権力基盤を誇示することも忘れなかった。

　国際社会がミロシェヴィッチ政権打倒を現実の政治状況に即して考えはじめるのは、1998年のコソヴォ危機における武力行使以降のことである。コソヴォ危機は、98年以降はコソヴォ解放軍（KLA）とセルビア軍（セルビア治安部隊とユーゴ連邦軍）の内戦へと激化し、国際社会はセルビア軍によるアルバニア人への「ジェノサイド」攻撃を非難した。98年3月には国連決議1160によって再び経済制裁を行い、さらに「人道的介入」の名によって99年3月には国連決議なきNATO空爆によってセルビア全土を攻撃対象とした。かつてアメリカはKLAをテロリスト呼ばわりしたが、いまやミロシェヴィッチ追放へと舵が切られ、99年5月ミロシェヴィッチはICTYに起訴されたのであった。

　ここに至り、国際社会とくにアメリカはセルビア民主野党連合（DOS）の活動と民衆のオトポル（Otpor, 抵抗運動）の本格的支援にのりだした。2000年1月に設立されたDOSには18政党が結集し、DS, DSS, GSS, NSなどが牽引したが、ジンジッチと一線を画するドラシュコヴィッチのSPOはこれに加わ

らなかった [Bieber 2003a: 76-84]．また，DOS の代表さらにミロシェヴィッチ打倒の連邦大統領候補者としては DSS のコシュトゥニツァが選ばれた．ジンジッチは西側によりすぎるとして，セルビア民族主義にも理解を示すコシュトゥニツァが推挙されたのであった．西側の支援団体も NATO 空爆のあとでは，西側よりのジンジッチよりコシュトゥニツァが望ましいと判断していた [Donno 2013: 137]．

　オトポルは1998年10月にベオグラード大学の学生を主体につくられた組織で，政府の大学およびメディアへの統制強化に対する反対運動として始まった．しかし，その後オトポルが掲げた「もううんざりだ．ミロシェヴィッチは終わった」を意味する標語 "Gotovo je" が民衆をとらえ，「拳」をシンボルにした非暴力的な運動とリーダー的な存在をおかずに風刺や印刷物の配布などによって持続的な運動を展開することに広汎な支持が集まった [Nikolayenko 2012: 145-51]．

　反ミロシェヴィッチの運動に対するアメリカの支援は慎重に行われていった．NATO 空爆の記憶はまだ新しく，セルビアに悪い印象を与えていることを十分に承知していたし，アメリカの支援がうける DOS をミロシェヴィッチが「反愛国主義勢力」，「外国の手先」として格好の攻撃対象にしかねなかったからである [Bunce and Wolchic 2011: 94]．アメリカはコシュトゥニツァに不利となることを考慮し，選挙では彼を表立って支援することはしなかった．コシュトゥニツァが独立自主の政治家であり，西側にすり寄ることなき民族主義者としての立場を維持していることを望んでいた [Donno 2013: 136]．

　こうして，野党間の対立，指導者間の不和を抑制し連帯意識を維持するため，民衆の運動との連結を強化するために多くの国際的支援がアメリカや EU 諸国からよせられたのである．とくにアメリカの全米民主主義基金，アメリカ平和研究所，米国民主研究所は政府の対セルビア政策の変化をうながし，なかでも全米民主主義基金からは，98年に31万ドルが99年に97万ドル，2000年には146万ドルの資金援助があり，独立のラジオ放送局やメディア，政治組織である市民連合，市民社会組織，反戦行動センター，ベオグラード人権センター，さらにオトポルなどに支援がなされ，シャープの簡便な著作『権威主義から民主主義へ』(G. Sharp, *From Dictatorship to Democracy*) やパンフレットが広汎に配布された [Bunce and Wolchic 2011: 103-107]．

　ミロシェヴィッチの権力への執着は大統領規程に関する憲法改正に如実にあ

らわれていた．ミロシェヴィッチは97年7月にSRJ大統領に就任したが，連邦憲法（第97条）は，大統領任期を4年とし再選なしと規定していた．そこでミロシェヴィッチは，2000年7月に大統領を連邦議会による選出から国民の直接選挙にすることへの憲法改正を行い，再度連邦大統領選挙に出馬することをもくろみ，改正案が議会で採択されたのである．大統領選挙の投票日は，野党勢力に準備期間を与えず，また冬の暖房用燃料の不足によって民衆の不満が表面化しない時期，さらにNATO空爆の記憶が新たなうちにということで9月24日が設定された［Bunce and Wolchic 2011: 105-106］．

大統領選挙での敗北を受け入れず，決選投票を主張したミロシェヴィッチであったが，民衆の抗議行動のなかで2000年10月5日に自らの敗北をみとめざるをえなかった．選挙投票の正式結果はコシュトゥニツァが50.24％，ミロシェヴィッチが37.15％であった．DOSの推挙するコシュトゥニツァがSRJ大統領に就任し，13年におよぶミロシェヴィッチ政治に幕がおろされたのである．

(3) ミロシェヴィッチ以後のセルビア

コシュトゥニツァ新政権の急務の課題は，権威主義体制からの脱却と民主化の推進，そして国際社会への復帰であったが，ミロシェヴィッチのICTYへの移送問題，モンテネグロの独立，さらにコソヴォの「一方的独立宣言」などの問題に直面した．ミロシェヴィッチのハーグ移送問題では，SRJ大統領コシュトゥニツァとセルビア首相ジンジッチの確執が表面化した．ICTYをアメリカの政治的機関に過ぎないと非難する憲法学者コシュトゥニツァはあくまでも国内の司法による裁きをもとめたのに対し，ジンジッチは国連決議によって設置されたICTYへの協力とミロシェヴィッチの移送に応じる姿勢を示し，欧米からの経済支援を期待した．

セルビア民族主義に理解を示すDSSはそもそも1992年にDSから分派して結成されたが，コシュトゥニツァとジンジッチの間には確執が依然として解消されていなかった．2001年6月，旧体制期の憲法裁判所がICTYへの移送を禁じる判断を下すと，ジンジッチは数時間のうちにセルビア首相の権限で一方的にミロシェヴィッチの移送を行った［Pond 2013: 9-10］．これを契機にコシュトゥニツァはDOSから離脱した．

反ミロシェヴィッチ政権でまとまったDOSであったが，政権担当後には内紛が表面化し，民主化と経済改革の道に困難が立ちはだかった．民衆の不満

は，SRS，SPOの得票率の上昇となってあらわれた．アントニッチは，セルビア政治における政治エリートの対立と分断が，体制転換後の政治から活力を奪っていることを指摘し，それが立法，司法に対する行政府権限の過度な優越，また民衆の政治意識の未成熟，マスメディアの政治エリートへの依存，さらにセルビア社会にある政治的恩顧主義の体質に起因すると論じている [Antonić 2006: 107-109]．

　DSはセルビア政治で実権をにぎり，DSSは連邦レベルで権力を掌握していた．2003年3月にジンジッチが暗殺されるとセルビア政治は一気に不安定化し，経済，政治改革が停滞するなかで，2003年12月に選挙が行われることになった．結果はDSが27議席と敗北し，SPSも22議席とさらに議席を減らした．逆にSRSが2000年の23議席から82議席に躍進した．しかし第二党で53議席のDSSはSRSとDSをはずして少数派内閣を画策し，G17＋，SPO，NSとの連立，さらに旧政権党のSPSが議会協力することになったのである．DOSは2003年11月に解散していた．

　選挙後，SRJ大統領から首相に転じたコシュトゥニツァはICTYへの協力ではなく，起訴された者が自主的に出頭することをうちだしたが，これはSPSとの多数派工作時の約束の現れと解釈された．起訴された者の多くがSPSに党籍をもっていたからである．しかし，この対応に西側は財政的支援を停止し，その結果，経済状況は悪化し，DSSは2004年の大統領選挙や地方選挙で苦戦をしいられた．ICTYへの政策変化を迫られたDSSは，14人の戦争犯罪人に出頭を促し，またEU接近への国家戦略を定めて，2005年半ばに再度EUとの交渉にこぎつけた [Stojic 2011: 12]．

　モンテネグロ独立にともなう2006年の憲法改正によって2007年1月に選挙が行われるとSRSが第一党を占めたが，2007年5月まで組閣ができないという混迷状況がもたらされた．ここでも鍵を握っていたのがDSSであった．DSSは急進的民族主義やヨーロッパ懐疑論とDSとG17＋といった親EUの勢力の中間に位置したからである．そこでDSSは一時的なSRSとの協力で議会議長にニコリッチをあて，親EUの政党と連立を組むことにした．コシュトゥニツァ首相は親EUの諸政党と不安定ながらもコソヴォ地位問題やEU加盟で合意を取り付け，2007年11月には，安定化・連合協定（SAA）交渉の開始へと進展した．しかし，2008年2月の独立宣言とEU加盟国の中に独立承認国が相次ぐなかで政権維持が困難となり，2008年の選挙となった．

2008年の選挙はセルビアのEU加盟への住民投票の色彩を持った．各党のスローガンはセルビアの今後のあるべき方向を示していた．DSは「ヨーロッパのセルビアを目指して」（以下，ZES（選挙連合））を掲げて，G17＋，SPO，ヴォイヴォディナ社会民主連合（LSV）と選挙連合を形成し，SRSは「コソヴォはセルビアのこころ」「ゆけ！　セルビア」を，DSSとNSは「セルビアを守れ」，SPSはセルビア年金者統一党（PUPS）およびセルビア統一党（JS）と「立てセルビア」を掲げた．また，自由民主党（LDP）は「境界線なきセルビア」をスローガンにしていた［Stojic 2008: 5］．DSS陣営はEUがセルビアの領土的一体性を認めるまで交渉を停止することを主張し，軍事的中立，そしてロシアなどコソヴォに関しセルビアの立場を擁護する国との友好を前面に出した．一方DS陣営はSAAに署名し，コソヴォとEU問題は別々の事柄とし，セルビアは再び国際的孤立の道を歩んではならないと訴えた．

　選挙はDSの連立ZESが102議席で勝利したものの，連立工作では政治的に対立してきたSPSと連立を組むことになった．SPSもミロシェヴィッチ以後次第にヨーロッパ志向の政策を打ち出すようになっていた．選挙後の2008年9月になると78議席を獲得したSRSであったが，EU加盟に反対の姿勢を貫く限り政権につけないと判断したニコリッチ，ヴチッチの勢力が新党セルビア進歩党（SNS）を作るべくSRSから離脱していった［Bochsler 2010: 112］．

　SNSが政党としてはじめての議会選挙に臨んだのは2012年であった．SNSは選挙連合「セルビアを動かそう」を結成し，DSの「よりよき生活のための選択」（IZBŽ）（選挙連合）に勝利した．同時に大統領選挙も行われ，ニコリッチがタディッチに決選投票で勝利した．SRSから離脱したSNSはヨーロッパの選択肢も掲げていたが，コソヴォの独立を認めない姿勢は崩さなかった．選挙後，SNSはDSとの「大連立」を誘うがDSは応じることはなかった．SNSはセルビアの経済的サバイバルはEUなしには難しいということを認識し，EU加盟についてはプラグマティックに対応しつつ，コソヴォの独立に対する姿勢が有権者に受け入れられたのである．タディッチからニコリッチへの大統領の交代によってSNS，SPSの連立時代が始まった．政権の焦眉の課題はEU加盟問題とコソヴォの地位画定問題，経済の低迷からの脱却であったが，いずれも現状を打開するほどの進展には至っていない．

　EU加盟についての世論調査では，賛成（まったく賛成，どちらかと言えば賛成）と反対は（まったく反対，どちらかと言えば）の比率は09年10月が76％：19％，12

年3月は61％：34％，14年2月が68％：30％，15年11月には49％：44％と推移した．またEU加盟によって以下の項目について「そう思う」と「そう思わない」の比率は，15年11月時点で「主権の喪失」が41％：29％，「より良い生活」35％：35％，「経済成長」30％：34％，「仕事の増大」37％：32％となっている．また，EU加盟においてコソヴォの独立承認が必要条件とされた場合については，「加盟できなくても拒否する」と「承認は自然の流れで受け入れたい」の比率は，10年8月が41％：26％，12年3月が46％：19％，15年11月には57％：17％となっている［Center for Insights 2015］．このようにセルビアでは，必ずしも一定の方向で加盟が支持されているわけではなく，そこに，外交上のバランス意識も出てくるのであろうが，それがかえって現状の政治，経済状況の低迷をもたらしていることも否定できない．

　2012年以後，2014年，2016年と議会選挙が行われたが，いずれでもSNSが勝利，2014年選挙では，「未来を信じて」の選挙連合で158議席を獲得し地滑り的勝利であった．ヴチッチは，経済状況の悪化，高い失業率，汚職の蔓延といった課題を抱えていたが，ヴチッチ人気を頼み，2年前倒しの選挙にでた2016年選挙では，議席をSNS政党連合では27議席へらしたが，盤石の第一党を維持した．この選挙ではSRSが22議席で，SNSの離脱によって議席をうしなった過去二回の選挙から復活し，野党第一党への躍進を果たした．選挙前にシェシェリがICTYの一審判決で無罪となったことも得票数を増やす原因ともなった．

　また，前回3.85％で議席に届かなかったキリスト教右派の政党「扉」党（Dveri）が前回4.24％で議席を失ったDSSと連合して13議席を獲得している．この選挙は，SNSのヴチッチが前回の勝利をうけてSNSの単独勝利を確実にすることを目指したが，民族的少数派以外の政党で，阻止条項の5％を越えた政党が7つあり，3政党がはじめて議席を獲得した．「もう十分だ」（DJB），Dveri，「緑の党」（ZES）である．

　SNSの連合は得票率では前回の48.35％から48.25％と0.1％しか変わらないが，議席数では27議席の減となった．また，PUPSがSPSの連合からはなれてSNSに回ったのであるが議席をへらした．2014年に結成された「もう十分だ」（DJB）は，前回は2.09％であったが，今回は5％条項を越えて16議席を獲得した．他方，Dveri-DSSとSDS-LDS-LVSがそれぞれ5.04％，5.02％でそれぞれ13議席を配分された．社会民主党（SDS）はタディッチがDSから離脱

して作った政党である．この選挙後，SNS は SRS，DSS といった急進的な政党との対応も迫られることになった．

(4) ヴォイヴォディナの政治

次にセルビア共和国の一角を占めるヴォイヴォディナの政治状況について概観しておきたい．ヴォイヴォディナは多民族からなる自治州で，81年の統計では人口の51％（110万人）がセルビア人で，次いでハンガリー人19％，クロアチア人5.4％，スロヴァキア人3.4％，ルーマニア人2.3％と続き，ユーゴスラヴィア人も8.2％占めていた．88年10月からの「反官僚主義革命」によって親ミロシェヴィッチ勢力が政治の実権を握ると，民族間関係は緊張度を増していった．

ヴォイヴォディナの非セルビア系の民族は，それまで制度によって保障され当然視されていた民族の諸権利が抑えつけられるようになり，非セルビア系住民が急速に減少していった．とくに1991年のクロアチアでの内戦開始後は，その傾向が高まり，徴兵年齢に達したヴォイヴォディナのハンガリー人が徴兵逃れのためにハンガリーに流れ，また，クロアチア人はヴォイヴォディナから去っていった．1991年のハンガリー人は34万人で10年前の38万5000人と比して急速に減少した．そして，ヴォイヴォディナにとどまった非セルビア民族は歓迎されざる存在となっていった［Bennett 1995: 210–211］．

1990年3月に結成されたヴォイヴォディナ・ハンガリー人民主同盟（DZVM）は，アンドラーシュに率いられ，セルビアにおけるハンガリー人の自治を主張した．90年のセルビア議会選挙では8議席を獲得したが，その後急進化し，94年に分裂した．1997年になるとアンドラーシュがヴォイヴォディナ・ハンガリー民主党（DSVM）をつくって DZVM から離脱し，保守的な民族主義政党としてハンガリー人自治の要求を唱えた．ヴォイヴォディナ・ハンガリー人連合（SVM）は，穏健派のスボティツァ市長カサに指導されたハンガリー人の主要政党であるが，SVM など非民族政党はヴォイヴォディナ全体の実質的な自治を掲げている．ハンガリー人政党はヴォイヴォディナ全体の自治というよりも北ヴォイヴォディナの8つのハンガリー人が集住する自治体の政治的，文化的自治に関心がある．そのため彼らは決して分離的対応をしない．SVM は2000年に DOS に加わり，07年の選挙以後今日までハンガリー人政党として議席を維持している［Bochsler 2010: 139–42］．

つぎに地域政党については，ヴォイヴォディナ社会民主連合が現在もセルビア議会選挙では連合を組んでいる．LSV は1999年にセルビアの連邦化を主張し，ヴォイヴォディナ自治を制限した2006年の憲法を拒否する姿勢を示した．民族主義アイデンティティよりはヴォイヴォディナの自治を掲げている．2000年には他のヴォイヴォディナの政党では，ヴォイヴォディナ改革党，ヴォイヴォディナ・コアリッション，SVM とともに DOS を構成した．03年には少数民族の選挙連合「ともに寛容に」（ZZT）をつくるが敗北した．08年には民主党の ZES に，12年には民主党の IZBŽ に加わり，14年，16年にはタディッチの新政党 SDS とくんでいる．しかし，ヴォイヴォディナ全体ではセルビア人が約半数を占めており，ヴォイヴォディナ議会選挙では，セルビアの全国政党が支持を集めている．2016年選挙では，SNS/SDPS が63議席，SPS が12議席，SRS が10議席をしめ，地域政党の LSV と SVM はそれぞれ 9 議席，6 議席であった．

2　解体後のモンテネグロ政治

(1)　セルビアとの SRJ の形成
① 連邦残留の住民投票

　モンテネグロは，前述したようにミロシェヴィッチの反官僚主義革命の標的となり，88年11月共産主義者同盟指導部を親ミロシェヴィッチ派が占めることになった．90年12月の共和国議会選挙では，2 年前の新体制ブラトヴィッチとジュカノヴィッチの権力基盤は盤石であった［Bieber 2003b: 17］．モンテネグロ共産党（SKCG）は，125議席うち83議席を獲得した．他の共和国とことなり複数政党選挙には，党の名称も綱領も変えることなく勝利した．党名を社会主義民主党（DPS）に変更するのは91年 6 月である［Čagorović 2012: 581］．以後現在にいたるまで DPS は，97年に党の分裂を経験するが，連立を組みつつ政権党の地位を維持している．

　また，モンテネグロでは SFRJ の解体にあたって，92年 3 月 1 日の住民投票により「連邦残留」を決定している［Cohen 2002: 209］．投票の質問事項は，「あなたは，モンテネグロがユーゴスラヴィアにとどまることを望む他のすべての共和国と全く平等な主権共和国として，統一ユーゴスラヴィアの一部として残留することに賛成ですか」というものであった．モンテネグロ共和国の独立賛

成派およびムスリム人およびアルバニア人は投票をボイコットしたが66％の有権者が投票し，96％が賛成票を投じた．モンテネグロ有権者の1/3が投票しなかったことになるが，1991年のモンテネグロの人口統計ではモンテネグロ人が61.9％，セルビア人が9.4％であり，モンテネグロ人の多くがセルビアとの連邦形成に賛成票を投じたのである．また，モンテネグロ人の34％はセルビア内に居住していたことも付記しておきたい [Gallagher 2003: 61].

この住民投票日は，隣接するボスニアでは共和国の独立を問う住民投票が行われ，スロヴェニア，クロアチアではすでに1月にECによる国家独立が承認され，マケドニアも1月に独立承認をECに申請していた．したがって，この住民投票は実質的にはモンテネグロとセルビアの二つの共和国が同一国家を形成するかを問うものであったが，セルビア側では住民投票は行われなかった．投票に反対する勢力は，これをセルビアによるモンテネグロの吸収合併であるとして反対した [Morrison 2009: 105]．ミロシェヴィッチによって掌握されたメディアは，セルビアとともに国家を形成することは，民族主義者によって崩壊された「ユーゴスラヴィア」を守るための投票であり，SFRJとの連続性を意味するものである喧伝した．住民投票ではあわせてモンテネグロの首都の名称を46年から続いた「チトーグラード」から「ポドゴリツァ」に変更することも決定された [Čagorović 2012: 582]．チトー体制からの脱却をはかるセルビアに歩調をあわせたものといえよう．

残留を決めた背景には，モンテネグロの党指導部が連邦継続を主張するセルビアのミロシェヴィッチの支持を強く受けていたこと，また最小の共和国ながらも連邦共産党および人民軍の指導部の枢要な地位に人材を送り，SFRJとの一体感を育んでいたことがあげられる．モンテネグロは2％の人口比以上の占有率で指導部や将校が登用され連邦への強固な信頼感が保持され [Gallagher 2003: 61]，連邦予算の配分，開発基金の割り当て率も高かった [Ramet 1984: 150-53]．しかし，他の共和国の分離のなかで，連邦残留はSFRJの継続ではまったくなく，セルビア権威主義体制への政治的同調を意味したのである．

残留決定にもとづき4月27日に両共和国議会，連邦議会が「ユーゴスラヴィア連邦共和国」（SRJ）の宣言を行うが，それからほぼ一カ月した5月30日，モンテネグロはセルビアとともに国連制裁に直面したのである．以後コソヴォ紛争への制裁もふくめ2001年9月の解除まで続いた制裁の受難は，連邦残留決議の結果でもあった．この間モンテネグロはセルビア以上に経済的苦境と国際的

孤立を深めた．最も開発の遅れた共和国として80年代の経済危機によって大きな打撃を受けていたモンテネグロの経済は，制裁による観光産業の衰退を余儀なくされ，さらに失業者の増加によって，かえってセルビア経済に依存せざるを得ない状況を作りだしていた．セルビアはモンテネグロの交易の3／4を占めていたが，主権をもたないモンテネグロがIMFなどから資金調達をすることはできなかった［Gallagher 2003: 57, 63］．ヨーロッパはじめ隣国との関係の悪化によって体制転換期のモンテネグロは民主化そしてEU加盟への展望も見出せず閉塞状況におかれ続けた．

② セルビアとの訣別の道

ミロシェヴィッチの紛争介入と権威主義体制を甘受してきたモンテネグロであったが，デイトン合意によって戦争からの解放，経済発展への期待が高まった．しかし，SRJは国際社会からは依然として「嫌われもの国家」として認識され続け，97年以降の独立を志向するコソヴォへのセルビアの弾圧と武力介入は強い失望感を与えていた．その失望はやがてDPS内指導部に政治的亀裂を生んでいった．ジュカノヴィッチは，96年からのセルビアにおけるザイェドノの反ミロシェヴィッチ抗議行動を支持するなど，ミロシェヴィッチのセルビアから距離を置くようになり，ミロシェヴィッチに忠誠を誓うブラトヴィッチを批判してセルビア政府への異議申立ての姿勢を強めた．モンテネグロはセルビア政治の犠牲者であって，決して共犯者ではないことが強く主張されるようになった［Bennett 1995: 210］．ジュカノヴィッチは改革を目指す勢力をDPS内に形成し，ミロシェヴィッチおよびブラトヴィッチとの対決姿勢を鮮明にした．［Lukšić and Katnić 2016: 690］．97年6月，DPSの主要局会議が97年の連邦大統領選挙における候補者としてミロシェヴィッチを承認すると，ジュカノヴィッチは10月のモンテネグロ大統領選挙にブラトヴィッチに対抗して出馬を決意した．

ジュカノヴィッチは，EUへの加盟やヨーロッパ評議会などの西欧の国際機関をつうじてのモンテネグロ経済の発展を唱え，西側からの援助，とくにアメリカの援助に期待した．他方，ブラトヴィッチはセルビアとの結束を強化し，その民族主義路線を支持した．10月5日の投票において得票数ではブラトヴィッチが上回った（47.44％対46.71％）が，いずれも50％の得票率を獲得できず，10月19日の決選投票でジュカノヴィッチが50.79％，ブラトヴィッチが

49.20％の得票で逆転勝利を収めた．

　ジュカノヴィッチの勝利は反ミロシェヴィッチ票の獲得であったが，それはEU加盟と独立への道を志向する票およびムスリム人，アルバニア人の民族的少数派の票であった．大統領選後，ブラトヴィッチはDPSから離脱して社会人民党（SNP）を結成し，以後ジュカノヴィッチが党議長としてDPSを牽引していくことになる．西側政府は，ミロシェヴィッチの色を落としたジュカノヴィッチを歓迎し，セルビアを牽制し圧力をかけるためにモンテネグロを利用するようになる［Darmanović 2003: 148-149］．

　98年5月31日に行われた議会選挙では大統領選に続き，ミロシェヴィッチ体制継続への賛否が問われた．DPSは社会民主党（SDP）や人民党（NS）と「よりよい生活を」（DŽB）を結成し，78議席中42議席を獲得した．これに対しSNPは29議席にとどまった．憲法上，連邦大統領がセルビア共和国選出であるから，連邦首相はモンテネグロ共和国から選出されることになるが，ミロシェヴィッチは第二党SNPのブラトヴィッチを選出した．また，モンテネグロ大統領は連邦軍の最高評議会の構成メンバーなのであるがミロシェヴィッチはジュカノヴィッチをそのメンバーから外したのであった．ジュカノヴィッチは連邦体制への不信を一層募らせ，以後連邦機関の正統性を認めず連邦機能はしばしば不全状況に陥った［Cohen 2002: 382］．

(2) モンテネグロの連邦離れと独立の住民投票
① コソヴォ紛争と独立への道

　98年はコソヴォ解放軍とセルビアの武力衝突によって緊張度が高まったが，99年にはいるとコソヴォの地位をめぐるランブイエ交渉が決裂し，3月からはSRJへのNATO空爆がはじまった．モンテネグロは中立の立場を表明し，コソヴォの自治権の回復を主張するとともにセルビアの抑圧政策を批判したが，コソヴォ独立には反対の意向を示した．モンテネグロには，全体の5％ほどのアルバニア人がコソヴォに隣接して居住していたが，コソヴォ独立にともなう国境線の変更問題は回避したいと考えていた．

　コソヴォ危機そして紛争の過程で，モンテネグロは再び国際的制裁と孤立をセルビアとともに強いられた．紛争後の99年8月，モンテネグロ政府は「モンテネグロとセルビア間の新たな関係の基礎」と題する政策綱領を公表して連邦離脱の方向を明確にし，99年11月にはドイツマルクを導入するなど，セルビア

との分離を公然と志向しはじめた．ユーゴスラヴィア（SRJ）の統一市場は消滅し，モンテネグロは独自に税を徴収することになった［Gallagher 2003: 58］．さらに2000年7月になり，ミロシェヴィッチが大統領選での再選をめざして連邦議会の選出ではなく一般投票による大統領選出の憲法改正を画策すると，ジュカノヴィッチは独立への道を明確に打ち出した．

結果としてミロシェヴィッチの再選はならず，ここにモンテネグロは，SFRJ解体後10年してようやく本格的な体制転換の道を歩むことになったのである．モンテネグロの進むべき道はEU統合への参画であった．モンテネグロではすべての政党がEU加盟をめざすことで一致していた．国家性の問題，つまり「国家のかたち」については鋭く対立した各政党であったが，国際的孤立からの脱却をめざし，EU加盟がモンテネグロの自明の選択肢となっていた．

ジュカノヴィッチはEUやアメリカの援助をもとめ，またEU加盟にむけてセルビアからの独立を強く主張していた．しかし，これに対しEUはモンテネグロに慎重な姿勢をとるよう促した．2001年1月22日のEU声明は，「モンテネグロは独立については自重すべきで，セルビアとの連邦を展望していくことが大切であり，一方的な行動を取らぬよう」にと警告した［Gallagher 2003: 66］．EUやアメリカはNATO空爆の後でもあり，決議1244によりコソヴォの暫定統治が開始されていたこともあってバルカンのさらなる不安定化要因になりかねないモンテネグロの独立を望んでいなかった．

しかし，2001年4月の選挙でDPSがSDPとの選挙連合「モンテネグロの勝利を」（PJCG）を結成し勝利すると独立への道が一気に加速した．野党は選挙連合「ユーゴスラヴィアとともに」（ZZJ）によってSNP，NS，SNSを結集したが敗北した．こうしたモンテネグロ内の政治的分断とモンテネグロとセルビア両共和国の対立を警戒したEUは，共通外交安全保障上級代表で欧州理事会事務総長のソラナを仲介役に送りこんで，独立を時期尚早として説得したのである［Džankić 2014: 175］．

② ベオグラード協定と国家連合

仲介の結果，モンテネグロ，セルビアそしてEUの妥協策としてセルビア・モンテネグロ国家連合（SCG）が構想されることになった．セルビアは，モンテネグロの独立がヴォイヴォディナその他の地域に飛び火することを強く警戒し，またEUは西バルカンに小国がさらに増え不安定化することを嫌ったので

ある［Gallagher 2003: 65-66］．2002年3月14日にセルビア，モンテネグロ，連邦の3つの政府が署名した「ベオグラード協定」が署名され，「協定の有効期間は3年間であり，3年後に連合の構成国は連合のあり方を再考する．モンテネグロが連合から離脱する場合は，セルビアが国連安保理決議1244のコソヴォに関する継承国家となる．また，この場合セルビアはIMF，世界銀行，国連などの国際機関の加盟を継承する」と規定された［Agreement 2002］．

ジュカノヴィッチは，独立を時期尚早とするEUの裁定を受け入れることにした．EUやアメリカの援助なしにモンテネグロの将来はないと判断したジュカノヴィッチは，協定を現在獲得しうる最大限の内容と正当化した．しかし2001年選挙で独立を確約し連立を組んでいたLSCGはこの協定締結をジュカノヴィッチの裏切り行為として非難し，連立から離脱していった［Vuković 2015: 6; Darmanović 2003: 151］．

ベオグラード協定を基礎にSRJは2003年2月に国家連合「セルビア・モンテネグロ」(SCG) として改組され，SCG初代大統領にはモンテネグロDPSのマロヴィッチが就任した．ここにユーゴスラヴィアという名称は国家名から消滅することになった．ベオグラード協定によって3年という期限を切って独立の住民投票が現実の政治日程にあがるなかで，モンテネグロではこの国家性 (statehood) の問題に民族性 (nationhood) の問題が重なり，セルビア人とモンテネグロ人の間にある民族的アイデンティティの問題が惹起され，モンテネグロのおかれた現実の政治，経済状況のなかで人々に再度国家性，民族性の決断を迫ったのである．

独立派と統一維持派がせめぎ合う政治状況のなかで人口統計における民族の申告にも大きな影響がみられるようになった．それは，1991年と2003年の統計において著しく異なった民族構成となってあらわれた．1991年では，モンテネグロ人が61.86％でセルビア人が9.34％であったが，2003年の統計ではモンテネグロ人が40.5％，セルビア人が30.3％となっている．この急激な変化はどうみても自然増(減)とは別個の現象と解釈しなければならないものであった［Morrison 2009: 11-12］．

民族構成におけるモンテネグロ人とセルビア人の比率の激変は，ジュカノヴィッチとブラトヴィッチの対立が「独立派」対「統一派」の対立に，さらにはモンテネグロ人とセルビア人のアイデンティティの選択の問題として表れた．政治経済状況が民族アイデンティティの表明に密接に結びつく，アイデン

ティティの政治化現象が起こっていたのである［Malešević and Uzelac 2007: 705-706］.

しかも，ここに言う民族アイデンティティは，人間の存在を原初的に規定するエスニシティというよりも，社会的に構成された民族アイデンティティである．モンテネグロにおける民族を巻き込んだ対立は，ボスニアやクロアチアで見られたような民族浄化を惹起するような性格のものではなく，「国のかたち」をめぐる政治闘争であり，モンテネグロ社会の歴史の中で構造化された根深い対立とは様相を異にした．

もともと両民族は言語，宗教，文化がほぼ同一であり，民族のアイデンティティにおいても排他的な関係ではなくひとつの民族，つまりモンテネグロ人でありかつセルビア人であるとの認識がひろく歴史的に受け入れられてきた．SFRJにおいて他のスラヴ系民族と同等に共和国が形成されると，モンテネグロにおける民族の申告は，モンテネグロ人とセルビア人はそれぞれ92％：1.8％（1948年），81％：3％（1961年），67％：7.5（1971年），69％：3.3％（1981年）と推移していたのである［Statistički Godišnjak 1989: 45］.

③独立の住民投票

ベオグラード協定の期限がせまる2005年に入ると欧州評議会の諮問委員会である「法による民主主義のための欧州委員会」（ヴェニス委員会）などの関与もあって，投票の時期や方法，特定多数決の導入などが議論された［Darmanović, 2007: 155］．独立賛成派も反対派も後にしこりを残さない方法が求められた．両者の側いずれも合意に至らずEUのソラナ上級代表はスロヴァキアの外交官でSFRJでの職務の経験もあるライチャックとリプカを抜擢し，話し合いを継続させることにした［Kopacević 2007: 89］．スロヴァキアは1993年にチェコとの話し合いによって独立国家となったが，その連邦国家からの分離独立の経験が今回の住民投票の実施において期待されたのである．ライチャクは特定多数決として55％を提起し，リプカは選挙管理委員会委員長の任務を担った．

モンテネグロの住民投票法では，有権者の50％の賛成によって決することになっていたが，賛成と反対が接近している状況での僅差の判定（例えば51％対49％）は投票後に「しこり」を残しかねず，今回は特定多数決として55％のラインが提示された．いずれが勝利するにせよ，どちらも納得しうる数字として設定されたのが55％であった．住民投票を実施しなければ独立は達成できず，

両派ともにこの提案を受け入れることになった．世論調査では両者が拮抗し，いずれにしても接戦が予想されていた．

しかし，この55％という数字の背後には，EU側の独立への抑制的姿勢が働いていたといえよう．この数字は独立派にとって不利な条件には違いなく，勝利のためには統一賛成票に10％の差をつけなければならないことになるが，統一派は，独立派が55％には到達しないと踏んでおり，また独立派は55％の設定で統一派が勝利の可能性を残しているとして投票ボイコットを回避でき，さらに投票率を上げることで自らの勝利を確信していた［Fris 2007: 83-85］．ただ，モンテネグロの場合，世論調査などから50％から54％の独立支持票の場合の「グレーゾーン」が排除できなかった．この場合の規定は法的にはもちろん設けられていないがこれが現実となった場合，独立派，統一派両者の抗争の激化は必至であった．事実，ジュカノヴィッチは50％を超えた場合は独立派の勝利であるなどと喧伝し，ライチャクから強く叱責されていた［Morrison 2009: 208］．

独立派は，1878年から1918年までのモンテネグロ独立を果たした王国時代の栄光を有権者に訴えるとともに，すべての少数民族票の獲得に奔走した．なかでもムスリム人，ボスニャック人，アルバニア人の票獲得をめざし，少数民族の政治参加を積極的に推進することを公約し，アルバニア語，セルビア語（ラテン文字，キリル文字双方で表記）ともに用いて選挙運動をした．統一派がセルビア人，モンテネグロ人のみに訴え，しかもキリル文字によるセルビア語で対応していたのとは対照的であった［Morrison 2009: 206-11］．独立派の先頭に立ったのは90年代後半の反ミロシェヴィッチの勢力であったが，西側の自由民主主義およびEUへの加盟やICTYへの協力，民族間交流への寛容さを唱え，民主国家建設に意欲を示した．こうしたなかで，5月3日にICTYは，セルビアがムラディッチの引き渡しに協力的でないことをあげてEU安定化連合プロセス（SAP）の交渉を停止したが，これが独立票獲得の追い風になったことは疑いないところである．

他方，統一派は，ジュカノヴィッチ政府の政治的腐敗や密輸など地下経済の批判や指導者批判に終始するという90年代の選挙運動と変わることもなく，若い世代に統一セルビア・モンテネグロの将来的展望を示しえなかった．統一派は正教徒のセルビア人票や一部モンテネグロ人票が頼みであった．ミロシェヴィッチ体制を支持し，セルビアからの援助に期待する政治勢力，セルビア正教会の影響下にある人たちであった．そのため非正教徒の民族的少数派の票を

失うことになった．また，セルビアと異なりシェシェリのようなセルビア民族主義の急進勢力の影響力もほとんど見られなかった．

独立を問う住民投票は2006年5月21日に行われ，投票率は86.5%で独立賛成派が55.5%で統一派におよそ4万5000票の差をつけた．OSCEやヨーロッパ評議会さらに各種NGOから3000人の投票監視団が動員され，一部統一派の選挙に対する異議の申立ても根拠なきことが立証されて確定した．セルビア大統領タディッチは，5月23日にポドゴリッツァを訪れ，独立承認を住民多数の意思として受け入れると述べた．モンテネグロ議会は6月3日独立を宣言し，1918年セルビア人・クロアチア人・スロヴェニア人王国に編入されて以来88年ぶりのモンテネグロ国家の復活となった．これに対し，EUやヨーロッパ評議会，ロシア，中国，アメリカその他多くの国が承認し，国連の迅速な対応のなかでモンテネグロは6月28日に193番目の国連加盟国となったのである．

(3) 独立後のモンテネグロ政治

独立後，モンテネグロでは今日にいたるまでDPSが政権の座を維持しているが，その後の議会選挙の政党の配置や得票数はおおむね2006年の住民投票の結果を引きずられたものとなっている．2006年12月，2009年3月，2012年10月の選挙ではいずれも政権党のDPSがSPDとの選挙連合「ヨーロッパのモンテネグロ」（ECG）を組み，そこにクロアチア市民イニシアティブ（HGI）やボスニャック党（BS），さらにモンテネグロ・自由党（LPCG）を加えて多数派を構成した．これに対し野党を形成したのは，06年がセルビア・リスト（SL）やSNP-NS-DSS，変革のための運動（PZP），09年がSNPとNOVA（新セルビア民主主義），12年が民主戦線（DF）とSNPであった．DFは2012年7月に結成された新セルビア民主主義（NOVA），さらにPZP，民主人民党（DNP）を傘下におさめた野党連合である．

また，独立後のモンテネグロ外交について述べると，最優先課題はEUへの加盟であり，これについてはいずれの政党も合意していた．モンテネグロは，セルビアからの抑圧と国際的孤立を経験し，また体制転換において他の中東欧諸国のように加盟へのテコ入れがなかったこともあり，独立までにはEU加盟政策で合意に至っていたという［Vuković 2014: 75, 82-84］．モンテネグロ外務省は「外務・EU統合」省との名称で呼ばれているが，「EUかロシアか」という鋭い対立もなく，西バルカンの地中海国家，アドリア海の観光産業の振興およ

び善隣外交と地域協力によって小国としての国際的地位の確保を重要視している．EU理事会は2006年6月12日にモンテネグロを承認し，2006年の議会選挙後の2007年3月15日にSAA交渉が開始された．その後はSAPの公式署名が2007年10月15日になされ，2009年12月には加盟候補国，12年5月22日には加盟交渉へと進展した．

この間，モンテネグロはコソヴォを2008年10月9日に承認し，セルビアとの関係が悪化した．独立の住民投票において，人口の5％を占めたアルバニア人票は大きな貢献をしたし，コソヴォ承認は独立後のモンテネグロが，自立的で果敢な外交を営んでいることを示すものであった．さらにモンテネグロではEU加盟交渉の加速化への貢献も期待された．この時点でEUやNATOの大半の諸国がすでにコソヴォを承認していたのである．

また，NATOに関しては，2015年12月2日のNATO外相会議でモンテネグロの加盟招請が決議され，最終的な手続きに入った．これによってトルコからスペインまで地中海を囲みNATO加盟国でつながることになったのである．モンテネグロは独立直後の2006年12月，NATOリガサミットで「平和のためのパートナーシップ」（PfP）に加入し，09年にはNATOの行動計画に参加していた．

このように政府はEUとNATO加盟をヨーロッパ大西洋同盟への統合として，その意義を強調するが［Đukanović and Ladevac 2009: 36-37］，国民の側の受け止め方は，1999年に限定的とはいえ，セルビアとともにNATO空爆の標的となったため，その意識には乖離がみられる．とりわけセルビアとの統一派は，NATO加盟反対の姿勢を強く出した［Džankić 2008: 70］．16年12月調査ではNATO加盟に賛成が39.5％，反対が39.7と反対が上回っている．2008年以降では賛成が35％前後，反対はやや多く40％前後で推移してきたが，両者の差は縮小傾向にある．NATOの貢献については，モンテネグロとアメリカおよびヨーロッパ諸国との関係の発展とモンテネグロの安全保障確保が理由として最も多い．また，EUについては2008年から今日まで60％から70％の間で加盟賛成が推移している．16年12月の調査は賛成63.0％，反対24.6％である［EBL News 2016］．

また，多民族からなる小国，地政学的に東西の結節点に位置するモンテネグロは，バルカンと地中海諸国を結び付ける外交を視野におき，隣国との友好関係，地域協力を重視する．近隣諸国としては旧ユーゴスラヴィア後継諸国に加

えてイタリア，アルバニア，オーストリア，ハンガリー，ルーマニア，ブルガリア，ギリシャといった国々があげられている．これらの諸国はSFRJ，SRJ，SCG時代からの隣接国であり，また，地域協力としては，南東欧協力プロセス（SEECP），中欧イニシアティブ（CEI），アドリア・イオニア・イニシアティブ（JJI），南東欧協力イニシアティブ（SECI），南東欧防衛会議（SEDM），さらにUSとNATO加盟を目指す国家間の協力機構としてのアドリア憲章（A3＋3）などがあげられる［Đukanović & Lađevac 2008: 37-39］．

　最後に近年の政治状況であるが，2015年以降モンテネグロではジュカノヴィッチの長期政権の悪弊を糾弾し，また生活水準の向上を求める大規模な抗議行動が起こり深刻な政治危機となってあらわれた．DFが計画した反政府抗議行動であるが，政治腐敗を標的にジュカノヴィッチの辞任と暫定政府を要求し，さらに12月にはモンテネグロのNATO加盟反対のデモもみられた．政府への不満は強く，ジュカノヴィッチへの厳しい批判が連日表明された．

　こうしたなかで行われた2016年10月16日の議会選挙では，DPSが引き続き第一党となるが，98年以来選挙連合を組んできたSDPがジュカノヴィッチへの不信任投票を行い選挙連合から外れたのである．そのため過半数確保のために社会民主党（SDP）から分離した社会民主主義者（SD）やボスニャック人，アルバニア人，クロアチア人の民族主義政党と連立を組まざるをえなくなった．第二党は2012年7月に設立されたDF，第三党には16年9月設立の「鍵党」（Kljuě）が続いた．これには民主連合（DEMOS）とSNPが加わっている．DEMOSはDFから分かれたキッチが15年3月に創設した政党である．こうした長期政権への不満の蓄積が際立った選挙戦をうけて11月28日にはジュカノヴィッチは首相の座をマルコヴィッチに譲っている．しかし，ジュカノヴィッチは政界からの引退を表明したわけではなく今後の去就が取りざたされている．

3　ポスト・ミロシェヴィッチのセルビア外交

(1) 国際社会復帰のセルビア外交

　ミロシェヴィッチ以後のSRJが直面した緊急の外交課題は，国際的孤立に終止符を打ち，速やかに国際的信頼を回復することであった．2001年11月24日の外相スヴィラノヴィッチの議会における外交演説［Dragojlović 2011: 286-311］

は，今日のセルビア外交にも継承されているものであり，外交の再生によって国際社会のなかで正当な位置をしめようとする決意表明であった［Đukanović and Ladevac 2009: 346-347］．

演説は，「前政権が生みだした社会の政治的，経済的，道義的そして文明的な退廃に対処して国家を立て直さなければならず」，今後は長期的な観点から外交理念の基本的要素を認識することの必要性を訴えた．「わが国がこの間，国際社会の注視の的となってきたのは，何よりも旧ユーゴスラヴィアの紛争処理への関心であって，その戦略的な地政学的重要性ゆえではない．わが国は，今後は一小国として，しかも窮乏した国家としてふるまわなければならない．決して大国気取りなどしてはならず，限られた資源のなかで現実主義的な政策を追求していかねばならない．……地政学的ゲームに取りつかれた旧指導者が，国民を孤立へと導いたのであるから」．

スヴィラノヴィッチは，かつて東西両陣営の狭間に位置して米ソの軍事ブロックに距離を置き，独自の社会主義を建設したこと，その冷戦期に獲得した地政学的，戦略的位置の幻影をもはや追ってはならないと述べたのである．また，具体的な外交政策に関しては，「ユーゴスラヴィアは，政治的な便法によってではなく，政治現実主義的な評価にもとづきヨーロッパの価値観や理念を受け入れるべく真摯な態度で臨まなければならない．最終的目標はEUへの加盟であり，ヨーロッパそして国際社会へと仲間入りを果たしていく以外に選択肢はない」と強調した．さらに大国との関係では，EUとの関係を最優先させ，次いでロシア，アメリカ，中国そして日本とインドとの関係強化が明示された．

ミロシェヴィッチ以後のSRJ外交は国際社会への復帰を確実なものとし，EUへの加盟を展望するものであったが，その過程は今日に至るまでさまざまな課題に直面した厳しいものであった［Stahl 2012: 447-468］．ミロシェヴィッチら戦犯のICTYへの移送，モンテネグロのSRJからの離脱，コソヴォの独立宣言，ウクライナ危機にともなうEUのロシア制裁への対応など，つぎつぎと課題が押し寄せた．さらに，EU加盟交渉への参入とロシアとの友好関係の維持，アメリカとの関係強化とNATO加盟問題への対応など，大国との関係のありかたが具体的に問われることになった．

ICTYとの協力とくにミロシェヴィッチの移送問題は，新政権が期待する西側諸国からの経済的支援やSRJの国際社会復帰の意思表示，EU加盟交渉の開

始などの問題とも絡んで発足当初のDOS政権を揺さぶった．コシュトゥニツァは，ICTYはアメリカの政治的機関に過ぎないとして戦争犯罪については国内で裁くことを主張したのに対し，ジンジッチは西側との関係改善とEU交渉を優先させ，迅速な移送を唱えていた．ミロシェヴィッチ体制を打破したDOSであったが，国際社会への復帰と具体的なセルビアの国益の擁護といった観点で亀裂もうまれていた．ジンジッチはセルビア首相としての判断で，コシュトゥニツァの承認を待たずに2001年6月にミロシェヴィッチをハーグへと移送した．ジンジッチはヨーロッパ統合への参入はどれほどの犠牲を払っても成し遂げなければならないセルビアの道であることを確信し，ミロシェヴィッチの移送はEU加盟への交渉を進めていく上で不可欠であると判断していた．[Subotić 2011: 321]．これを機に，コシュトゥニツァのDSSはDOSから離脱し，ジンジッチとコシュトゥニツァの対立は公然と化した．

　ICTYとの協力はその後もEU参入の条件として提示されてきたが，国内の各政党のあいだには対応をめぐって相違がみられた．SRSはもちろんであるが，DSS, SPSはEU加盟を優先させるあまり無条件でICTYに協力することには反対してきた．他方，DSやG17＋, LDSなどはEU加盟最優先を打ち出していた．EU加盟に向けた交渉は，2005年11月にようやく軌道にのり，SAPへの署名にむけた交渉が開始されたのであるが，ICTYとの関連では戦犯として起訴されているムラディッチが逮捕されないなどICTYへの協力が不十分として2006年5月に停止された．しかし，2006年7月のムラディッチ逮捕に向けたICTYへの協力を定めた「行動計画」を政府が公表すると，2007年6月に交渉が再開されることになったいきさつがある．

　このようにICTYとの協力とEU加盟交渉の進展は相互の結びつき，以後のセルビア外交を規定してきた．しかし，ICTYへの移送問題以上に，セルビアの外交をゆさぶったのは2008年2月のコソヴォの「一方的独立宣言」とEU諸国の大半の国家による承認問題であった．それはセルビア外交に，領土の一体性の保持かEU加盟か，EUかロシアか，の外交課題を突き付けたからである．以下，セルビア外交を，主として2008年以降を中心に，民主党連立政権期とセルビア進歩党・セルビア社会党連立期にわけて検討することにしよう．

(2) DS連立政権期の外交政策

　EU加盟交渉の進展をめざす民主党連立政権において，加盟のテンポにブ

レーキをかけたのは2008年2月17日のコソヴォの独立宣言であった．2006年7月からウイーンではじまったコソヴォの地位に交渉は，2007年にはEU，ロシア，アメリカの「トロイカ交渉」へと引き継がれていたが，セルビア政府とコソヴォのアルバニア人代表の合意に至っていなかった．セルビア政府は国連の安保理決議1244のユーゴスラヴィアの領土の一体性と主権を確認したことに依拠し，その遵守を求めた．したがってセルビアにとって独立宣言は，「一方的宣言」以外の何ものでもなかった．

このコソヴォの独立宣言に対し，イギリス，フランス，アメリカが翌日の2月18日，ドイツが2月20日に承認したのを皮切りに，10月までにEU加盟国の大半23カ国が承認したのである．2017年2月現在で承認していないのは，ギリシャ，スペイン，スロヴァキア，ルーマニア，キプロスであるが，いずれも国内に分離運動を抱えている国家である．コソヴォ問題は外交問題以前にセルビアの領土と主権にかかわる譲ることのできない事項であり，各政党ともEU加盟と容易に引き換えにできない問題であった．

コソヴォ独立は，ミロシェヴィッチがしばしば喧伝してきたセルビア正教の聖地，中世におけるオスマン帝国への抵抗の地である以上に，今日のセルビア立憲主義の根幹に関わる譲ることのできない事柄である．セルビアは政権党の如何にかかわらず，コソヴォの一方的な独立宣言の非合法性，非正統性を国際社会に訴えつづけ，コソヴォの平和的な解決がセルビア外交政策の大前提であると唱道してきた．とくに国連や非同盟会議においては，承認国の数を増やさないための訴えを繰り返してきた．セルビアは非同盟会議には2003年にオブザーバー資格で復帰していたが，非同盟運動の創設国であるSFRJを加盟国に想起させ，国際的地位向上の場としてきた［Damian-Lakićević 2009: 509］．コソヴォ承認国は2017年2月現在109カ国となっている．

2008年7月30日のテヘランでの非同盟外相会議に出席したイェレミッチ外相は，「テヘランの最終文書は主権の尊重と，主権の平等，領土保全の原則を遵守するとし，国際紛争を平和的に解決することを促進すると述べている」とコソヴォ問題に注意を促し，「コソヴォ分離主義者の一方的独立宣言は国連憲章違反であり，我が国の主権と領土保全を尊重するとした1244に対する重大な違反である」［Jeremić 2008］と訴えた．

また，2009年9月の国連総会で演説したタディッチ大統領は，「コソヴォの一方的独立は，19世紀の結果を21世紀に蒸し返す試みでしかなく，絶対にみと

めることはできない」［Tadić 2009］と述べ，国連加盟国に対してコソヴォ非承認を呼びかけた．タディッチはこの演説において非同盟諸国に対して，2011年に非同盟会議設立50周年の式典をベオグラードで開催すると言明した．「セルビアは非同盟運動創設国である SFRJ の後継国家のなかで最大の国家である．首都ベオグラードは第一回首脳会議開催の地である．セルビアが非同盟運動に積極的なのは過去の栄光に浸ったり，年来の友好関係を新たにしようとしたりするためだけではなく，国際社会の安定や繁栄は国際社会の大半を包摂するこの運動をなしに実現できないと感得しているからなのである」［Tadić 2009］．

2011年9月5日からベオグラードで開かれた50周年式典には，世界113カ国から600人余の代表が出席した．タディッチもイェレミッチも，非同盟運動の価値の普遍性を高く評価したが，セルビアの本意は，非同盟運動の掲げてきた「領土の保全と主権の尊重」にもとづきコソヴォ問題に関し，セルビアとコソヴォの一体性，領土の保全を訴えることであった［B92. net 2011］．

また，2009年に公表された政府の「セルビア国家安全保障戦略」［Strategija 2009］は，その外交政策として，「立憲秩序の擁護」にむけた外交努力を筆頭にあげ，安保理決議1244に沿って主権と領土の保全を尊重し，交渉による忍耐強い解決が求められていると指摘している．EU 統合プロセスへの参画はその次であり，続いて西バルカンにおける隣国との友好関係があげられている．二国間関係においてはロシアとの友好的関係の維持が最初に位置し，セルビアのEU との加盟交渉によって新たなセルビア＝ロシア関係が構築されるとの期待が述べられ，アメリカとの関係ではコソヴォの承認で後退した関係を改善の必要性が認識されている．

民主党連立政権期の外交政策で注目されるのは，EU，ロシア，アメリカ，中国の「4つの軸」を設定し，このあいだでのバランス外交を構想したことである［Đukanović and Lađevac 2009: 353-55］．この「4つの軸」外交は，タディッチやイェレミッチによって繰り返し説かれた．非同盟時代のチトーによる等距離外交を彷彿させるものであるが，冷戦後の国際政治における小国セルビアのバランス外交の意味と可能性さらにその現実性についてはほとんど言及されていない．「4つの軸」外交について論じたペトロヴィッチとジュカノヴィッチは，4つの軸に加えて非同盟諸国をあげ，そのなかで，注目しているのがコソヴォの独立に関して非承認をこれら非同盟諸国に期待していることが指摘されている［Petrović and Đukanović 2012: 126］．

国際的に孤立したセルビアではあったが，それは放置されたのではなく過剰なほどの介入によって敵視されたのである．その孤立のなかで国連安保理における制裁決議やコソヴォ紛争時のNATO空爆において棄権票を投じ，また決議採択を断念させたのが常任理事国のロシアや中国であったことが記憶されてきた．それはSFRJ解体過程での紛争をめぐって大国間が生み出した対抗軸であるのだが，セルビアはこの対抗軸を自らの外交的力量によってバランスをとれるのはないかと考えたのであろう．それはかつての非同盟外交のような国際関係の民主化を念頭におくものというよりは，自国の生存のためのプラグマティックな外交にとどまるものであった．

　タディッチは，2009年の国連総会で次のように演説した．「セルビアの果敢なヨーロッパ指向は注意深く計算されたバランス外交によって実行され，同時に遠近を問わず世界のあらゆる国との関係樹立を目指す積極的な外交である．それゆえ，われわれのブリュッセル，モスクワ，ワシントンそして北京，この4つの外交の柱はこれからも強く推進されていくものである」[Tadić 2009]．この「4つの軸」外交論には，連立をくんだDSS（2004-2008年），SPS（2008-2012年）への配慮がみられるが，ブリュッセルがモスクワよりも先に位置している点に注目したい．

　タディッチ期のDS外交の特徴は，EU加盟交渉とコソヴォ問題を切り離し，さらにロシアとの関係にも言及していることにある．その狙いはコソヴォ問題やロシア要因が，セルビアのEU接近の抑制要因とならぬことをEU側に伝えることにあった．2009年11月9日のヨーロッパ議会でのインタビュー[Jeremić 2009]でイェレミッチ外相は，EU加盟とコソヴォの将来的地位の問題は別個の問題として「コンパートメント化」するという表現を用いつつ，「ヨーロッパから取り残されたセルビアに将来的な成功の道はない」，「西バルカンが大きなブラックホールとなったままで，ヨーロッパの安定と平和，繁栄を築くことは非常に困難である．わたしは楽観主義者であり，私たちの世代にこの地域がEU加盟を果たすことを期待している」と発言している．

　続いてロシアとの関係に言及したタディッチは，「ロシアとは数世紀に遡る歴史的関係，同じアルファベットを共有し，国際紛争解決のパートナーであり同盟国である．ロシアはわが国の領土の一体性と主権の尊重に関してはつねに重要な支持者である．EUの加盟についてもロシアはセルビアを支持しており，セルビアはEU加盟によってロシアとEU間の理解を改善することに貢献

することになるだろう」と述べた．

(3) SNS・SPS連立期の外交

2012年の議会選挙および大統領選挙によって，SNSのニコリッチ大統領，SPSのダチッチ首相の体制がうまれたが，2014年の議会選挙後はヴチッチ首相とダチッチ外相の組み合わせとなり，2016年選挙後もこの体制が継続している．この連立政権における外交政策は，EU加盟を外交の第一の優先順位におきつつ，「4つの軸」外交ではバランスを重視するというより，ロシアにより接近し，アメリカとは軍事中立主義を前面にかかげることでNATO加盟には距離を置いている．また，中国との関係も緊密で，ニコリッチは2015年8月の中国抗日戦勝70周年記念式典に参列し反ファシズムの戦における両国の傑出した貢献を称えあい，軍事パレードにはセルビア軍も参加させたのである．さらに，コソヴォの地位の問題についても独立を断固拒否する立場を鮮明にしている．

両党の外交方針をまず党綱領にそってみておこう．2011年10月に採択されたSNS綱領［SNS 2011］は，セルビアがヨーロッパの先進民主主義国家をモデルに機能的にも制度的にも高水準にある民主的国家として経済発展を目指していくことが述べられ，外交政策では，EU加盟に第一の優先順位を与え，次に軍事的中立主義，さらにロシア，中国，日本との「密接な協力関係」とつづき，アメリカとは「良好な関係」の構築という表現にとどまっている．

他方，2010年12月採択のSPS綱領［SPS 2010］は，「セルビアとEU諸国は，その歴史，文明的価値を共有し，伝統的，経済的な利益を共有しており，共同でヨーロッパの家を作るため，EU加盟の交渉に完全なる支持を与えるものである．」さらに，アメリカ，ロシアといった大国に加え，中国およびインド，ブラジルとの関係強化が述べられ，非同盟諸国，発展途上国との友好関係を打ち出した．また，常設の国際刑事裁判所に言及し，国際法，国際規範の順守に基づく法廷として公平な判断をくだすことを期待しているとのべている．かつてのSPS指導者が多く起訴されてたICTYへの批判としてとらえてよいであろう．

この時期のEUとの関係でセルビアが配慮するのはEUのロシア制裁である．2014年4月29日にダチッチは，「われわれはウクライナも含めすべての国連加盟国の領土の保全を尊重するものであるが，他方で，セルビアはロシアへ

の制裁に加わるものではない．それは，ロシアが我が国の友好国家であり，また経済的，政治的なパートナーであるというだけでなく，ロシアはわが国に制裁を科したことがないからでもある」[Dačić 2014] と述べた．ロシアは1992年の国連安保理決議757に賛成したのであるが，当初のロシアの思惑とことなり西側がセルビアのみを一方的に悪者にし，西側の覇権を前面に掲げると，93年4月の制裁を強化する国連決議820には棄権をしたのである．

　また，2016年12月12日ベオグラードでラヴロフロシア外相と会見したダチッチ外相 [Dačić 2016a] は，「ロシアなしにはセルビアの領土の一体性と主権を守ることができなかったことはいくら強調しても強調しすぎることはない．セルビアが反ロシア国家になることはなく，ロシアへの制裁に加わることはあり得ない」と言明し，さらにダチッチはロシアとの関係について，「セルビアのEU加盟の政策がわが国とロシアの関係に影響を及ぼすことは全くありえないことである．私は反ロシアであることも，また反セルビアであることも拒否する．セルビアがEUとロシアの間で選択を迫られたら，私はセルビアを選ぶであろう」と断言した．

　また，コソヴォの承認国を抑制するために非同盟会議や国連を利用している点はDS政権を踏襲している．2016年9月19日のベネズエラの非同盟首脳会議においてダチッチは，非同盟諸国の多くの国家がコソヴォの一方的な独立宣言を認めず，国連憲章，ヘルシンキ議定書，国連安保理決議1244を守り国際社会における法の支配を遵守していることに感謝の意を表した [Dačić 2016b]．

　次に指摘したいのは，2012年以後のSNSの連立政権は，DS時代のバランス外交から離れ，対ロシア外交の優先順位を上げ，さらに国際社会にむけてセルビアの直面する問題について表立った批判を試みている点である．それはニコリッチの国連総会での演説に顕著にみられる．2012年の国連総会で一般演説に立ったニコリッチは，冒頭にコソヴォ問題をとりあげ，セルビアが今日二重基準の犠牲者となっていることを訴えた．「領土保全の原則は領土の分離と国境線の変更を禁じるものである．セルビアは平和と国際法の遵守を最優先するのであり，政治的，軍事的な暴力を現在もまた将来も国際的な利益を達成する手段として受け入れるものではない」[Nikolić 2012]．また，2013年の演説ではICTY批判を行った．「ICTYは国連からの任務や委託を乱用している．旧ユーゴスラヴィアにおいて和解のプロセスを手助けせず，特定の政治的圧力に屈している．ICTYはセルビア人の犠牲者を貶め，歴史の修正を企図したのであ

る」[Nikolić 2013]。

　このように，SNS・SPS連立政権の外交は，EU加盟をすすめつつ，それとのバランスをとってロシアに接近というよりも，親ロシア外交をことあるごとに全面にだしている。したがってNATOやアメリカの位置づけが後退したことは否めない。「EUとロシア」という二つの外交の優先順位に関してダチッチは，両者を切り離すのではなく，双方の間に矛盾はなく同時に実現できるとする。「われわれの外交目標にヨーロッパかロシアかの二分法理解から疑問をはさむ意見があるが，セルビアとロシアとの伝統的な政治的，経済的，文化的結合は自明のことがらであり，ロシアがこれまでセルビアのEU加盟について異議を述べたことはまったくなく」[Dačić 2015a]，両者は二者択一の緊張をはらんだ選択ではないことを強調する。

　また，セルビアとNATOとの協力関係についてダチッチは以下のように述べている。「NATOとの協力では，セルビアは軍事的に中立であり，正式に加盟する意図はない。『平和のためのパートナーシップ』の枠内で協力を改善したいと考えている。隣国が加盟することは尊重したいが，残念ながらわれわれはNATOとの過去の歴史を変えることはできないのである」[Dačić 2015c]。

　以上，ミロシェヴィッチ以後のセルビア外交について二つの政権期にわけて検討してきたが，そこではEU加盟交渉の進展が優先されるなかで，コソヴォの独立宣言を認めず，また重心の置き方に違いはあるが「4つの軸」外交と大国へのバランスが語られてきた。しかし，近時のダチッチの外交談話には，こうしたバランス外交に限界を感じ，ここから脱皮をはかり自主的な外交に乗り出そうとする視座の転換をみることもできる。それにもとづく外交政策の実践はこれからであるが，一端を紹介しておこう。

　ダチッチは2017年の年頭に当たり，記者の質問に答え概略以下のように語っている。「セルビアのEU加盟は運命づけられているのである。セルビアはアジアの国家ではなくヨーロッパの国家だからである。だからといって対ロシアや対中国への政策を変更することは自殺的行為である。EU加盟を追求するなかで西側とロシアの間のバランスをいかにしてとるかといえば，その要諦はバランスを取ることではなく，わが国民そしてわが国家の利益を擁護することにある。わが国は地域における偉大なる民族であり国家である。国際社会の二重基準につきあう必要はない」[B92net 2017]。

　マコーネルは，セルビア外交の今後の要諦はとしてEU，アメリカ，ロシ

ア,国連の力による操作を退けていけるか,また,国内的なコンセンサスを作り上げて大国の外からの介入から自らをいかに守っていけるかであると指摘している［McConnell 2009: 72-73］.この点に関して言えば,大国に伍するに自国の外交能力が欠如し,国民的コンセンサスが分岐しているなかで,大国間のバランス外交が,結局は「身動きのとれない」外交にならぬよう留意する必要があろう.現在のセルビア外交にとって喫緊の課題は,南東欧や西バルカンなど近接する国家との着実かつ現実的な外交が国際的復帰とともに国際的な信頼を勝ち得る外交ではないだろうか.

おわりに

　セルビアとモンテネグロについてSFRJの解体過程とこれまでの政治,外交について論じてきたが,初発の条件としてミロシェヴィッチの「反官僚主義革命」のもった意味は大きかった.両国におけるミロシェヴィッチ派の実権掌握は,SFRJの解体を促したばかりでなく,二つの共和国のその後の政治状況を大きく規定してきた.2000年のミロシェヴィッチの権力喪失まで,制裁による国際的孤立のなかで民主化にむけた体制転換に乗り出すことができず,他の共和国が1990年以降社会主義時代の政治から脱却したのに対し,セルビアとモンテネグロでは共産主義者同盟後継政党であるSPSそしてDPSが,「反官僚主義革命」が体制転換であったと言わんばかりに政権を担当し続けたのである.
　モンテネグロでは,セルビアのザイェドノの運動に呼応して,ミロシェヴィッチ路線に忠実なブラトヴィッチへの抗議行動がおこり,ジュカノヴィッチが実権握るとセルビアとは距離を置くものの,政治腐敗,地下経済のなかで民主化への道のりは閉ざされたままであった.
　国際社会との関連では,解体後のセルビア,モンテネグロは,SRJ成立直後からミロシェヴィッチ政権崩壊まで両国は国連の経済制裁のもとにあり,またコソヴォ紛争ではNATO空爆の対象になったことである.冷戦の終結そして社会主義体制の転換の中で東欧諸国そして他の共和国がヨーロッパへの回帰,国際社会への復帰を遂げて地域機構,国際機構に加入しEU加盟への道を歩むのに対し,SRJはこうした機関への参入を認められず,民衆は,生活水準の低下による窮乏にあえぎ,孤立感のなかで,民族の誇りをも喪失しかねなかった.

こうした中で，民衆は政治改革，経済改革という困難で時間を要する道よりも，民族主義政党支持へと向かったのであった．リベラルな政党が根付くことは難しく，ときには国際的な制裁とたたかうミロシェヴィッチというイメージが統制下のメディアによってつくりだされた．しかし，こうした孤立感のなかでミロシェヴィッチ打倒にたちあがった学生や民衆の存在があったことが忘れられてはならない．DEPOSやザイェドノ，DOSといった政党レベルでの反ミロシェヴィッチの政党連合体は，路線と指導体制をめぐって対立し短期間のうちに瓦解していったが，これに呼応した民衆の抗議行動が存在していたのであり，国際社会とりわけ西側のわれわれがそれを視界に収めるのに相当な時間を要したのであった．SRJに制裁を科した国際社会は，繰り返される民族浄化の惨状とセルビアの関与を短絡的に結び付け，また和平交渉の帰趨に目を奪われ，民衆の抗議行動を孤立させ，反体制の運動をも制裁してしまった感がある．現在の国際社会が科している制裁についても，私たちの教訓となることであろう．

　80年代末まで非同盟運動の指導国として世界にむけて国家を開き，アジア，アフリカから多くの留学生を招き入れ，これらの国々との交易によって国際国家としての地位を誇ってきたSFRJであったが，92年非同盟運動の議長国でありながら，国連制裁のなかで非同盟の正式メンバーの資格を失った［Damian-Lakićević 2009: 499-500］．この孤立感は1948年のコミンフォルム追放時の孤立とは異なるものであったと思われる．

　48年時は東西対立というゼロサムゲームのなかで，西側への接近可能性は残され，また西側からの援助もあった．国連加盟国として大国主導の国際政治に国連という場で抵抗の意志を示すこともできた．しかし，今回は国連をはじめ国際機関から資格を剥奪された文字通りの国際的孤立であり，それ以上に国際的懲罰の標的となった．経済制裁，ICTYという戦犯法廷，そしてNATO空爆がセルビアを狙いうちしたのである．

　ミロシェヴィッチ以後のセルビアとモンテネグロにとって焦眉の課題は国際社会への復帰であり，より切実なのは，紛争への関与と制裁で荒廃した政治経済の改革であり，民衆の生活の向上であった．両国は，対外的にはEU加盟を展望し，EUからの支援と投資にもとづいた国内経済の復興に力を傾注してきた．ともに自ら小国を任じているのだが，今日の西バルカンをとりまく国際政治において，小国のバランス外交の余地はきわめて限られている．ヨーロッパ

政治が注視するのは西バルカンという近接地域がふたたび不安定な地域，紛争地域とならぬことであって，この地域が対抗軸を構成する戦略的，地政学的枢要な地域という認識は稀薄である．「4つの軸」外交や，「東西の架け橋」外交への期待感はヨーロッパにはないことを政治的現実主義の観点から再認識しなければならない．

　最後にセルビアとモンテネグロの外交への期待を以下に述べたいと思う．SRJを構成した両国は，上述したように冷戦後の紛争処理において国際社会が実行してきたほとんどの手法の対象国となった．そして今日，依然として国際社会には同様の手法が紛争処理に用いられている．こうした手法への経験的批判，評価がセルビアやモンテネグロから積極的になされることは意義あることである．さらに，セルビアとモンテネグロは率先して紛争における自国の責任を明確にし，近接するかつてのSFRJ構成共和国との和解のイニシアティブをとることを期待したい．

　今日SFRJ解体から25年余り，西バルカンの諸国はEU加盟，NATO加盟の道にあってそれぞれの位置に立っている．各国は新たな国家間関係をこの地域に形成しうるときが来ているのではないか．連邦国家の再現とは言わないが，国家間の連合体，共同体を構築する政治的意思を示し，和解に至らずとも和解に到達しようとする粘り強い外交に踏み出す時ではないか．EU加盟がそれぞれの国家の優先課題でありそれが宿命であるとするならば，それ以上に宿命的であるのはこれら諸国の隣人としての結合ではないだろうか．そのとき，セルビアとモンテネグロはその先頭に立てるのではないか．

　国民は制裁に耐え，空爆に耐えてミロシェヴィッチ体制を倒した．また，自国による民族浄化と戦争犯罪に自らの民族が加担したことを，ICTYとはべつに自分たち国民の意志でその歴史とともに裁くことができるのではないか．それは「解体」から「再統合」の「ユーゴスラヴィア」を語ることでもある．

注
1）クロアチア，セルビア，ボスニア・ヘルツェゴヴィナ，モンテネグロ，マケドニア，アルバニア．

第5章

マケドニア共和国

大庭 千恵子

はじめに

　かつてのユーゴスラヴィア社会主義連邦共和国（SFRJ）の最南端に位置する内陸国，人口207万人余のマケドニア共和国は，複雑な歴史的経緯と国内に居住する民族間の関係ゆえに，他の共和国のように民族主義的な主張を全面に出すことで独立に邁進するという道はとれなかった．マケドニア共和国は，他共

和国の独立経緯と連邦国家解体の過程を勘案しながら，1991年1月にまず主権宣言を採択し，9月の住民投票で主権・自立国家としての国民の意思を確認した．そのうえで，11月の新憲法採択を経て，独立宣言に至った．現在では，住民投票を行った9月8日が独立記念日となっている．ただし，国内のアルバニア人問題や隣国ギリシャとの国名争議などのため，国家承認は他のSFRJ後継諸国よりかなり遅れた．また，2001年にはコソヴォ紛争の影響を受けてアルバニア人武装勢力との武力衝突が勃発し，米国とEUの仲介により，武力衝突の停止と国内アルバニア人の政治的立場保障にかかわる枠組み合意，いわゆるオフリド枠組み合意が成立した．マケドニア共和国の政治体制は，オフリド枠組み合意以後，多民族性を反映して大きく変わることになった．

本章ではまず，独立以後のマケドニア共和国の政治状況が，国内政治と国際関係上の課題が複雑に絡み合う形で展開してきたことを確認する．国内については各政党の動向に着目して整理し，対外関係については国際組織への加盟に際し現在でも支障となっている国名争議の経緯を確認する．これらをふまえ，マケドニア共和国の政治状況について考察し，とくに2001年紛争以後に成立したオフリド枠組み合意に基づく諸改革については詳述する．なかでも，国内の非多数派コミュニティが用いる言語による教育システムの確立は，国内政治状況と絡むセンシティヴな課題でもあったため，これについては焦点をあてて述べる．なお，2014年以降マケドニア共和国内では政治状況の緊迫化がみられたため，その経緯と現状についても言及する．

1 マケドニア共和国における国内政治概況と対外関係

(1) 独立前後の国内政治概況

マケドニア共和国の国内政治に関しては，マケドニア人による二大政党，すなわち内部マケドニア革命組織——マケドニア民族統一民主党(VMRO-DPMNE)[1]と，旧共産主義者同盟(SKM)系のマケドニア社会民主同盟(SDSM)を軸に，アルバニア人政党との連立政権が成立してきたことを特徴とする．マケドニア共和国議会は1院制（任期4年）で，1990年から2011年までは定数120議席であったが，2011年4月14日に採択された選挙法改正により，現在は国外選出の3議席を含む123議席である[2]．選挙権は，国籍をもつ18歳以上のマケドニア共和国市民で，常居住所を当該選挙区内に持つ者にあり，選挙ごとに国家選挙管

理委員会により有権者リストが公開されたうえで，確定される．また，大統領（任期5年）は，独立時には共和国議会における2/3以上の賛同による指名制であったが，1994年より大統領も国民による直接選挙で選出されることになった．大統領は，国家の一体性を象徴し，組閣候補者（首相）の指名，在外大使・公使の任免，外国の大使・公使の接受，法律公布の署名，憲法裁判所裁判官・法務協議会委員・放送協議会委員各2名の指名および中央銀行総裁の指名（共和国議会による任命を必要とする）などを行うほか，マケドニア共和国軍の最高司令官を兼任する．ただし，マケドニア共和国における政策決定実権は，首相にある．

　独立前の1990年11月に実施された第二次世界大戦後初の複数政党による小選挙区制自由選挙には，18政党と48名の無所属独立候補が立候補した．投票率は11月11日の第1回投票で84.8%，11月25日の第2回投票は76.8%，最多議席を獲得したのは，1990年6月17日に結成されたばかりのVMRO-DPMNEであった．VMRO-DPMNEは，19世紀末以来のマケドニア解放運動の流れを汲むことを前面に出し，従来の政治勢力と一線を画すことで支持層を広げた．第二党は，共産主義者同盟——民主再生党（SKM-PDP，1991年4月21日にSDSMと改称して現在にいたる），次いでアルバニア人政党として1990年4月に結成された民主繁栄党（PPD）と，マルコヴィッチSFRJ前首相が組織した政党の流れをくむマケドニア改革勢力連盟（SRSM，のちに自由党LPと改称）などが議席を得た．初代大統領には1991年1月27日に行われた二度目の共和国議会投票で2/3以上を得た，SFRJ時代からの大物政治家グリゴロフが就任した．副大統領にVMRO-DPMNE党首ゲオルギエフスキ，首相には経済専門の実務家クリューセフを登用，さらにアルバニア人政党PPDとも連立という大連立政権は，当時，他のSFRJ後継諸国では見られなかった形であった．なお，政党間調整による権力分掌の側面をもつ副大統領職は，このとき限りで以後は設定されていない．

　民族が複雑に入り組むボスニア・ヘルツェゴヴィナとは異なり，マケドニア共和国国内のセルビア人住民が総人口に占める割合は2%以下で，ボスニア情勢への対応を優先したユーゴスラヴィア連邦人民軍（JNA）のマケドニア共和国からの撤退は，設備や武器の譲渡を含め，1992年3月27日までに支障なく終了した．このため，マケドニア共和国は，1990年代の各共和国独立に際してSFRJ政府側との武力衝突が生じなかった唯一の共和国となった．しかし，こ

の新興独立国家は，独立時にすでに国内ではアルバニア人の立場や処遇をめぐる政治課題と，対外関係においては，国名の「マケドニア」という名称をめぐり，現在につづく国名争議を抱えていたのである．

(2) マケドニア共和国内アルバニア人の動向と国内政治

1991年5月から共和国議会は，新憲法草案をめぐり，共和国を「マケドニア人」が主権を担う国民国家と明記するかどうか，共和国総人口の1/4を占めるアルバニア人をマケドニア人と同等の主権の担い手として表記するかどうかをめぐって紛糾した．1991年9月8日に実施された主権・自立国家としてのマケドニア共和国を問う国民投票は，投票率75.74％で，うち95.26％の賛同を得た．しかし，アルバニア人は新憲法の規定をめぐり合意を得られないことに抗議して，国民投票への投票自体をボイコットしていた．PPDは1991年11月17日に共和国議会が採択した新憲法にも投票を棄権したが，新憲法は，前文にマケドニア人の国民国家という表現を残し，第2条の主権の担い手においてマケドニア人という表現を削除して，「主権は市民に由来し市民に属する」という表現に統一するという，政治的妥協の産物でもあった．同憲法は，1991年12月19日に発効し[4]，1992年1月22日以降マケドニア共和国はSFRJ関連のすべての機関から離脱した．

ところが，1992年1月にはスロヴェニアとクロアチアが，4月にはボスニア・ヘルツェゴヴィナが，EC（当時）や米国を始めとする国際社会から国家承認を受けたにもかかわらず，マケドニア共和国は，国内にアルバニア人問題を抱えた上に，後述する国名争議と国旗の意匠をめぐりギリシャから国家承認反対を受け[5]，こうした流れから取り残された．不安定な状況のまま取り残されたマケドニア共和国の経済状況は，SFRJ解体により従来の市場関係をいったん断ち切られたうえに，1992年から94年まで続くギリシャ国境での断続的経済封鎖の影響を受けて悪化した．さらに，ユーゴスラヴィア紛争と関連して国際社会がセルビアとモンテネグロに対して実施した経済制裁の余波などを受けざるをえなかった．同国からSFRJ諸地域あるいはセルビア経由でヨーロッパ市場に輸出していたワインやたばこなど農産物や食品加工物の物流は停滞し，同国主要産業である製鉄業や繊維製品業も大打撃を受けた．

1992年8月には厳しい政治経済状況に対応しきれないことを理由に共和国議会でクリューセフ内閣不信任決議が可決された．これを受けてグリゴロフ大統

領は，まずゲオルギエフスキ VMRO-DPMNE 党首に組閣指名を行ったが受諾されず，調整のうえ最終的にはツルヴェンコフスキ SDSM 党首に組閣指名した．ツルヴェンコフスキは，アルバニア人政党 PPD との連立により組閣したが，この時期にはすでに PPD 内部での意見対立が表面化しつつあった．PPD 内で若手の実力者タチを中心とした強硬派は，1992年1月にはマケドニア共和国内でのアルバニア人自治を問う住民投票をアルバニア人住民の多い西部地域各地において非合法に組織するなど，独自の活動を行っていた［大庭 1996: 130-131］．強硬派は，最終的に1994年1月に PPD から離脱して，アルバニア人民主繁栄党（PPDSH）を結成する．同党は，1997年に人民民主党と合併し，アルバニア人民主党（PDSH）と改称して，政党登録をした．PDSH 結成時の綱領は，アルバニア語の公用語化，政治・行政面での民族比率に応じた代表制導入，従来よりも自治権の強いカントン制度の導入などを掲げていた．一方，PPD の中でもより穏健な立場をとり，民族的権利の充足と領域的自治を切り離す立場をとる潮流は，1992年3月にアルバニア人民主連盟——自由党を結成している．このように1990年代前半にはすでにマケドニア共和国内のアルバニア人政党は多様化していくのだが，共通に争点としていたのは，アルバニア語による教育の権利確保（後述）と，その前提条件となるマケドニア共和国における国民の定義，すなわち SFRJ から独立した後のマケドニア共和国において「国民」として選挙権をはじめとするさまざまな権利を享受できるのは誰か，をめぐる議論である．

　1992年10月に採択されたマケドニア共和国国籍法によれば，国籍は出生時に付与される場合と，申請により付与される場合が規定されている[6]．問題は，SFRJ 時代に他の共和国で出生し，その後マケドニア共和国内に居住して，マケドニア共和国独立後に申請により国籍取得をする際の条件にあった．申請にあたっては，本人が満18才以上で，申請までに15年間以上継続してマケドニア共和国に居住していることのほか，精神的健康，明確な常居住所と経済力，マケドニア語能力，マケドニア共和国の安全保障と国防に脅威を与えないこと，他の国籍の放棄などが条件とされた．これらの規定は，1991年以降にコソヴォからマケドニア共和国に流入したアルバニア人による国籍取得に時間がかかることを意味する．さらに，国籍取得問題は，選挙における有権者リスト確定手続きと密接に関連していた．

　当時，1992年11月にスコピエの市場で発生したアルバニア人少年への暴行事

件を発端とする警察隊との衝突で死傷者が出て以降，ヨーロッパ安全保障協力会議（CSCE，現 OSCE）が紛争波及防止ミッションを派遣するなど，国際社会はマケドニア共和国内の民族間関係を注視していた．国連は，1992年12月の安保理決議795により，武力紛争がセルビア内コソヴォを経てマケドニア共和国に波及することを未然に予防することを目的として，国連保護軍（UNPROFOR）の一部をマケドニア共和国に派遣することを決定していた．これは国連軍が紛争勃発前に予防展開した最初の事例であり，1995年3月以降は国連予防展開軍（UNPREDEP）として機能することになる［大庭 2000: 196-197］．

　こうした中1994年10月16日に行われた大統領選挙では，グリゴロフが得票率52.55％で当選し，以後1999年11月19日まで在職した．同時に行われた共和国議会選挙には，120に区分された小選挙区制度に38政党と238名の無所属候補者が参加して，1994年10月16日に第1回投票（投票率77.29％），10月30日に第2回投票（投票率57.83％）が行われた．しかし，VMRO-DPMNEと民主党（DPM）が選挙実施および有権者リスト確定手続き上の重大な瑕疵があると主張して，第2回投票への参加をボイコットしたため，SDSMが第1党となった．

　第二次ツルヴェンコフスキ政権が抱えた重要な政治課題は，後述する国名争議に関わるギリシャとの関係改善のための暫定合意の成立と，マケドニア語以外の言語を用いる教育システムの導入であった．SFRJ時代に認められていたアルバニア語による授業の復活を要求するデモや無認可中学校開設は，独立以降に同共和国が憲法で掲げる多民族性の保障と，共和国としての一体性確保という政治課題がぶつかり合うセンシティヴな争点であり続けた．このため，教育制度改革の試みが行われる一方，ときに警察による強制排除と，それに対する抗議行動につながる事態にもいたった．

　教育制度としては，スコピエ国立大学に付設されたアルバニア語による2年間の教師育成プログラムをもつ教育アカデミーが，1995年度にアルバニア語による就学前および初等教育前半（1年生から4年生）を担当する教師を養成する4年間の教育学部に昇格した．しかし，初等教育後半（5年生から8年生を担当）と中等教育での教師免許をアルバニア語で取得することができないという限界があり，これをSDSM連立政権内での政治交渉により是正したのが，1997年に成立した教育学部における授業言語に関する法である．同法は，教員養成学部での授業をアルバニア語で実施することを法的に認め，教育学部に「民族的少数派」出身の学生を対象としたクォーター制度を課した．しかし，この政治

的妥協は，マケドニア人による国民国家形成を第一義とすべきと主張したVMRO-DPMNEを中心としたマケドニア人住民による大規模な抗議デモにつながり，連立与党内における政治的妥協のみでは国内世論の支持を得られないという脆弱さも露呈させることになった．

1994年にはアルバニア語による大学設置問題，いわゆるテトヴォ大学（Universiteti i Tetovës）問題が発生した．当時，マケドニア共和国には首都スコピエと南部の旧市ビトラの二カ所に国立大学が存在しており，1992年度学期より大学入学者にしめる「民族的少数派」の割合を増やすため，アファーマティヴ・アクションによる1割枠が導入されて，1994年度学期におけるアルバニア人学生数は5.2％まで増えていた［Pichler 2009: 222］．ところが，コソヴォ情勢の緊迫化に伴い，マケドニア共和国においてアルバニア人住民数がもっとも多いマケドニア北西部のテトヴォに，国外のアルバニア系ディアスポラによる私的基金を基にしたアルバニア人の大学を新設するとの宣言が，1994年10月に突如出されたのである．

テトヴォ大学設立宣言には，コソヴォのプリシュティナ大学教員のほか，PPDの議員達やアルバニア人住民の多い地方自治体首長の名前も列挙されており，テトヴォ大学問題は単なる教育改革ではなく，アルバニア人諸政党の動向と結びついた政治課題であることが明らかであった［Koneska 2014: 140］．翌年2月には，共和国文科省の認可を受けないまま，テトヴォ大学は開学セレモニーを行い，警察隊による強制排除に抗議するアルバニア人住民に死傷者が出る事態となった．初代学長は一時的に逮捕拘禁されたが，テトヴォ大学はその後も運営を続け，テトヴォ大学が「国立」大学の地位を得られない，すなわち同国憲法が保障する非多数派言語による教育を受ける権利が必ずしも保障されていない，ということを政治的争点として提示し続けたのである．1997年7月には，テトヴォやゴスティヴァルなど西部地域の地方自治体の庁舎にアルバニア国旗が掲揚され，テトヴォではこれを取り締まろうとした警察隊と住民との間で衝突が起きている．

こうした政治状況において，1998年総選挙により，独立後初の政権交代が生じた．選挙制度改正により，同総選挙は，120議席のうち85議席を小選挙区制度（候補者への投票）で，35議席を全国1区の比例代表制度（政党への投票）で実施されている．10月18日の第1回投票と11月1日の第2回投票を経て第1党となったのは，SFRJ時代からの決別を訴え，選挙綱領で「小さな政府」を掲げ

た VMRO-DPMNE であった．翌1999年に任期満了に伴って実施された大統領選挙では，10月31日の第1回投票（投票率65.25％）で，当時のマケドニア共和国議会議長で SDSM の支持を得たティト・ペトコフスキが1位通過したが，11月14日の第2回投票（投票率69.06％）の結果，外務副大臣としてコソヴォ危機に対応した VMRO-DPMNE のトライコフスキが52.4％の得票を得て逆転当選した．

　首相，大統領ともに VMRO-DPMNE 所属で独立後初の政権交代であったが，ゲオルギエフスキ政権は，民営化に伴う汚職スキャンダルと，コソヴォ情勢に伴うマケドニア共和国内でのアルバニア人武装勢力に対する強硬姿勢により，厳しい状況に置かれた．1999年のコソヴォ紛争と NATO 空爆の影響は，マケドニア共和国内へのアルバニア人難民の流入と，2000年以降はマケドニア共和国北部国境地域での非合法武装グループの摘発という形で表れ始めていた．2001年2月末にはマケドニア北部の農村でアルバニア人武装勢力とマケドニア国防省部隊が武力衝突し，事態は一気に緊迫化した．NATO，EU，OSCE など国際組織による監視にもかかわらず，3月から6月にかけて，アルバニア人武装グループと共和国国防省部隊・警察隊との間の銃撃戦は各地で断続的に発生した［大庭 2012: 125-126］．他方で，アルバニア人住民への暴行事件が起こるなど，民族間関係はいわば泥沼化の様相を見せ始めた．こうした状況下で，ゲオルギエフスキ政権は，国際社会からの圧力により SDSM を含む挙国一致内閣へと改造を試みたが，SDSM 所属の国防相と VMRO-DPMNE 所属の内務相との間で十分な意思疎通ができず短期間で頓挫した．

　この間にコソヴォから数百名規模の武装勢力が流入して，立てこもり事件が発生するなど状況は混沌とした．マケドニア共和国政府とアルバニア人武装勢力との間で最初の停戦合意にいたったのは7月5日，これをふまえて，米国および EU の仲介のもとで，武力衝突停止とマケドニア共和国内のアルバニア人住民の地位向上に関する枠組み合意，通称オフリド枠組み合意が2001年8月13日に成立した．オフリド枠組み合意交渉には，マケドニア人側として VMRO-DPMNE と SDSM，アルバニア人側として PDSH と PPD が参加し，コソヴォ解放軍（UÇK）の流れをくむアルバニア人武装勢力は交渉に招聘されなかった．オフリド枠組み合意以後は，国際組織の監督と助言により分権化とアルバニア人の人口比に応じた代表制の整備が急速にすすみ，マケドニア共和国内では2001年紛争規模の深刻な武力衝突は生じていない．また，オフリド枠組み合

意はオープン・エンド方式であったために，政治的妥協や交渉の余地が多く残されていた．2001年以後に展開した諸改革の内容については，次節で改めて検討する．

(3) 国名争議の経緯とマケドニア共和国をとりまく国際関係

　国内政治状況が多様化する一方，対外政策においてマケドニア共和国が重視した課題は，独立国家としての国家承認を得て，EUおよびNATOへの加盟を実現することであった．そもそも多数派を占める「マケドニア人」は，第二次世界大戦期に初めてマケドニア共和国が戦後の連邦国家の構成体として設定された際に主権の担い手として政治的に承認された民族であり，スラヴ諸語の一派である「マケドニア語」は第二次世界大戦後に文章語として整備された言語である．その民族性に関しては，言語の類似性や宗教および歴史的経緯を根拠にして，近隣のブルガリア人，セルビア人，ギリシャ人それぞれの立場による解釈があり，民族としての「マケドニア人」という存在自体を認めない，あるいは「作られたもの」に過ぎないとする立場がある．他方で，戦後の「マケドニア人」としてのアイデンティティは，SFRJという国家の枠組み内において，マケドニア語正書法整備やマケドニア正教会の独立，そして「歴史再創造 re-inventing history」［Kubiena 2012: 78］によって，周辺諸民族とは異なる形へと確立され，マケドニア共和国内に根付いてきた．であるがゆえに，SFRJという国家の枠組みが崩れることは，「マケドニア人」ひいては「マケドニア」の意味や範囲を巡って，近隣諸国や諸民族を巻き込んで相克する事態が出来することもあり得る，ということも意味したのである．

　言語や宗教において親近性を持つ隣国ブルガリアは，19世紀末のオスマン帝国衰退時の国家領域確定をめぐる確執以来，現在のマケドニア共和国領域とは深い歴史的な繋がりをもつが，マケドニア共和国の独立に際し，あえて「マケドニア人」には言及せず，ごく早い段階でマケドニア共和国の国家承認を行って国境線を確定した［Džankić 2015b: 125］．ところが，もうひとつの隣国ギリシャは，「マケドニア」名称をもつ国家自体が，古代ギリシャ史と密接に関連するマケドニア王国の歴史を想起させ，かつ「マケドニア」という名称で示される領域に対する既存の国境線を超えた領土的野心を認めることにつながるという理由により，国家承認そのものを拒否した．このため，マケドニア共和国は，その独立直後から「マケドニア」名称をめぐるいわゆる国名争議により，

国家承認ひいては国際組織への加盟の可否を問われる事態に陥った．

　ギリシャは，マケドニア共和国を指して「スコピエ」と呼び，1992年から93年にかけて，数度にわたりマケドニア共和国との国境において物資移動を封鎖し，テッサロニキ港を通じての原油供給を停止させた［Shea 2008: 279］．こうした事態を打開するためにマケドニア共和国は，1992年7月に国連への加盟申請を行い，マケドニアという名称をめぐる国名争議を国連の場に持ち出した．国連事務総長代理による調停は，国名争議の解決を一旦保留して，「旧ユーゴスラヴィア・マケドニア共和国（Former Yugoslav Republic of Macedonia: FYROM）」という暫定名称を用いるということであり，これによりマケドニア共和国は1993年4月に国際連合への加盟が認められた．

　ただし，ギリシャとマケドニア共和国の関係改善は，1995年9月13日に国連ニューヨーク本部で調印された暫定合意（Interim Accord）以降である．同暫定合意は，マケドニア共和国の国旗意匠変更および憲法改正を条件に，ギリシャによる国家承認を得るため1994年3月以降ヴァンス国連事務総長特別代理が調停したものである［大庭 2014: 253］．1995年10月には，同暫定合意にもとづき，マケドニア共和国は国旗を現在の意匠に変更し，共和国議会において暫定合意を批准した．その直後にマケドニア共和国は，OSCE加盟国として認められ，同月中にギリシャは，国名争議に関する継続交渉の意向を明らかにするとともに，EUに対しては1992年からマケドニア共和国との国境で断続的に実施してきた経済封鎖の解除を通告した．

　しかし，1998年選挙後のVMRO-DPMNEへの政権交代により，より民族主義的な「マケドニア人」史観，すなわち6世紀末のスラヴ人入植以前に「マケドニア人」の起源をさかのぼる言説が公に出始めた状況に対して，ギリシャは態度を硬化させ，再び国名争議が両国間関係のもっとも重要な案件として浮上することになった．1999年12月以降，国連事務総長特別代理として調停役となったのは，1970年代からキプロス問題やヘルシンキ最終文書策定などに関わり，米国の東地中海地域政策および東欧諸国政策を統括した経験をもつニーミッツである［大庭 2014: 255］．ニーミッツによる国名争議調停はその後も断続的に行われているが，本章執筆段階でも多国間関係における国名使用に関する最終的解決策を見出すにはいたっていない．

　国際組織との関係において，とくにマケドニア共和国のEUおよびNATO加盟に際しては，新規加盟国承認に全会一致原則がある以上，「マケドニア」

名称をめぐるギリシャの拒否権効力は強く，国名争議はマケドニア共和国の国際組織加盟への阻害要因として残されている．マケドニア共和国は1995年12月にEUとの外交関係を樹立し，2001年4月に安定化・連合協定（SAA）に調印，2004年3月には加盟申請を提出していた．マケドニア共和国にEU加盟候補国としての地位が付与されたのは，2005年12月の欧州理事会である．ところが，欧州理事会は，加盟国は近隣諸国との良好な関係維持が重要であるがゆえにギリシャとの国名争議の早期解決が必要との立場で，この問題での進展を勧告したにとどまった．2009年12月にマケドニア共和国はモンテネグロやセルビアとともに，EU諸国・シェンゲン圏への査証免除対象国となり，マケドニア共和国とEUとの交渉は安定化・連合協定の枠組みで継続し，2012年3月以降ハイレヴェル加盟対話が始まったものの，正式な加盟交渉はいまだ始まっていない．

マケドニア共和国がEU加盟と並行して重要な外交課題としてきたNATO加盟に関しては，同共和国は，1995年に平和のためのパートナーシップ，1999年には加盟準備行動計画に参加した．しかし，2008年4月にブカレストで開催されたNATOサミットは，クロアチアとアルバニアの加盟を承認した一方，マケドニア共和国の加盟については，同共和国によるアフガニスタンやイラクへの派兵などの国際貢献実績にもかかわらず，国名争議を理由としてギリシャが受け入れを拒否し，招聘を見送った．

マケドニア共和国は，ギリシャとの国名争議のため国際組織への加盟が疎外され続ける状況に関して，2008年11月に国際司法裁判所に対し，ギリシャを提訴した［大庭 2014: 258］．この提訴は，1995年の両国間暫定合意第11条違反を問うもので，2011年3月に国際司法裁判所で同件に関する初めての公聴会が開かれ，同年12月に判断が示された．国判断は，マケドニア共和国が国名争議により国際組織に加盟できない状況は暫定合意の規定違反であると認めたが，具体的解決策には言及せず，国名争議がその後も国連の仲介により継続審議すべき事案であることを確認したにすぎなかった．

SFRJから独立した後継諸国との間では国名争議はなく，マケドニア共和国憲法に記載された国名による国家承認と外交関係樹立が行われている．もうひとつの隣国コソヴォについては，アルバニア人諸政党の動向と関連して，マケドニア共和国は2008年10月にコソヴォを国家承認して翌年には外交関係を樹立した．これを契機に一時期セルビアとの関係が緊張したが，2009年5月にはマ

ケドニア共和国大使館が再開され,現在にいたっている.

2 2001年紛争後の国内政治状況

オフリド枠組み合意では2002年初頭に予定されていた共和国議会総選挙は,選挙制度改正により,政党名簿比例代表制度による6選挙区各20名選出という形で,2002年9月15日に実施された.汚職発覚などスキャンダルの影響もあって与党 VMRO-DPMNE と LPM の選挙連合は票を伸ばせず,SDSM 主導の選挙連合が60議席を獲得して再度政権交代となった.アルバニア人政党では,2001年紛争後に,コソヴォ解放軍(UÇK)がマケドニア共和国内で組織していた武装勢力の指導者アリ・アフメティが,2002年6月に統合のための民主連合(BDI)を結成し,16議席を獲得して,アルバニア人政党の中での第1党として躍進し,SDSM との連立政権が成立した.PDSH や PPD の議席は少数にとどまり,以後アルバニア人政党間の主導権争いに伴う軋轢が大きくなり,与党がどのアルバニア人政党と連合を組むかは,マケドニア共和国の政治状況を左右する状況となった.

2004年2月のトライコフスキ大統領事故死に伴う臨時大統領選挙は,4月14日に第1回投票,4月28日に第2回投票(投票率53.64%)が行われ,SDSM のツルヴェンコフスキ首相が BDI の選挙協力により6割の得票率で当選した.この時期には,オフリド枠組み合意に基づく諸改革が憲法改正を手始めとして多分野で急速に進展したが,国民国家としての統一性よりも多民族国家としての制度改編という方針がおし進められたこと,および地方分権化に伴う地方自治体の領域設定や一部庁舎へのアルバニア国旗掲揚等の是非をめぐって,国民世論を二分する事態となった.2001年紛争以後,新地方自治法採択と復興支援国際会議が同時並行して開催されるなど,マケドニア共和国の国内政治は国際組織の介入下で展開する面をもつようになっていた[Koneska 2014: 101-103].
2004年には,地方自治体数を123から合併により62(最終的には86)に縮小する内容の自治体領域法改正案をめぐり,西部地域のゴスティヴァルでは自治体境界線の引き直しによりマケドニア人住民比が2割を下回ることに対する不満が高まり,またストルガやキチェヴォでは民族が混合していた自治体がアルバニア人多数派自治体へと変化することに対してマケドニア人住民からの抗議運動も起きている.[10] 共和国議会はオフリド枠組み合意の履行とくに地方分権化を

巡って紛糾し，SDSM内での首相交代が相次ぐ事態となった．では，そもそもオフリド枠組み合意に基づく諸改革とは，どのようなものであったのだろうか．

(1) オフリド枠組み合意に基づく諸改革

2001年8月に成立したオフリド枠組み合意（全10条および付属文書）は，政治目的追及での暴力行為の否定，マケドニア共和国の主権と領土的統一性の確認，多民族性の保持，国際的水準をみたす憲法改正，地方自治制度整備による地方分権化，民族間の格差是正と官民における公平な参画などを原則して掲げた［Ohrid Framework Agreement 2001: 2-3］．

憲法改正では，1991年採択時にもアルバニア人政党との間で議論となっていた前文における「マケドニア人の国民国家」という表現を削除して市民国家である旨を確認し，マケドニア人以外の民族的帰属意識を持つ住民は「民族的少数派」ではなく，「コミュニティ」と表記した．とくに非多数派コミュニティの言語にたいして配慮が求められ，同国内および国際関係における公用語はマケドニア語であるけれども，地方自治の分野および中央政府とのやり取りにおいては人口の2割以上の住民が使用する言語もまた公用語として扱われることになった．公文書におけるマケドニア語との併記や，裁判・司法分野の手続きに関する国家予算による翻訳，マケドニア語以外の公用語を話す個人に関する公文書がマケドニア語と当該言語で併記されること，なども改正事項となった．

地方自治制度に関しては，オフリド枠組み合意第3条で地方自治法改正により，地方自治体の管轄権限の拡大（公共サーヴィス，都市計画，環境保護，地域経済振興策，文化，教育，保健事業など）と自治体の領域設定を改編することなどが指示された［大庭 2012: 131-132］．2002年1月に共和国議会で採択された新地方自治法は，自治体の管轄範囲に新たにスポーツやレクリエーション，子どもの権利保護，消防などを加えている．続いて，2004年に採択された地方自治体領域法は，1996年時に123あった自治体数を84と首都スコピエに整理した．地方自治体への権限移譲に伴う，人員や設備，各種公文書や納税者データベースなど各種情報，さまざまな資産の各地方自治体への実際の引き渡しは2005年7月から段階的に始まったが，実際の権限移譲は遅れた．2008年に採択された社会保障法改正やこどもの権利保障法改正なども，一連の地方分権化改革の流れに

沿ったものであり，社会福祉や公衆衛生面では共和国政府が決定する事項以外に地方自治体の事情に応じた独自対応も可能となった［Министерство за Локална Самоуправа 2009: 5］。

しかし，2012年までにGDPに占める地方自治体歳入費割合は5.8%まで増加したものの，ヨーロッパ水準（14%）には程遠く，2014年に地方自治体数を80と首都スコピエに縮小整理したにも関わらず，地方自治体財政基盤はいまだ脆弱性をもつ。2016年度に付加価値税総額の4.5%は地方自治体に分配される予定であったが，自治体毎の状況に応じた交渉による国庫補助金分配はなされておらず，前述の公共サーヴィスを十分に提供できない地方自治体もあるため，自治体間格差はいまだ大きい［European Institute of Peace 2015: 14-15］。失業率41%を超える地方自治体は12あり，とくにアルバニア人が多く居住する北西部地域の農村部を多く抱える地方自治体の状況は厳しい［OSCE Mission to Skopje 2009: 65］。しかしながら，前述のように，地方自治体への分権化をめぐる議論は2004年前後には国内政治を混沌とさせる要因であったものの，一連の改革が進展して以後は地方自治体の権限強化がそのまま領域分断につながるという政治的レトリックが表面に出ることはなくなった［Koneska 2014: 108］。

一方，オフリド枠組み合意が定めた行政および公共施設での雇用における格差是正や警察組織改編（地方自治体の警察署長は各地方自治体議会により選出，住民構成を反映した警察官採用など）に関しては，人員補充を雇用者の少ないコミュニティから優先的に行うことなどが定められ，アルバニア人の公務就任比率や地方公務員構成などでは一定の進展をみている。EUによる2015年プログレス・リポートにおいては，非多数派コミュニティの出身者が公務員に採用される率はいまだ低い水準にとどまっていると言及されているが，アルバニア人の公務員採用においては一定の改善が見られることが報告されている［European Commission 2015a: 10］。また，地方公務員では，2010年段階でマケドニア人70.3%，アルバニア人24.4%，トルコ人2.2%，セルビア人1.5%，ロマ0.5%，ヴラフ人0.4%，ボスニア人0.3%，その他0.8%となっており［OSCE Mission to Skopje 2010: 44］，地方自治体レベルでは，より住民の民族構成に近い公務員採用が実現されつつあるといえよう。警察部門ではOSCE，EU，米国の支援による警察研修や警察学校支援を背景に，マケドニア人以外の住民が多数居住するコミュニティへはその民族の警官を派遣するという改革が急速に進められた［中内 2010: 12］。また，国防軍においても，マケドニア人の軍人数がほぼ横ばいで

あるのに対し，アルバニア人の軍人数は11年間で10倍に増えた［Mitrevska 2013: 93］．

(2) VMRO-DPMNE による長期政権

2006年7月5日に実施されたマケドニア共和国議会選挙（投票率55.98%）では，前党首ゲオルギエフスキの離党により新世代の中道右派として新たな党イメージを確立したVMRO-DPMNEが主導する選挙連合が勝利し，再度与野党が入れ替わった．第1党となったVMRO-DPMNEは，BDIがSDSMとの協力関係にあったことから連立を回避し，PDSHらと協力して，第一次グルエフスキ政権が成立した．首相就任時に若干36歳であったグルエフスキは，経済政策を最重視し，国外からの投資促進政策や国内情報通信技術環境（ITC）の整備促進を打ち出し，NATO加盟とEU加盟を目指した外交を展開した．他方で，マケドニア人アイデンティティの尊重を前面に出し，スコピエ空港をアレクサンドロス大王空港と改称し，マケドニア政府庁舎の入り口に古代遺跡から発掘された彫刻などを設置した．前述のギリシャとの国名争議に絡む対外関係は厳しくなり，2008年4月のNATOブカレスト・サミットには招かれなかった．くわえて，アルバニア人政党の中で最大勢力であったBDIが議会をボイコットするなど政情が安定せず，2008年2月のコソヴォ独立宣言を受けてコソヴォを国家承認するかどうかをめぐってPDSHが連立政権を離脱した．

議会解散のうえで2008年6月1日に行われた前倒し総選挙（投票率57.06%）では，VMRO-DPMNE連合が過半数の63議席を獲得して大勝し，BDIと連立を組むことで，第二次政権の安定化を図った．2009年春の大統領選挙には，現職のツルヴェンコフスキは立候補せず，スコピエ大学法学部教授であったVMRO-DPMNEのイヴァノフが3月22日の第1回投票，4月5日の第2回投票（投票率42.63%）とも1位で当選した．

長期政権を担うことになったグルエフスキは，2009年に首都スコピエの大改造プロジェクト「スコピエ2014」に着手した．ヴァルダル川河岸工事を行い，旧来の石の橋以外にも新たな橋を架けて考古学史を展示するマケドニア博物館の正面につなげ，その西側に19世紀末以降の「マケドニア闘争史」を巨大絵画と等身大の人形などで提示する近現代歴史館とホロコースト記念館，東側に電子コミュニケーション庁舎，マザー・テレサ・スクウェア[12]，外務省庁舎など，ギリシャ様式に似た一連の建築群が立ち並び，それらをつなぐ遊歩道が整備さ

れた．市中心部に位置するマケドニア共和国広場には噴水に囲まれた高さ22m の馬に乗った戦士の塑像（しばしばアレクサンドロス大王像として知られる）が2011 年に完成し，凱旋門に似た「マケドニアの門」や，歴史的人物の巨大な彫刻群が共和国広場に向かう街路沿いに設置された．1963年スコピエ大地震の後に丹下健三設計による都市計画に基づいて再建されたスコピエ市中心街は，わずか数年でまったく別の様相を呈し，SFRJ 時代の建造物は中心部からは見えない．独立以後国名争議などにより不安定な立場に置かれているマケドニア共和国は，その歴史観とアイデンティティを都市博物館化によって可視化したが，他方SFRJ 時代と国内のさまざまな非多数派コミュニティの歴史については不可視化された面もある［大庭 2014: 260-63］．

　こうした状況において，VMRO-DPMNE と BDI の連立が揺らぐ事態が発生した［Koneska 2014: 148-53］．発端は，2010年1月，アルバニア人生徒を対象としたマケドニア語必修化を現行の小学校4年次からではなく1年次からに前倒しして，冬季休暇明けから開始する，との文部科学大臣決定であった．この決定は，2009年に OSCE 少数民族高等弁務官の仲介により採択された統合教育計画が提案していた内容をもとに，公用語としてのマケドニア語普及を目的としたものであった（その背景については次節で後述）が，直後から，国際組織，現場のアルバニア人教師，保護者，NGO などからの抗議が殺到した．BDI は，同件が事前の政治交渉を経て共和国議会審議で2/3以上の賛同を得た事項ではないことを公開書簡で抗議し，グルエフスキ首相の手法をセルビアのミロシェヴィッチによる手法に例えて，アルバニア人差別につながる政策を継続するならば連立を離脱すると示唆した．この政治的危機に関しては，EU，OSCE および米国大使の介入により非公式協議がもたれ，結果的に大臣決定は実施されず，連立解消も回避された．同時に共和国憲法裁判所は，オフリド枠組み合意以後は，さまざまな解釈がありうるコミュニティの権利に関わる事項に関しては，担当大臣・省庁の個別判断よりも，調停機関として設置された共和国議会内のコミュニティ間評議会による審議を経て，共和国議会が判断するという法的手続きを経るべきであると改めて確認した．

　2008年には国勢調査の準備が始まり，2011年4月に実施予定であったが，メディア・スキャンダルに伴う PDSH の議会ボイコットに端を発した共和国議会解散提案が出されため，国勢調査は順延された．前倒し総選挙は，在外議席数3を加えた123議席をめぐり，与党 VMRO-DPMNE の主導する選挙連合「よ

り良いマケドニアのために」と，野党 SDSM の主導する選挙連合の間で争われた．2011年6月5日の投票（投票率63.48%）により，VMRO-DPMNE が第1党となり，BDI との連立による第三次グルエフスキ政権が成立した．なお，2011年以後の共和国議会議員では，議員初当選が52.9%，49歳以下の議員が80名と若い世代が65%を占め，さらに女性議員は42名（34%）であり，議員の顔ぶれはかなり変化している [Собрание на Република Македонија 2011]．総選挙後改めて国勢調査準備が EUROSAT の専門家を招聘して行われたが，実施母体となる国家国勢調査委員会委員長の相次ぐ辞職と，共和国領域を44に分けてそれぞれの事情に応じて導入すべき調査方法をめぐって合意を得られず，国勢調査は途中で中断されたままとなった．

(3) マケドニア政治危機

グルエフスキ政権は，経済成長率を堅持して投資を呼び込み，欧州廻廊 X や2012年には中国資本による高速道路網整備による物流促進を実現させ，1990年代後半から高止まりしていた失業率を3割前後に抑えるなどの経済政策面で一定の成果を上げた．その一方，報道の自由に対する政治的圧力など権威主義的な要素については国際組織が懸念する側面もあり，長期政権の抱える問題点が表面に出始めたのが2014年以降の危機的な国内政治状況である．

発端は，2014年4月27日に行われた総選挙（投票率62.96%）で，VMRO-DPMNE が主導する選挙連合「よりよいマケドニアのために」が過半数に達する61議席を確保したのに対し，選挙直後から SDSM が選挙過程における票の買収や脅迫などに言及して選挙の合法性に疑義を呈し，2015年9月1日まで約15カ月に及ぶ議会ボイコットに入ったことであった．なお，同じ4月に行われた大統領選挙では，現職のイヴァノフ大統領が第1回投票（4月13日，投票率48.86%），第2回投票（4月27日，投票率54.39%）を経て再選されている．

この間2015年1月31日には，内務省情報機関が「クーデタ未遂」事件を突如公表し，SDSM 党首ザエフによる「スパイ行為」と政権転覆による国家不安定化の企て，さらに外国の情報機関がそれらに関与したと批判した．これに対し SDSM は，グルエフスキ首相を含む複数の政府高官が司法制度とメディアへの介入，汚職，ジャーナリストを含む約2万人の市民の電話盗聴などに関与していることがうかがえる会話盗聴テープを公表して，政権による重大な違法行為が進行していると反撃した．以後，マケドニア共和国内では VMRO-

DPMNE 政権の退陣を要求するデモと，政権支持者によるカウンター・デモが続き，政情が不安定化した．5月5日に行われた政府庁舎前での大規模な反政府デモと座り込み抗議では，警官隊との衝突により負傷者が出る事態に至っている．同時期，5月9日には，北部のクマノヴォで武装集団の摘発に着手した警察特殊部隊と武装勢力との銃撃戦が発生して双方に死傷者が出た．グルエフスキ政権は，「越境してきた」アルバニア人武装勢力による警察署襲撃への対応と発表して30名以上の容疑者を起訴したと発表したが，詳細は明らかではない．

　事態悪化に対し，EU および米国が即座に介入して，主要4政党（VMRO-DPMNE, SDSM, BDI, PDSh）党首との断続的な政治交渉が行われた．2015年6月2日，国益を第一義に据えてユーロ・アトランティック・プロセスに関わるという基本合意と，正常化への「移行期間」を経て2016年4月末を目途に総選挙を実施することを含む6項目からなる最初の合意が成立した［European Commission, 2 June Agreement and Annex to the Agreement］．これに基づいて，7月14日と15日にハーン欧州委員会・欧州近隣政策および拡大交渉担当委員と欧州議会議員3名の立ち合いで集中交渉が行われ，具体的な政治日程が定められた［European Commission 2015b］．国家選挙管理委員会の再構成[13]，9月1日に SDSM 議員が共和国議会に復帰，SDSM が推薦する内務大臣・厚生労働大臣と VMRO-DPMNE が推薦する各副大臣の任命，総選挙予定日の100日前にあたる1月15日に移行期政権が発足できるように現内閣は辞職，新政府は速やかにやり直し総選挙の法的準備を開始，などである．これら一連の EU 仲介による政治合意を，プルジノ合意と呼ぶ．

　同合意に基づき，2016年1月18日には VMRO-DPMNE が推薦したディミトリエフが首相に就任し，22日には国家選挙管理委員会がやり直し総選挙を4月24日に行う予定で準備に入った．しかし，選挙関連法の改正に時間がかかること，とくに有権者リストの確定，メディア改革，国家機能と政党活動の分離などの条件が満たされていないことを理由に，1月中には SDSM が4月選挙への不参加を表明した．2月23日には，BDI が，議会解散延期と6月5日への選挙日程再延期を提案し，共和国議会はこれを承認した．

　ところが，4月12日にイヴァノフ大統領が，盗聴スキャンダルへの関与あるいは関与を疑われていた56名すべての関係者（VMRO-DPMNE 党首および SDSM 党首を含む）の恩赦を公表したため，マケドニア共和国内の政治状況は再び混迷

化した．VMRO-DPMNE 以外の主要政党は恩赦決定を批判して取り消しを求めたほか，街頭では抗議デモと恩赦および 6 月選挙を支持するカウンター・デモが行われ，政府関連庁舎やモニュメントへのペイントなどで逮捕者が出た．6 月選挙実施に向けて 5 月 11 日までに候補者リストを提出したのは VMRO-DPMNE のみであり，共和国議会は 18 日には 6 月 5 日を選挙日程から外した．イヴァノフ大統領は最終的に 6 月 6 日に恩赦を撤回したが，その後も抗議が続き，EU の仲介による政治交渉を経て，8 月 31 日になってようやく，延期された総選挙の実施予定日を 12 月 11 日と公表した．

2016 年 12 月 11 日に実施された総選挙（投票率 66.79％）では，与野党の選挙連合で得票数が拮抗し，51 議席対 49 議席の僅差で VMRO-DPMNE 連合が勝利した．しかし，VMRO-DPMNE は，BDI がアルバニア人諸政党との協議を経て提示した，共和国全域における二言語主義導入を含む「アルバニア人プラットフォーム」で妥協せず，2017 年 1 月末に組閣を断念した．その後 EU 等による調停が入る中，SDSM が，憲法規定内における言語法での妥協を軸に BDI, Aleansa, BESA を含む 67 名の議員署名を集め，2 月 27 日に大統領に対し組閣指名を申請した．ところが BDI の入閣は不透明で，かつ二言語主義に反対する市民デモが行われるなど，新政権の行方は予断を許さない状況となった．

なお，このような政治危機の最中，2015 年にマケドニア共和国のみならず欧州各国が影響を受けた事案のひとつに，シリア難民を始めとする大量難民の移動ルート問題がある．2015 年に急増した，いわゆる「バルカン・ルート」を通ってドイツを始めとする EU 域内を目指す難民の多くにとって，マケドニア共和国は通過地にすぎない．マケドニア共和国議会は 2015 年 6 月には庇護および一時的保護法を改正して，非合法に入国した者が，マケドニア共和国において庇護申請するか，あるいはマケドニア共和国を通過するために公共交通機関を使用するか，を入国後 72 時間以内に登録させる体制をとった［Собраниетона Република Македонија 2016］．しかし，UNHCR 推定で 1 日あたり 3000 人規模の人々が移動したため，マケドニア共和国は 8 月 20 日に非常事態を宣言してギリシャとの国境封鎖を試み，その結果警官隊との衝突が発生する事態にいたった．以後マケドニア共和国は，移動する人々の大半を国境での簡単な書類提出で隣国セルビアに送り出す方へと重心を移したが，ハンガリーの法改正により「安全な第三国」経由の庇護・難民申請が却下され，あわせて EU 域外との国境にフェンスが設置されるに及んで，通過地であったはずのセルビアおよびマ

ケドニア共和国での難民滞留状況が生じた.

「バルカン・ルート」を閉鎖したといわれる2016年3月のEU・トルコ間難民協定は, EU域内を目指す非正規移民のトルコへの送還とトルコからの難民直接受け入れであったため, 通過地に滞留する難民の間には危機感が広がった. マケドニア共和国では3月14日に, 約1500名の難民がイドメニの難民キャンプから国境地帯にあるモイン村近くで国境に張られた鉄条網を非合法に乗り越えようとして, 国境警備隊と揉み合う事態となった. UNHCRは, 3月以降の厳格な国境コントロールにより, 滞留難民数は前年度より劇的に減少し, 2016年7月27日段階でマケドニア共和国に残る難民を251人と報告している [UNHCR 2016: 24]. しかし, ギリシャとの国境フェンスを超える難民の流れは, 人数的には少なくなったものの断続的に続いているとの情報もある.

マケドニア共和国では, 移動する人々の管理は内務省管轄, 庇護・難民申請後の管轄は厚生労働省にある. 2015年度には主に国境を通過する人々の問題であったが, 2016年に入ると, セルビアから1日あたり数十名から400名規模で断続的に強制送還されてきた難民が, マケドニア共和国で庇護申請するケースも増えつつある. 2016年4月にマケドニア共和国は庇護受け入れ制限を行ったが, 南部ギリシャとの国境地帯にあるゲヴゲリヤ周辺と, 北部セルビアとの国境地帯にあるクマノヴォ周辺にある難民キャンプでは, キャンプ内で生まれる子どももすでに出てきている. こうした人々の流れと滞留する人々への対応による財政負担がマケドニア共和国の政治経済状況にどのような影響を及ぼすかについては, 今後も注視する必要があろう.

3　オフリド枠組み合意以後の教育改革

オフリド枠組み合意が規定した多民族国家としての諸改革は, 前述のとおりこの15年間で漸進的に成果を生んでいるが, ことはそれほど簡単ではない. とくにマケドニア語以外の言語を用いる教育システムの導入は, すでに述べたとおり, 国家のあり方をめぐる政治的主張が交錯するセンシティヴな問題のひとつである.

このため, 2000年初頭に同国を訪問したヴァンデルストールOSCE少数民族高等弁務官(当時)は, 欧州評議会の専門家とともに, 私立大学設立にむけて調整を行い, 同年中にマケドニア共和国議会は新たな高等教育法を採択し

た．同法に則り，OSCEとUSAIDおよびソロス財団の財政支援によって2001年9月にテトヴォに新設されたのが，南東欧大学（South-East European University）である．南東欧大学は，教育研究における複数言語主義と多文化的アプローチを特徴とする［Georgieva 2012: 34］．同大学では，母語としてのアルバニア語ないしマケドニア語，授業言語としての英語以外の言語習得も必修としており，教職員も学生もフレキシブルに言語を使用する．

　教育改革をめぐる政治交渉はその後も断続的に行われ，2004年にはマケドニア共和国独立後初めて，アルバニア人の文部科学大臣が誕生した．また，90年代の民族間関係を象徴したテトヴォ大学は，同年に国家予算による国立大学として最終的に認可され，学位の認定も行われることとなった．テトヴォ大学の国立化はオフリド枠組み合意には明記されておらず，SDSMとBDIによる政治的判断であったといえよう．

　テトヴォ大学問題以外の2001年オフリド枠組み合意以後の重要な教育改革としては，2003年に導入された欧州高等教育圏（ボローニャ・プロセス）に基づく高等教育水準を維持するための諸改革と，初等および中等教育を含む教育改革全般に関する教育開発国家戦略（2005-2015）に基づく諸改革があげられる．2016年3月段階でもコソヴォはボローニャ・プロセスに参加できていないため，マケドニア共和国における高等教育改革は，アルバニア語による高等教育の質と量をいかに確保できるかという試金石としての意味も併せ持っている［Pajaziti 2012: 24］．

　また，教育開発国家戦略（2005-2015）に基づく義務教育期間見直しにより9年間となった初等教育は，マケドニア語のほか，アルバニア語，トルコ語，セルビア語によるカリキュラムで実施され，教育内容はほぼ同じものが基本であるが，非多数派コミュニティの言語や文学に関する独自教科書の使用など，若干のカリキュラム相違が認められている．4年間のギムナジウムにおける中等教育は，マケドニア語のほか，アルバニア語とトルコ語によるカリキュラムで実施され，3年ないし4年間の専門系あるいは芸術系の中等学校の場合は，マケドニア語とアルバニア語による授業カリキュラムが導入された．いずれも，非多数派コミュニティの言語で学ぶ場合は，追加で週2時間のマケドニア語授業が課され，2008年以降は小学校4年次からマケドニア語を履修する制度となった［Fontana 2016: 211］．高等教育では，第1サイクル（学士課程）の8セメスターで計240ECTSクレジットを，マケドニア語とアルバニア語による授業

に加え，トルコ語による授業でも履修できるようになった [Georgieva 2012: 36-37]．2010年度からは，第2サイクル（修士課程）の授業にも，この三言語による授業が導入されている．

　一方，現実問題として，授業言語により教育システムそのものが分断されるという課題が露呈した．教育改革前は午前・午後の交代制で同じ校舎を使用して公用語であるマケドニア語と非多数派コミュニティ言語による授業を実施，あるいはひとつのクラスで複数の言語を用いる教師を配置して授業を行っていた「混合学校мешани училишта（mixed school）」は，小学校の25.9％（332校中86校），中学校の29.3％（99校中29校）であった．複数言語による授業を実施する混合学校に通うマケドニア人児童は13％前後でもともと多くはなかったが，2001年以後はアルバニア人児童で3割程度，セルビア人児童で5割から3割程度へと減り続けている [Петроска - Бешка 2009: 59]．他方，単一言語のみを使用する小学校に通う児童の割合は，オフリド枠組み合意以後，トルコ人児童以外で全般的に増え続けており，この傾向は現在も続いている．このことは，別の面からみれば，幼少期から日常的に異なる文化や言語の児童と接触する機会が減り続けることを意味した．同時期に進展した地方分権化と並行して，教育分野でのコミュニティ間分断，いわゆる平行教育システムが強化されつつあったといえよう．

　こうした事態に対応すべく2009年には，教育の非政治化と民族的コミュニティ間の寛容，暴力によらないコミュニケーションに関して，文部科学省声明が出された．同声明は，教師研修の一環として，争いごとが生じた際の調停方法や暴力によらない解決方法，肯定表現を用いたコミュニケーションに関する専門教育などの必要性を指摘した [Петроска - Бешка 2009: 19]．例えば，文化的に異なるコミュニティ間の相互理解を促進するために初等教育カリキュラム再編において新たに選択科目として導入されたライフ・スキル教育は，同国の多民族性を踏まえて生活していくために，児童の主要な授業言語に関わらず，さまざまなコミュニティの言語での基本的な言い回しや表現，特徴的な人名などを学び，民族やジェンダーに起因する偏見や差別を克服することを伝え，民族や宗教の平等性を学ぶものである．しかし，こうした「他者」理解をその他の科目に応用していくことはいまだ模索の段階にあり，とくに歴史教育には難しさが残っている [Stefoska 2013]．

　こうした状況を補足するために，オフリド枠組み合意実施支援の一環とし

て，教育システム全般に関するプロジェクトが国際社会の資金援助と NGO の協力を得て行われている［Petroska-Beshka 2012: 16］．また，異なる言語間の児童・生徒の交流の場を広げる最近の試みとしては，「架け橋基金 Building Bridges Fund」が2014年に立ち上げられた．マケドニア共和国文部科学省のほか，オランダ大使館，スイス政府，アイルランド政府，OSCE スコピエ・ミッションによる共同プロジェクトで，複数言語による混合学校あるいは異なる単一言語学校がペアになって組織する共同行事を支援する．

なお，高等教育改革においては，新設大学が増え，若年者失業率緩和策として中等教育から高等教育への進学率向上がみられるようになった．ただし，2014/2015年度大学卒業生の民族的出自では，国立・私立大学卒業者総数9863名のうちマケドニア人が7737名（78.4％），アルバニア人1318名（13.4％），トルコ人148名（1.5％），ロマ32名（0.3％），ヴラフ人61名（0.6％），セルビア人121名（1.2％），その他250名（2.5％），外国籍196名（2％）となっている［Државен завод за статистика 2015: 14］．前述の母語による9年制義務教育改革が制度的に導入された2008年度初等学校入学世代が大学卒業者数に反映するのは，2024年度以降になるため，中長期的視点から向後10年間の推移を注意深く見守る必要があろう．

2016年11月1日から2日間，スコピエにおいて，OSCE スコピエ・ミッションとマケドニア共和国文部科学省が主催して，多様化する社会における教育の権利に関する国際会議が開催されるなど，この分野におけるマケドニア共和国による模索については国際社会の関心も高いことを付記しておく．

おわりに

マケドニア共和国は，1991年の独立以後，新たな独立国家としての「統合」の確立と，国内の多民族状態との狭間でジレンマに直面するとともに，対外的には国名争議をめぐる国際組織への加盟問題を抱えてきた．とくに人口の3割前後を占めると想定されることもあるアルバニア人住民による「民族的少数派」としてではなく，対等な主権の担い手としての法的・制度的ポジションの承認要求は，総人口207万人余の小国にとっては，国家としてのあり方に直結する課題であり続けた．こうした要求は，SFRJ という連邦国家の解体によって歴史上はじめて独立国家として立ち現れた同国が，独立直後は「マケドニ

ア」名称をめぐり国家あるいは民族としての存在自体が揺らぎかねない状況にあったがゆえに，主権国家としての一体性を保ちつつバルカン半島の国際関係の中で存続しうるのかどうか，という危機感と切り離せない課題でもあった．このため，マケドニア共和国は政治面ではつねにアルバニア人政党を含む連立政権を成立させ，民族間関係の均衡を試み，2001年同国内におけるアルバニア人武装勢力との武力衝突後はオフリド枠組み合意に基づく諸改革を現在も進行形で続けている．マケドニア共和国が直面している課題とは，多民族社会において非多数派コミュニティが多数派を占めるコミュニティと対等な立場を法的・制度的に実現するための各分野での具体策策定と履行であるが，単に権力分掌という形で終了するものではなく，分断されつつあるコミュニティ間の平行社会化への対策が同時に求められている．この点は，教育改革の経緯が象徴的に示しているように，それぞれの現場において模索途上であるといえよう．

しかし，別の面から見れば，国内の多民族状況への対応や教育改革政策など具体的な争点が見えていたがゆえに，SFRJという多民族国家解体過程において武力を伴う民族紛争にいたった他の共和国とは異なり，マケドニア共和国では政治的交渉と妥協の余地が生まれたのであり，紆余曲折を経ながらも2001年までは武力衝突にいたらなかったという面もあったのではないだろうか．またそれゆえに，独立後25年，紛争後15年たった現在もなお，政治的にもセンシティヴな側面を内包しつつ，政策面でも教育現場でも模索が続いているともいえよう．

注

1) 政党名は，マケドニア人政党はマケドニア語によるキリル文字表記だが，読者の利便性を鑑み，便宜上，本文ではラテン文字に転記した略号表記に統一する．キリル文字表記による政党名については，政党名称一覧を参照のこと．また，アルバニア人政党については，アルバニア語による政党名称の略号に統一し，マケドニア語による政党名称をラテン文字に転記した略号は使用していない．
2) 120議席はマケドニア共和国を6選挙区に分け，比例代表制（拘束名簿式）により各選挙区20名を選出する．国外選出3議席は，欧州とアフリカ・北米と南米・オーストラリアとアジアという3在外選挙区から，各1名を小選挙区制（単純多数決）で選出する．Законодавно-правна комисија на Собранието на Република Македонија, "Изборен Законик (Пречистен текст)", *Службен весник на РМ*, бр. 54 од 14 април 2011, Скопје.
3) 大統領は，当該法案が憲法あるいは国際条約に矛盾すると判断した場合に，公布署名

を拒否して、共和国議会に差し戻すことができる．ただし，共和国議会が2/3以上の賛同で再度可決した場合には，公布署名をしなくてはならない．
4）現在，資料・文献によっては，共和国議会が新憲法を採択した1991年11月17日に独立を宣言したと記載している場合がある．しかし，当時，マケドニア共和国は他共和国の動向およびEC（当時）の対応を注視しており，実際にはEC外相理事会がSFRJ後継諸国の国家承認に関するガイドラインを採択した12月17日の後に，マケドニア共和国議会が新憲法発効とともに正式に独立を宣言した．
5）マケドニア共和国が1991年に制定した国旗は，赤地に黄色で16本の光線を持つ太陽を配置した意匠であった（図5-2）．この太陽の意匠が，古代マケドニア王国の首都アイガイと推定されるヴェルギナの古代遺跡（1996年世界遺産登録）から出土した黄金の箱に刻まれていた「ヴェルギナの太陽」に酷似していることが，ギリシャからの抗議を受けた．このような意匠の国旗を用いること自体が，1913年ブカレスト条約で確定された国境線の修正を志向する政治的行為，すなわちギリシャ領域内に含まれている古代マケドニア王国領域に対する領土的野心の現れと受け取られたからである．

図5-2　1991年から1995年のマケドニア共和国国旗

6）"Закон за државијанството на Република Македонија", Службен весник на РМ, бр. 67 од 3 ноември 1992, Скопје.
7）1985年に制定された中等教育法では，アルバニア語による授業を実施するクラスは30名以上の生徒と有効な資格をもつ教員が確保される場合に開設できることになっていたが，教員不足や施設確保の困難性からアルバニア語のみによる授業実施は難しかった［Poulton 1995: 129］．1980年代後半にはユーゴスラヴィア連邦規模での民族主義的言動を理由にアルバニア人教師が多数解雇され，マケドニア共和国内で中等教育を継続するアルバニア人生徒数が半減していた［Pichler 2009: 221］．
8）1995年10月に変更した現在の国旗（図5-3）では，太陽の光線は8本となり，「ヴェルギナの太陽」との類似性は解消されている．

図5-3　1995年以降のマケドニア共和国国旗

9）二国間関係では，暫定名称（FYROM）ではなくマケドニア共和国憲法に記載された国名（Republic of Macedonia）を用いて外交関係をもつ国は，EU加盟国では14カ国，

NATO加盟国では16カ国など，130カ国以上あり，現在ではこちらの方が多い．米国は1994年の国家承認と1995年の外交関係樹立を経て，2004年11月に暫定名称ではなくマケドニア共和国憲法に記載された国名を承認している．

10) 世界マケドニア人会議（北米に拠点をもつマケドニア人ディアスポラ組織）の呼びかけに応じて18万人の署名が集められ，VMRO-DPMNEが組織する形で，自治体数を123のままにすることに賛同するか否かをめぐる国民投票が2004年11月7日に実施された．しかし，SDSM連命は，同国民投票は民族間分断と緊張を高めるものであると投票不参加を呼びかけ，結果的には投票率26.58％にとどまり，有効な国民投票として成立しなかった［ODIHR 2005］．

11) 「コミュニティ」概念についてはさまざまな議論があるが，マケドニア共和国では，オフリド枠組み合意以降，民族的帰属による政治的立場の違いを内包する「民族的少数派 minority」「民族集団 ethnic group」という用語は公式には使用せず，あえて「コミュニティ communities, заедници」と言及する．マケドニア人以外の民族を指す場合には，「非多数派コミュニティ non-majority communities」という表現を用いる．

12) 2016年3月にローマ・カトリック教会の「聖人」に認定され，9月に列聖式が行われたマザー・テレサ（本名アニェゼ・ゴンジャ・ボヤジウ Anjezë Gonxhe Bojaxhiu）は，スコピエ生まれのアルバニア人である．

13) 国家選挙管理委員会を9名とし，うち3名を与党連合推薦（VMRO-DPMNE 2名，BDI 1名），3名を野党連合推薦（SDSM 2名，PDSH 1名），3名は政党とは関係のない専門家から選出する．ただし，調整に時間がかかり，実際に国家選挙管理委員会が共和国議会により任命されたのは2015年12月16日で，プルジノ合意が指定した日程の5カ月後であった．

第6章

コソヴォ共和国

小山雅徳

1 ユーゴスラヴィア解体とコソヴォ

　コソヴォ共和国はしばしば，ユーゴスラヴィア解体の「始まりの地であり，同時に終わりの地」であると言われる．チトー亡き後のユーゴスラヴィアにおいて，スロヴェニアとクロアチアが連邦離脱へ向かう契機となったのは，セルビア民族主義を利用して政治の舞台で台頭してきたミロシェヴィッチが，1989年にコソヴォの自治権を大幅に縮小する一方的な施策に踏み切ったことであった．セルビア人にとって，コソヴォは民族揺籃の地であり，チトーの下で民族主義が抑制されていた時代にあっても，コソヴォを巡るセルビア民族主義の火は燻り続けた．

　特に，1974年連邦憲法体制の下で，コソヴォが共和国とほぼ同等の権限を付与された時代には，1981年に発生したコソヴォの共和国格上げを求めるアルバニア人住民による暴動などもあり，コソヴォからのセルビア人の流出が拡大した．このことは，セルビア本国において同胞の苦境として広く認識され，セルビア民族主義を高める要素となった．そして，その中で頭角を現してきたミロシェヴィッチが，「もうあなた達を殴らせはしない」という有名な演説を行い一躍名を上げた場所も，コソヴォであった．

　一方，そのコソヴォ自体がユーゴスラヴィアの枠組みから離脱するのは，他の共和国の離脱とそれに伴う混乱が一段落した後であった．クロアチア及びボスニア・ヘルツェゴヴィナでの紛争が世界中の注目を集める中で，コソヴォにおけるアルバニア人住民の状況はほとんど報じられず，このことは，アルバニア人住民の絶望感を深め，そしてコソヴォ問題が武力紛争化する素地を形成し

た．最終的には，1999年にコソヴォが実質的にセルビア及びユーゴスラヴィア連邦共和国（SRJ）の枠組みから離れた時点で，暴力的な紛争を伴う形でのユーゴの解体は一応の終わりを迎えた．

　本章では，アルバニア人とセルビア人の間の民族間関係を中心に，デイトン合意以降のコソヴォにおける政治状況の展開を概観するとともに，コソヴォ問題に対する国際社会の関与について振り返り，それが，2008年にセルビアからの独立を宣言し独立国として歩み始めた現在のコソヴォの状況にどう関わっているのかを見ていく．

2　デイトン合意以降のコソヴォ

(1)　コソヴォ問題の武力紛争化（1997-1998年）

① デイトン合意以前のコソヴォ

ボスニアとクロアチアを中心に生じた内紛の影に隠れてきたコソヴォ問題が

国際社会の耳目を集めるようになったのは，コソヴォ解放軍（UÇK）によるテロ行為の頻発と，それに対するセルビア治安部隊及びユーゴスラヴィア軍（VJ）の掃討作戦によって，民族間の緊張関係が武力紛争へとエスカレートしていったことによる．

　UÇKが本格的な武力闘争を開始するのは1996年以降だが，その母体となったのは1980年代初めに形成されたコソヴォ人民運動（LPK）である．LPKは，ドイツ，スイスなどの西欧諸国へ亡命したアルバニア人離散民がマルクス・レーニン主義の影響を受ける中で形成した反ユーゴスラヴィア組織をその前身としている．1990年代前半，LPKは，コソヴォ域内でSRJ及びセルビア共和国に対して散発的な武力闘争を行っていた複数のアルバニア人グループやユーゴスラヴィア人民軍（JNA）のアルバニア人将兵と接触しながら，本格的な武装蜂起の準備を整えていった．また，1993年頃より「母国からの招集基金（Fondi Vendlindja Thërret）」と呼ばれるアルバニア人離散民からの資金収集ネットワークを形成し，UÇKの武力闘争を財政面で支える基盤を形成した［定形 2008: 222-30］．

　1989年3月にミロシェヴィッチによってコソヴォの自治権が著しく縮小されると，コソヴォでは，ルゴヴァの指導の下でアルバニア人がセルビアに対する非暴力抵抗運動を行った．ルゴヴァは，ミロシェヴィッチによるコソヴォの自治権剥奪に反発するアルバニア人住民の先頭に立ち，1989年12月にコソヴォ民主連盟（LDK）を設立した［Clark 2000: 56］．その後，1990年7月には，コソヴォ自治州議会のアルバニア人議員がコソヴォの共和国への格上げに関する決議を一方的に採択する．これらのアルバニア人議員は更に，1991年9月にコソヴォの主権を問う住民投票，1992年5月にコソヴォ「議会」選挙及び「大統領」選挙を一方的に実施した．その結果，「議会」選挙においては定数125議席中96議席をLDKが獲得し，「大統領」選挙においては，唯一の候補であったルゴヴァが99％以上の得票率で選任された［Clark 2000: 83］．その後，コソヴォのアルバニア人は，SRJ及びセルビアによる行政制度をボイコットしながら，アルバニア語の教育機関や病院などの「並行制度」を自前で組織していった．

　ルゴヴァを中心としたコソヴォのアルバニア人は，1991年10月に，LDK書記長であったブコシをコソヴォ亡命政府「首相」に任命した．ブコシはコソヴォを離れ，クロアチア及びドイツに移住しながら，ドイツ，スイス，オーストリアなどに移住したコソヴォ・アルバニア人離散民からの資金収集メカニズ

ム（「3％基金」）を整備し，コソヴォにおけるアルバニア人の抵抗運動を支えるうえで重要な役割を担った［Gashi 2010: 96］．

こうして，コソヴォ問題は一時的に小康状態を保っていた．ルゴヴァは，米国をはじめとした西側諸国や国連に向けてコソヴォにおけるアルバニア人の窮状を訴え，国際社会の介入を求めた．やがて，クロアチアとボスニアの内戦が激化し，西側諸国を中心とした国際社会が旧ユーゴ地域の問題に対する介入を本格化させると，コソヴォのアルバニア人は，いずれ自分達にも国際社会の救いの手が差し伸べられるものと期待した．

② UÇK の武装蜂起

しかし，ボスニア紛争を終結させた1995年11月のデイトン合意の交渉過程において，コソヴォ問題は全く議論されず，そればかりか，デイトン合意成立の立役者としてミロシェヴィッチを肯定的に評価する向きすら見られた．ここに及びコソヴォのアルバニア人の中ではルゴヴァの非暴力路線に対する失望が広がっていった．こうした状況の下で，1996年に入ると，UÇK はコソヴォにおいてセルビア人警察官への襲撃や誘拐など散発的なテロ攻撃を開始し，1997年には UÇK の名を公にして武力闘争を宣言する．

更に，1998年3月に「ヤシャリ一族殺害事件」[1]が発生すると，アルバニア人の間では UÇK への支持が急速に広がり，若者を中心に UÇK への加入希望者が増加したことで，UÇK は急激に規模を拡大させた．また1997年には，隣国アルバニアにおいて，ねずみ講破綻を契機とした大規模暴動が発生し国内が無秩序化した．この際，軍や警察の武器庫から流出した大量の銃器がコソヴォにも流入し，UÇK の戦力を増大させた．組織の規模と活動範囲を拡大させるUÇK に対し，ミロシェヴィッチはセルビア治安部隊の大規模投入，更には VJ の投入によって UÇK の武力制圧を図ろうとした．

1998年当時，UÇK はコソヴォ域内に7つの管区を設定し，各管区に指揮官を配置していた．この管区指揮官は概ね当該地域出身者が務め，その指揮下の部隊もほとんどが当該地域出身者によって占められていた．これらの管区指揮官は当該地域における UÇK の事実上の最高責任者であり，各地域におけるカリスマ的存在でもあった．中でも特に影響力の強い人物が，西部デュカジニ管区指揮官[2]として，1998年3月のセルビア治安部隊による攻勢を撃退したことで一躍名を上げたハラディナイであった．

UÇK 内部には，各管区の上位レベルに位置するとされる参謀本部 (Shtabi i Përgjithshëm) が設置され，サチ，クラスニチら LPK の中心人物達がそのスタッフを務めていた [Human Rights Watch 2001: 100]．但し，この参謀本部と各管区との関係は必ずしも明確ではなく，クラスニチは参謀本部からの指令は当然に各管区部隊を拘束するものであったとしているが [Gashi 2004: 191]，他方でハラディナイは「コソヴォの外に居る者からの指示に従ったことはない」と述べている [Hamzaj 2000: 132]．ハラディナイはまた，管区司令官が参謀本部スタッフに含まれていない点を問題視し，「名前しか知らなかったような人物が，ある日突然自分達の代表やスポークスマンであると名乗りだした」と述べるなど，参謀本部に対する批判的な態度を明らかにしている [Hamzaj 2000: 76]．このように，コソヴォ紛争の最中において既に UÇK 内部には組織的な分断が内在しており，この分断は，紛争終結後 UÇK が政党化するプロセスの中で顕在化することになる．

管区司令官達は，新たに軍事部門のトップにあたる参謀長 (Shef i Shtabit) ポストを設け，互選によってドレニツァ管区司令官であったセリミがこのポストに就任した [Hamzaj 2000: 147]．その後，1999年5月には，軍事的な経験に乏しいセリミに代わり，チェクが参謀長に選任された．チェクは元 JNA 将兵であったが，クロアチア紛争の際にクロアチア側に立って参戦し，デイトン合意の成立後もクロアチア軍に加わっていた．チェクはまた，クロアチア紛争の中で米国との強いパイプを形成してきたと言われている．こうした職業軍人としての豊富な経験や経歴から，コソヴォ紛争の後期から UÇK に参加したにも拘らず，チェクは軍事部門内での立場を強固なものとしていった．

(2) 国際社会の介入と国際統治 (1999-2004年)
① コソヴォ問題への国際社会の介入

UÇK とセルビア治安部隊との武力対立が次第に激化し，一般市民にもその被害が及びはじめると，西側メディアもこれを大きく取り上げはじめた．しかし，武力衝突の停止を要求する西側諸国も，当初からアルバニア人を全面的に支持していたわけではなかった．

事態が NATO による軍事介入へと進む転換点となったのは，1999年1月15日に発生したとされる「ラチャクの虐殺」事件である．この当時 OSCE 主導で派遣されていたコソヴォ検証ミッション (KVM) は，コソヴォ中部の村ラ

チャクで，40体に及ぶ虐殺されたアルバニア人住民の遺体が発見されたと発表した．ウォーカーKVM団長は，これらの遺体は全て非武装の一般市民のものであり，即ちVJとセルビア治安部隊によるアルバニア人住民に対する著しい人権抑圧の証拠であるとした．ラチャク事件の真偽については未だに一部で争いがあるが，この事件を契機に，国際社会，特にNATO諸国の間では，SRJに対する武力行使もやむなしとする機運が高まっていった．

　NATOによる武力行使の可能性という圧力を背景に，コソヴォのアルバニア人代表者とSRJ政府及びセルビア政府代表との間で，和平合意を目指した初の直接交渉が実現した．1999年2月，フランスのランブイエで行われた交渉は，当初ソラナNATO事務総長が仲介役を務めたが，交渉の不調が明らかになっていくにつれ，オルブライト米国務長官が交渉を主導していく形となっていった．オルブライトは，SRJの領土一体性を当面維持しながらも3年後に「コソヴォ人民の意志を問う」とする和平案（ランブイエ和平案）を提示し，アルバニア人とSRJの双方に合意を迫った．最終的には，SRJ側がNATO部隊のコソヴォ以外のSRJ領土への展開を認めなかったことで決裂に終わり，これによってSRJに対する武力行使への道が開かれた［Albright 2003: 396-409］．

　1999年3月24日，NATOは，コソヴォにおけるアルバニア人への大規模人権侵害の阻止を目的としたSRJに対する空爆（「連合の力」作戦）を開始した．ミロシェヴィッチはNATOに対する徹底抗戦をSRJ国民に呼びかけたが，NATOの圧倒的な軍事力を前にして，次第に追い詰められていった．この間，ロシアとフィンランドが仲介役となり，SRJに対し和平合意の受け入れを働きかけた結果，ミロシェヴィッチは最終的にコソヴォからの撤退に合意した．またG8諸国は，NATO空爆終結後のコソヴォ和平合意の骨格となる「コソヴォ危機に関する政治的解決の一般原則」について5月6日に合意していた．6月9日，NATOとSRJとの間で，コソヴォからのVJ及びセルビア治安部隊の撤退とその後のNATO部隊のコソヴォへの展開に関する軍事技術合意が結ばれた．これを受け，国連安保理は6月10日に国連安保理決議1244を採択し，78日間に及ぶNATOの空爆は終了した．

②　コソヴォにおける国際統治の導入
　国連安保理決議1244は，コソヴォにおけるSRJ及びセルビアの統治を排除すると同時に，コソヴォを国際社会による直接の統治下に置くことを規定し

た．具体的には，国連PKOである国連コソヴォ暫定行政ミッション（UNMIK）が文民部門を，NATO主導の多国籍軍であるコソヴォ国際安全保障部隊（KFOR）が軍事的治安維持を受け持った．

国連PKOとして設立されたUNMIKであったが，その権限と機能は，過去の国連PKOと比較しても異質な存在であった．UNMIKの設立根拠である国連安保理決議1244は，UNMIKの主たる任務を「最終的な解決を保留しながらの，コソヴォにおける実質的な自治と自己統治の確立」とした上で，まずUNMIK自身がコソヴォにおける「基本的文民行政機能を果たし」，次いで「民主的自治政府のための暫定制度の発展を監督し」，コソヴォの統治権限を順次UNMIKからこの自治政府へと移譲していくことを想定していた．他方で，世界最強の軍事機構であるNATOを中心に組織され最大時には約5万人の兵力を有していたKFORは，紛争後のコソヴォにおける最大の実力組織，そして唯一の軍事組織として大きな存在感を発揮した．

UNMIKとKFORによる暫定統治の下で，コソヴォでは新たな現地統治機構の構築が開始された．UNMIKはまず，2000年5月に共同暫定統治機構（JIAS）を設置した．JIASは，その後構築される本格的な統治機構の基盤となるものであり，政府，議会及び地方自治体の各機能をUNMIKと現地住民代表が共同で担う形をとった．更に2001年5月，UNMIKは憲法枠組みを発布し，これによってコソヴォの新たな現地統治機構である暫定自治政府機構（PISG）が設置された．PISGは行政機構たる暫定政府に加え，議会及び司法制度の設置を規定しており，これによってようやく紛争後のコソヴォにおける現地統治機構が整備された．これ以降，UNMIKはコソヴォの統治権限を段階的にPISGへと移管していった．

③ UÇKの武装解除と政党化

対セルビア武力闘争を先導し，結果的にNATOによる軍事介入を呼び込む役割を果たしたUÇKは，紛争後のコソヴォにおいて，コソヴォを解放した立役者としてアルバニア人住民から英雄視された．他方で，国連安保理決議1244ではUÇKの非軍事化が必要とされていたが，安保理決議の中ではこの非軍事化が具体的に何を意味するのかが明確にはされていなかった．UÇKの非軍事化を受け持つNATOは当初，UÇK要員の武装解除のみならず組織としてのUÇKの解体も検討していた．一方のUÇK側は，UÇKが独立後コソヴォの正

規軍となることを当然視し，またアルバニア人住民の多くも，「英雄」であるUÇKの存続を望んだ．そこでKFORとUÇK指導部との間で交渉が行われ，UÇKは武装解除を施された後に新たな組織へと改編されることが合意された [Bekaj 2010: 27-28]．

KFORとUÇKの合意に基づき，UÇKの武装解除は9月20日までに完了した．これを受け，UNMIKは規則1999／8号を発布し，新たな民間防衛組織であるコソヴォ防護隊（KPC）を設立した．同規則において定められたKPCの任務は災害対応，捜索・救難活動，人道援助活動などの文民活動であり，またKPCは如何なる法執行の役割も負わず，政治活動を行うことはできないと規定された．KPCに関する最終的な権限はUNMIKの最高責任者である国連事務総長コソボ特別代表（SRSG）に帰属するとされ，事実上の最高司令官であるKPC調整官（KPCC）にはSRSGによって英国軍人が任命された．KPCは3000名の現役要員及び2000名の予備役によって構成され，その階級制度は軍事組織に準じたものとなった．

KPCはUÇKの後継組織としての色彩が強く，アルバニア人及びセルビア人の双方から，事実上UÇKと同一視されていた．KPCとUÇKの連続性を象徴する特徴のひとつが，KPCが導入した地域任務群（RTG）である．前述の様にUÇKはコソヴォを7つの管区に分割していたが，KPCのRTGはこの管区をそのまま踏襲しており，また各RTG指揮官にはUÇK時代の各管区司令官が当初はそのまま任命された．更に，KPCCの下で各RTGの活動を統括する司令官には，チェクが任命された．

UNMIKとKFORは，KPCはあくまでも新設された文民組織であるという点を強調し，UÇKとの組織的な連続性を否定しようとした．しかし，ハラディナイ，チェクら，UÇKからKPCへ編入された旧UÇK軍事部門の人間たちは，KPCはUÇKが将来のコソヴォ軍になるまでの過渡的な存在であるという認識を公言していた [ICG 2006: 12-13]．

一方でサチは，空爆終了以前の1999年5月に新たな政党であるコソヴォ民主党（PDK）を設立した．PDKのメンバーには，サチを始めとしたUÇK参謀本部スタッフ及びLPKの流れを汲む人間が名を連ねた．またサチは，これと同時に，PDKを中心としたコソヴォ「暫定政府」を独自に設立した．サチは自らが「首相」として各「大臣」を任命すると共に，各「自治体」の首長も任命した．「暫定政府」の設置は，ランブイエ交渉の際にコソヴォ側交渉団内部で

合意されたことではあったが，これら「暫定政府」の役職はそのほとんどが UÇK の人間によって占められた [Perrit 2008: 153]．UNMIK による統治が本格化した後の1999年9月に「暫定政府」は解散し，UNMIK の下で新たに暫定統治評議会が設置された．しかし，自治体レベルにおいて UNMIK による統治が機能し始めるのは JIAS が設置される2000年になってからであった．このため，地方においては，実質的にサチの影響下にある旧 UÇK メンバーらが，治安維持を含む自治体レベルの統治を取り仕切る状況が継続した [ICG 1999: 2-6]．

ハラディナイは2000年に KPC を退役し，2001年に PDK とは別の政党であるコソヴォ将来同盟（AAK）を設立した．AAK のメンバーはハラディナイと同じデュカジニ地域出身者によって占められており，規模の面では PDK に大きく劣っていたが，ハラディナイのカリスマ的人気によって，設立直後から一定の支持を集めた．

PDK と AAK は，政治的イデオロギーの面で大きな違いがあったわけではない．そもそも2008年以前のコソヴォにおいては，LDK を含め，いずれの政党もコソヴォ独立を最重要の政策目標としていた．ともに UÇK の流れを汲む PDK と AAK の間の最大の相違点は，支持基盤の地域性であり，PDK がコソヴォ中部のドレニツァ地域において最大の支持を獲得しているのに対し，AAK の支持層はデュカジニ地域に集中していた．これは明らかに両政党指導者の出身地域に起因するものと考えられた．

④ PDK・LDK 間の対立と協調

UÇK が政党化すると，コソヴォにおける事実上の二大政党となった PDK と LDK との対立関係が鮮明化する．2001年11月，UNMIK が定めた憲法枠組みの下で，紛争後初の議会選挙が実施された．この選挙では，LDK が120議席中47議席を獲得する一方，PDK は24議席，また AAK は8議席にとどまった．この結果，LDK は AAK 及びその他の少数民族政党などとの連立によって，PDK 抜きでの政権運営が数字のうえでは可能な状況となった．しかし，ハラディナイは，PDK 抜きでの連立に AAK は参加しないとの方針を維持し，他方で，PDK はルゴヴァの下に付く形での政権参加を拒否したため，結果的に連立協議は難航し3カ月に渡って政府が成立しなかった．

政治的な混乱状況を見かねた欧米5カ国（米国，英国，ドイツ，フランス，イタリア，通称「クイント」）は，LDK 及び PDK の双方に圧力を掛け，両党を含む

「挙国一致」政府の樹立を促した．クイント側は，戦後初の民主的選挙によって選出される指導者は「清廉潔白で有能な人物」であることが必要であると考える一方で，LDK と PDK との対立が決定的なものとなることによってコソヴォの戦後復興が停滞し，更にはその責任が UNMIK に帰せられることを警戒していた［King and Mason 2006: 124-125］．そのような背景もあり，2002年3月には LDK，PDK 及びその他の政党を含む大連立政権が発足した．初代大統領にはルゴヴァが選任される一方，首相には，医師であり UÇK の医療担当でもあった PDK のレジェピが就任した．

しかし，PDK と LDK との協調関係は，あくまでも国際社会，とりわけコソヴォへの介入を主導したクイントの圧力の下でこそ可能なものであった．紛争後2回目の議会選挙となった2004年の選挙では，前回同様，LDK が47議席を獲得して第一党となり，PDK は30議席まで票を伸ばしたものの第二党のままであった．このとき，9議席を獲得した AAK のハラディナイは LDK との連立を選択し，ハラディナイは首相に就任した．かつて同じ UÇK の一員であったハラディナイのこの選択は，サチと PDK にとっては裏切りと映った．そのため AAK・PDK 間及びハラディナイ・サチ間の関係は著しく悪化し，また LDK と PDK の関係も一層緊張する結果となった．

⑤ コソヴォ北部におけるセルビア人の状況

国連安保理決議1244は，コソヴォにおける SRJ とセルビアの統治の排除を規定しているが，実際には，セルビア人が多数派を占める一部の地域では，VJ やセルビア治安部隊こそ撤退しているものの，セルビアの行政機関が残存し住民生活の大部分を司っていた．中でもイバル川以北の4つの自治体では[7]，UNMIK による統治も及ばず，事実上セルビアの統治が継続していた．北部のセルビア人住民は，UNMIK 統治下で実施されたコソヴォ議会選挙及び地方選挙には参加せず，一方で，セルビア政府はこの地域においてセルビア議会選挙及び地方選挙を実施し，北部自治体の首長はセルビア側の選挙で選出された人物が務めていた．それはあたかも，かつてミロシェヴィッチ政権の圧政に対抗してアルバニア人が作り上げた「並行制度」が再現されたかのようであった［Gusic 2015: 228-31］．

コソヴォのセルビア人にしてみれば，UNMIK と KFOR は，安保理決議無しの「違法な」NATO の武力行使に引き続いてやって来た占領軍に他ならず，

容易にはその存在を受け入れることはできなかった．また，紛争後のコソヴォの治安維持を担うはずの UNMIK 警察と KFOR が，要員リクルートの遅延やマンデートの混乱のために展開当初は想定したような治安維持機能を果たせず，結果的にセルビア人に対するアルバニア人からの報復が頻発したことも，国際統治に対するセルビア人の不信を高めた．そうした中で，北部を中心に残存するセルビアの統治機構は，セルビア人住民にとって自らの生存を保証する後ろ盾として映った．その背景には，SFRJ 憲法改正によって広範な自治権を付与されたかつてのコソヴォにおいて，セルビア人が民族的少数派となった際の記憶が強く影響していた．

(3) 地位問題の先鋭化から独立宣言へ (2004-2008年)
① 2004年大規模暴動の発生
　国際統治の下でコソヴォ情勢は一時的な小康状態となり，UNMIK から PISG への権限移管が進められる一方で，コソヴォにおけるアルバニア人住民とセルビア人住民の分断は一層固定化されていった．セルビアは，コソヴォにおけるセルビア人への迫害を事あるごとに強調し，その責任を UNMIK と KFOR に負わせようとした．他方で，コソヴォが主権国家としてセルビアから完全に独立できるものと期待していたアルバニア人は，コソヴォ独立に向けた動きが一向に見られないことに苛立ちを募らせていた．
　2002年4月，UNMIK は，コソヴォ最終地位決定プロセス開始の前提条件として，民主的制度，法の支配，難民・避難民の帰還など8つの項目においてコソヴォが一定の水準に達することを求める「地位の前の水準」アプローチを発表した．しかし，これらの水準達成には更に相当の時間を要することが予想され，それは，既に蓄積されていたアルバニア人の不満に火をつけるに十分であった．
　2004年3月16日，「コソヴォ北部で，セルビア人住民の飼い犬に追われたアルバニア人少年が川で溺死した．」というニュースがアルバニア語メディアを通じて報道された[8]．これを契機に，翌17日，コソブスカ・ミトロビツァではアルバニア人とセルビア人の間で大規模な衝突が発生した．更に，18日にかけて暴動はコソヴォ全域に拡大し，各地でセルビア人所有の建造物やセルビア正教会施設が焼き討ちなどの被害にあった．またこの暴動においては，UNMIK，KFOR などの国際機関施設も攻撃対象となり被害が発生した．UNMIK 警察と

KFOR が対応を強化したことで暴動は収束したが，この間，死者19名を出し，新たに4000名以上が避難民となるなど大きな被害が生じた［ICG 2004］．

1999年の NATO 空爆終結以降では最大の危機となったこの2004年暴動は，国際社会，中でも NATO の空爆を主導した西側諸国に対し，コソヴォ政策の転換を迫るものとなった．西側諸国にとって衝撃的だったのは，当初はコソヴォの「解放者」としてアルバニア人から歓迎された UNMIK と KFOR が，今やコソヴォの独立を阻害する不当な「占領者」としてアルバニア人の憎悪の対象となったという事実であった．それは即ち，紛争後のコソヴォの圧倒的多数派となったアルバニア人と，コソヴォを直接的に統治する国際社会とが，全面的に対立する可能性が出てきたことを意味した．

② 「地位の前の水準」の放棄と最終地位決定プロセスの開始

2005年6月，国連事務総長は，ノルウェーの外交官アイデを特使に任命しコソヴォ情勢の包括的な見直しを命じた．同年10月，アイデは「コソヴォの現状は持続不可能であり，コソヴォの地位決定プロセスを進める必要がある」と結論付ける報告書を安保理に提出した．これを受け，同年11月にコンタクト・グループ諸国はコソヴォ地位問題解決の原則に合意した[9]．2005年11月，国連事務総長は元フィンランド大統領のアハティサーリをコソヴォ地位プロセス担当特使に任命し，コソヴォの最終地位を決定するための交渉が開始された[10]．これは同時に，国連が，自身が提唱した「地位の前の水準」アプローチを放棄したことを意味した．

2006年2月以降，コソヴォとセルビアの代表者による直接交渉が行われ，地方分権，民族的少数派保護，財産権，宗教施設保護などが議題となった．これらの「技術的」事項について一定の合意が形成された部分もあったが，「独立以外は決して受け容れない」とするコソヴォと，「自治以上独立未満」を主張するセルビアとの間の溝が埋まることはなかった．2006年9月，セルビア議会は，「コソヴォはセルビアの不可分の一部」と前文で規定するセルビア共和国憲法改正案を採択した．これにより，セルビアとの合意の下でコソヴォの独立を達成する可能性は事実上潰えた．

また，この間コソヴォでは，2007年11月に紛争後3回目の議会選挙が実施され，37議席を獲得した PDK が，25議席に留まった LDK を逆転して第一党となった．他方で AAK は13議席まで票数を伸ばしており，連立交渉は難航する

ことが予想された．そこでクイントは，地位交渉を乗り切るための大連立を図るよう，PDKとLDKの双方に働きかけた．この結果，サチが首相となる形でPDKとLDKの連立政権が再度成立した．議会選でのPDKの勝利が確定すると，サチは「12月にコソヴォ独立を宣言する」と公言した．

③ アハティサーリ案

　2006年12月，アハティサーリは安保理に対し「セルビア・コソヴォ間の交渉は尽くされ，もはや交渉による合意の達成は不可能である」旨を報告し，特使としての自身の独自解決案を提示する意向を示した．2007年2月，アハティサーリはセルビア及びコソヴォに対し「コソヴォ地位問題の包括的解決案」と題された文書を提示した．通称「アハティサーリ案」として知られるこの解決案は，「独立」という言葉こそ用いられていないが，コソヴォが独自の憲法の下で民主的かつ完全に自由に統治され，国際約束を独自に締結し，国際機関への加盟も認められるなど，実質的にはコソヴォをセルビアとは別の国家として位置づける内容であった．

　一方，アハティサーリ案においては，コソヴォには当面の間「国際文民代表」，「国際軍事プレゼンス」，更に「新たなESDPミッション」が配置され，コソヴォの統治を監視することが規定されており，このことから，アハティサーリ案はコソヴォの「条件付き独立」あるいは「監視下の独立」を認める解決案であるとも言われている．また，独立後のコソヴォにおいて民族的少数派となるセルビア人に対する配慮が見られ，例えば，コソヴォ域内のセルビア人多数派自治体については，コソヴォの他の自治体よりも広範な権限が付与され，また財政的支援を含むセルビア本国との「特別の関係」がこれら自治体には認められることなどが規定されている．しかしながら，コソヴォ側はアハティサーリ案を受け入れたものの，コソヴォのセルビア人住民及びセルビア政府はこれを拒否した．

　2007年3月，正式にアハティサーリ案の提出を受けた安保理で，国連安保理決議1244に代わる新決議採択を目指した作業が始まった．しかし，欧米諸国がアハティサーリ案を支持する一方で，ロシアは「当事者の合意に基づかない一方的な解決案には反対」との姿勢を明確にした．コソヴォ独立支持派の安保理メンバー国は4度に渡り決議案提出を試みたが，拒否権行使も辞さないとするロシアの強硬姿勢を前に，遂には決議案提出を断念した．

④ トロイカ・プロセス

　安保理が新決議採択を断念したことを受け，EUの発案に基づき，コンタクト・グループは，セルビア・コソヴォ間の直接交渉を再度実施することで合意した．アハティサーリに代わり，米国，EU及びロシアが各々任命した3名の特使（トロイカ特使）によって仲介されることから後にトロイカ・プロセスと呼ばれることになるこの「延長戦」交渉では，2008年8月から約4カ月間に渡り6度の交渉ラウンドが設けられた．

　この延長交渉の過程で，セルビア側は，香港やオーランド諸島などをモデルとしたコソヴォへの「高度な自治」を認める案を提示し，またトロイカ特使も，コソヴォの地位決定よりもセルビア・コソヴォ間の関係正常化に重点を置いた案を提案するなど，それ以前には見られなかった多様な具体案が示された．しかし，トロイカ・プロセスに与えられた時間はあまりに短く，また既にアハティサーリ案が提示された後であったことから，コソヴォ独立は既定路線であると考えるコソヴォ側は延長交渉自体に消極的であった．2007年12月，トロイカ特使は，「妥協に向けたアイデアは示されたものの合意には至らなかった」と結論付ける報告書を安保理に提出し，この時点で，コソヴォの一方的独立とそれを巡る国際社会の分断が不可避の状況となった．

⑤ 独立宣言

　2008年2月17日，コソヴォ議会は，アハティサーリ案に基づきコソヴォがセルビアから独立した国家となる旨の宣言を全会一致で採択した．独立宣言から一週間以内に，米国のほか，英国，ドイツ，フランスを含むEU加盟国の半数以上がコソヴォの独立を承認した．他方で，ロシア，中国を含む一部の国々は，当事者間の合意に基づかない一方的解決策には反対するとして，コソヴォの独立を承認しない姿勢を早々に明らかにした．またEU加盟国の中でもスペインなど5カ国[11]がコソヴォ独立不承認の立場をとった．

　独立宣言に対し，コソヴォのセルビア人住民及びセルビア政府は激しく反発した．独立宣言の翌日に，セルビア議会は，コソヴォ独立宣言は違法かつ無効であるとする決議を全会一致で採択した．また，コソヴォ北部のセルビア人住民の一部は，コソヴォとセルビア本国の行政境界線上に位置する検問所を襲撃し，UNMIKが管理する北部コソブスカ・ミトロビツァの裁判所を占拠し立て篭もるなどの実力行使に訴えた．その結果，UNMIK及びKFORとセルビア

人住民の間で死傷者を伴う衝突が発生するなど，コソヴォ北部情勢は一時不安定化した．UNMIK 統治下で PISG に参加していたセルビア人の多くが，コソヴォ独立への反対の意志を示すために，独立宣言以降は職務をボイコットした．

(4) 独立後の国家建設 (2008-2015年)
① 新たな統治機構の形成

　セルビアからの独立を宣言したコソヴォは，セルビア人の反発を意に介さず，アハティサーリ案に基づき主権国家としての地歩を固めていった．2008年4月，コソヴォ議会は新憲法を採択し，同年6月にこの憲法は施行されたが，その内容はアハティサーリ案を全面的に踏襲したものとなっている．特に第143条においては，アハティサーリ案に直接的に言及した形で，「コソヴォのあらゆる機関はアハティサーリ案に由来する義務に拘束される」，「アハティサーリ案の規定はコソヴォのあらゆる法規定に優越する」，「憲法を含むコソヴォのあらゆる法的文書はアハティサーリ案に従って解釈される」と規定されており，アハティサーリ案が，憲法にも優越する独立国家コソヴォの最高規範として明確に位置づけられている．

　新憲法の施行と同時に，議会，政府，司法といった，それまで PISG の一部として UNMIK の権威の下で構築及び運用されてきた統治機構は，少なくともコソヴォ側の解釈においては，UNMIK から切り離されコソヴォの主権の下に置かれた．サチをはじめとしたアルバニア人政治指導者は，新憲法の施行をもって UNMIK はコソヴォでの役割を終え存在意義を失ったと主張した．しかし，安保理が新決議の採択に失敗した結果，国連安保理決議1244は少なくとも法的には独立宣言後も有効であり，この点はコソヴォ独立支持派の諸国も認めている．そのため，独立後のコソヴォにおける UNMIK の位置づけは宙に浮く形となった．

　他方で，アハティサーリ案に基づき，コソヴォの独立を監視するための新たな国際プレゼンスが展開された．その中核となったのは，国際文民代表とそれを支える組織の国際文民事務所 (ICO) である．アハティサーリ案に規定された国際文民代表の権限の中で特に目を引くのは，議会が可決した法案の施行凍結及びあらゆる公職者の罷免である．また，国際文民代表の上部機関として，有志国によって組織される国際運営グループ (ISG) が存在しており，ISG 構成国は全て欧米のコソヴォ承認国によって占められていた．これらの点から，国

際文民代表は明らかにボスニアにおける上級代表をモデルにしていると考えられるが，他方で，紛争集結から20年が経過しても上級代表が任務を終えられずにいるボスニアの反省から，ISG諸国は，国際文民代表があくまでも暫定的な存在であることを強調し，また国際文民代表の導入当初から，アハティサーリ案に規定された「監督下の独立」終了に必要とされる基準を明確にしていた．

またアハティサーリ案は，UNMIKをコソヴォから完全に撤退させ，それまでUNMIKが果たしていた役割を，EUが派遣するESDPミッションと国際文民代表の組み合わせによって代替しつつ引き継ぐことを想定していた．このESDPミッションに相当するのが，EUコソヴォ法の支配ミッション（EULEX）である．「法の支配」という名が示すとおり，EULEXはコソヴォの警察，司法，税関部門を指導，監督する事が主たる任務であったが，これに加え，民族間の憎悪に起因する犯罪や戦争犯罪，重大な汚職など，コソヴォの情勢に大きな影響を及ぼし得る重大かつ機微な事案については，EULEX自身が法執行活動を実施することが求められた．これは，それまでUNMIKが行使していた法執行権限を限定的に引き継ぐものであったが，この様な執行権限を付与されたESDPミッションは，EUにとっても初の試みであった．

② ICJ勧告的意見

コソヴォ独立に反対するセルビアは，独立を既成事実化しようとするコソヴォに対抗し，積極的な外交を展開した．そのハイライトは，国際司法裁判所（ICJ）に対する勧告的意見の要求である．2008年10月，セルビアが提出した「コソヴォ暫定自治政府による一方的独立宣言の国際法上の合法性」についての勧告的意見をICJに対し諮問する国連総会決議が賛成多数で採択されたが，これは当初，セルビアの外交的勝利とみなされた．

コソヴォ側は，独立宣言から比較的短期の間に国連加盟国の過半数がコソヴォの独立を承認するものと期待していたが，独立宣言から半年が経過しても，承認国数は50カ国を下回っていた．コソヴォ独立承認を躊躇う国々の中には，セルビアの同意も新安保理決議も存在しないコソヴォの独立について，法的正当性という観点から懸念を示す国が少なくなかった．セルビアは，こうしたコソヴォ独立に関する法的な問題点を強調し，この問題をICJに持ち込むことで，コソヴォ承認国の増加を抑制しようとした．

しかし，2010年7月，ICJが「コソヴォの独立宣言は国際法に反しない」と

結論付ける勧告的意見を発表すると，一転して，この勧告的意見はコソヴォの独立にICJがお墨付きを与えたものとしてコソヴォ及びコソヴォ独立支持派諸国から喧伝された．一方で，ICJプロセスを主導したセルビアのイェレミッチ外相は，戦略的失敗を犯したとして，セルビア国内で厳しい批判に晒された．

③ ベオグラード・プリシュティナ間対話

2010年のICJ勧告的意見を受け，2011年3月より，EUによる仲介の下での「ベオグラード・プリシュティナ間対話」が開始された．加盟国の中にコソヴォ未承認国を抱えるEUは，少なくとも建前上は，コソヴォの法的地位についてコソヴォ，セルビアのどちらにも与しないという「地位中立的」な姿勢を維持しており，またコソヴォ，セルビアの双方がEU加盟を目指していることから，両者の間を仲介する存在としてEUが最適と考えられた．

2011年3月から2012年2月までの間に，コソヴォ，セルビア両政府代表者の間で9回の対話ラウンドが設けられた．この対話では，コソヴォの主権に関わる論点を避け，住民基本台帳，移動の自由，学位の相互認定，税関印，土地台帳，検問所の共同管理，コソヴォの地域フォーラムへの参加といった技術的事項に関する合意が成立した．更に，2012年10月からはコソヴォ独立宣言以来初となる両国の首相級直接対話が開始された．これら一連の対話の最大の成果は，2013年4月の首相級対話の際に結ばれた，コソヴォ域内のセルビア人自治体連合の創設などを含む，ベオグラード・プリシュティナ間の関係正常化に関する枠組み合意（ブリュッセル合意）である．ブリュッセル合意はコソヴォとセルビア双方の首相であるサチとダチッチによって署名されたが，かつてのUÇKの指導者とミロシェヴィッチの右腕の間で結ばれたこの合意文書は，コソヴォ・セルビア関係の改善を示す象徴的な出来事となった．

④ UÇKによる戦争犯罪疑惑と特別法廷設置

アルバニア人住民の多くは，90年代後半のUÇKによる対セルビア武力闘争について，コソヴォをセルビアから解放するために必要であった「正義の戦争」とみなしており，また先述の様に，それを遂行したUÇKは英雄視されている．またPDK，AAKをはじめ，戦後のコソヴォにおける主要政党の中にはUÇKを母体とするものが少なくなく，その意味でも，UÇKは新国家コソヴォの基盤を構成する重要な要素となった．

その一方で，1999年以降，UÇK 要員の関与が疑われる戦争犯罪にもスポットが当たる様になってきた．中でも，独立後のコソヴォの屋台骨を揺るがしかねないのが，UÇK によって誘拐されたセルビア人住民がアルバニアに移送され，密売目的で臓器を摘出され殺害されたとする疑惑である．この問題は，元 ICTY 首席検察官のデル・ポンテが2008年に出版した著書の中で，ICTY は臓器密売に関する情報を得てアルバニア国内での捜査に着手しようとしたが，各方面からの圧力によって本格的な捜査は実現できなかった，と明らかにしたことで大きな注目を集めた［Del Ponte and Sudetic 2009: 274-304］．

更に決定的な転機となったのは，欧州評議会の報告書である．デル・ポンテの告発を受け，欧州評議会はスイスの元検察官であるマーティに対し，UÇK による臓器密売疑惑の調査を命じた．2010年にマーティが提出した報告書は，UÇK による臓器密売の可能性を指摘するにとどまらず，サチの関与を名指しで指摘するものであった．この報告書はコソヴォ側の激しい反発を招いたが，欧州評議会は報告書を採択し，同時に EU に対し臓器密売疑惑の解明に向けた捜査実施を呼びかけた．これを受け，2011年に EULEX はこの疑惑を捜査するための特別捜査タスクフォース（SITF）設置を決定した．3年に及ぶ捜査の後，2014年に SITF は捜査結果を発表したが，その中で，「UÇK の相当高いレベルにあった者」を含む一部個人が，1999年の紛争当時戦争犯罪に関与していた，と結論づけた．

SITF による捜査結果公表を受け，EU は，UÇK 要員による戦争犯罪を裁くための新たな特別法廷設置をコソヴォに対し求めた．特別法廷設置にはコソヴォ憲法改正が必要であり，議会の2/3の賛成を得ることが求められたが，野党に回った AAK や，元 UÇK 要員によって組織された退役軍人協会は，特別法廷の設置は UÇK の名誉を損なうものであるとして，大規模デモを組織するなど強硬に反対した．しかし，EU 及び米国をはじめとするコソヴォ独立支持派諸国の圧力もあり，2015年8月，議会は憲法改正案を採択し，特別法廷設置が正式に決定された．特別法廷はコソヴォ司法制度の一部として位置づけられたが，裁判官及び検察官は全て外国人が務めることとされており，また裁判部及び検察部はハーグに置かれ，運営費用は EU が負担するものとされている．

3　コソヴォにおける国際社会の介入と国家建設

　NATO の武力介入，国連による暫定統治，「地位の前の水準」アプローチ導入とその放棄，最終地位決定プロセスの開始と仲介者であるアハティサーリによる最終解決案の提案と，1999年以来のコソヴォ情勢は，当事者であるコソヴォ及びセルビア以外の外部アクターによってその帰趨を決定づけられてきたといえる．コソヴォ独立へと至る端緒が1999年のNATOの介入にあることは疑いがなく，特に2004年の大規模暴動発生以降は，国際統治の下でコソヴォは実質的に独立へ向けた準備を進めてきた．一方で，国連安保理内部での立場の相違は国連安保理決議1244に代わる新決議の採択を不可能にし，また常任理事国の反対があるためコソヴォは国連にも加盟できないなど，コソヴォを巡る国際社会の分断状況は，現在に至るまでコソヴォの立場を不安定なものにしている．

　コソヴォにおける国際社会の介入において最も顕著だったのは，コソヴォの国家建設への関与である．UNMIK の統治下のみならず，独立宣言後もなお，EU 及び NATO をはじめとした欧州地域機構が中心となり，コソヴォの主権を事実上制限する形で，国際社会によるコソヴォの国家建設と統治への介入が継続している．本節では，コソヴォの国家建設に関与した主要アクターを取り上げ，その関与のあり方を見ていく．複数のアクターが国家建設に関わるコソヴォのあり方は，その後の国際社会による紛争後地域の対応にも大きな影響を与えているのである．

(1) UNMIK（国連コソヴォ暫定行政ミッション）

　UNMIK による介入の特徴のひとつは，その全面性である．UNMIK の最高責任者である SRSG は，1999年6月25日付の UNMIK 規則第一号において「司法行政を含むコソヴォについてのあらゆる立法及び行政権限は UNMIK に帰属し，SRSG によって行使される」[13]と規定した．これにより，UNMIK はコソヴォにおける司法，立法，行政の三権を実質的に独占する状態となった．

　UNMIK は傘下に UNMIK 警察を組織し，コソヴォにおける法執行と治安維持の役割を全面的に担うこととなった．また，各自治体には UNMIK 職員の外国人が暫定的な首長として配置され，まさに市民生活の隅々に至るまで，国

連が直接的に統治する体制が導入された．2001年のPISG設立以降は，徐々に統治権限がコソヴォ現地側へ移管されていったが，PISGの設立根拠はあくまでもUNMIK規則であり，少なくとも形式上は，コソヴォのあらゆる統治制度がUNMIKの権威の下に位置付けられていた．

　他方で，2008年の独立宣言以降のUNMIKについては，「地位中立性」というもうひとつの特徴が注目される．安保理決議1244は，コソヴォの地位について明確な規定が無く，あくまでも最終地位決定までの暫定統治がその任務となっている．独立宣言以降，コソヴォ政府はUNMIKの存在を無視するかの様に振る舞い，またUNMIK側も規模を大幅に縮小させたため実質的にはUNMIKによる統治は終了しているが，安保理決議1244が有効である以上，法的には，2016年現在においてもUNMIKの権威の下での暫定統治状態が継続していることになる．これはいわば虚構であるが，その虚構ゆえに，コソヴォ独立を認めないセルビア人住民及びセルビアにとって，重要となっている．2008年以降，セルビア人住民は，コソヴォ政府との間で問題が生じる度にUNMIKの関与を求める傾向が顕著となってきている．

　1999年の設立直後，UNMIKはコソヴォのセルビアからの解放を促進する存在としてアルバニア人からの歓迎を受け，一方でセルビアからコソヴォを奪ったとしてセルビア人からは敵視されていた．しかし，コソヴォ独立を転機としてその見方は180度転換し，いまやアルバニア人はコソヴォの国家性獲得を阻害する要因としてUNMIKを排除しようとする一方，セルビア人は，UNMIKの存在をコソヴォの国家性を否定するための心の拠り所としている．

(2) KFOR（コソヴォ国際安全保障部隊）

　KFORの最大の存在意義は，他の全ての国際プレゼンスの展開を可能とするための安全な環境の創出と維持である．ただし，アルバニア人とセルビア人では，KFORに求める役割は異なっていた．アルバニア人にとってのKFORの存在意義は，セルビアのコソヴォへの再侵攻を阻止すること，すなわち対外的な安全保障の確保であった．一方，コソヴォ内の少数派となったセルビア人にとってのKFORは，何よりもコソヴォにおける自分達の生存を維持するために必要な保護者とみなされた．

　実際には，KFORはこうした2つの異なる側面を併せ持っていたが，そのどちらが前面に出るかは時期により変化した．1999年の紛争終結直後は，セル

ビアの再進攻阻止のための存在という意味合いが強く，またセルビアの統治をコソヴォから排除した立役者である NATO 主体の KFOR を，アルバニア人住民は歓迎した．一方で，NATO 空爆を不当であると考えるセルビア人にとっては，KFOR は占領軍にほかならなかった．VJ およびセルビア治安部隊の撤退により治安の空白が生じたコソヴォでは，少数派となったセルビア人は自らの安全確保について当初から KFOR に頼らざるを得なかったが，KFOR に向ける感情は複雑であった．しかし，国際統治が定着し，またコソヴォへのセルビアの再侵攻の可能性が著しく低下していくにつれ，対外的な安全保障確保という KFOR の役割は薄れ，次第にセルビア人の安全確保のための役割が前面に出るようになった．2004年3月の暴動の際にセルビア人に対する暴力行為を必ずしも効果的に阻止できなかったため，KFOR に対するセルビア人からの信頼は低下したが，それでも，他に頼るべき実力組織が存在しないコソヴォでは，セルビア人住民は自身の安全確保について KFOR に依存せざるを得なかった．

　他の国際プレゼンスと比較した場合，KFOR の大きな特徴のひとつは，米国の存在感の大きさである．1999年の空爆自体，当時のクリントン米国政権の主導によるものであり，NATO の盟主である米国は，「連合の力」作戦においても圧倒的な存在感を示した[14]．アルバニア人住民にとって，米国は，コソヴォのセルビアからの解放の立役者という意味で UÇK と並ぶ存在であり，その米国と限りなくイコールに近い存在であった KFOR に対する信頼は，他の国際プレゼンスに比較してもより大きかった．

　米国の存在感の大きさはまた，UÇK 及びその流れを汲む勢力との関係において，KFOR に特別の存在意義を与えた．旧 UÇK 勢力の中でも，特に米国との関係を重視していたのは，チェクやハラディナイら軍事部門出身者達であった．その背景には，UÇK から KPC への転換を図る段階において，唯一米国のみが KPC の将来の軍事組織化を容認してくれた，とする彼らの認識がある．米国当局者が KPC の軍事化を容認する発言を公にしたことはないが，UÇK の非軍事化に関する交渉を行ったジャクソン KFOR 司令官は，KPC が米国の州兵制度にならったものであると述べており，また米国は KPC 設立後の2年間において予算の1/3を拠出していた［King and Mason 2006: 58］．また，改編後の KPC の訓練を NATO が担当していたこともあり，KPC と NATO の間には次第に強い信頼関係が築かれていった．

(3) 国際文民代表

独立宣言以降のコソヴォにおいて特異な役割を果たしたのが，アハティサーリ案に基づくコソヴォの独立を監督するために設置された国際文民代表及びその下部機関にあたる国際文民事務所（ICO）である．国際文民代表が他の国際プレゼンスと決定的に異なる点は，コソヴォの独立を前提としており，また暫定統治ではなく，コソヴォの国家建設そのものを主たる任務としている点である．それゆえ，セルビアを含むコソヴォ独立反対派諸国は国際文民代表の存在を受け入れず，他方で，コソヴォ側は，国連文民代表こそが独立宣言後のコソヴォにおいて最も重要な国際プレゼンスであるとした．

前述のとおり，UNMIK 及び KFOR が少なくとも建前上は「地位中立性」を維持していたのに対し，国際文民代表はコソヴォの独立を公に促進する立場であった．それは，地位問題に触れるために他の国際プレゼンスが扱えない機微な問題に対し，国際文民代表は躊躇なく介入できることを意味した．例えば，税関印の設定や隣国との国境画定に関して，EULEX や KFOR は慎重に関与を避けていたが，国際文民代表はこれらの問題に積極的に取り組み，主権国家としてのコソヴォが独自の税関制度を確立し，あるいはマケドニアとの間の国境画定協議を妥結するよう促した．しかし，セルビア人住民及びセルビアにとって，独立国としてのコソヴォの主権獲得を推進しようとする国際文民代表は，他の国際プレゼンスとは全く異なる存在として認識された．セルビア側は，国際文民代表とは全く意思疎通を行わず，あたかも存在しないものとして扱った．状況を更に複雑にしたのは，2008年から2012年まで国際文民代表を務めたフェイトが，当初はコソヴォにおける EU の代表者である EU 特別代表（EUSR）を兼任していたことだった．前述のとおり，EU はコソヴォの地位に関して中立の立場を維持している．そのため，国際文民代表としてのフェイトの振る舞いは，EUSR としての地位中立性を損なうこととなり，特にセルビア人との関係において，結果的に EU 全体に対する信頼を損なう効果をもたらしてしまった．国際文民代表と EUSR の兼任はアハティサーリ案において当初から予定されていたが，その狙いは，国際文民代表の直接的な介入権限を，EU 拡大効果を通じた EU の間接的な影響力によって徐々に代替していくことであった．しかし，新安保理決議の採択失敗及びコソヴォ未承認の EU 加盟国の存在というアハティサーリの想定外の事態が生じた結果，この兼任体制はかえって混乱を招くものとなった．EU は，2011年にフェイトとは別の人物を

EUSR に任命し，この兼任体制を解消した．

　ISG は2012年9月に国際文民代表の任務終了を決定した．国際文民代表は，2008年以降のコソヴォの国家建設において決定的な役割を果たしたと言えるが，それは同時に，地位中立性の放棄とセルビア人との関係断絶を意味し，アルバニア人とセルビア人の和解という観点からは，否定的な影響を強く及ぼしたのである．

(4)　EULEX（EU コソヴォ法の支配ミッション）

　最大時には2000名を超える要員を有し，EU 史上最大規模の文民平和維持活動となった EULEX であるが，その展開に際し特に問題となったのは，コソヴォ独立に対する EULEX の立場である．前述のとおり，コソヴォ独立を承認しない EU 加盟国の存在により，EU はコソヴォ独立について明確な立場を示せずにいた．セルビアとコソヴォのセルビア人住民は，EULEX が「地位中立的」であることが明確に示されない限りは EULEX の展開を受け入れないという姿勢であった．一方，コソヴォ政府は，EULEX はあくまでも独立国としてのコソヴォの国家建設を推進するための存在であると強調した．EU 内部でも，この問題についての見解は一致しなかった．この間，UNMIK は，独立宣言以前からの計画に則り警察・司法部門の縮小に入っており，EULEX の早期展開が待たれた．最終的に，この問題は極めて曖昧な形での決着が図られた．2008年11月，国連事務総長は安保理に提出した報告書の中で「EULEX は，国連安保理決議1244を完全に尊重し，また地位中立的な国連の枠組みと権威の下で活動する」ことを提案した．[15] 同月，安保理はこの事務総長報告を歓迎する旨の簡潔な議長声明を発出した．セルビア側は，これら一連の文書を根拠に，EULEX が地位中立であることを主張し，またこれによって EULEX 展開を受け入れると表明した．一方，コソヴォ側は，安保理はコソヴォの地位に関して EULEX に対し何の指針も示しておらず，また EULEX 展開はあくまでもアハティサーリ案履行の一環であることから，EULEX は当然にコソヴォの独立を前提としていると主張した．

　EULEX 展開を巡る一連のプロセスは，2008年以降のコソヴォにおける国際プレゼンスが直面する最大の困難，即ち地位問題への関与のあり方という問題を端的に示している．敢えて明確な立場を示さないことで何とかアルバニア人とセルビア人の双方にその存在を受け入れさせた EULEX であったが，活動開

始後に、その曖昧な決着の弊害が現れた。例えば、税関機能の強化はEULEXの主要任務のひとつであった。しかし、関税徴収という、通常は主権国家の権能に属する分野に関与したため、実際の徴収事務を誰が行うか、使用する税関印の印影、果ては事務手続きに使用する書類の第一使用言語を何にするかといった点に至るまで、ことあるごとに両勢力からの強い批判に晒された。その一方で、警察組織の強化や警察官の育成など、コソヴォの地位問題に直接触れずに済む分野においては、EULEXは比較的高い成果を挙げたと考えられている。

地位問題との関わり方に苦心し活動の停滞を招いたEULEXの姿は、地位問題への立場を明確にしたことで迅速かつ効果的な活動を実現した国際文民代表とは、ある意味で対照的である。ただし、前述のとおり、国際文民代表のその様なメリットは、セルビア人との関係断絶という代償のうえで実現されたものだったことを忘れてはならない。

おわりに

コソヴォでは、国際社会の関与の下での国家建設の取り組みが2016年現在も継続している。既に国際文民代表は撤退し「監督下の独立」は終了したが、EULEXは依然として法執行権限を保持しつつ、戦争犯罪や汚職事案の摘発を行い、今後はUÇK戦争犯罪特別法廷において元UÇKの大物が裁かれると見られている。またKFORは、コソヴォにおける最大の実力組織として未だ大きな存在感を放っている。

しかし、国際社会はコソヴォにおけるプレゼンスを永遠に維持することは出来ない。ユーゴ紛争が国際社会の重要な関心事項だった時代は既に過ぎ去り、国連をはじめとした国際機関は、限りあるリソースを中東やアフリカに向けている。本来、2008年のコソヴォ独立は国際社会にとってのコソヴォからの出口戦略と考えられていた。2004年3月の暴動後、国際社会が「地位の前の水準」アプローチを放棄し、コソヴォ独立という結論が予め見える中で、それでも地位決定プロセスに踏み切ったのは、「もうこれ以上は関われない」という国際社会（の一部の国々）側の都合が大きな要因を占めていたように思われる。しかし、そのような介入する側の都合に従って定められた出口戦略は、コソヴォ問題の一方の当事者であるセルビア側の受け入れられるものとはならず、それば

かりか，国際社会の半数近くを占める国々からも否定されてしまった．結果的に，介入する側の負担はなおも継続しており，国際社会はコソヴォからの「出口」を未だ見つけられずにいる．

　国際社会，特に1999年の武力介入を主導した欧米諸国は，今後も当面の間，コソヴォへの関与を継続することになるだろう．それはすなわち，トランプ政権下での米国外交政策，英国のEU離脱や加盟国内でのEU懐疑主義に直面するEUの今後のあり方，ウクライナ問題や中東情勢に関して欧米との対立を深めるロシアの動きなど，国際社会における主要なアクターの動向によって，今後もコソヴォ情勢が大きく左右されていかざるを得ないということを意味している．

付記
本章の内容は全て筆者自身の観点に基づく私見であり，何ら大使館の意見を代表するものではない．

注
1）1999年3月，ミロシェヴィッチはコソヴォ中部のプレカズ村において，大規模な治安部隊を投入し，UÇK指導者の一人と見られていたヤシャリとその親族50名以上を殺害した．殺害された者の中には，女性，子供も含まれていたとされている．この事件によって，ヤシャリはアルバニア人のセルビアに対する武力闘争の象徴的存在となっていった．
2）デュカジニ地域はアルバニアとの国境沿いに位置し，UÇKにとってはアルバニアからの兵站ルートとして非常に重要な地域でもあった．
3）参謀本部が設置された正確な場所は明らかにはなっていないが，参謀本部名の「指令書」の発信元はプリシュティナとされていた（Koha Ditore, July 12, 1998）．
4）この決定は参謀本部の了解なしに行われており，これもまたUÇK内部での分断と指揮・命令系統の混乱を示すエピソードと考えられる．
5）例えば，1998年3月に採択された安保理決議1160号には，「UCKによるテロ行為を非難する」という文言が含まれている．
6）設立当初はコソヴォ民主進歩党（PPDK）と名付けられていたが，その後すぐにPDKへと改名した．
7）北部コソブスカ・ミトロビツァ，ズベチャン，レポサビチ及びズビン・ポトク．
8）この報道自体の真偽は未だ明確ではない．
9）米国，英国，フランス，ドイツ，イタリア，ロシアの6カ国で構成されるグループ．1990年代のユーゴ紛争に際しては，このコンタクト・グループがしばしば仲介役を果たしてきた．

10) この原則においては，①1999年以前の状況への回帰，②コソヴォの分割，③コソヴォと他国との領土統合，の3つは地位問題の解決法として認められず，またいかなる一方的あるいは武力行使による解決策も受け容れられないとされている．
11) 2016年末時点でコソヴォ独立を承認していないEU加盟国は，スペイン，ギリシャ，ルーマニア，キプロス，スロバキア．
12) 本章においては，1999年以降，何らかの執行権限を有したうえでコソヴォの統治に関与した外部アクターを便宜的に「国際プレゼンス」と呼称している．ただし，これら以外にも，OSCEやUNHCRなどの国際機関がコソヴォにおいて継続的に活動している．
13) UN.Doc., UNMIK/REG/1999/1, 1. 1.
14) アルバニア人住民にとっての米国の影響力の大きさは，紛争終結後，プリシュティナの大通りのひとつが「ビル・クリントン通り」に名称変更されたことにも表れている．
15) U.N.Doc. S/2008/692, para.50.

第 II 部 国際関係と経済

第7章

国際関係と政治
―― 西バルカン諸国と EU・NATO ――

東野 篤子

はじめに

　本章は，ユーゴスラヴィア社会主義連邦共和国（SFRJ）の後継諸国にアルバニアを加えた，いわゆる「西バルカン諸国」をめぐるヨーロッパの国際政治について検討する．具体的には，これら諸国と欧州連合（EU）および北大西洋条約機構（NATO）との関係の歴史を概観したうえで，加盟プロセスの経緯と，現在進行中の交渉ないし交渉開始準備に関する分析を行う．そのうえで，西バルカン諸国を取り巻く国際情勢とその諸問題について考察する．

1　西バルカン諸国のユーロ・アトランティック構造への接近[1]

(1) EU と西バルカン諸国との関係
　　　―― 「安定化・連合プロセス」から加盟プロセスへ ――

　EU と西バルカン諸国との関係強化は，SFRJ 時代にさかのぼる．欧州共同体（EC）の設立とそれにともなう域内市場の発展は[2]，ユーゴスラヴィアの対外貿易にも大きな影響を与えることとなり，1970年には両者の間で，最恵国待遇の相互供与等を中心とした最初の貿易協定が締結された（1973年に第二次協定）．当時の EEC にとっては，これが共産圏ヨーロッパとのあいだで締結された最初の貿易協定となった［Obadic 2014］．その後，EC と SFRJ との間では，ポーランドやハンガリーなどの他の中東欧諸国に先駆け，より広範な通商・協力協定が1980年に締結（1983年に発効）している．

　このように好調に推移し，「仮にユーゴスラヴィアが分裂しなければ，そし

て戦火に見舞われなければ，旧共産諸国の中でユーゴスラヴィアが一番早く，冷戦終結後のEC/EUとの新たな関係を築いていたであろう」とみなされていたEC/ユーゴ関係はしかし，[3] 分離独立や相次ぐ紛争の影響で大きく立ち遅れることとなった．たしかに，ユーゴスラヴィア解体とその後の混乱の中で，ECがなんらの有効な手段も講じることができなかったことは，ECからEUに改編する際に共通外交・安全保障政策（CFSP）が，さらにのちには共通安全保障・防衛政策（CSDP）が構築される際の極めて重要な動機となったし，SFRJ後継諸国はそれ以降常に，EUのCFSP/CSDPの最優先の対象地域であり続けてきた．[4] しかしその一方で，冷戦終結後のヨーロッパの秩序再編成に直結したEUの拡大プロセスにおいて，SFRJ後継諸国は他の中東欧諸国から大きく水をあけられることになる．ハンガリーやポーランド等の中東欧諸国からの正式な加盟申請が続いていた1993年からの数年間は，ボスニア・ヘルツェゴヴィナ（以下「ボスニア」と略記）における紛争が熾烈を極めていた時期でもあり，SFRJ後継諸国のEU加盟というアジェンダそのものが浮上する状況になかったことにも留意する必要がある．さらにはSFRJ後継諸国間でも，解体や内戦からいち早く立ち直ったスロヴェニアやクロアチアと，長きにわたって戦火に見舞われ続けたボスニアやセルビア等との間には，EUとの関係構築において大きな格差が生まれることになった．このような事情から，1998年にEUとの加盟交渉を開始したスロヴェニアを除いては，SFRJ後継諸国は1990年代終盤までの時期において，EU拡大プロセスからは除外されていたのである．

　この状況が大きく変化したのは，1998年に急激に悪化したコソヴォ紛争であった．同紛争の凄惨さは改めてEU加盟諸国を震撼させたと同時に，SFRJ後継諸国で一向に途絶えることのない紛争を封じ込めるためには，外交交渉や経済支援等，これまでの手段とは異なる新たな策が必要とされるとの認識が，EU内部で支配的になっていくのである．その背景として，当時開始されていた中東欧諸国のEU加盟プロセスにより，これら諸国の政治的・経済的安定が急速に達成されたため，この経験をSFRJ後継諸国にも生かすべきであるとの認識がEU内部に存在していたことも重要である．こうして，それまでは完全にEUの拡大プロセスの対象外であったSFRJ後継諸国が，にわかにEU拡大の対象として浮上してきたのである．SFRJ後継諸国にアルバニアを加えた地域を「西バルカン」と称し，将来的にヨーロッパ統合へ組み込まれるべき地域

としてEUが扱うようになったのも，これ以降のことであった[5]。

1999年6月には，安定化・連合プロセス（SAP）が理事会で採択され，EUの対西バルカン諸国向けの政策の目標として，「これら諸国の政治的安定化を図り，迅速な市場経済への移行を奨励する」，「地域協力の推進」，「将来的なEUへの加盟」の3つの柱が掲げられるようになった[6]。直前の中東欧諸国のEU加盟プロセス，および未だ完結していないトルコとの同プロセスと比較しても，EU側から進んで将来的な加盟の実現可能性について言及したことは極めて異例であり[7]，当時のEUがいかに，拡大プロセスを西バルカン地域の安定化のための手段として重要視していたかがうかがえる．SAPは，西バルカン諸国がEUの加盟基準（1993年6月のコペンハーゲン欧州理事会で合意された「コペンハーゲン基準」[8]）に達した場合には，EUに加盟することが出来ることを確認した．さらにこの枠組みにおいて，EUと各西バルカン諸国が個別に締結する「安定化・連合協定」（SAA）を軸に，EUとの自由貿易を含む広範な協力関係と，EU加盟準備のための基礎を築いていくことになった．

その後数年のプロセスは，西バルカン諸国がEU加盟プロセスを開始するための基礎的な条件を整えていくことになる．2000年のフェイラ欧州理事会では，当該諸国がEUの「潜在的加盟候補諸国（potential candidates）」であり，政治・経済改革が十分に進展すれば正式な加盟候補国としての地位を獲得することが決められた．また，2003年6月のテッサロニキ欧州理事会およびEU・西バルカンサミットで採択された「テッサロニキ宣言」および「西バルカンのためのテッサロニキ・アジェンダ——ヨーロッパ統合に向かって」では，「バルカン諸国の将来はEUのなかにある（future of the Balkans is within the European Union）」と謳っている［European Union 2003］．また欧州委員会は2005年以降毎秋，拡大の全般的な方向性を示す「拡大戦略（Enlargement Strategy）」と，国別の加盟準備進捗状況および加盟交渉進展状況をレビューした「進捗報告（Progress Report）」（2015年以降は単に「報告（Report）」と名称変更）を作成・発表している．これは，ポーランドやハンガリーなどの中東欧諸国を対象とした2004年および2007年時の拡大とほぼ同じ形式をとるものである．

西バルカン諸国を対象とした拡大プロセスは，後述するNATO拡大プロセスと比較しても，極めて複雑なものとなっている．このプロセスのうち，なかでも重要とみなされる段階としては，EU側が行う「加盟候補国認定」と，加盟を希望する国が行う「正式な加盟申請（加盟交渉開始の申請）」，そして双方の

間で開始する「正式な加盟交渉の開始」という3つが挙げられよう．以下ではこれらの諸段階について，若干の整理を行うこととしたい．

すべての西バルカン諸国は「潜在的加盟候補国」としてSAPを開始し，その枠組みの中でEU加盟に向けた準備を進めることになる．欧州委員会は各国における改革の進展状況や，SAA締結に向けた準備の進展状況をモニタリングし，とくに政治分野で一定の進展があったとの評価が得られれば，前述の「進捗報告」において，当該国を「潜在的加盟候補国」から「加盟候補国」にアップグレードするよう勧告する．理事会がその判断を承認すれば，当該国は加盟候補国としての地位を獲得することになる．

EUから加盟候補国認定を受けた国の次なる目標は，EUに対して改めて正式な「加盟申請」を行い，その後EUの全加盟国が全会一致で，当該国との間で「加盟交渉を開始」することで合意する段階まで持っていくことである．この「加盟申請」と「加盟交渉開始決定」との間には，数年の間隔が空くことが多い（表7-1を参照）．EUとしては，西バルカン諸国がSAAの締結・発効・履行を着実に行ったうえで，EUへの正式な加盟申請を申請することが望ましいとみなしてきたが，実際にはSAAの発効を経てEUに加盟申請を行った国[9)]

表7-1　加盟交渉の政策領域（章）

1．モノの自由移動	19．社会政策と雇用
2．労働者の自由移動	20．企業・産業政策
3．起業とサービス提供の自由	21．欧州横断ネットワーク
4．資本の自由移動	22．地域政策・構造的諸措置の調整
5．公共調達	23．司法と基本的権利
6．会社法	24．司法・自由・安全
7．知的所有権法	25．科学・研究
8．競争政策	26．教育・文化
9．金融	27．環境
10．情報社会とメディア	28．消費者・健康保護
11．農業と農村振興	29．関税同盟
12．食料安全	30．対外関係
13．漁業	31．外交・安全保障・防衛政策
14．運輸政策	32．財政の統制
15．エネルギー	33．財政・予算上の取り決め
16．税制	34．制度
17．経済・通貨政策	35．その他
18．統計	

（出所）欧州委員会ホームページより作成．

表7-2 西バルカン諸国およびスロヴェニアとトルコのEU加盟プロセスの現状[1]

国	SAA署名	加盟申請	(委)加盟候補国の地位を勧告	(理)加盟候補国認定	(委)加盟交渉開始勧告	(理)交渉開始決定	(委)交渉枠組み採択	SAA発効	スクリーニング開始	交渉最初の章オープン
クロアチア	2001.10.29	2003. 2.21	――――	2004. 6. 1	2004. 4.20	2004.12. 1	2005. 3.16	2005. 2. 1	2005.10.20	2006. 6.12
アルバニア	2006. 6.12	2009. 4.24	2012.10.10	2014. 6.27	2016.11. 9			2009. 4. 1		
マケドニア	2001. 4. 9	2004. 3.22	2005.11. 9	2005.12.16	2009.10. 1			2004. 4. 1		
モンテネグロ	2007.10.15	2008.12.15	2010.11. 9	2010.12.17	2011.10.12	2012. 6.26	2012. 6.26	2010. 5.10	2012. 3.26	2012. 6.29[2]
セルビア	2008. 4.29	2009.12.22	2011.10.14	2012. 3. 1	2013. 4.22	2013. 6.28	2013.12.17	2013. 9. 1	2013. 9.25	2015.12.14[3]
ボスニア・ヘルツェゴヴィナ	2008. 6.16	2016. 2.15						2015. 6. 1		
コソヴォ	2015.10.27							2016. 4. 1		
スロヴェニア	1996. 6.10				1997. 7.15	1997.12.13[4]		――――	1998. 3.31	1998. 3.31
トルコ	――――	1987. 4.14	1999.10.13	1999.12.11	2004.10. 6	2005.10. 3	2005.10. 3	――――	2005.10.20	2006. 6. 1

国	交渉最終章クローズ	(委)加盟勧告	(理)加盟決定	加盟条約署名	国民投票	加盟実現
クロアチア	2011. 6.30	2011.10.12	2011.12. 6	2011.12. 9	2012. 1.22	2013. 7. 1
スロヴェニア	2002.12.13	2002.10. 9	2002.12.13	2003. 4.17	2003. 3.23	2004. 5. 1

(注)[1] スロヴェニアはSFRJではあるがSAP対象ではなく、ハンガリーやポーランドなどの中東欧諸国と同様の枠組みで拡大プロセスに加わっていたので、西バルカン諸国とは区別する必要はあるが、本書第1章にスロヴェニアを扱っていることから本表に加えた。またトルコも、SAP諸国とは完全に別枠で加盟プロセスを進めているが、多くの西バルカン諸国と並行して加盟プロセスを進めているという理由で本表に掲載している。なお本表では、スロヴェニア、クロアチア、トルコの拡大プロセスには当てはまらない事項については破線 (――――) を記してある。
[2] 欧州委員会とマケドニア政府との間で、ハイレベル加盟対話 (High level Accession dialogue) を開始 (2012年3月29日)。
[3] 欧州委員会とボスニア・ヘルツェゴヴィナ政府との間で、ハイレベル加盟対話を開始 (2012年6月27日)。
[4] 欧州理事会決定。

(出所) 欧州委員会DG NearのサイトDirectorate-General for Neighbourhood and Enlargement Negotiations) をもとに筆者が作成。

はアルバニアのみであり，他の国に関してはSAAの締結も終わらないうちに加盟申請を行うようなケースも散見された．そうした場合には，西バルカン諸国からの加盟申請と実際の加盟交渉開始との間には，多くの時間がかかる傾向にある．さらにはマケドニアのように，2008年に加盟候補国認定を受けていながら，後述するような様々な問題のために，現在に至っても加盟交渉を開始することが出来ない国もある．

正式な加盟交渉を開始する前に，まずは欧州委員会と加盟候補国とが，35の政策分野（EUの用語で「章（chapter）」．表7-2参照）それぞれについての加盟準備状況に関するレポートを作成する．この，いわゆる「スクリーニング作業」がすべての章について完了したのち，欧州委員会は当該加盟候補国がただちに正式な加盟交渉を開始することができるのか，それとも正式加盟交渉前に，なんらかの条件（「オープニング・ベンチマーク」）をクリアすることを求めるのかについての意見を発表する．この「オープニング・ベンチマーク」という制度は，まさに西バルカン諸国の加盟プロセスに際してEUが考案した新しい制度であるため，西バルカン諸国でこの「オープニング・ベンチマーク」を指定されずに直接加盟交渉を開始した国は皆無である．

現時点でSAPを完了し，加盟を達成したのはクロアチアのみであり（2013年に加盟），それ以外の西バルカン諸国は引き続きSAPの枠組みで拡大プロセスを進めている．そこでの政策は，EUとの協力関係の強化や拡大プロセスの推進を「アメ」として，コンディショナリティの使用によって対象諸国の統治や対象諸国間の関係を変革しようとする，「変革パワー（Transformative power）」を発揮することを軸としたものである［Keil 2013］．

(2) NATOと西バルカン諸国との関係
―――「平和のためのパートナーシップ」から加盟プロセスへ―――

ECと同様，冷戦時のNATOとSFRJとの関係も全般的には良好なものであった．SFRJは1980年代後半までは共産圏の中でももっとも「リベラル」な先進国であるとNATOからみなされており，仮に解体・戦争の道を歩まなければ，NATO拡大の筆頭候補国になっていたはずだったという指摘がある［Cascone 2010: 175］．

冷戦終焉後の西バルカン諸国とNATOとの関係構築は，「平和のためのパートナーシップ（PfP）協定」に端を発する．これは，NATOと非加盟国とのあ

いだでバイラテラルな協働関係を構築することを目的として1994年に設立されたものである．参加国はPfPの活動を通じ，NATOの枠組みでの活動に習熟し，将来的にNATOとの共同行動を行うことを目指した．

このPfPは，将来的なNATO加盟とは直接的にリンクしないものであるというのが当時のNATOの公式の立場ではあったが，ハンガリーやポーランド等の中東欧諸国はPfPをNATO加盟準備の一環として受けとめていた．しかし，1992-95年のボスニア戦争や1998-99年のコソヴォ紛争でNATOの爆撃の対象となったSFRJ後継諸国にとっては，創設当時のPfPへの参加は自明の選択肢というわけではなかった．このため，これら諸国のPfP参加時期は大きく異なっており，1990年代に1994年にアルバニア，95年にマケドニアが参加したにとどまった．その後，西バルカン諸国のNATO加盟が少しずつアジェンダとして上がり始めたのに伴い，2000年にクロアチアがまずPfPに参加した．その後，06年にはボスニア，セルビア，モンテネグロが参加することになった．同時に西バルカン諸国は，主に東欧諸国や旧ソ連諸国を対象としたユーロアトランティック・パートナーシップ理事会（EAPC）にも参加している．

これに対し，西バルカン諸国の多くが対象となっている現行のNATOの拡大政策（通称オープン・ドア・ポリシー）は，冷戦後二度目のラウンドに当たる拡大プロセスを開始する際にその原型が作られたものである．すなわち，ポーランド，ハンガリー，チェコ共和国を対象とした冷戦後最初の拡大（1999年実現）は北大西洋条約第10条および1995年9月の「NATO拡大研究」に依拠していたものの［NATO 1995］，必ずしも明確な加盟条件が存在していたとはいえないままプロセスが進められた側面があった．NATOはこれに対する反省から，ポーランドなどの拡大が完了した後の1999年4月，ワシントン首脳会議において「加盟行動計画（Membership Action Plan: MAP）」を採択し［NATO 1999］，この枠組みでNATO加盟を希望する国に対し，加盟準備のための個別の助言や支援，実践的サポートを行うプログラムを提供することになった．MAPに参加することはNATO加盟を確約するものではない一方で，NATO加盟のための極めて重要なステップとしてとらえられることになった．このワシントンでの決定を受け，ブルガリア，エストニア，ラトヴィア，リトアニア，ルーマニア，スロヴァキアと並んで，西バルカン地域に属するアルバニア，スロヴェニア，マケドニアがまずMAPに参加し，そのうえで加盟申請を行った．

このうちスロヴェニアに関しては，2002年11月のプラハ首脳会議において，ブルガリアやバルト諸国等の中東欧諸国とともに新規加盟を認められることになり，2004年3月にNATOに加盟した．また同首脳会合では，このときに拡大の対象から漏れたアルバニアとマケドニアに対し，加盟に向けた努力を歓迎する旨を明言しつつ，クロアチアにも一層の加盟のための努力を求めた［NATO 2002；金子 2008：332-45］．[13]

その後クロアチアとアルバニアはそれぞれ，2008年4月のブカレスト首脳会議にNATOからの加盟交渉開始招聘を受け，翌2009年4月4日に正式加盟を果たしているストラスブール・ケール首脳会議に初めて正式に出席を果たしている．このことからもわかるとおり，いったんNATOが加盟交渉開始招請を行うと，その後の加盟実現までのプロセスは1年前後と，EU加盟と比較すると格段に短い．

2　EU・NATOと西バルカン諸国を取り巻く状況

(1)　拡大のプライオリティの低下

現時点で進行中のEU・NATO拡大の共通の特徴は，拡大というテーマそのものの優先順位の低下である．換言すれば，現在のEU・NATO拡大は，それが喫緊の課題ではないことを常に確認しつつ，緩やかなペースで進められているのであり，この状況は今後しばらく継続することになる．NATOにおいては2002年のプラハ欧州理事会以降，緩やかに拡大担当スタッフの人数削減などが進められてきた．[14] またEUについても，拡大の優先順位を緩やかに下げてゆくという姿勢が明確となってきた．すでに欧州委員会は2007年の時点で，「大規模な拡大は予見されうる将来には起こらない」［European Commission 2007: 16］としていたが，2014年11月に新欧州委員長に就任したユンカーは，就任前に明らかにした政治ガイドラインで「我々28か国が達成してきたことを足固めするためにも，EUは拡大から一呼吸置く必要がある．……（中略）……今後5年間で拡大は起こることはない」と，さらに踏み込んで短期的な新規加盟の実現可能性を否定した［European Commission 2014］．2015年の欧州委員会定期報告も「この欧州委員会の任期中（の2019年まで）に，加盟準備が整う国はないだろう」［European Commission 2015］として，この方針を堅持している．[15]

EU拡大政策の優先順位の低下は，EUをとりまく相次ぐ危機の発生と無関

係ではない．2008年のユーロ危機，2014年以降顕在化した難民危機，そして2016年6月に英国で実施されたEU離脱に関する国民投票と，それに伴う世界的な大混乱等の相次ぐ危機でEUは完全に疲弊し，内向きの傾向を増強しつつある．こうした状況の中で，EUが拡大に対する強いモチベーションを欠きつつあることは，なんら驚くに当たらない．

このこととおそらく表裏一体をなす点として，西バルカン諸国の側でも拡大を「直ちに」望んでいるわけではないということにも留意しておく必要がある．このことはEU自身も率直に認めており，「ビック・バン拡大の記憶が薄れるに従い，拡大の有するソフトパワーが減少しつつある」，「拡大政策に対する忠誠心は，EUと加盟候補諸国の双方で薄れつつある」として，拡大（およびその見通し）がEU周辺諸国に対して改革への強いモチベーションを与えていた時代はすでに終焉したことはもはや周知の事実となっている．しかし同時に，西バルカン諸国にとっては「拡大にとってかわる選択肢がない」うえ，拡大がこれら諸国にとって「改革を支援するうえでもっとも効果の期待できるチャネルであり続けている」ことも事実である［European External Action Service 2015: 11］．西バルカン諸国が，ユーロ・アトランティック構造への参加を放棄するという選択肢はありえないものの，その実現時期についてはさしてこだわりを見せていないという点は，加盟の実現をEUおよびNATOに対して強力に求め続けてきた中東欧諸国のケースとは大きく異なっている[16]．これは，前述のEUにおけるSAPやNATOにおけるMAP等において，西バルカン諸国のユーロ・アトランティック構造への参加が既定路線であることがEU・NATO側から繰り返し確認されてきたことによる効果も大きいと思われる．

(2) EUの対西バルカン認識の現状──より「安全」な地域？──

EUおよびNATOの対西バルカン諸国政策を考えるうえでもうひとつ重要なのは，EU・NATOの双方が，近年の西バルカン諸国の安定化を高く評価しているという点である．例えば2013年の欧州委員会『拡大戦略』はその冒頭で西バルカン諸国の歩んできた道のりを振り返っている．それによると，1993年に中・東欧諸国を念頭にコペンハーゲン基準が定められた同時期にはユーゴスラビアは戦争で引き裂かれていたにもかかわらず，その10年後の2003年にはテッサロニキ欧州理事会で西バルカン諸国の将来的なEU加盟の方向性が確認され，さらにその10年後の2013年には，クロアチアが西バルカン諸国からの最

初の加盟を果たしたとして，過去20年間におけるEU・西バルカン関係が突出した成果を出していることを強調している [European Commission 2015: 1-2]．また，EUのモゲリーニ上級代表は2015年2月に開催されたミュンヘン安全保障会議でのスピーチで，紛争が続くウクライナ等と対比する形で，西バルカンを以下のように評価している．

「私たちの地域における機会のひとつは西バルカンにある．ここは私たちの近隣で最も静かなところだ——変われば変わるものだ！ ここでは，ヨーロッパ（の一員となる）という見通しが，安全，安全保障，繁栄，そして地域統合をもたらしつつある[17]」．

また，2015年はボスニア戦争におけるスレブレニツァ大虐殺およびデイトン合意から20年目に当たるが，とりわけボスニアにおいて曲がりなりにも平和が達成されたことに対するEUの評価は概して高い．2004年以降ボスニアに展開されてきたEUの対外ミッションであるEUFOR/Althea が，2012年9月をもって600人体制に縮小されたのも，こうしたEUの認識を反映したものである[18]．

西バルカン全体に対するこうした楽観論は，EUの対外政策全般にも反映されている．EUの対外戦略の基本文書とされる，欧州安全保障戦略（ESS：2003年12月）[Council of the European Union 2003]，その改定を控えた2015年6月にEU上級代表の戦略的アセスメントを示した「変化する国際環境の中のEU」（2015年6月：以下本書では「2015報告」と略）[European External Action Service 2015]，そして2016年6月に発表された「EUグローバル戦略：以下本書では「グローバル戦略」と略）」[European Union 2016]の3文書にも，拡大の位置づけ・有効性の評価をめぐるEUの認識と，西バルカン諸国に対する位置づけをめぐる変化が見て取れる．例えば2015報告においては，EU対外政策にとっての「5つの挑戦」のうちのひとつとして，西バルカン諸国，トルコ，東方パートナーシップ諸国，ロシアなどの「ヨーロッパの隣人たち」に対する「コミットメントの倍増」が挙げられているが，そこでの西バルカン諸国関連の記述はわずか数行であり，その多くの部分はトルコ，ウクライナ，ロシア等の不安定な地域で占められている [European External Action Service 2015: 11]．「グローバル戦略」においても，移民，エネルギー安全保障，テロリズム，組織犯罪などのグローバル

な諸問題にEUと西バルカン諸国が協働して立ち向かいつつ，西バルカン諸国の「レジリエンス」を向上させるためには，拡大が最良の方策であるとする簡潔な見解を示すにとどまっている［European Union 2016: 9, 24］.

さらに付け加えるなら，2012年10月にEUがノーベル平和賞を受賞した際，その評価根拠のひとつに，EUとSFRJ後継諸国との関わりが挙げられていたことも，EUにおける対西バルカン政策の「成功」認識を増強することになった．当時ノーベル平和賞委員会は，翌2013年に控えていたクロアチアのEU加盟，モンテネグロとの加盟交渉の開始，セルビアに対する加盟候補国の地位の供与などのすべてが「バルカンにおける和解プロセスを強化するものである」と評価していたのである［The Norwegian Peace Committee 2012］．ただしこのことは，裏を返せば，仮に西バルカン諸国のEU加盟プロセスが著しく鈍化すれば，EUがその国際的な評価を損なうことにもつながりかねないということをも意味する．このためEUとしては，西バルカン諸国の最終的な加盟に対する強いインセンティブを有しているわけでもない半面，加盟プロセスを過度に鈍化させているとのそしりを受けることもないよう，バランスをとる必要に迫られているといえよう．

3　西バルカン諸国のEU・NATO加盟プロセスの現段階

(1)　西バルカン諸国のEU加盟プロセス

現在西バルカン諸国がすすめているSAPにおいては，セルビア，モンテネグロ，マケドニア，アルバニアが加盟候補国，ボスニアとコソヴォが潜在的加盟候補国となっている．加盟候補国のうち，実際に加盟交渉を開始しているのはセルビアとモンテネグロであり，アルバニアに関しては2016年11月に欧州委員会によって加盟交渉開始が勧告された．マケドニアに関しては，正式な加盟交渉開始勧告がまだ出されていない（詳細については後述）．

西バルカン諸国のEU加盟における共通かつ最大の問題点は，法の支配の確立，司法改革，そして汚職対策である．とりわけ司法改革に関しては，欧州委員会による毎年の「進捗報告」においても，すべての対象国について厳しい指摘がなされ続けてきた．このことから，すべての加盟候補国に対し，司法改革の進展は正式加盟交渉のための開始条件（上述の「オープニング・ベンチマーク」）として設定されており，改革の成否が厳しくモニターされている．さらに，西

バルカン諸国との加盟交渉実施に際しては，35ある政策領域（章）のうち，必ず「司法と基本的権利」（第23章）および「司法・自由・安全」（第24章）から交渉を開始することになっている．これは，当該分野における改革の進展を，EU側が十分な時間的猶予を持ってモニターすることを可能とするものである．

西バルカン諸国のEU加盟プロセスにおける近年の最大のハイライトはなんといっても，2014年1月にセルビアとの加盟交渉が開始されたことであろう．セルビアとEUとの関係は，同国の旧ユーゴ国際刑事裁判所（ICTY）への協力問題がネックとなり，他の西バルカン諸国と比較して大幅に遅れを取ってきた．他の西バルカン諸国が次々とSAA交渉・批准・発効を迎えていく中，セルビアとのSAAが長らく批准されなかったのも，オランダを中心としたEU加盟国がセルビアとの関係強化に強硬に反対していたことが背景として存在していたのである．しかし，2011年夏までにはICTYが起訴していた人物が全員逮捕されたことにより，セルビアのEU加盟問題にも大きく弾みがついた [東野 2012]．これにより，同国は2012年3月には正式な加盟候補国となり，2014年には加盟交渉が開始された[20]．

しかし，欧州委員会内部では正式交渉開始以降，すでにEUに加盟しているクロアチアがセルビアの加盟プロセスを妨害するのではないかとの懸念がかねてから存在していた．過去のEU拡大プロセスでは，クロアチアの加盟をスロヴェニアがほぼ1年にわたってブロックしたという経緯があり [東野 2012]，欧州委員会内部では，今度はそうした妨害がクロアチアによってなされるのではないかと懸念されていたのである[21]．それを裏付けるかのように，2016年4月にはクロアチアが，セルビア国内のクロアチア人の待遇改善などを理由として新たな章の交渉開始を拒否し，早くも暗雲が立ち込めている[22]．一方，2006年にセルビアと分離し，独自のEU加盟プロセスを歩んできたモンテネグロは，2012年6月に加盟交渉を開始して以来，特に大きな問題もなく順調に交渉を続けており，クロアチアの次にEU加盟を実現する可能性が高いとされている．

マケドニアについてはすでに2005年の段階で，同国を正式な加盟候補国とすることが理事会決定されている．しかし，同国の「マケドニア」という国名を巡るギリシャとの対立がいまだ解消されておらず，ギリシャが同国との加盟交渉開始に拒否権を発動していることから，同国との加盟プロセスも全く進展を見せていない．本件については，ギリシャを除く他の加盟国やEU諸機構は，マケドニアに対して同情的な立場をとっていた．しかし，近年マケドニアが道

路や広場に立て続けにアレクサンダー大王の名を冠した名称をつけたことは，ギリシャに対する無用の挑発であるとの認識を EU 側は有するようになった[23]．ついに EU は2016年4月，マケドニアとの加盟プロセスを停止する可能性に言及するに至り，EU・マケドニア関係はこれまでになく緊張している[24]．

　アルバニアも2014年に加盟候補国認定を受けているが，法の支配および汚職対策の領域において設定されたオープニング・ベンチマークが依然としてクリアされていないため，現在でも加盟交渉を開始するには至っていない．ただし，同国の改革は非常に緩やかながらも着実であるとの評価を受けており，2016年秋の欧州委員会定期報告では加盟交渉開始が勧告されるに至った．ただし，同年12月の欧州理事会では，同国の改革進展が不充分であるとする指摘を行った既加盟国が複数存在したことから，加盟交渉開始は見送られている．

　潜在的加盟候補国のボスニアと EU との関係は，大きな紆余曲折を経てきた．そもそも同国との SAA についても，交渉開始が2005年11月と，他の西バルカン諸国に比して遅い時期となったのだが，とりわけ SAA 開始前後の時期から2010年前後の時期にかけ，EU のボスニアに対するアプローチが大きく混乱し，EU のボスニアに対する改革要求の焦点も徐々に変容していったことが挙げられる．

　ボスニアに対する EU の改革要求の具体的内容は，2005年以降の数年間は，デイトン合意に基づいて同国のガバナンスを支援してきた上級代表事務所（OHR）の勧告に従い，同国での警察改革を進めることにあった．さらに，2009年から2010年までの時期に関しては，以下に述べる通り OHR 閉鎖問題が焦点となっていたが，この問題に対する EU の立場は大きく揺らぎ続けた．そして2010年以降の EU の要求は，ボスニア憲法が欧州人権裁判所のセイディッチ・フィンチ事件判決に違反している状態を是正することにほぼ絞られてきたといえる[25]．ここで留意すべきは，それぞれの時期でもっとも重視されていた問題は必ずしも解決されてきたわけではなく，むしろ EU 側の論点の推移によって，これまで問題視されていたことが後背に押しやられたり，逆にこれまで問題とはされてこなかったことが大きくクローズアップされてきたりしたということである[26]．

　とりわけ，OHR 閉鎖問題に関しては，EU 側のアプローチの混乱は明らかであった．当時 EU は，当初の計画に反して OHR が一向に閉鎖されないことを強く非難していた．そもそも OHR は，ボスニアが自らのガバナンス能力を

回復するまでの期間，あくまで暫定的に設置されるべきものであるということが国際社会の理解であった．しかし同国の国内統合は一向に進展せず，それに伴ってOHRの閉鎖のめどもまったく立っていなかったのである．2009年10月の欧州委員会拡大戦略は，OHRが閉鎖されない限り，ボスニアからの加盟申請（が仮になされたとしても，それ）を検討しない」とするアプローチを提案していた．しかし，この報告公表の数カ月後に開催された総務理事会結論では，OHR閉鎖の「決定」がなされるまで同国の加盟申請を検討しないという文面が採択され，若干トーンダウンされた．さらに，その翌年後の2010年12月の総務理事会では，ボスニアに対して「信頼に足る加盟申請（credible application）」という新たなアプローチをとることを決定した．そこでは，OHR閉鎖を加盟申請検討の条件とするという文言は姿を消し，セイディッチ・フィンチ判決の誠実な履行が同国のEUに対する要求の中心に据えられたのである．[27]

　こうしたEU側の姿勢の混乱もあり，ボスニアとEUとの関係構築は，他の西バルカン諸国と比較しても著しく立ち遅れてきた．こうした状況の中，2014年12月にEUが提示した「刷新アプローチ（renewed approach）」は，ひとつのブレークスルーとなった．これはEUが，同国との間の関係構築を進めるためのプライオリティや条件の見直しを進めるよう提言したもので，ボスニア政府は全面的にこれに賛同する姿勢を見せた．これにより，まずは2015年6月1日にようやくSAAが発効した．さらに，翌7月にはボスニア政府が「改革アジェンダ」を，さらに8月にはEU加盟のための「マスタープラン」が相次いで採択され，EU加盟のための国内調整メカニズムの実施，改革アジェンダに基づく改革の実施，セイディッチ・フィンチ判決の履行などを軸として改革を進めることが定められた．

　これまで停滞していたEUとの関係構築が一気に進展したことを受け，同国は2016年2月にEUに対して加盟申請を行った．EUの理事会は同年9月，欧州委員会に対して同国との加盟交渉開始の可否を判断する「意見」を作成するよう求めている．

　もう一カ国の潜在的加盟候補国であるコソヴォについては，EUはすでに同国を2007年3月にSAPのメカニズムに統合しており，同年12月の欧州理事会では，コソヴォの将来のEU加盟を視野に入れながらその政治・経済改革を支援していくと明言していた．コソヴォを依然として国家承認していないEU加盟国が5カ国存在している一方で（キプロス，スロヴァキア，スペイン，ギリシャ，

ルーマニア），EU としてはコソヴォの EU 加盟は既定路線として打ち出しており，さらにこれら5カ国もコソヴォの EU 加盟については現時点でなんら明示的な反対は行っていないという，何重にもねじれた状況が存在していることになる．

コソヴォの加盟を念頭に置いた EU のプロセスの実施は，2012年後半以降に本格的に始動している．欧州委員会が2012年10月に SAA フィージビリティスタディ（事前調査）を開始した約10日後には，当時のアシュトン上級代表が仲介する形で，コソヴォ・セルビア・ハイレベル対話が開始されている．同プロセスはそれ以降「EU の対西バルカン政策の焦点」とされ，EU 拡大そのもの以上に EU が注力して実施している［EEAS 2016］．一方 SAA に関しては，前述のフィージビリティスタディの約1年後の2013年10月には交渉が開始され，2015年10月には署名，2016年10月には発効していることから，他の多くの西バルカン諸国よりもむしろ短期間で SAA 発効にいたっているといえる．

(2) 西バルカン諸国の NATO 加盟プロセスの現段階

現時点で NATO に加盟していないマケドニアは MAP に参加している（1999年4月）．ボスニアは条件を満たし次第 MAP に参加することが，2010年12月に決定されている．モンテネグロに対しては正式な加盟交渉開始招請が2015年12月になされている（表7-3参照）．上述の通り，西バルカン諸国の NATO 加盟がそれ以前に実現したのが2009年だったため，その時点から約5年ぶりに NATO 拡大が現実的なアジェンダとして浮上することになった．

表7-3 西バルカン諸国とスロヴェニアの NATO との関係構築および加盟プロセス

国	PfP 参加	MAP 参加招請	MAP 参加	加盟交渉開始招請（正式決定）	加盟
Slo	1994. 3. 30	------------	1999. 4. 23-25*	2002. 11. 21-22	2004. 2. 24
Cro	2000. 5. 25	2002. 5. 14	2002. 5. 20	2008. 4. 2-4	2009. 4. 1
Alb	1994. 2. 23	------------	1999. 4. 23-25*	2008. 4. 2-4	2009. 4. 1
Ma	1994. 5. 10	------------	1999. 4. 23-25*		
Mo	2006. 12. 14	2009. 12. 4	2009. 12. 4	2015. 12. 2	2017. 6. 6
Ser	2006. 12. 14				
BH	2006. 12. 14	2010. 4. 22			
Ko					

（注）* NATO による MAP 参加発表日．

具体的には，2014年6月のNATO外相会合ののち，NATOはモンテネグロとの対話を強化し，遅くとも2015年末までに同国に対するNATO加盟交渉開始招請の可否を決定する旨が事務総長から発表された．さらに同年9月にウェールズで開催されたNATO首脳会議では，西バルカン諸国のユーロ・アトランティック統合と，セルビア・NATO間のパートナーシップの強化，セルビア・コソボ間の関係正常化プロセス等に対する支持を確認したうえで，上述の外相会合における決定を承認し，モンテネグロに対し加盟準備を継続するよう呼びかけた．

そしてNATOは当初の予定通り，2015年12月に，モンテネグロに対する加盟交渉開始招請を決定した．おりしもその直前の11月22日には，ロシアの戦闘機をトルコが撃墜し，ロシア・トルコ間の緊張関係がNATOにも波及することが懸念されていた時期の出来事であった．バルカン地域においては「NATOがロシアに勝った（outmuscled）」との報道が見られた一方[28]，事前に予想されたとおり，ロシアからの反発も呼び起こすものとなった[29]．

同時にNATOは同発表の翌日，自らの拡大をめぐるスタンスを記したオープン・ドア・ポリシーに関し，14項目からなる再確認文書を公表した［NATO 2015］．その内容としては，NATOが引き続き「オープン・ドア・ポリシー」を継続していることを確認（第1項および第2項）すると同時に，その大半が西バルカン諸国への拡大およびMAP参加状況についてのことであったことが注目された[30]．このような状況下で，モンテネグロの加盟プロセスは粛々と進められ，2017年6月には加盟を実現させた．

この一方で，西バルカン諸国の中で唯一NATOへの加盟希望を表明していないセルビアとの関係は，NATOにとっても微妙なかじ取りを要するものとなってきた．ボスニア戦争時およびコソヴォ紛争時に，複数回にわたりNATOの空爆を受けたセルビアにとって，NATO加盟は長らく問題外であり，同国内でもNATOに対する反感は非常に根強いと指摘されてきた．このことはNATO自身も当然のことながら自覚しており，NATOのホームページのNATO―セルビア関係のページでも，冒頭に「セルビアは他の西バルカン諸国とは異なり，NATOへの加盟を希望していない」と明記されている[31]．

しかし近年，セルビアとNATOとの関係は徐々に緊密化しており，NATO側は同国との関係改善を強調するようになりつつある．同国は2006年以降にPfPに参加し，2007年以降はPfPプランニング・レビュープロセス（PARP）に

も参加している．すなわち，MAP不参加を除けば，同国は他の西バルカン諸国とほぼ同様の関係をNATOとの間で構築するまでになった．また同国は，2014年9月のNATOウェールズ首脳会議の際にも，セルビアは他の24のパートナー諸国とともに，NATOとのインターオペラビリティ能力強化のための会合（「インターオペラビリティ会合」）にガシッチ防衛大臣を派遣するなど，この領域でのNATOとの協力を漸進的に強化するという現実的な路線を採っている．

こうしたことから，セルビアの対NATO認識も徐々に軟化しつつある．セルビアにおいてNATO加盟のための機運が本格的に盛り上がるためには「最低でもあと20年は必要」との見方もあるが，[32] 同国とユーロ・アトランティック構造との相互依存関係が進展するに従い，同国内でNATO加盟を議論するにあたっての必要な土壌も整ってくると予想されている．

4　西バルカン諸国をめぐるヨーロッパ国際関係
―― 「忘れられる」懸念，「巻き込まれる」懸念 ――

最後に，西バルカン諸国のユーロ・アトランティック構造への参加の成否に影響を与えうる，ヨーロッパ国際関係上の文脈について検討しておきたい．まず，ヨーロッパの国際関係における「ロシア要因」を挙げなければならないであろう．この「ロシア要因」は，冷戦後長らくNATO拡大の文脈で問題となってきた．すなわち，EUとかつての東側陣営諸国との関係構築の際には，対ロシア関係はさして争点にならないことが多かった．一方，冷戦後のNATO拡大は常にロシアからの強い反発を引き起こしてきたのであり，それは西バルカン諸国についても例外ではなかった．しかし，2014年以降顕在化したウクライナにおける一連の危機は，ロシア・NATO関係のみならず，ロシア・EU関係をも一気に緊張させることになった［東野 2015］．NATOに関しては，ロシアによる一方的なクリミア併合を受けて，ロシアとの対話を一時停止したし，EUは米国や日本とともに，ロシアに対する経済制裁を実施している．

そしてこのことは，多くの西バルカン諸国をも極めて微妙な立場に立たせることになった．というのも，セルビアやモンテネグロ等の一部のSFRJ後継諸国は伝統的にロシアとの友好的な関係を有しており，ウクライナ危機に際して

積極的にロシアに対する非難を表明する立場にはない．中東欧のポーランドやバルト諸国とは異なり，次なるロシアの標的が西バルカン地域となりうるかもしれないという危機意識も実際には低い．そうかといって，EU の対ロシア・アプローチに正面から対立するような姿勢は，将来的な EU 加盟という観点からするとリスクが高い．さらに，EU や NATO の関心が過度にウクライナやロシアに向かうことになれば，西バルカン諸国への関心は相対的に低くなることになりうる．すなわち西バルカン諸国はウクライナ危機に際し，「忘れられる」懸念と「巻き込まれる」懸念の両方を抱えることになったのである[33]．

　しかし同時に，このウクライナ危機が，西バルカン諸国にとって当初は予期していなかったような副産物をもたらしたことは注目すべきであろう．すなわち，ドイツのメルケル首相が2014年8月にベルリンにおいて開催した西バルカン会議である．これは，EU 主導の従来の西バルカン首脳会議とは別枠で，「純粋にドイツからのイニシャティブとして生まれてきたもの」であると評価されている［Albanian Ministry of Foreign Affairs 2014］[34]．こういった新たな枠組みが開始されたことは，ウクライナ危機が西バルカン諸国に対してもネガティブな影響を与えかねないとする危機認識が一部の EU 加盟国において高まったことを意味していた[35]．この西バルカン会議以降のイニシャティブは「ベルリン・プロセス」と名付けられ，2015年7月にはウィーンで，2016年7月にはパリという具合に年1回ペースで開催されている．同プロセスのテーマとして西バルカン諸国間の「相互連結性（interconnectivity）」等が掲げられ，西バルカン諸国同志の地域協力枠組みに新たな活力を注入することが目指された．ただし，2014年のベルリン会合時の期待とは裏腹に，2015年以降の同会議は EU 側のコミットメントも縮小傾向にあるというのが西バルカン諸国の政策担当者らの認識であり，今後の同枠組みの発展の見通しは不透明である[36]．

おわりに

　本章においてみてきたように，西バルカン諸国のユーロ・アトランティック構造への統合問題は，EU・NATO への加盟プロセスを軸としつつ，それをとりまくより大きな国際的文脈から総合的にみていく必要がある．また，本章では詳細に触れることはできなかったが，2014年以降は SFRJ 後継諸国の一部はヨーロッパ難民危機の前線と化した．シリアを中心とした難民の通り道として

「バルカン・ルート」という用語が登場し，SFRJ後継諸国に対する国際的な関心が（ネガティブな文脈で）高まる契機となった．

　また，2016年6月23日に，英国が国民投票でEU離脱を決定したことも，西バルカン諸国は大きな衝撃をもって受け止めた．もともと西バルカン諸国の多くは，かつてはEU・NATO拡大に好意的であった英国が，日増しに西バルカン出身者を含む移民労働者らを敵視するような空気を醸成していったことに当惑していたが，英国からの離脱が決定すれば，西バルカン諸国のEU加盟プロセスも当然のことながら鈍化するであろうとの懸念を強くしている［Wohfeld 2016］．このように，西バルカン諸国の統御の効かない側面から，これら諸国のユーロ・アトランティック構造への参加は大きな影響を受ける可能性もあり［Dempsey 2015］，今後の展開を注視していく必要がある．

（謝辞）
　本章執筆のための調査にあたり，同志社大学の月村太郎教授，在クロアチア日本国大使館の井出敬二大使，在日アルバニア共和国大使館のアルマンド・シャンドロ臨時代理大使，外務省中・東欧課の齋藤厚　南東欧班長の各氏（すべて肩書は当時）に貴重なご協力をいただいた．記して感謝申し上げる．

注
1）ユーロ・アトランティック構造とは，北米とヨーロッパを包摂する国際的な構造のことで，本章では特にEUおよびNATOの下での統合・協力体制を指す．
2）本章では読みやすさの観点から，正確には欧州経済共同体（EEC）と記述すべき部分についても，より一般的に知られている欧州共同体（EC）と記述することにする．また，マーストリヒト条約発効（1993年）以前についてはEC，以降についてはEUと記述する．
3）欧州委員会拡大総局関係者とのインタビュー，2015年1月7日，ブリュッセル．
4）西バルカン諸国に展開されたEUのCSDPミッションの主なものとしては，ボスニア・ヘルツェゴビナを対象としたアルテア作戦（EUFOR/Althea，2004以降展開），ボスニア・ヘルツェゴビナを対象とした警察ミッション（EUPM，2003-2012），コソヴォを対象とした法の支配ミッション（EULEX，2008以降展開），マケドニアを対象とした各種CDSPミッション（2003年のコンコルディア（Concordia），2003-4年の警察ミッション（EUPOL Proxima），2006年の警察諮問チーム（EUPAT））などがある．
5）本書ではEUにおける慣習に従い，スロベニアを除く旧ユーゴ諸国にアルバニアを加えた諸国を「西バルカン」と称する．
6）この3つの政策目標の整理については，欧州委員会の以下のサイトを参照．European Commission, European Neighbourhood Policy and Enlargement Negotiations -

Steps towards joining. Last updated 27 June 2013. http://ec.europa.eu/enlargement/policy/steps-towards-joining/index_en.htm（2016年11月1日閲覧）.

7) 中東欧諸国を対象とした「欧州協定」では、中・東欧諸国が「欧州協定」の前文に将来的なEC加盟についての確約を挿入するよう求めたのに対し、EC側は断固としてこれを認めず、同協定の前文にECへの将来的な加盟が中・東欧諸国側の「究極的な目標」であることが示されるにとどまった（一例として，European Communities [1994] を参照）. さらにトルコに関しては、加盟交渉を開始した段階ですら、将来的な加盟の実現は保証しない旨を確認した文書がEU・トルコ間で取り交わされていた［European Union 2005］. このため、西バルカン諸国自身から加盟希望が表明される以前に、EU側から自発的に加盟実現の約束が提示されたことは、冷戦後のEU拡大プロセスにおいては非常に例外的であったと言える．

8) コペンハーゲン基準とは、①民主主義 法の支配、人権、マイノリティの尊重・保護を保障する、安定的な諸制度（「政治基準」）、②機能する市場経済と、EUの競争的圧力と市場の力に対処しうる能力（「経済基準」）、③EUの目的への忠誠をはじめとした、加盟にかかわる義務を負う能力. EU法を適用・実施する公的行政能力を有していなくてはならない（「アキ・コミュノテールの受容」）の3つ．

9) 2012年4月24日、欧州委員会拡大担当委員のステファン・フィーレは、ボスニアのEU加盟申請について以下のように語っている．「私はボスニアがEU加盟申請を行うことについては非常に熱心だ. しかしその（加盟申請の）前に、SAAを発効させることを望んでいる.」このフィーレ発言については以下を参照［European Stability Initiative 2014］.

10) 複数の欧州委員会拡大総局担当者らは、この制度はブルガリアおよびルーマニアの拡大プロセスの反省を受けて構築されたものだと語っている．欧州委員会拡大総局長経験者とのインタビュー、2015年1月5日、ブリュッセル. 欧州委員会DG NEAR 西バルカン担当官とのインタビュー、2015年1月8日、ブリュッセル. さらにもう1名のDG NEAR関係者が同様の見解を示したが、同インタビュイーの要望により、インタビュー実施日・場所は本章に記載しない．

11) SFRJ後継国であるスロヴェニアについては、SAPではなく、中東欧諸国を対象とした拡大プロセスの中で加盟交渉を行い、2004年に加盟を果たしている. **表7−1も参照**.

12) ボスニア、セルビア、モンテネグロのPfP参加を決定した2006年のリガNATO首脳会議では、これら3カ国のPfP参加の条件として、ICTYへの完全なる協力を挙げている［NATO 2006: para 36］．

13) なお、西バルカン諸国のNATO加盟に関しては、米国のサポートがあったことも非常に重要なポイントである．米国は2003年にアドリア海憲章を結成し、アルバニア、クロアチア、マケドニアのNATO加盟を支援した. 2008年にはボスニアとモンテネグロが加盟したほか、NATO加盟希望を表明していないセルビアとコソヴォも、それぞれ2008年と2012年にオブザーバー参加している．アドリア海憲章については、［Cascone 2010: 180-81］を参照．

14) NATO政治委員会勤務経験者とのインタビュー、2015年1月7日、ブリュッセル．

15) また欧州委員会は、これまで拡大と欧州近隣諸国を担当してきた「拡大総局（DG

Enlargement)」を，2015年1月には「近隣諸国および拡大交渉総局（Directorate-General for Neighbourhood and Enlargement Negotiations: DG Near）」へと改編し，同総局の場所も，欧州委員会の中でも中心的な役割を担う総局が多く入っていたシューマン広場前のシャルルマーニュから，ビジネス街のアール・ロワの一角へと移っている．

16) NATO 政治委員会勤務経験者とのインタビュー，2015年1月7日，ブリュッセル．一方，ウクライナ危機を背景に，フィンランドとスウェーデンで NATO 加盟論が活発化している．仮にこの2カ国の NATO 加盟が現実化すれば，西バルカン諸国の加盟問題を周辺化させるインパクトを有する可能性がある．この議論については，例えば，"What price neutrality?" (*The Economist*, 21 June 2014) などを参照．

17) Speech by High Representative/Vice-President Federica Mogherini at the Munich Security Conference, Munich, 8 February 2015 (http://collections.internetmemory.org/haeu/content/20160313172652/http://eeas.europa.eu/statements-eeas/2015/150208_01_en.htm, 2016年11月1日閲覧)．

18) 当然のことながら，デイトン後20年を迎えたボスニアの現状については，より厳しい評価も存在している．とりわけボスニアの分裂状況がまったく改善されていないことに対する批判的論評として "Dating Dayton," (*The Economist*, 5 December 2015) を参照．

19) ヨーロッパ近隣以外の挑戦としては，「EU の対北アフリカ・中東アプローチの再検討」，「EU とアフリカとの関係の再定義」，「大西洋関係の再活性化」，「アジアに対する包括的アプローチ」の4つが挙げられていた．

20) 欧州委員会 DG NEAR 担当者は，「セルビアは必ずしも EU 側を完全に納得させるレベルの改革を達成していたわけではなかったものの，同国との SAA プロセスが長年にわたって膠着していたことに対しては，EU 内部でも反省があった．今回，改革状況が多少十分ではなくともセルビアとのあいだで加盟交渉を開始したことは，EU が同国の加盟問題を極めて重要視しているとのメッセージを送る意図もあった」と語っている．欧州委員会 DG NEAR 担当者とのインタビュー，2015年1月8日，ブリュッセル．

21) 欧州委員会 DG NEAR 担当者とのインタビュー，2015年1月7-8日．

22) "Croatia Stalls Serbia's EU Negotiations," *Balkan Insight*, 7 April 2016 (http://www.balkaninsight.com/en/article/croatia-stalls-serbia-s-negotiation-chapters-opening-04-07-2016-1, 2016年11月2日閲覧)．また同問題への視角については，Kmezić, Marko "Croatia's blocking of Serbia's EU integration: Another case of bilateral conditionality in the Balkans," (*European Politics and Policy*, LSE, 17 May 2016) も参照．http://blogs.lse.ac.uk/europpblog/2016/05/17/croatias-blocking-of-serbias-eu-integration-another-case-of-bilateral-conditionality-in-the-balkans/, 2016年11月2日閲覧)．

23) 欧州委員会 DG NEAR 担当者とのインタビュー，2015年1月7-8日，ブリュッセル．

24) "EU considers freezing Macedonia's membership ambitions," *Financial Times*, 22 June 2016.

25) 欧州人権裁判所のセイディッチ・フィンチ判決（2009年）とは，デイトン合意に基づき作成されたボスニア憲法の規定により，ボスニア系，クロアチア系，セルビア系以外の民族的少数派が選挙に立候補できないことは欧州人権規約違反であるとするもの．

26) 例えば OHR は現在も閉鎖されていないが（2016年11月現在），EU は引き続き，OHR は閉鎖することが望ましいとしている［European Commission 2016］．
27) 以上の経緯を含め，ボスニアと EU との関係についての詳細かつ非常に有用なレビューとして，European Stability Initiative［2014］を参照．
28) "In the Balkans, NATO has outmuscled Russia," *The Economist*, 11 December 2015 (http://www.economist.com/news/europe/21683967-montenegros-accession-fills-one-few-remaining-gaps-western-alliance, 2017年2月4日閲覧).
29) ロシア大統領府のペスコス報道官は，モンテネグロの NATO 加盟交渉開始招請決定の発表に際し，ロシアの安全保障上の利益確保などを図るためにも対応措置を講じざるを得ないと表明した．"NATO formally invites Montenegro to join alliance, rankling Russia," CNN.com, 2 December 2015 (http://edition.cnn.com/2015/12/02/europe/nato-montenegro-membership-invitation/, 2016年11月3日閲覧)．また，ロシアのラブロフ外相は同日，ベオグラードで開催された OSCE 閣僚会合の際に，NATO 加盟交渉開始招請を受け，ロシアはモンテネグロとの複数の協力協定を停止すると語っている．"Press Digest: No cooperation with Montenegro if it joins NATO, says Russia," Russia Beyond the Headlines, 2 December 2015 (http://rbth.com/international/2015/12/02/pres-digest-no-cooperation-with-montenegro-if-it-joins-nato-says-rusia_546833, 2016年11月2日閲覧).
30) 第3項および4項がモンテネグロの加盟交渉開始招請招致について，第5項から7項がマケドニア加盟に向けての進展について，第8項および9項がボスニア・ヘルツェゴビナの改革の必要性と MAP 参加見通しについてであった．第10項から13項はジョージアの加盟をめぐる状況に関する文政に割かれており，第14項で総括がなされていた．なお同文書において，2008年にジョージアとともに将来的な NATO 加盟が確認されたウクライナについて全く言及がなかったことは注目に値する．
31) NATO "Relations with Serbia," 9 Dec 2015 (http://www.nato.int/cps/en/natohq/topics_50100.htm, 2017年2月4日閲覧).
32) モンテネグロのヨーロッパ外交・安保専門家へのインタビュー．2016年6月27日，ポドゴリツァ．
33) 同盟論上の類似の概念として Snyder［1984］などを参照．
34) クロアチア元首相のヤドランカ・コソルも本章著者とのインタビューで，同会議の構想と実現に際し，ドイツの強いイニシャティブがあったことを認めている．2015年1月9日，ザグレブ．
35) 欧州委員会 DG NEAR 担当者とのインタビュー，2015年1月8日．
36) アルバニア外務省の欧州部局関係者は，パリでの会合を目前とした時期に，皮肉を込めて以下のように語っている．「2014年のベルリン・プロセス初回会議が開催されたとき，EU 加盟諸国と西バルカン諸国との間で，なにか新しい化学反応が起こるのではないかと期待していた．しかし，2015年の議長国を務めたオーストリアは，ベルリン・プロセスに対する我々の期待を高めないようにと，最大限の注意を払っていた．今年（2016年）の会合では，我々は言われなくとも，期待を最低限にとどめて参加するつもりだ」．2016年6月24日，アルバニア外務省でのインタビュー，ティラナ．

37) 西バルカン某国外務省の EU 担当官とのインタビュー，2016年．インタビュイーの要望により，インタビュー実施日と場所は記載しない．

第8章

SFRJ 後継諸国の経済

吉井昌彦

1　SFRJ 後継諸国の経済状況

(1) スロヴェニア

　スロヴェニアは，SFRJ 後継諸国（以下，後継諸国）で最も豊かな国である．国内総生産 GDP（385億ユーロ）は，人口で3.5倍のセルビア（335億ユーロ）を上回り，1人当たり所得（1万8700ユーロ）は EU 平均（2万8900ユーロ）の65％で，ギリシャ（1万6200ユーロ），ポルトガル（1万7300ユーロ）を上回る．2004年5月には V4・バルト諸国と並んで EU に加盟し，2007年には新規 EU 加盟国で最も早くユーロを導入した．

　産業構造で見ると，農林水産業はシェアを下げ（GDP シェア2.1％，就業者シェア8.1％），製造業，サービス産業中心の経済である．

　製造業では，電子機器，繊維，自動車など多様な産業が SFRJ 時代から育っており，その輸出先は，市場経済移行後，後継諸国から西欧諸国へと変わってきた．自動車産業では，社会主義時代からライセンス生産が行われていたことから，ルノーが1988年に合弁企業レウォズ（Revoz）を設立し，現在ではルノーの単独出資で生産を行っている[1]．また，南東欧地域有数の小売・流通企業メルカトルは，クロアチア，ボスニア，セルビア，モンテネグロにも進出している．

　このように後継諸国で最も豊かな経済を享受しているスロヴェニアであるが，2008年秋に発生したグローバル金融危機の影響を強く受け，2014年になり漸く立ち直りを示し始めた．

　第1の理由は，スロヴェニアの市場経済移行は漸進主義的で，国有企業の私

表 8-1　基本経済指標（2016年）

	人口（万人）	GDP（億ユーロ）	一人当たりGDP（ユーロ）	経済成長率（%）	消費者物価上昇率（%）	失業率（%）	対ユーロ為替レート
スロヴェニア	206.5	404	19,600	3.1	−0.2	8.0	*
クロアチア	415.4	458	11,000	3.0	−0.6	13.1	7.6クーナ
ボスニア	351.5	150	4,300	2.0	−1.1	25.4	2.0兌換マルク
セルビア	705.8	341	4,800	2.8	1.1	15.3	123.5ディナール
モンテネグロ	62.5	38	6,000	2.5	0.1	17.4	*
コソヴォ	176.3	60	3,400	3.4	0.3	27.5	*
マケドニア	208.5	99	4,500	2.4	−0.2	23.7	61.5ディナール

（注）*はユーロを使用．
（出所）WiiW Database (https://data.wiiw.ac.at/annual-database.html, 2017年9月13日閲覧)．

表 8-2　部門別雇用・GDPシェア（2015年，単位：%）

	雇用					GDP				
	農林水産業	鉱工業	建設	公務	その他	農林水産業	鉱工業	建設	公務	その他
スロヴェニア	8.0	20.5	6.6	5.2	59.6	2.1	20.4	4.7	5.1	54.1
クロアチア*	9.1	17.2	6.9	6.9	59.9	3.5	14.3	4.4	4.9	57.3
ボスニア	2.3	22.0	4.6	10.5	60.6	6.2	13.6	3.9	8.6	67.7
セルビア	19.4	17.3	4.5	5.8	53.0	6.8	16.6	4.8	3.5	51.4
モンテネグロ	7.7	7.4	6.6	9.6	68.7	8.1	5.3	3.8	7.5	57.9
コソヴォ*	2.2	15.5	9.4	7.4	65.4	11.9	12.4	6.0	9.0	43.6
マケドニア**	17.9	20.4	7.1	7.3	47.4	10.0	11.3	7.1	5.8	52.8

（注）*GDPは2014年，**GDPは2013年．
　　GDPシェアは金融仲介サービス，税・補助金を除いており，合計は100にならない．
（出所）表8-1と同じ．

有化が進まず，海外投資受け入れにも消極的であったため，経済構造改革が進んでいないことにある．

　第2に，独立後，西欧諸国への経済依存度を高めていった結果，対外開放度（輸出入合計額÷GDP）は2012年以降140％を超え，西欧諸国経済の停滞がスロヴェニア経済にそのまま反映される，脆弱な経済構造となっている．

　このため，2009年以降，税収の落ち込みと景気刺激，社会保障維持により財政赤字が拡大し，2013年には一時的に15％（対GDP比）に達し，ユーロ導入国が守らなければいけない安定成長協定基準（財政赤字を対GDP比3％以下とする）を守ることができなかった[2]．

表8-3　経済成長率（単位：%）

	2000	2001	2002	2003	2004	2005	2006	2007	2008	2009
スロヴェニア	4.2	2.9	3.8	2.8	4.4	4.0	5.7	6.9	3.3	−7.8
クロアチア	3.8	3.4	5.2	5.6	4.1	4.2	4.8	5.2	2.1	−7.4
ボスニア	5.5	2.4	5.0	3.9	6.3	3.9	5.4	5.7	5.5	−2.9
セルビア	7.8	5.0	7.1	4.4	9.0	5.5	4.9	5.9	5.4	−3.1
モンテネグロ	3.1	1.1	1.9	2.5	4.4	4.2	8.6	10.7	6.9	−5.7
コソヴォ	.	5.1	−0.7	5.4	2.6	3.9	3.4	8.3	7.2	3.6
マケドニア	4.5	−3.1	1.5	2.2	4.7	4.7	5.1	6.5	5.5	−0.4

2010	2011	2012	2013	2014	2015	2016
1.2	0.7	−2.7	−1.1	3.1	2.3	3.1
−1.7	−0.3	−2.2	−1.1	−0.5	1.6	3.0
0.8	0.9	−0.9	2.4	1.1	3.1	2.0
0.6	1.4	−1.0	2.6	−1.8	0.8	2.8
2.5	3.2	−2.7	3.5	1.8	3.4	2.5
3.3	4.4	2.8	3.4	1.2	4.0	3.4
3.4	2.3	−0.5	2.9	3.6	3.8	2.4

（出所）表8-1と同じ．

(2) クロアチア

　クロアチアは，1人当たりGDPが1万400ユーロと，後継諸国ではスロヴェニアに次いで高く，2007年にEU加盟を果たしたブルガリア（6300ユーロ），ルーマニア（8100ユーロ）よりも豊かであり，ハンガリー（1万1100ユーロ），ポーランド（1万1200ユーロ）とほぼ同じである．

　産業構造をスロヴェニアと比べると，農林水産業のシェア（GDP3.5%，就業者9.1%）がわずかに高く，他方，鉱工業のシェア（GDP14.3%，就業者17.2%）は低く，サービス産業のシェアが高い．

　クロアチアの製造業では，石油精製，石油化学，機械，衣料産業などのほか，6000km近い海岸線を持つことから想像できるように，造船業が最も重要な地位を占めてきた．しかしながら，市場経済移行後は，アジア（韓国，日本，中国）とのグローバル競争から造船業はしだいに競争力を失ってきた．2011年12月に調印されたクロアチアのEU加盟条約付属文書8では，ウリャーニク造船所（プーラ）を除く大規模造船所は，生産能力を削減した上で，2020年までに競争入札に基づく民営化によるリストラクチャリングを行い，民営化後はリストラ支援を受けてはならない，とされている．その後，ウリャーニク造船所を中心に統廃合が進められている．

製造業の競争力が失われる中，クロアチア経済で重要な役割を果たしているのが，観光である．人口420万人のクロアチアに年間400万人の観光客が訪れ（国連世界観光機関データ），旅行収支は67.7億ユーロの黒字であり，経常収支は3.4億ユーロの黒字となっている．

　しかしながら，グローバル金融危機後，クロアチア経済はマイナス成長を続け，2015年になり漸くプラス成長へ転じた．このため，クロアチアの失業率は，2000年代末の一桁から2013-14年には17％に高まり，社会不安の要因となっている．

　日本との経済関係では，日本からクロアチアへの輸出は41.3億円，輸入は78.4億円で日本の入超であったが，輸入のうち55.1億円がマグロの輸入（1858トン）であった（2015年，財務省貿易統計）．地中海産マグロの輸出規制が強化されつつあることを考えると，日本との経済関係を見ても，新たな輸出産業の創出が必要である．

(3) ボスニア・ヘルツェゴヴィナ

　ボスニア・ヘルツェゴヴィナ（以下，ボスニア）では，1992年から1995年までの紛争により80％の生産設備が破壊されたと言われる．そして，紛争終了後は，多額の復興支援と対外借り入れが行われた．世界銀行，EUあるいは2国間の復興支援として50億ドルの支援が公約され，1996-98年に37億ドルの支援が実施された[3]．日本も，多くの支援をボスニアに対し行ってきたが，最も有名なものとして，サライェヴォ市，バニャルカ市，モスタル市にバスを寄贈しており，市民の重要な足となっている．

　1996-98年の復興景気による低い水準からの急速な経済成長の後，グローバル金融危機までは5％程度の経済成長を維持することができた．しかしながら，生産基盤を失い，経済の対外依存構造が生じた結果，1996年の59.1％をピークに，1990年代後半は30％の貿易赤字（対GDP比）が続き，対外債務も40億ドルを超えるまでに膨れ上がった．また，失業率は2000年代前半の40％を超える水準からは低下したものの，いまだに20％近くの水準にあり，また，貿易収支赤字も30％前後（対GDP比）の水準が続いている．

　産業構造を見ると，就業人口シェアでは2.3％の農業がGDPシェアでは6％を占めている．隠れ失業者が農村に滞留しているためであろう．鉱工業では，ボスニアは，SFRJ時代は鉄鉱石，石炭（褐炭など），ボーキサイトなど鉱物資

源採掘が活発であり，今でも，鉱業部門はGDPの2％，輸出の10％前後を占めている．これに対して製造業部門は11.6％と脆弱であり，輸出構造で見ると，原料別製品と雑製品がそれぞれ25％，機械類及び輸送機器類が15％弱となっており，技術レベルの低い製品の輸出が主となっている．

サービス部門では，サライェヴォで1984年に冬季オリンピックが開催されたことから分かるように，スキーを中心に潜在的な観光誘致力を持っており，2014年には国外から54万人（日帰りを含まず）の観光客がボスニアを訪れている（国連世界観光機関データ）．

(4) セルビア

セルビアは，後継諸国最大の国であり，後継諸国間の結節点であるだけでなく，イタリア，オーストリアからギリシャ，トルコに至る陸路がセルビア内を通過するため，これら国々との結節点として重要な位置を占めてきた．

セルビアは，1990年代前半，クロアチア・ボスニア紛争の責任を問われ，経済制裁を受けたため，1992-93年にかけて経済成長率が年間約30％下落し，1993年のインフレ率は，16.5兆％という天文学的な数字となった［田畑 2004: 96］．その後も，コソヴォ紛争により，空爆と経済制裁を再度受け，1999年の経済成長率は12.1％下落した．しかし，2000年にミロシェヴィッチ体制が終わると，経済自由化を進め，直接投資（FDI）の獲得に努め，グローバル金融危機に至るまで5％を超える高い経済成長を遂げてきた．

産業構造を見ると，農業の比重が高いことが第1の特徴である．GDPシェア，就業人口シェアで高いだけでなく，総輸出に占める食料品及び動物のシェアも15.9％と高い（2014年，セルビア統計局）．

鉱工業については，1990年代中頃のGDPシェアは20％を超えていたが，制裁を受ける中，そのシェアは15％前後まで縮小し，グローバル金融危機以降，再び増加傾向にある．内訳をみると，石炭（褐炭）採掘が盛んであるため，鉱業のGDPシェアが1.5％程度あることが挙げられる．製造業では，自動車産業の発展に力点が置かれている．SFRJ時代からザスタヴァがフィアット（現フィアット・クライスラー）のライセンス生産を行ってきた．2008年にフィアットがザスタヴァを買収し，国内だけではなく，後継諸国，トルコ，中東地域に輸出されている．

セルビアにおける経済発展戦略として，FDI誘致政策だけでなく，ロシア

との経済関係を利用している点も興味深い．セルビアは，EU等と自由貿易協定（FTA）を締結しているだけでなく，ロシアともFTAを締結している．ロシアは，イタリア，ドイツ，ボスニアに次いでセルビアの第4位の輸出相手国であり，イタリアに次ぐ第2位の輸入相手国である．このため，ロシアへの輸出が可能であることをメリットにFDI誘致活動を行っている．

(5) モンテネグロ

　モンテネグロは，第3次産業のGDPシェアが60％前後，就業者シェアが75％強であることから分かるように，サービス産業，とりわけ観光に傾斜した経済である．2014年には，人口62万人の倍以上の135万人（日帰りを含まず）の観光客がモンテネグロを訪れている（国連世界観光機関データ）．大量の観光客の流入によって，13.8億ユーロの貿易赤字の49％に当たる6.8億ユーロを旅行収支がカバーすることができている．

　しかし，鉱工業のシェアが5％程度しかないことから分かるように，その経済基盤は非常に脆弱である．モンテネグロは，SFRJ解体後，SRJへの経済制裁により非常に大きな影響を受け，GDPが1992年に21％，1993年に25％下落し，インフレ率も高騰したことから，失業率は30％に達した（EBRDデータ）．失業率は，現在でも20％弱あり，脆弱な経済構造には大きな変化はない．しかしながら，農林水産業の雇用シェアは5％前後しかなく，潜在的失業者が農業に従事しているとされているセルビアやボスニアなど他の後継諸国とは異なっている．

　鉱工業では，ボーキサイトなど天然資源を産出するため，ポドゴリッツァ・アルミニウム工場（KAP），ニクシッチ製鉄所などの鉄・非鉄金属を生産し，2000年代までは輸出の3/4を占めていた（現在は1/4に落ち，鉱物燃料のまま輸出されているようである）．なお，モンテネグロの観光地であるコトルには大同メタルの工場があり，自動車用ベアリング，軸受などを生産している．

　モンテネグロ経済で興味深い点は，欧州中央銀行との協定なしにユーロを一方的に利用していることである．上述のように，1990年代前半，SRJ経済は混乱し，通貨ディナールへの信頼が失われた．この時，ドイツに出稼ぎに出ている多くの市民がドイツマルクを本国送金していたため，ドイツマルクが代替通貨として機能し始めた．モンテネグロはEU加盟国ではないとしてEU側は反対したにもかかわらず，2002年のユーロ現金の発行，ドイツマルクの使用停止

に伴い，モンテネグロの通貨はユーロに切り替わり，2006年の独立後もこの状態が続いている．同じことは，いくつかの後継諸国で起きており，ボスニア・ヘルツェゴヴィナの通貨単位がコンヴァーティブル（兌換）マルクであり，コソヴォでもユーロが利用されている．

(6) マケドニア

　マケドニアは，後継諸国で最も南に位置し，コソヴォに次いで貧しい国である．独立後，国名問題からギリシャの経済制裁を受け，2005年まではマイナス成長であったが，その後，市場経済化を進め，ビジネス環境の改善，FDIの誘致に努め，1996年から2008年までプラス成長を続けた．しかし，その後は，2009年，2012年にマイナス成長に陥るなど，停滞傾向にある．

　産業構造では，GDPシェアで見ても，就業者数シェアで見ても，他の後継諸国と比べ，農業の役割が大きいことが特徴である．農業生産の70%は，トマト，パプリカ，メロンなどの野菜を中心とした農作物で，畜産などの重要性は相対的に小さい．農業の問題は，農地の私有化が進んでおらず，細切れの耕地で農業生産を行っていることである．[4]

　製造業では，第1に，農業生産が活発であることから，食品加工業も発達し，GDPの6%を占めている．また，他の後継諸国と同様に，天然資源が豊富であることから，鉱業および冶金業も活発である．鉱業のGDPシェアは2000年代後半には3%を超え（2014年は2.3%），後継諸国で最も高く，冶金業は，鉱工業生産の12%を占めている．さらに，衣料産業はGDPの15%を占め，多くの労働者を吸収している．[5] さらに，旧ユーゴ時代にザスタヴァへの部品供給工場が多く作られ，現在でも50社ほどの自動車部品企業が生産活動を行っている．[6]

　しかし，マケドニアの産業競争力は脆弱であり，毎年，財・サービス貿易で15億ユーロ（GDPの20%前後，2014年は15.1億ユーロ）の貿易赤字を記録している．コソヴォと異なり，外国政府からの支援は期待できないが，2014年には貿易収支赤字をちょうどカバーする15.0億ユーロの海外からの本国送金があった．このため，経常収支は2012年まではわずかな赤字を記録するにとどまっていた．

(7) コソヴォ

　コソヴォは，SFRJ時代，最も貧しい地域であり，連邦から開発支援が行わ

れ，資金を出す側である北部共和国（スロヴェニアやクロアチア）の不満を生んでいた．現在でも，1人当たり所得は3000ユーロしかない．

産業構造では，褐炭，鉛，亜鉛，ニッケル，クロム，ボーキサイト，マグネシウム，建築資材など天然資源が豊富であり，トレプツァ鉱業コンプレックスは2万人の従業員を雇用していたが，採掘設備の老朽化，投資不足によりその重要性は低下して，現在はGDPの2％強の付加価値しか生み出していない．

製造業では，コソヴォ鉄鋼グループがセルビアのザスタヴァ向けの部品供給を行っているほか，鉄鋼・非鉄金属，衣料，食品加工部門の製造業企業があるが，GDPの10％程度を占めるだけである．

農業統計は，奇妙な動きを示している．就業者数で数％の農業が，GDPの12％を生み出しているからである．しかし，2004年の農業就業者シェアは24.4％だったので，こちらの方が今でも正しいのであろう．

経済活動がこのように低水準である結果，失業率は，2000年代中頃で45％前後，現在でも30-35％あり，国民の約30％が貧困ライン以下の生活を送っている（世界銀行）．

外国政府からの支援，海外からの送金，そして後述のFDIが，この脆弱な経済を支えてきた．貿易収支をみると，対GDP比で30％以上（2013年20.0億ユーロ）の赤字が続いているが，外国政府からの支援（6.9億ユーロ）と海外からの送金（8.8億ユーロ）などによりカバーされ，対外債務はGDPの30％をわずかに超える水準でとどまっている．

EUは，2015年報告書で，コソヴォは，経済的加盟基準（機能する経済システムを持っているか，EU市場で競争できる力を持つか）について初歩的な段階にあり，前者については，財政の持続可能性の確保，公的企業の民営化とリストラの促進，倒産・破産手続きの改善が，後者については，安定したエネルギー供給の確保，労働市場における技術ギャップの縮小，FDIと本国送金の生産的部門へのチャネリングが必要であるとしている[7]．

2　SFRJ後継諸国の経済戦略

(1) 競争力

前節でみてきたように，後継諸国の競争力は不十分であり，多くの国では，貿易（経常）収支赤字が国外からの労働者の本国送金や復興支援によって補填

されてきた．以下では，競争力を向上させていくため，どのような政策が必要であるかを考えるが，その前提として，後継諸国の競争力の現状を確認してみたい．

競争力を測る指標は数多くあるが，最も有名なものは，世界経済フォーラムが発表している「世界競争力指数」(2015年) である[8]．後継諸国で最も順位が高いのはスロヴェニア59位であり，マケドニア60位，モンテネグロ70位，クロアチア77位，セルビア94位，ボスニア111位と続く．しかし，スロヴェニアですら，最もパフォーマンスの良いエストニア (30位) 等のV4・バルト諸国はもちろん，一般に競争力が低いと考えられているルーマニア (53位)，ブルガリア (54位) よりも順位が低い[9]．

紙幅の都合で数値を示すことはできないが，後継諸国が全体としてどの分野で競争力が欠如しているかを明らかにするため，V4・バルト諸国と後継諸国のピラーごとの指数の差を見ると，両者の差が最も大きい指標はマクロ経済環境である．そして，市場規模，技術の受容，金融市場の発達と続いている．逆に，両者の差がそれほどない指数は，保健・初等教育，制度，高等教育・訓練，革新である．

次に，各国でどの分野が弱いかを見るため，各国の指数とV4・バルトの平均との差を見ると，スロヴェニアでは，金融市場，マケドニアとモンテネグロでは市場規模，クロアチアとセルビアではマクロ経済環境，ボスニア・ヘルツェゴヴィナでは技術の受容で差が最も大きい．モンテネグロは，後継諸国で最も人口の少ない国であるので，市場規模が問題となることは避けられないが，他国においても技術の受容など，競争力の育成が喫緊の問題となっていることが分かる．

類似の，しかし企業部門に限定し，起業および経営継続のしやすさを見るために世界銀行が発表しているビジネス環境ランキング（DBランキング）がある[10]．DBランキング (2015年) によると，マケドニアが189カ国中12位と中東欧諸国で最も順位が高い．しかし，ビジネスの起業，経営継続のための環境整備がマケドニアの直接投資，競争力向上につながっている訳ではないので，ビジネス環境整備だけが重要であるわけではないことも逆に分かる．

とは言え，中東欧諸国で後継諸国はDBランキングの下位を占めており[11]，起業や経営継続のための環境改善が不十分であることが分かる．また，多くの国で，建設許可の取得，電気供給，税金の支払いの指数が悪く，官僚主義的な手

続きが問題となっている.

　官僚主義的な手続きと関連して,汚職が蔓延しているかどうかも,外国企業が直接投資を行うかどうかの決定要因のひとつとなる.これを測るものとして,トランスペアレンシー・インターナショナルが発表している「汚職認知度指数」がある[12].汚職認知度指数(2015年)によると,168カ国中37位のスロヴェニアは,バルト諸国やポーランド,チェコと並んで先進国の仲間入りをしていると言えるが,やはり下位には後継諸国が並んでおり[13],この地域では汚職が蔓延しており,起業や企業継続の妨げとなっている.

(2) 移行政策

　前節において,後継諸国の競争力が十分ではないことをいくつかの指標を用いて示してきた.それでは,競争力を引き上げるためには,どのような政策が必要であろうか.SFRJは,労働者を基層組織とする企業が自主管理を行っていた点で他の旧社会主義国と異なるとはいえ,生産手段の集団的所有を基本的特徴としていたという点で,市場経済システムとは異なっていた[14].したがって,後継諸国は,SFRJ崩壊後,市場経済移行を進めることにより,経済発展の遅れを取り戻そうとしてきた.この市場経済移行の進展を測る指標として,欧州復興開発銀行(EBRD)が,1994年以来公表してきた「移行指標」がある.

　移行指標は,中東欧諸国(チェコは移行国を卒業したとして,現在は対象からはずれている)および旧ソ連諸国の市場経済移行を[15],価格自由化,貿易・外国為替システム自由化,小規模企業私有化,大規模企業私有化,企業統治・リストラクチャリング,競争政策について,1(社会主義システムからほとんど変化がない)から4+(先進市場経済国と同等)で評価するものである.

　図8-1から図8-6は,上記の6項目について,1989年以降の後継諸国とチェコを除くV4諸国の変化を見たものである.

　第1に,後継諸国の市場経済移行は,全体的に,1990年代には停滞していたが,2000年代に入り加速し,しだいに中欧3カ国(ポーランド,ハンガリー,スロヴァキア)に近づいてきている.

　第2に,しかし,現在でも後継諸国の市場経済移行は,すべての分野において中欧3カ国よりも遅れている.高い1人当たり所得を有し,既にEUに加盟しているスロヴェニア,クロアチアにおいても,そうである.

　第3に,とは言え,スロヴェニア,クロアチアの市場経済移行は他の後継諸

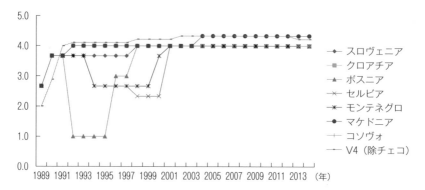

図8-1　価格自由化

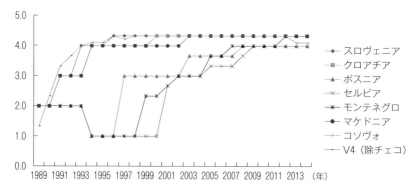

図8-2　貿易・為替自由化

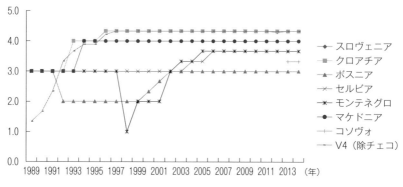

図8-3　小規模企業私有化

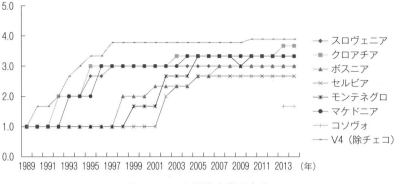

図8-4　大規模企業私有化

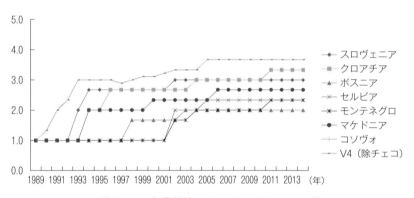

図8-5　企業統治・リストラクチャリング

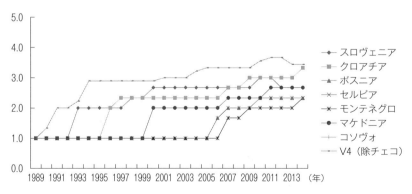

図8-6　競争政策

国よりも進んでおり，ボスニア，コソヴォ，セルビアの市場経済移行は遅れている．

第4に，価格自由化，貿易・外国為替システム自由化など比較的容易な移行政策では，後継諸国と中欧3カ国の差はそれほどないが，私有化，企業統治・リストラクチャリング，競争政策という導入が難しい移行政策では，後継諸国の遅れが顕著である．

以上から，後継諸国の市場経済移行は，スロヴェニア，クロアチアという既にEUに加盟した国々を含めて，V4諸国に比べて遅れており，とくに私有化，企業改革，競争政策という導入が難しい移行政策に集中しながら，市場経済移行を進めていかなければならないことが分かる．

(3) 直接投資誘致

競争力を引き上げるための一般的な政策として，雇用を確保するだけでなく，先進国からの優れた生産技術，生産ノウハウを手に入れるため，直接投資の受け入れがある．

表8-4は，投資ストック（1人当たり額，分野別シェア）を示したものである．やはりチェコ，ハンガリー，スロヴァキアの受入額は大きく，ポーランドは，総額では中東欧諸国で最大であるものの，人口規模が大きいため，1人当たり額では，モンテネグロ，クロアチア，スロヴェニアを下回っている．モンテネグロの1人当たり額が大きいのは，その人口規模が小さいためであろう．そして，クロアチア，スロヴェニアの1人当たり額は，中欧3カ国は下回るものの，ブルガリア，ルーマニアを上回ることは，投資受入環境が2国を上回っていることを示すものであろう．逆に，その他の後継諸国の1人当たりストック額は，かなり控えめなものにとどまっている．

投資受入分野別でみると，異常な値を示しているコソヴォを除き，製造業のシェアが20％台後半から30％台を占め，金融・保険が20％台，流通が10％前後であり，ボスニア，マケドニアの鉱業シェアが幾分高いこと，クロアチアへの不動産投資シェアが高いこと，スロヴェニアの金融・保険シェアが高いことなどを除くと，他の諸国と後継諸国には大きな差はない．各国編でみたように，後継諸国の経済的特徴がそれぞれ異なることを考えると，次に述べるように，各国は盛んに投資誘致を行っているものの，各国の経済的特徴に合わせた投資誘致が十分にできているとは言えない状況にある．

表8-4 外国直接投資（FDI）ストック

分野別シェア（単位：%）

	1人当たりユーロ	農業	鉱業	製造業	商業	情報・通信	金融・保険	不動産	その他
ボスニア	1,556	0.3	4.1	29.6	11.6	14.6	21.5	5.7	12.6
クロアチア	5,865	0.8	0.8	25.5	8.7	6.2*	25.7	21.7	10.6
コソヴォ	1,634	0.0	2.7	-22.5	5.4	-6.0	28.5	94.1	
マケドニア	1,946	1.1	4.5	35.7	12.6	4.1	21.4	1.9	18.7
モンテネグロ	6,416	—	—	—	—	—	—	—	—
セルビア	2,404	0.0	1.7	35.7	15.0	3.1	23.9	1.6	19.0
スロヴェニア	4,913	0.1	0.2	32.5	23.0	5.4	15.4	7.2	16.2
ブルガリア	5,306	0.5	2.1	17.3	14.3	2.3*	17.1	21.6	24.8
チェコ (2013年)	9,255	0.2	1.7	32.2	10.1	4.9	27.9	6.8	16.2
ハンガリー	8,252	0.6	0.2	25.0	9.4	5.5	16.6	6.1	36.6
ポーランド	4,461	0.5	0.3	29.4	13.5	5.3	23.1	6.8	21.1
ルーマニア	3,024	2.5	5.6	32.0	11.7	6.0	13.0	6.0	23.2
スロヴァキア (2012年)	7,726	0.2	1.2	32.8	10.3	4.2	23.5	6.5	21.3
アルバニア	1,573	0.0	14.9	9.1	4.1	26.8*	16.9	8.8	19.4

（注）モンテネグロは部門別シェアを公表していない。*は流通・倉庫を含む。
（出所）表8-1と同じ。

後継諸国各国は，投資誘致のため，スロヴェニア起業・国際化・外国投資技術庁（SPIRIT），クロアチア投資・競争庁（AIK），ボスニア投資促進庁（FIPA），セルビア開発庁（RAS），モンテネグロ投資促進庁（MIPA），コソヴォ投資・企業支援庁（KIESA），マケドニア投資庁（Invest Macedonia）といった直接投資受入促進機関を設置するとともに，法人税，付加価値税の引き下げ，特別経済地域の設置など投資優遇措置を設け，活発に活動を行っている．

　しかしながら，後継諸国は，既にEUに加盟したスロヴェニア，クロアチアは当然のこととして，EU加盟を望んでいるため，その諸制度はEU基準に準拠する必要があり，投資誘致政策では，内外無差別原則により，投資を行った外国企業への法人税免除措置など，外国企業に特化した投資優遇措置を設けることが難しく，全般的な法人税率の引き下げ（セルビアでは9％）などに投資優遇措置をとどめざるを得ない状況にある．

　したがって，後継諸国は，DBランキングに代表される投資環境の改善にいっそう努めなければならない．しかしながら，上述のように，後継諸国は中東欧諸国で下位を占めており，起業や経営継続のための環境改善が不十分であり，建設許可の取得，電気供給，税金の支払いの指数が悪く，官僚主義的な手続きが問題となっている．

(4) 地域協力

　市場経済移行の中で，V4諸国は欧州における新たな自動車産業の生産拠点となったことがよく知られている［池本・田中 2015］．後継諸国は，SFRJ時代からの自動車産業を引き継いでいるが，その規模は十分ではなく，V4諸国との生産ネットワークを強化する必要がある．しかしながら，例えばルーマニアと比較すれば，地理的な問題，EU未加盟であることなど，様々に不利な点を抱えている．これを克服するには，後継諸国が競争的に投資誘致を行うのではなく，地域協力が必要ではないだろうか．

　現在，後継諸国には，地域協力会議（RCC）および中欧自由貿易協定（CEFTA）2006という2つの経済協力関係がある．

　後継諸国には，EUの主導により，地域の平和と民主主義，人権，経済の強化を目的として，1999年に南東欧安定化協定が設けられたが，地域協力を自立化するため，2008年にRCCが設けられた．

　RCCは，EUの経済発展戦略である「欧州2020」を基礎に「南東欧2020戦

略」を作成し，スマート（知的）・サステイナブル（持続可能）・インクルーシブ（包括的）な成長を達成するだけでなく，法が安定・支配している社会を南東欧地域に根付かせることを目的としている．RCC の第一の経済発展戦略は，CEFTA2006と協同して，自由貿易地域を形成することであるが，そのためには自由な貿易・投資体制を構築するだけでなく，投資政策，投資誘致政策の統合が必要であるとしている．

　CEFTA は，1992年にポーランド，チェコ＝スロヴァキア（当時），ハンガリーにより作られた自由貿易地域であるが，これらの国々が EU 加盟により脱退していったため，南東欧諸国が2006年に新たな協定を締結し，2007年に発効したものである[16]．[17]

　CEFTA2006は，域内関税の撤廃のほか，通関・ライセンシング，貿易に関する技術障壁，衛生・植物防疫などの情報のポータル化，技術支援などの域内自由化措置を強化してきたが，これらの地域協力の取組は，地域内の貿易水準にどのような影響を与えたのだろうか．

　表8-5は，後継諸国の域内貿易シェアである．第1に，移行開始前と比較すると，総貿易額に占める後継諸国間の域内貿易シェアは大きく下がり，逆に，対 EU 貿易のシェアが大きく増加していることが分かる．第2に，移行開始以前は，セルビアが後継諸国間貿易の中心であり，クロアチアがセルビアの次にあったが，現在はこの関係が大きく崩れている．

　次に，CEFTA2006成立直後の2007年と現在を比較すると，おそらく2006年の独立後に経済関係が変化したモンテネグロを除き，他の後継諸国の域内貿易シェアは，ほぼ変化なしか，あるいは低下している．特に，ボスニアの対クロアチア輸出・輸入，セルビアの対モンテネグロ輸出，コソヴォの対マケドニア輸入，マケドニアの対セルビア輸出が，それぞれシェアを大きく下げている．他方で，後継諸国からの特に対 EU 輸出のシェアにはそれほどの変化が見られない．

　以上から，後継諸国間の地域協力は，少なくともこれまでのところ，期待された成果を残していないと結論づけることができる．後継諸国の競争力はいまだ十分ではなく，ビジネス環境の改善による直接投資誘致のためには，後継諸国が一体となってそのイメージアップを行っていくことが必要なのではないだろうか．

表8-5(1)　共和国間貿易の総貿易額シェア（1987年，単位：％）

供給先＼供給元	スロヴェニア	クロアチア	ボスニア	セルビア	モンテネグロ	マケドニア
スロヴェニア	—	29.5	12.9	20.0	8.3	11.6
クロアチア	32.1	—	25.5	22.8	15.0	16.0
ボスニア	8.5	13.2	—	14.4	11.1	7.0
セルビア	26.1	28.6	32.6	—	46.2	40.1
モンテネグロ	0.9	0.9	0.9	3.3	—	1.6
マケドニア	4.3	3.8	3.8	8.9	4.6	—
対共和国間貿易シェア	71.9	76.1	75.6	69.4	85.2	76.4

(出所) 阿部［1993: 178-179］，筆者計算．

表8-5(2)　旧ユーゴ諸国輸出の各国シェア（2007/2014年，単位：％）

輸入側＼輸出側	スロヴェニア	クロアチア	ボスニア	セルビア	モンテネグロ	コソヴォ	マケドニア
スロヴェニア	—/—	8.3/11.4	10.9/8.0	4.6/3.2	6.3/4.0	2.6/0.2	2.0/1.1
クロアチア	8.0/6.7	—/—	18.4/11.0	3.7/3.1	1.3/9.9	1.1/0.7	4.8/1.9
ボスニア	3.0/2.8	14.4/11.8	—/—	11.8/8.9	3.6/9.6	3.2/1.2	2.6/1.9
セルビア	3.9/3.2	5.4/4.9	13.0/9.2	—/—	21.6/24.0	11.7/8.4	18.9/5.2
モンテネグロ	0.6/0.4	1.2/1.2	NA/3.4	10.8/5.1	—/—	1.8/11.1	0.8/0.6
コソヴォ	0.4/0.4	NA/0.7	NA/NA	NA/NA	0.8/6.4	—/—	NA/4.7
マケドニア	0.7/0.7	0.9/1.0	0.8/1.1	5.0/4.1	0.2/1.0	10.5/5.0	—/—
計	16.6/14.1	30.2/31.0	43.0/32.7	35.9/24.3	33.8/54.9	30.9/26.5	29.2/15.5
対EU28カ国シェア	77.3/75.3	60.3/63.9	75.6/72.2	59.7/64.5	70.5/35.8	43.1/30.2	70.1/76.6

(注) ボスニアの2007年対セルビア輸出はモンテネグロを含む．
(出所) 表8-1と同じ．

表8-5(3)　旧ユーゴ諸国輸入の各国シェア（2007/2014年，単位：％）

輸出側＼輸入側	スロヴェニア	クロアチア	ボスニア	セルビア	モンテネグロ	コソヴォ	マケドニア
スロヴェニア	—/—	5.9/10.8	6.4/4.7	3.8/2.7	3.8/3.2	4.0/2.6	3.0/2.2
クロアチア	4.6/4.2	—/—	17.6/11.4	2.9/2.7	4.1/6.0	1.9/2.5	2.1/1.5
ボスニア	1.8/2.5	2.8/2.7	—/—	2.8/2.6	3.7/7.1	2.5/2.6	0.7/0.9
セルビア	1.7/2.2	1.3/2.1	10.1/10.1	—/—	24.2/26.9	14.1/14.5	8.6/8.2
モンテネグロ	0.1/0.1	0.0/0.0	NA/0.4	0.7/0.3	—/—	1.0/0.5	0.0/0.1
コソヴォ	0.0/0.1	NA/0.0	NA/NA	NA/NA	0.0/0.2	—/—	NA/0.5
マケドニア	0.3/0.3	0.9/0.4	1.0/0.9	1.6/1.2	1.1/1.5	15.1/5.5	—/—
計	8.5/9.3	10.9/16.1	35.1/27.5	11.8/9.5	36.8/44.9	38.5/28.2	14.3/13.3
対EU28カ国シェア	78.4/69.1	64.8/76.4	65.4/58.9	58.0/63.1	49.5/45.8	38.8/42.6	51.9/63.5

(注) ボスニアの2007年対セルビア輸入はモンテネグロを含む．
(出所) 表8-1と同じ．

注

1) 1941年設立のTAM（バス・トラック生産）は2011年に倒産した．
2) 2015年には2.7％（対GDP比）まで財政赤字は引き下げられた（EU統計局）．
3) World Bank, *Bosnia and Herzegovina: Post-Conflict Reconstruction and the Transition to a Market Economy*, 2004, p. 2
4) European Commission, The Former Yugoslav Republic of Macedonia: Bilateral relations in agriculture, 11/2014.
5) http://www.president.gov.mk/en/about-macedonia/economy-and-trade.html（2016年5月3日閲覧）．
6) http://see-industry.com/industrial-statiieng.aspx?br=51&rub=286&id=805（2017年9月13日閲覧）．
7) European Commission, *Commission Staff Working Document, Kosovo 2015 Report*, Brussels, 10. 11. 2015.
8) 世界競争力指数は，12のピラーを3つのサブインデックス（基本的要件，効率性強化，技術革新・熟練要素），さらにひとつの総合指数にまとめたもので，順位は観察されている140カ国のうち何位であるかを示している．なお，コソヴォの指数は作成されていない（http://www3.weforum.org/docs/gcr/2015-2016/Global_Competitiveness_Report_2015-2016.pdf），（2016年5月3日閲覧）．
9) ただし，ハンガリー，スロヴァキアの順位はルーマニア，ブルガリアの順位よりも低い．この点については，別途考察が必要であろう．
10) http://www.doingbusiness.org/rankings（2016年5月3日閲覧）．
11) スロヴェニア29位，モンテネグロ46位，セルヴィア59位，コソヴォ66位，ボスニア79位．
12) http://www.transparency.org/cpi2015#results-table（2016年5月3日閲覧）．
13) クロアチア50位，モンテネグロ61位，マケドニア66位，セルビア71位，ボスニア76位，コソヴォ103位．
14) 旧ユーゴスラビア経済については，岩田［1978］，阿部［1993］，小山［1996］などを参照．
15) その後モンゴル，トルコ，「アラブの春」以降は北アフリカ諸国が付け加えられている．
16) スロヴェニアは1996年に加盟，2004年に脱退，クロアチアは2002年に加盟，2013年に脱退している．
17) 現在の加盟国は，ボスニア，セルビア，モンテネグロ，コソヴォ，マケドニア，アルバニア，モルドヴァである．

あ と が き
――SFRJ 後継諸国と新たな「東方問題」――

　SFRJ が消滅したのが1992年4月のことであるから，それから既に25年が経過している．SFRJ がかつて位置していた領域から最後に独立したのは2008年2月のコソヴォであり，それからでもそろそろ10年である．本書の第Ⅰ部の各章においては SFRJ 後継諸国の内政の変動が詳しく論じられているので，ここでは，SFRJ 後継諸国について，特に最近の対外政策や国際関係に焦点を当てて俯瞰しておきたい．

　この間，SFRJ 後継諸国が目指してきた対外政策上の大きな方針は，何よりも EC／EU 加盟であった．EU 加盟プロセスという観点からは，SFRJ 後継諸国が現在置かれている立場は様々である．スロヴェニアは2004年5月の10カ国一斉加盟の波に乗ることができた．現在では通貨もユーロを導入し（2007年1月），EU 議長国も経験した（2008年1月から6月）．続いて，クロアチアが2013年7月に加盟を果たした．加盟プロセスは，当初の予想よりかなり長引いたともいえるが，1990年の議会選挙キャンペーンの際に，トゥジマンが公約として掲げたクロアチアの「ヨーロッパ」入りは EU 加盟によって実現できた．従って，EU 加盟という目的を果たした両国は，現時点においてポスト紛争期を終了していると言って良いであろう．しかし他方で両国が，加盟後の対外政策上のビジョンを必ずしも明確にできないでいることも付言しておかなくてはならない．

　これに対して，他の5カ国（セルビア，ボスニア・ヘルツェゴヴィナ（以下，ボスニア），モンテネグロ，マケドニア，コソヴォ）は，EU 加盟についていずれも大きな問題を抱えている．

　このうちセルビア，モンテネグロ，マケドニアは EU 加盟候補国である．まず，セルビアについては，EU 加盟プロセスの何処かにおいて，コソヴォを諦めるかどうか，即ち，コソヴォを独立国家として承認するか否かという根本的な命題に回答を出さなくてはならない．コソヴォを国家承認しないままに EU 加盟を果たすことは，事実上不可能である．現在のセルビア政治で最大の実力者は，セルビア進歩党党首のヴチッチである．彼は長らくセルビア首相を務

め，2017年4月に実施された大統領選挙にも勝利した．セルビア進歩党もセルビア議会第一党である．ヴチッチの強引な政治手法に批判も集まるが，対抗馬は不在である．そして，彼のように1970年生まれとまだ若く，盤石な政治基盤を持っている政治リーダーであれば，EU加盟について「奥の手」があるかもしれないが，それが何かについては，編者には想像がつかない．

　モンテネグロは，1992年4月のSRJ成立，2003年2月の国家連合「セルビア・モンテネグロ」設立において，いずれもセルビアと同一歩調をとった．しかし，同じ国家に属するが故に，セルビアを標的とした各種の制裁の巻き添えにもなった．そうしたこともあり，モンテネグロは少しずつセルビアとの距離を広げ，2006年6月に独立を果たしたのである．人口わずか60万人であり，経済的にも発展途上のモンテネグロにとって，頼るべきはEUしかないとも言える．しかし，セルビアから離れるということは，政府が，国民の30％前後を占めるセルビア人とどのように対するかという問題が重大化することを意味する．それが表面化したのが，NATO加盟問題である．セルビアは，EU加盟こそ希望しているが，コソヴォ紛争の際に空爆したNATOへの加盟は求めておらず，モンテネグロのセルビア人も同じ意見なのである．モンテネグロ政府はNATO加盟路線を進め，2017年6月に加盟を果たした．しかし，2016年10月の議会選挙の際に政府に対する大規模な抗議デモが起きた．長年のジュカノヴィッチ体制の政治腐敗も理由のひとつであるが，NATO問題も大きな原因のひとつであった．

　マケドニアのEU加盟に大きく立ちふさがっているのは，ギリシャである．そのことは本書の該当部分において詳しく触れられているので，ここで論じることはしないが，2005年12月に早くもEU加盟候補国になったマケドニアが，EU加盟競争においてクロアチアに敗れ，いままたセルビア，モンテネグロの後塵を拝している大きな原因は，ギリシャの抵抗である．更に，民族的少数派アルバニア人による政党が，マケドニア人の二大政党間の政争においてキャスティングボートを握っていることは，マケドニアの国民統合にとって，非常にデリケートな問題でもある．

　潜在的加盟候補国であるボスニアとコソヴォにおいて，国家統合問題は更に深刻である．ボスニアでは，1995年11月のデイトン合意によって承認されたボスニア連邦とセルビア人共和国という両構成体は，一方でボスニアの危うい民族バランスの安定化に資している．しかし，3民族の民族主義政党が，ここ20

年の間にむしろ勢力を増してきている．そして，3民族の民族主義政党が描くボスニアの将来像は，全く異なっている．最大の民族であるボシュニャク人民族主義政治家の間ではボスニアの集権化が主張される一方で，ドディクらセルビア人共和国のセルビア人民族主義政治家はそれに強く反対している．更に，クロアチア人民族主義政治家は自身の構成体の設立を望み，いまやEU加盟国となったクロアチアがそれを後押しするという姿勢を見せている．こうした民族主義政治家の跋扈を抑えてボスニアの国家統合を進める役割を負っているのはOHRであるが，そのプレゼンスは低下する一方であり，EUミッションとのさや当ても見られるところである．冷戦後のヨーロッパにおいて最大の悲劇であったとも言えるボスニア紛争が終了して20年以上が経過し，ボスニア紛争を知らない世代が次第に増えている．ボスニア紛争に関する「物語」が各民族で違うままに語られて，更に時代が過ぎれば，個人的な経験が集団的な「神話」に転化し，ボスニアの各民族間の和解，国家としてのボスニアの統合強化への道は更に険しくなるであろう．

　コソヴォに至っては，EU加盟どころか，近い将来の国連加盟すら危うい．国際社会における「一人前」の成員としての立場を獲得できない限り，経済発展の基本戦略も立てようがない．そもそも，SFRJ時代において，コソヴォは最もインフラ整備が遅れた地域であった．それがコソヴォ紛争において更に大きな打撃を受けた．外国投資，そして国際社会からの支援に，その将来の多くを期待するコソヴォは，国家的自立の道筋さえも不明である．

　ここまでEU加盟プロセスを補助線として，SFRJ後継諸国の現状について簡単に対照してみた．しかしここにきて，補助線をもう一本引く必要が出てきたかもしれない．それはロシアの影響力の復権である．ロシアは，ソ連時代，更に遡ってロシア帝国時代において，バルカン半島の政情に深く関与してきた．しかし1991年末のソ連崩壊直後，新生国家として誕生直後のロシアには，そうした余裕は殆どなかった．その間に，EUの東方拡大は着々と進んできた．しかし，プーチンの強力なリーダーシップにより，天然エネルギー資源の供給などをテコに，ロシアは地域大国として復権するに至っている．

　ロシアと対照的に，最近のEUは足下がぐらつき，その影響力の低下は明らかである．もともとEUにおける「民主主義の赤字」は夙に指摘されていたところであるが，「アラブの春」以降の中東の政治的混乱に端を発する2015年の難民問題，更に「ホームグロウン・テロ」は，EU域内のポピュリズムを先鋭

化させ，とうとう EU の 3 大国のひとつ，イギリスの離脱に繋がるのである．こうした EU において第一に優先されるべきは，加盟国間に見られる足並みの乱れの収拾であり，新規加盟に向けたプロセスへの関心は，少なくとも短期的には，後退せざるを得ない．

　ロシアの復権と EU の後退という構図の影響は，EU 加盟を果たしているスロヴェニア，クロアチア以外の SFRJ 後継諸国の政情において，明確に反映してきている．まず，セルビアでは歴史的にロシアと関係が深く，他方で前述のように NATO 空爆を経験していることもあって，反 NATO 的な感情が強い．現在のセルビア政治の中心にいるヴチッチは EU 加盟を基本路線としながら，ロシアとの良好な関係に配慮してきた．特に軍事的な接近が顕著であり，兵器輸入について合意が結ばれたり，セルビアで行われた軍事パレードにプーチンが出席したりしている．EU 加盟プロセスにおいてコソヴォ問題への対応に苦慮せざるを得ないヴチッチにとって，ロシアは EU に対する貴重なカウンターバランスでもある．

　貴重なカウンターバランスとしてのロシアという点では，ボスニアのセルビア人共和国の政治リーダーであるドディクにとっても同じである．ドディクもボスニアの内政におけるプレゼンスを高めようと，プーチンとの緊密ぶりをしばしば見せている．

　セルビアと同じくモンテネグロにおいても親ロシア感情が根強い．更に，ロシアからの個人投資や観光収入もモンテネグロ経済に大きな影響を与えてきた．従って，国内のセルビア人のみならず，モンテネグロ人の中にも，NATO 加盟に対する反対がかなり存在する．長らくモンテネグロ政治の舵取りを行ってきたジュカノヴィッチによる EU 加盟，NATO 加盟路線に反対して，前述の大規模デモ，更にクーデター未遂と首相暗殺未遂も起きているのである．モンテネグロ政府は未遂事件の「関係者」を拘束し，ロシアの画策を疑っている．

　このように，ロシアの復権と EU の混乱を背景とした一種の大セルビア主義的な動きの盛り上がりに最も危惧を抱くのが，コソヴォである．他方で，コソヴォをめぐって囁かれるのが，大アルバニア主義である．アルバニア人は，コソヴォの圧倒的な多数派民族である上に，本国アルバニアを有する．更に，マケドニアでも国民の 4 分の 1 程度を占め，モンテネグロにも国民の数％のアルバニア人が居住している．

2015年夏には，中東から大量の難民がSFRJ後継諸国を通過していき，一部は強制的にヨーロッパの外に退去させられた．こうした混乱は政治的安定性に欠ける新興国にとっては非常な重荷であった．ボスニアやコソヴォでは「イスラム国」兵士の存在もしばしば報道される．
　これまで述べてきたこれらの動きは，グローバル化時代の新しい動きとして考えられるかもしれない．しかしながら，SFRJ後継諸国が位置するバルカン地域においては，大民族主義の跋扈，国境を越えた人々の動きは決して新しいものではない．
　周知のように19世紀を通じて国際的に常に重大な関心を呼んでいた「東方問題」も，ドイツとハプスブルク（即ち，ヨーロッパ大国），ロシアという大国間の競争と，バルカン地域現地の民族主義とが絡み合っていたのである．「東方問題」の行き着く先は第一次世界大戦の勃発であった．
　現在のバルカン地域における大国間の「綱引き」と現地の民族主義の影響力を見ていると，かつての「東方問題」のデジャブという印象もあるだろう．とはいえ，グローバル化時代の「東方問題」の結末は，19世紀のそれとは違って，ヨーロッパ大国間の競争が紛争に繋がり，第一次世界大戦の再現に至るようには思われない．構図もより複雑である．その最大の原因は，冷戦を経験した米国が「東方問題」に19世紀よりも遙かに重大な利害関心を持っていることである．米国は言うまでもなくNATOを支える圧倒的な出資国である一方で，トランプ政権はしばしばNATO批判を行っていた．
　かつてのウェストファリア的な国際関係に加えて，グローバル化時代の新たな国際関係が存在することは，現在の国際政治において誰もが感得することに違いない．本書が取り上げている地域ではまさに新旧両国際関係が錯綜している．この地域を考察することは，現在の国際政治の透視図の一端なりとも理解することに繋がるのではないかと思っている．

　本書は，科学研究費助成事業一般・基盤研究（B）「ユーゴ後継諸国の対外政策と国際関係に関する研究」（研究期間2012年度～2016年度，研究課題番号24330057）による研究成果の一部である．

　本書巻末の「略年表」には，岡田成能さん（同志社大学大学院総合政策科学研究科博士後期課程）に作成の労を取っていただいた．感謝申し上げたい．

晃洋書房編集部の丸井清泰さんと一緒の本作りは2冊目である．丸井さん，今回も本当にお世話になりました．

2017年8月

夏真っ盛りの今出川の研究室にて

月 村 太 郎

◆参考文献◆

邦文献

阿部望［1993］『ユーゴ経済の危機と崩壊——国内要因と国外要因——』日本評論社.
池本修一・田中宏編［2014］『欧州新興市場国への日系企業の進出——中欧・ロシアの現場から——』文眞堂.
岩田昌征［1978］『労働者自主管理』紀伊国屋書店.
——［1994］『ユーゴスラヴィア——衝突する歴史と抗争する文明——』NTT出版.
大庭千恵子［1996］「『国民国家』の形成と『少数民族』の権利——マケドニア共和国におけるアルバニア人の事例（1991-1995）——」『NIRA研究報告書』総合研究開発機構.
——［2000］「マケドニア共和国における予防外交」『予防外交』三嶺書房.
——［2012］「マケドニア共和国におけるオフリド枠組み合意実施——地方分権化と民族間関係の政治力学（2001-2011年）——」『旧ユーゴ研究の最前線』渓水社.
——［2014］「EU加盟候補国は『国境』を越えられるか——旧ユーゴスラヴィア・マケドニア共和国の国名争議と歴史の視覚化（1991-2013）——」, 広島市立大学国際学部 国際政治・平和フォーラム編『世界の眺めかた——理論と地域からみる国際関係——』千倉書房.
——［2016］「旧ユーゴスラヴィア・マケドニア共和国における教育改革と非多数派コミュニティ（1991-2015）」『広島国際研究』22.
小山雅徳［2013］「コソボにおけるセルビア人問題と治安ガバナンス」, 広瀬佳一・湯浅剛編『平和構築へのアプローチ』吉田書店.
金子譲［2008］『NATO北大西洋条約機構の研究——米欧安全保障関係の軌跡——』彩流社.
木戸蓊［1977］『バルカン現代史』山川出版社.
久保慶一［2003a］「多民族国家における選挙と民族問題——2002年ボスニア総選挙のフィールドリサーチ——」『ユーラシアの平和と紛争』3.
——［2003b］『引き裂かれた国家——旧ユーゴ地域の民主化と民族問題——』有信堂.
——［2010］「デイトン合意後のボスニア・ヘルツェゴヴィナ——紛争後の多民族国家における持続可能な制度の模索——」『早稲田政治経済学雑誌』377.
小山洋司［1996］『ユーゴ自主管理社会主義の研究——1974年憲法体制の動態——』多賀出版.
——［2010］『南東欧（バルカン）経済図説』東洋書店.
材木和雄［2011］「クロアチアにおけるセルビア人難民の帰還と再統合——雇用問題の側面からの考察——」『環境科学研究（広島大学総合科学研究科紀要II）』6.
齋藤厚［2001］「『ボスニア語』の形成」『スラヴ研究』48.
——［2005］「スロヴェニアにおける政党政治とポピュリズム——スロヴェニア社会民主党の右派政党化をめぐって——」『スラヴ研究』52.
坂口裕彦［2016］『ルポ難民追跡——バルカンルートを行く——』岩波書店.

定形衛［2008］「旧ユーゴ紛争とディアスポラ問題——クロアチアとコソヴォを事例に——」『名古屋大學法政論集』224.
佐原徹哉［2008］『ボスニア内戦』有志舎.
塩川伸明［2008］『民族とネイション——ナショナリズムという難問——』岩波書店.
柴宜弘［1996］『ユーゴスラヴィア現代史』岩波書店（岩波新書）.
柴宜弘編［1999］『バルカン史』山川出版社.
柴宜弘・中井和夫・林忠行［1998］『連邦解体の比較研究——ソ連・ユーゴ・チェコ——』多賀出版.
田畑伸一郎［2004］「財政・金融制度の改革と現状」, 大津定美・吉井昌彦編『ロシア・東欧経済』ミネルヴァ書房.
月村太郎［1994］「多民族国家における統合と解体——ユーゴスラヴィア解体過程を例として——」『年報政治学』45.
——［2006］『ユーゴ内戦——政治リーダーと民族主義——』東京大学出版会.
——［2013］『民族紛争』岩波書店.
月村太郎編［2013］『地域紛争の構図』晃洋書房.
豊川慎［2007］「リベラル・デモクラシーにおける政治認識とキリスト教民主主義の政治思想序説」『キリストと世界（東京基督教大学紀要）』17.
中内政貴［2010］「旧ユーゴスラビア諸国における SSR の特徴と課題」『平和構築と治安部門改革（SSR）——開発と安全保障の視点から——』広島大学 IPSHU 研究報告シリーズ No.45.
——［2013］「ローカル・オーナーシップと国際社会による関与の正当性」『国際政治：紛争後の国家建設』174.
橋本敬市［2000］「ボスニア和平プロセスにおける上級代表の役割——ポスト・デイトン期におけるマンデートの拡大——」『外務省調査月報』3.
——［2001］「ボスニア・ヘルツェゴヴィナにおける中央機関の強化——機能する国家再建への模索——」『国際公共政策研究』6（1）.
——［2002］「構成民族の平等性に関する考察——ボスニア・ヘルツェゴヴィナ憲法裁判所判決によるデイトン体制の質的転換——」『国際公共政策研究』7（1）.
東野篤子［2006］「EU の東方拡大政策——旧加盟国政府と欧州委員会の立場を中心に——」, 田中素香・小森田秋男・羽場久美子編『ヨーロッパの東方拡大』岩波書店.
——［2012］「EU の拡大」, 森井裕一編『ヨーロッパの政治経済・入門』有斐閣.
——［2015］「ウクライナ危機と EU——ミンスク II 合意をめぐる EU と加盟諸国の外交——」『国際問題』641.
水島治郎［2016］「はじめに——「青の時代」の先に——」, 水島治郎編『保守の比較政治学』岩波書店.

英語文献

Ackermann, A. [1999] *Making Peace Prevail: Preventing Violent Conflict in Macedonia*. Syracuse: Syracuse University Press.
Albanian Ministry of Foreign Affairs of Albania [2014] "Vision of the Western Balkans

by 2020: A Vibrant, Peaceful Region Well Prepared to Join the EU and Providing a Decent Life to All its Inhabitants," *Albanian working paper for the Western Balkans Conference in Berlin*, Germany, 28 August.

Albright, M. [2003] *Madam Secretary*, New York: Miramax Books.

Anderson, B. R. O'G. [2006] *Imagined Communities: Reflections on The Origin and Spread of Nationalism*, London; New York: Verso(白石隆・白石さや訳『定本 想像の共同体———ナショナリズムの起源と流行———』書籍工房早山，2007年)

Aybet, G. and F. Bieber [2011] "From Dayton to Brussels: The Impact of EU and NATO Conditionality on State Building in Bosnia & Hercegovina," *Europe-Asia Studies*, 63(10).

Bartlett, W. [2003] *Croatia: Between Europe and the Balkans*, London ;New York: Routledge.

Bataković, D. T. [2012] *Serbia's Kosovo Drama: A historical perspective*, Belgrade: Stampa.

——— [2014] *A turbulent decade: the Serbs in post-1999 Kosovo*, Paris: Dialogue.

Bataković, D. T., ed. [2008] *Kosovo And Metohija. Living in the Enclave*, Belgrade: Institute for Balkan Studies.

Bekaj, A.R. [2010] *The UÇK and the Kosovo War: From Intra-State Conflict to Independent Country*, Berlin: Berghof Conflict Research.

Belloni, R. [2009] "Bosnia: Dayton is Dead! Long Live Dayton!" *Nationalism and Ethnic Politics*, 15.

Bennett, C. [1995] *Yugoslavia's Bloody Collapse: Causes, Course and Consequences*, London: Hurst & Company.

Bieber, F. [2003a] "The Serbian Opposition and Civil Society: Roots of the Delayed Transition in Serbia," *International Journal of Politics, Culture and Society*, 17(1).

——— [2003b] "Montenegrin politics since the disintegration of Yugoslavia," in F. Bieber ed., *Montenegro in Transition: Problems of Identity and Statehood*, Baden-Baden: Nomos Verlagsgesellschaft.

——— [2011a] "Introduction: Assessing the Ohrid Framework Agreement," *One Decade after the Ohrid Framework Agreement: Lessons (to be) Learned from the Macedonian Experience*, in M. Risteska and Z. Daskalovski eds., Skopje: Friedrich Eber Stiftung and Center for Research and Policy Making.

——— [2011b] "Building Impossible States? State-Building Strategies and EU Membership in the Western Balkans," *Europe-Asia Studies*, 63(10).

Bjelajac, M. and O. Žunec [2009] "The War in Croatia, 1991-1995," in C. Ingrao and T. A. Emmert eds., *Confronting the Yugoslav Controversies: A Scholar's Initiative*, West Lafayette, Indiana: Purdue University Press.

Bochsler, D. [2010] "The party system of Serbia" in V. Stojarová and P. Emerson eds., *Party Politics in the Western Balkans*, London: Routledge.

Bunce, V. and S. Wolchik [2011] *Defeating Authoritarian Leaders in Post-Communist*

Countries, Cambridge: Cambridge University Press.

Čagorović, N [2012] "Anti-fascism and Montenegrin Identity since 1990," *The Journal of the History*, 97(328).

Capussela, A. L. [2015] *State-building in Kosovo: Democracy, Corruption and the EU in the Balkans*, London and New York: I.B.Tauris.

Cascone, G. [2010] "NATO enlargement and the Western Balkans." in G. Aybet and R. R. Moore eds., *NATO in Search of a Vision*, Washington D. C.: Georgetown University Press.

Chládková, L. [2014] *The Far Right in Slovenia*, Brno: Faculty of Social Studies, Masaryk University.

Clark, H. [2000] *Civil Resistance in Kosovo*, London: Pluto Press.

Clewlow, A. [2010] *The Kosovo Protection Corps : A Critical Study of its De-activation as a Transition*, Oslo: NUPI.

Cohen, L. J. [2002] *Serpent in the Bosom: The Rise and Fall of Slobodan Milošević*, Boulder: Westview Press.

Colic-Peisker, V. [2008] *Migration, Class, and Transnational Identities: Croatians in Australia and America*, Urbana and Chicago: University of Illinois Press.

Črnič, A. and G. Lesjak [2003] "Religious Freedom and Control in Independent Slovenia," *Sociology of Religion*, 64(3).

Darmanivić, S. [2003] "Montenegro: Dilemmas of Small Republic," *Journal of Democracy*, 14(1).

—— [2007] "Montenegro: A Miracle in the Balkans," *Journal of Democracy*, 18(2).

Del Ponte, C. and S. Chuck [2009] *Madame Prosecutor : Confrontation with Humanity's Worst Criminals and the Culture of Impunity*, New York: Other Press.

Donia, R. J. [2000] "The Quest for Tolerance in Sarajevo's Textbooks," *Human Rights Review*, 1(2).

Džankić, J. [2015a] "From Creeping to Sprinting: The Foreign Policy of Montenegro", in S. Keil and B. Stahl eds., *The Foreign Policy of Post-Yugoslav States: From Yugoslavia to Europe*, Basingstoke: Palgrave Macmillan.

—— [2015b] *Citizenship in Bosnia and Herzegovina, Macedonia and Montenegro: Effects of Statehood and Identity Challenges*, Burlington: Ashgate.

European Commission [2013] Communication from the Commission to the European Parliament, the Council, the European Economic and Social Committee and the Committee of the Regions: EU Enlargement Strategy, COM (2013) 700 final, Brussels, 16 October.

—— [2014] *A New Start for Europe: My Agenda for Jobs, Growth, Fairness and Democratic Change, Political Guidelines for the next European Commission*, Jean-Claude Juncker, Candidate for President of the European Commission. Strasbourg, 15 July 2014.

—— [2015] Communication from the Commission to the European Parliament, the

Council, the European Economic and Social Committee and the Committee of the Regions: EU Enlargement Strategy, COM (2015) 611 final. Brussels, 10 November.
European Communities [1994] Official Journal of European Communities, L347, 31. 12. 93.
European Union [2003] "Declaration, EU-Western Balkans Summit," Thessaloniki, 21 June.
Fontana, G. [2017] *Education Policy and Power-Sharing in Post-Conflict Societies: Lebanon, Northern Ireland, and Macedonia*, London: Palgrave Macmillan.
Freyburg, T. and S. Richter [2010] "National identity matters: the limited impact of EU political conditionality in the Western Balkans," *Journal of European Public Policy*, 17(2).
Fris, K. [2007] "The Referendum in Montenegro: The EU's 'Postmodern Democracy,'" *European Foreign Affairs Review*, 12.
Gaber, S. [1993] "The limits of democracy: the case of Slovenia," *Journal of Area Studies*, 3.
Gallagher, T. [2003] "Identity in Flux, Destination Uncertain: Montenegro During and After the Yugoslav wars," *International Journal of Politics, Culture and Society*, 17 (1).
Gashi, S. [2010] *Adem Demaçi:biography*, Pristinë: Rrokullia.
Geiger, V. [2013] "Numerical Indicators of the Victims of the Jasenovac Camp, 1941–1945," *Review of Croatian History*, Vol. 9, No. 1, Zagreb: Croatian Institute of History.
Georgieva, L., Velkovski, Z., Damovska, L., Shehu, F. and V. Kreci [2012] *The Role of High Education in Fostering Intercultural Dialogue and Understanding in Multicultural Society: Needs Assessment Study- Republic of Macedonia*, Skopje:Faculty of Philosophy-UKIM Project, United Nations Joint Programme "Enhancing Interethnic Community Dialogue and Collaboration.
Glaudić, J. [2011] *The Hour of Europe: Western Powers and the Breakup of Yugoslavia*, New Haven: Yale University Press.
Glenny, M. [2012] *The Balkans 1804–2012: Nationalism, War and the Great Powers*, London : Granta Publications
Grandits, H. [2007] "The Power of 'Armchair Politicians': Ethnic Loyalty and Political Factionalism among Herzegovinian Croats," in X. Bougarel, E. Helms and G. Duijzings eds., *The New Bosnian Mosaic: Identities, Memories and Moral Claims in a Post-War Society*, Aldershot: Ashgate.
Greenberg, M. C. and M. E. McGuinness [2000] "From Lisbon to Dayton: International Mediation and the Bosnia Crisis," in M. C. Greenberg, J. H. Barton and M. E. McGuinness eds., *Words Over War: Mediation and Arbitration to Prevent Deadly Conflict*, Lanham: Rowman & Littlefield Publishers.
Grubiša, D. [2000] "The Zagreb Summit and Croatian Foreign Policy," in *Croatian International Relations Review*, Vol. 6, No. 20/21, Zagreb: Institute for International

Relations.
Gusic, I. [2015] "Contested democrac (ies): Disentangling understandings of democratic governance in Mitrovica" in A. Bjorkdar and L. Strombom eds., *Divided cities: Governing diversities*, Lund: Nordic Academic Press.
Haček, M., Pickel,S. and F. Bönker [2014] *Sustainable Governance Indicators 2014: Slovenia Country Report*, Gütersloh: Bertelsmann Stiftung.
Hamzaj, B. [2000] *A Narrative about War and Freedom:Dialog with the Commander Ramush Haradinaj*, Pristina: Zeri.
Hayden, R. [2012] *From Yugoslavia to the Western Balkans: Studies of a European Disunion, 1991-2011*, Leiden: Brill.
Hays, D. and J. Crosby [2006] "From Dayton to Brussels: Constitutional Preparations for Bosnia's EU Accession," *United States Institute of Peace Special Report*, 175.
Human Righs Watch [2001] *Under Orders: War Crimes in Kosovo*, NY: HRW.
Huntington, S. P. [1996] *The Clash of Civilizations and The Remaking of World Order*, New York: Simon & Schuster (鈴木主税訳『文明の衝突』集英社, 1998年).
IWRAW [1997] IWRAW (International Women's Rights Action Watch) CountryReport: Slovenia, Minneapolis, Humphrey Institute of Public Affairs, University of Minnesota (http://hrlibrary.umn.edu/iwraw/publications/countries/slovenia.htm, 2017年1月21日閲覧).
Janssensm, J. [2015] *State-building in Kosovo : A plural policing perspective*, Portland: Maklu.
Jelavich, B. [1983] *History of the Balkans vol.2: Twentieth Century*, Cambridge ; New York: Cambridge University Press
Jones, B. [2012] "Exploring the Politics of Reconciliation through Education Reform: The Case of Brčko District, Bosnia and Herzegovina," *The International Journal of Transitional Justice*, 6.
Keil, S. [2013] "Europeanization, state-building and democratization in the Western Balkans," *Nationalities Papers*, 41(3).
Ker-Lindsay, J. [2011] *Kosovo: The Path to Contested Statehood in the Balkans*, New York: I. B. Tauris
King, I. and W. Moson [2006] *Peace at Any Price : How the World Failed Kosovo*, London: Hurst & Co.
Koneska, C. [2014] *After Ethnic Conflict: Policy-making in Post-conflict Bosnia and Herzegovina and Macedonia*, Surrey: Ashgate Publishing Limited.
Kovacevic, F. [2007] "Montenegro and the Politics of Postcommunist Transition: 1990 to 2006," *Mediterranean Quarterly*, 18(3).
Kubiena, M. [2012] "Skopje 2014-Musealizing the City, Re-inventing History?" *The Western Balkans Policy Review*, 2(1), Winter/Spring 2012, Kosovo.
Kubo, K. [2008] "Why Kosovar Albanians Took Up Arms against the Serbian Regime: The Genesis and Expansion of the UÇK in Kosovo," *Europe-Asia Studies*, 62(7).

Lukšic, I. and M. Katnić [2016] "The Making of a State: Transition in Montenegro," *Cato Journal*, 36(3).
Lyon, A. [2016] *Decentralisation and the Management of Ethnic Conflict: Lessons from the Republic of Macedonia*, London; New York: Routledge.
MacDonald, D. B. [2002] *Balkan Holocausts? Serbian and Croatian Victim-centred Propaganda and the War in Yugoslavia*, Manchester; New York: Manchester University Press.
Malešević, S. and G. Uzelac [2007] "A Nation-state without the nation? The trajectories of nation-formation in Montenegro," *Nations and Nationalism*, 13(4).
Maver, A and U. Urbas [2011] "Realignment of the party system: Slovenia before the elections," *Perspective*, November, Berlin: Friedrich-Ebert-Stiftung.
McConnel, M. [2009] "Serbia's Foreign Policy Capacity," *Mediterranean Quarterly*, 20(4).
Mitrevska, M. [2013] "Conflict in Macedonia: A Challenge for New Reform Policy," *Medunarodne Studije*, god. 13 br. 3-4, Zagreb: Centar za međunarodne studije, Hrvatske udruge za međunarodne studije i Visoka škola međunarodnih odnosa i diplomacije Dag Hammarskjöld.
Morrison, K. [2009] *Montenegro: A Modern History*, London: I. B. Tauris.
Nikolayenko, O. [2012] "Origins of the movement's strategy: The case of the Serbian youth movement Otpor," *International Political Science Review*, 34(2).
Obadic, I. [2014] "A troubled relationship: Yugoslavia and the European Economic Community in détente," *European Review of History*, 21(2).
Oliver, K. [2014] "The Erased of Slovenia: Fighting for Retribution," *Perspectives on Business and Economics*, 32.
OSCE Mission to Skopje [2009] *Decentralization Survey 2009*, Skopje.
―――― [2010] *Discrimination Based on Ethnicity: Survey Report*, Skopje.
Pavlaković, V. [2005] "Serbia Transformed? Political Dynamics in the Milošević Era and After," in S. Ramet and V. Pavković eds., *Serbia since 1989: Politics and Society under Milošević and After*, Seattle: Washington University Press.
―――― [2012] "Conflict, Commemorations, and Changing Meanings: The Meštrović Pavilion as a Contested Site of Memory," in D. Pauković, V. Pavlaković and V. Raos eds., *Confronting the Past: European Experiences*, Zagreb: Political Science Research Centre.
―――― [2015] "Remembering War the European Way: Croatia's Commemorative Culture on the Eve of EU Membership," in P. Maldini and D. Pauković eds., *Croatia and the European Union: Changes and Development*, Farnham: Ashgate.
Perica, V. [2006] "The Most Catholic Country in Europe? Church,State, and Society in Contemporary Croatia," *Religion, State & Society*, 34(4).
Perritt, H.H., Jr. [2008] *Kosovo Liberation Army: The Inside Story of an Insurgency*, Urbana and Chicago: University of Illinois Press.
―――― [2010] *The Road to Independence for Kosovo: A Chronicle of the Ahtisaari*

Plan, New York: Cambrige University Press.

Perry, V. [2013] "Efforts to Reform and Transform Education in Post-war Bosnia and Herzegovina," in O. Listhaug and S. P. Ramet eds., *Bosnia-Herzegovina since Dayton: Civic and Uncivic Values*, Ravenna: Longo Editore.

Petroska-Beshka, V. [2012] *Baseline Research regarding the Interethnic Integration in Education: Interethnic Integration in Education Project by USAID and Macedonian Civic Education Center*, Skopje: The Center for Human Rights and Conflict Resolution.

Picciano, N. [2014] *EU-LEX KOSOVO: Challenged in the land of dichotomous truths*, Saarbrucken: LAP Lambert academic publishing.

Pichler, R. [2009] "Historiography and the Politics of Education in the Republic of Macedonia (1991-2008)" in A. Dimou ed., *"Transition" and the Politics of History Education in Southeast Europe*, Göttingen: V&R Unipress.

Pond, E. [2013] "Serbia Reinvents Itself," *Survival*, 55(4).

Poulton, H. [1995] *Who Are the Macedonians?* London: Hurst & Company.

Radonić, Lj. [2012] "Croatia's Transformation from Historical Revisionism to European Standards," in D. Pauković, V. Pavlaković and V. Raos eds., *Confronting the Past: European Experiences*, Zagreb: Political Science Research Centre.

Ramet, S. P. [1984] *Nationalism and federalism in Yugoslavia 1962-1991*, 2nd ed., Bloomington: Indiana University Press.

─────── [2010] "Politics in Croatia since 1990," in S. P. Ramet ed., *Central and Southeast European Politics since 1989*, Cambridge: Cambridge University Press.

Rossi, M. [2009] *Resurrecting the past: democracy, national identity and historical memory in modern Serbia*, Ann Arbor: UMI Dissertation Services.

Šelo Šabić, S. [2014] "Croatia's Fast-Forward Foreign Policy: From Yugoslavia to the EU," in S. Keil and B. Stahl eds., *The Foreign Policies of Post-Yugoslav States. From Yugoslavia to Europe*, London: Palgrave Macmillan.

Shea, J. [2008] *Macedonia and Greece: The Struggle to Define a New Balkan Nation*, North Carolina; London:McFarland & Company.

Smith, A. D. [2010] *Nationalism: Theory, Ideology, History*, 2nd. ed., Cambridge: Polity.

Smrke, M. [2008] "The Slovenes and the Catholic Church.The Reflections of a Sociologist," in F. Beaufort, I. Hägg and P. van Schie eds., *Separation of Church and State in Europe*, Brussels: European Liberal Forum.

Stahl, B. [2013] "Another 'strategic accession' ?: The EU and Serbia (2000-2010)," *Nationalities Papers*, 41(3).

Stefoska, I. [2013] "Some Aspects of History Textbooks for Secondary School: The Case of Macedonia" in S.P. Ramet, O. Listhaug, A. Simkus eds., *Civic and Uncivic Values in Macedonia: Value Transformation, Education And Media*, edited by Hampshire: Palgrave Macmillan,

Stjepanović, D. [2015] "Dual Substate Citizenship as Institutional Innovation: The Case

of Bosnia's Brčko District," *Nationalism and Ethnic Politics*, 21(4).
Thomas, R. [1999a] *The Politics of Serbia in the 1990s*, New York: Columbia University Press.
──── [1999b] *Serbia under Milošević: Politics in the 1990s*, London: Hurst & Company.
Torsti, P. [2013] "Rival histories & textbook reform in Bosnian textbooks 1992-2009," in O. Listhaug and S. P. Ramet eds., *Bosnia-Herzegovina since Dayton: Civic and Uncivic Values*, Ravenna: Longo Editore.
Velikonja, M. [1999] "Historical Roots of Slovenian Christoslavic Mythology," *Ocassional Papers on Religion in Eastern Europe*, 19(6).
Vickers, M. [1998] *Between Serb and Albanian: A History of Kosovo*, London: Hurst & Co.
Vuković, I. [2014] "The Determinants of Party Consensus on European Integration in Montenegro," *Croatian Political Science Review*, 52(4-5).
Vuletić, D. [2008] "Gay Men and Lesbians," in S. P. Ramet, K. Clewing and R. Lukić, eds., *Croatia since Independence. War, Politics, Society, Foreign Relations*, München: R. Oldenbourg Verlag.
Weller, M. [2009] *Contested Statehood: Kosovo's Struggle for Independence*, New York: Oxford University Press.
Woelk, J. [2013] "EU Member State-Building in the Western Balkans: (Prolonged) EU-protectorates or new model of sustainable enlargement? Conclusion," *Nationalities Papers*, 41(3).
Zapp, K. [1993] "The Economic Consequences of National Independence: The Case of Slovenia," *International Journal of Politics, Culture and Society*, 7(1).

現地語文献（ラテン文字）
Antonić, S [2006] *Elita, Građanstvo i Slaba Država*, Beograd, Službeni Glasnik.
Banjeglav, T. [2012] "Sjećanje na rat ili rat sjećanja? Promjene u politikama sjećanja u Hrvatskoj od 1990. godine do danas," in D. Karačić, T. Banjeglav and N. Govedarica, *Re:vizija prošlosti. Službene politike sjećanja u Bosni i Hercegovini, Hrvatskoj i Srbiji od 1990. godine*, Sarajevo: Friedrich Ebert Stiftung.
Barić, N. [2005] *Srpska pubuna u Hrvatskoj 1990-1995*, Zagreb: Golden Marketing - Tehnička knjiga.
Barić, N., Dovranić, D., Janković T., Nazor, A., Novosel, D. and E. Petroci [2015] *Domovinski rat: Čitanka priručnik za učitelje povijesti u osnovnim školama i nastavnike povijesti u srednjim školama*, Zagreb: Školska knjiga.
Bulatović, R. [1990] *Koncentracioni logor Jasenovac, s posebnim osvrtom na Donju Gradinu. Istorijsko-sociološka i antropološka studija*, Sarajevo: Svjetlost.
Črnič, A. [2007] "Predsednik za novo dobo: religiološka analiza Drnovškovega obrata," *Družboslovne razprave*, 56, Ljubljana: FDV.

Damian-Lakićević, D. [2009] "Izgredi za Obnavljanje Saradnje Srbije sa Pokretom Nesvrstanosti," *MP*., 61(49).

Dragojlović, N [2011] *Spoljna Politika Srbije: strategije i dokumenta*, Beograd: Evropski Pokret u Srbiji.

Dubravica, B. [1996] "Četnici," in A. Vujić, ed., *Hrvatski leksikon*, Sv. 1, Zagreb: Naklada Leksikon.

Đukanović, D. and I. Lađevac [2008] "Definisanje Spoljnopolitičkih Prioriteta: Slučaj Crne Gore," in E. Karanovič and S. Janković eds., *Elementi Strategije Spoljne Politike Srbije*. Beograd: Institut za Međunarodnu Politiku i Privredu.

——— [2009] "Prioriteti Spoljnopolitičke Strategije Republike Srbije," *MP*., 61(3).

Ferenc, M. [2012] "Tezno - največe prikriveno grobište u Sloveniji: O istraživanju grobišta u protutenkovskom rovu u Teznom (Maribor)," *Časopis za suvremenu povijest*, 44(3), Zagreb: Hrvatski institut za povijest.

Gashi, S. [2004] *Marrëveshja për Paqe të Përkohshme*, Pristinë: Galiza

Hrženjak, J. ed. [2002] *Rušenje antifašističkih spomenika u Hrvatskoj 1990–2000.*, Zagreb: „SABA RH".

Izberi življenje [2002] *Sklepni dokument Plenarnega zbora Cerkve na Slovenskem*, Ljubljana: Družina.

Jović, B. [2009] *Od Gazimestan do Haga: Vreme Slobodana Miloševića*, Beograd: Metaphysica.

Koren, S. [2014] *Povijest 8: udžbenik povijesti za osmi razred osnovne škole*, Zagreb: Profil.

Kotar, M. [2000] "Slovenski pot v neodvisnost in demokracijo," in D. Fink-Hafner and M. Haček eds., *Demokratični Prehodi I*, Ljubljana: FDV.

Krstalić, I. [2011] "Savjet/Vijeće ministara Bosne i Hercegovine," u D. Banović i S. Gavrić, ur. *Država, Politika i Društvo u Bosni i Hercegovini: Analiza postdejtonskog politčkog sistema*, Sarajevo: University Press.

Kustec Lipicer, S. and N. Toš [2013] "Analiza volilnega vedenja in izbir na prvih predčasnih volitvah v Državni Zbor 2011," *Teorija in Praksa* 50(3–4), Ljubljana: FDV.

Lučić, J., Šanjek, F., Antić L. Vidaček and B. I. Bertić [1993] *Hrvatski povijesni zemljovidi*, Zagreb: Kartografija - Učila.

Lukšič, I. [2001] *Politični sistem Republike Slovenije*, Ljubljana: Znanstveno in publistično središče.

Miljković, D. ed. [1989] *Jugoslavija 1918–1988: Statistički Godišnjak*, Beograd: SFRJ Savezni Zavod sa Statistiku.

Pavlaković, V. [2009] "Komemorativna kultura Bleiburga, 1990–2009," in S. Bosto and T. Cipek eds., *Kultura sjećanja: 1945, Povijesni lomovi i svladavanje prošlosti*, Zagreb: Disput.

Perić, I. [1993] *Hrvatska i svijet u XX. stoljeću*, Zagreb: Školska knjiga.

Petrović, D. and D. Đukanović [2012] *Stubovi Spoljine Politike Srbije – EU, Rusija, SAD i Kina*, Beograd, Institut za Međunarodnu Politiku i Privredu.

Pirjevec, J. [1995] *Jugoslavija 1918–1992*, Koper: Založba Lipa.

Pugelj, I. [2014] *Slovenci in kolektive identitete*, Nova Gorica: FUDŠ.

Radonić, Lj. [2010] "Univerzalizacija holokausta na primjeru hrvatske politike prošlosti i spomen-područja Jasenovac," in *Suvremene teme*, God. 3, Br. 1, Zagreb: Centar za politološka istraživanja.

Radović, S. [2013] "Istorijski revizionizam i imenovanje javnih prostora u savremenim balkanskim društvima," in M. Samardžić, M. Bešlin and S. Milošević et al. eds., *Politička upotreba prošlosti: o istorijskom revizionizmu na postjugoslovenskom prostoru*, Novi Sad: Alternativna kulturna organizacija.

Rizman, R. [1998] "Radikalna desnica na Slovenskem," *Teorija in Praksa*, 35(2), Ljubljana: FDV.

Sadiković, M. [2012] "Kako učimo našu djecu?" in S. Madacki and M. Karamehić, eds., *Dvije Škole pod Jednim Krovom: Studija o segregaciji u obrazovanju*, Sarajevo: Centar za ljudska prava Univerziteta u Sarajevu.

Savezni zavod za statistiku [1989] *Jugoslavija 1918–1988. Statisticki godisnjak* (ISKRO "Savremena administracija" - OOUR "Branko Djonovic), Beograd : Savezni zavod za statistiku.

Sever, S. [2010] *Korupcija in uzpon tajkunov v tranziciji: primjerjava Estonije in Slovenije*, Ljubljana: EF.

Šiber, I. [1991] "Nacionalna, vrijednosna i ideološka uvjetovanost stranačkog izbora," in I. Grdešić, M. Kasapović, I. Šiber, N. Zakošek, *Hrvatska u izborima '90*, Zagreb: Naprijed.

Smrke, M. [2016] "Odtis poloma Slovenske Katoliške Cerkve na podatkih raziskave SJM," *Teorija in Praksa*, 53(2), Ljubljana: FDV.

Stanić, J., Šakaja, L. and L. Skavuj [2009] "Preimenovanja zagrebačkih ulica i trgova," *Migracijske i etničke teme*, 25(1-2), Zagreb: Institut za migracije i narodnosti.

Tomac, Z. [1997] *Zagrebačka kriza: politologijska analiza i dokumenti*, Zagreb: Promocija.

Trbić, D. ed. [2007] *Obrazovanje u Bosni i Hercegovini: Čemu učimo djecu? Analiza sadržaja udžbenika nacionalne grupe predmeta*, Sarajevo: Fond otvoreno društvo Bosna i Hercegovina.

Vujačić, I. [2009] *Kako se Događao Narod (I) "Antibirokratska Revolucija" (1987–1989)*, Beograd: Službeni Glasnik.

Zajc, D. [2001] "Demokratične volitve in prehod nekaterih novih državah na območju nekdanje Jugoslavije," in D. Fink-Hafner and M. Haček eds., *Demokratični Prehodi II*, Ljubljana: FDV.

Župan, I. [2000] "Trg u vječnom zagrljaju politike," *Vijenac*, 174, Zagreb: Matica Hrvatska.

現地語文献（キリル文字）

Дневник (Skopje) Вечер (Skopje) Утрински Весник (Skopje) Нова Македонија (Skopje)

Државен завод за статистика [2015] *Дипломирани Студенти, 2014 (прв, втор и трет циклус)*, Скопје.

Министерство за Локална Самоуправа [2009] "Информација за процесот на децентрализација (Октомври 2008 - Август 2009)," Скопје.

Министерство за образование и наука на Република Македонија [2006] *Национална програма за развој на образованието на Република Македонија 2005-2015*, Скопје.

Павловић, З. и Ј. Босни ћ [2011] *Мозаик прошлости 8: уџбеник историје за осми разред основне школе*, Београд : БИГЗ.

Петроска - Бешка , В . [2009] *Студија за мултикултурализмот и меѓуетничките односи во образованието*, Скопје : Канцеларија на УНИЦЕФ.

Собрание на Република Македонија [2016] "Закон за изменување и дополнување на законото за азил и привремена заштита," *Службен весник на Република Македонија*, бр. 101, 18 Јуни 2016.

Web 文献（英語）

Agreement [2002] "Agreement on Principles of Relations between Serbia and Montenegro within the State Union," (http://www.consilium.europa.eu/uedocs/cms_data/docs/pressdata/en/sg/69898.pdf, 2017年2月3日閲覧).

B92net. [2011] "Belgrade hosts 50th Non-Aligned Movement summit," (http://www.b92.net/eng/news/politics.php?yyyy=2011&mm=09&dd=05&nav_id=76239, 2017年2月3日閲覧).

―――― [2017] "Changing policy toward Russia and China would be 'suicidal'," (http://www.b92.net/eng/news/politics.php?yyyy=2017&mm=01&mm =01&dd=02&nav_id=100132, 2017年2月3日閲覧).

Bechev, D. [2015a] "Russia and Turkey: What does their partnership mean for the EU?" Policy Brief, European Policy Centre, 13 February (http://www.epc.eu/documents/uploads/pub_5304_russia_and_turkey.pdf, 2017年1月21日閲覧).

―――― [2015b] "Russia in the Balkans: How should the EU respond?" *Policy Brief*, European Policy Centre, 12 October (http://www.slobodnaevropa.org/a/russia-in-the-balkans-how-should-the-eu-respond/27307669.html, 2017年1月21日閲覧).

―――― [2015c] "Bechev, Montenegro and Serbia in the EU would be good for Russia," Balkan View, 9 November (http://www.slobodnaevropa.org/a/bechev-montenegro-and-serbia-in-the-eu-would-be-good-for-russia/27354148.html, 2017年1月21日閲覧).

Center for Insights [2015] "Survey of Serbian Public Opinion November 24-December 3, 2015," (http://www.iri.org/sites/default/files/wysiwyg/serbia_november_2015_poll_public_release.pdf, 2017年1月21日閲覧).

Council of the European Union [2003] "A Secure Europe in a Better World: European Security Strategy," Brussels, 12 December（https://www.consilium.europa.eu/uedocs/cmsUpload/78367.pdf, 2017年1月21日閲覧）.
Čustović, Z. [2014] "Segregation, Education and Nationalism: Two Schools Under One Roof System in Bosnia and Herzegovina," POLITHEOR, 30/10/2014（http://politheor.net/segregation-education-and-nationalism-two-schools-under-one-roof-system-in-bosnia-and-herzegovina-2/, 2016年7月8日閲覧）.
Dačić, I. [2014] http://mfa.gov.rs/en/statement-archive/statement-archiev-2-14/13079-dacic-never-sanctions-against-russia（2017年2月3日閲覧）.
―――― [2015a] "Minister Dacic attends 3rd EU-SEE Summit in Split"（http://www.mfa.gov.rs/en/about-the-ministry/minister/ministry-speeches/14009-minister-dacic-attends-3rd-eu-see-summit-in-split, 2017年2月3日閲覧）.
―――― [2015b] http://mfa.gov.re/en/about-the-ministry/minister/ministry-speeches/15078-minister-dacic-presented-diplomas-to-20142015-diplomatic-academy-grduates（2017年1月21日閲覧）.
―――― [2015c] http://www.mfa.gov.rs/en/component/contact/article/13974-dacic-in-brussels-stability-in-the-region-is-the-common-goal-of-serbia-and-nato（アクセスできず）.
―――― [2016a] http://www.mfa.gov.rs/en/press-service/statement/16029-minister-dacic-lavrov-is-one-of-serbias-dearest-guest（2017年2月3日閲覧）.
―――― [2016b] "Statement by Minister Dacic at the 17th Summit of the Non-Aligned Movement,"（http://www.mfa.gov.rs/en/about-the-ministry/minister/ministry-speeches/15726-statement-by-minister-dacic-at-the-17th-summit-of-the-non-aligned-movement, 2017年2月3日閲覧）.
Dempsey, J. [2015] "Is the EU Sleeping on the Western Balkans?" 13 May 2015（http://carnegieeurope.eu/strategiceurope/?fa=60069, 2017年1月21日閲覧）.
EBL news [2016] "Numbers of Montenegro's NATO accession supporters and opponents equal,"（https://eblnews.com/news/balkan/number-montenegros-nato-accession-supporters-and-opponents-equal-49487, 2017年1月21日閲覧）.
European Commission [2007] Understanding Enlargement: The European Union's Enlargement Policy, Brussels; European Communities（http://tilveran-i-esb.blog.is/users/24/tilveran-i-esb/files/enl-understand_en_-_creation_date_20-11-2007_kl_16_16.pdf, 2017年1月21日閲覧）.
―――― [2015a] "Commission Staff Working Document: The Former Yugoslav Republic of Macedonia," SWD（2015）212final. Brussels, 10 November European Commission, 2 June Agreement and Annex to the Agreement（https://ec.europa.eu/neighbourhood-enlargement/sites/near/files/pdf/key_documents/2015/20151110_report_the_former_yugoslav_republic_of_macedonia.pdf, 2017年2月1日閲覧）.
―――― [2015b] "European Commission, Agreement in Skopje to overcome political crisis,"（http://ec.europa.eu/commission/2014-2019/hahn/announcements/

agreement-skopje-overcome-political-crisis_en, 2016年9月7日閲覧).

―――― [2016] "Commission Staff Working Document: Bosnia and Herzegovina 2016 Report," SWD (2016) 365 final, Brussels, 9 November (https://ec.europa.eu/neighbourhood-enlargement/sites/near/files/pdf/key_documents/2016/20161109_report_bosnia_and_herzegovina.pdf, 2017年1月21日閲覧).

European External Action Service [2015a] The European Union in a Changing Global Environment: a More Connected, Contested and Complex World, Brussels, June (https://eeas.europa.eu/docs/strategic_review/eu-strategic-review_strategic_review_en.pdf, 2017年1月21日閲覧).

―――― [2015b] EU and Western Balkans Leaders agree on 17-point plan on migration, 26 October. (http://eeas.europa.eu/top_stories/2015/151026_01_en.htm, 2016年11月10日閲覧).

―――― [2016] Statement: Mogherini stresses European path for Kosovo. 160505_07_en. Kosovo, 5 May 2016 (https://eeas.europa.eu/headquarters/headquarters-homepage/5186_en, 2016年11月1日閲覧).

European Institute of Peace [2015] Ohrid Framework Agreement :Review on Social Cohesion (http://eip.org/sites/default/files/OFA%20Review%20on%20Social%20Cohesion.pdf, 2016年8月29日閲覧).

European Stability Initiative [2014] Bosnia Herzegovina and the EU. 20 June 2014 (http://www.esiweb.org/index.php?lang=en&id=542, 2016年11月16日閲覧).

European Union [2005] EU-Turkey negotiating framework, Luxembourg, 3 October (http://ec.europa.eu/enlargement/pdf/turkey/st20002_05_tr_framedoc_en.pdf#search='EU+Turkey+negotiation+framework', 2016年11月1日閲覧).

―――― [2016] Shared Vision, Common Action: A Stronger Europe, A Global Strategy for the European Union's Foreign and Security Policy, Brussels, 28 June (https://eeas.europa.eu/top_stories/pdf/eugs_review_web.pdf, 2017年1月21日閲覧).

Furlan, S. [2014] "The Slovenian banking and debt crisis," *Troika Watch*, April 8 (http://www.troikawatch.net/the-slovenian-banking-and-debt-crisis/, 2017年1月21日閲覧).

International Crisis Group (ICG) [1999] *Waiting for UNMIK: Local Administration in Kosovo* (https://www.crisisgroup.org/europe-central-asia/balkans/kosovo/waiting-unmik, 2017年2月5日閲覧).

―――― [2004] *Collapse in Kosovo* (https://www.crisisgroup.org/europe-central-asia/balkans/kosovo/collapse-kosovo, 2017年2月5日閲覧).

―――― [2006] *An Army for Kosovo?* (https://www.crisisgroup.org/europe-central-asia/balkans/kosovo/army-kosovo, 2017年2月5日閲覧).

Manske, M. [2004] "Centre-Right Slovenian Democrats Sweep to Victory at Slovenia's Parliamentary Elections," *Insight Central Europe*, October 8 (http://www.radio.cz/en/section/ice_special/centre-right-slovenian-democrats-sweep-to-victory-at-slovenias-parliamentary-elections, 2017年1月21日閲覧)

NATO [1995] "Study on NATO Enlargement," Brussels, 3 September (http://www.nato.int/cps/en/natohq/official_texts_24733.htm, 2017年1月21日閲覧).

―――― [1999] "Press Release, Membership Action Plan (MAP)," Press Release NAC-S (99) 66, 24 April (http://www.nato.int/cps/en/natohq/official_texts_27444.htm, 2017年1月21日閲覧).

―――― [2002] "Prague Summit Declaration issued by Head of States and Government Participating in the Meeting of the North Atlantic Council in Prague," Press Release (2002) 127. 21 November (http://www.nato.int/cps/en/natohq/official_texts_19552.htm?, 2017年1月21日閲覧).

―――― [2006] "Riga Summit Declaration, Issued by the Heads of State and Government participating in the meeting of the North Atlantic Council, Riga, 29 November 2006," (http://www.nato.int/docu/pr/2006/p06-150e.htm, 2017年1月21日閲覧).

―――― [2015] Statement by NATO Foreign Ministers on Open Door Policy, Press Release (2015) 175, 2 December (http://www.nato.int/cps/en/natohq/official_texts_125591.htm?selectedLocale=en, 2017年1月21日閲覧).

Nikolic, T. [2012] "Statement," (https//gadebate.un.org/sites/default/files/gastatements/67/RS_en.pdf, 2017年1月21日閲覧).

―――― [2013] "Statement," (https//gadebate.un.org/sites/default/files/gastatements/68/RS_en.pdf, 2017年1月21日閲覧).

―――― [2014] "Statement," (https//gadebate.un.org/sites/default/files/gastatements/69/RS_en.pdf, 2017年1月21日閲覧).

ODIHR [2005] Former Yugoslav Republic of Macedonia: 7 November 2004 Referendum, OSCE/ODIHR Observation Mission Final Report. Warsaw (http://www.osce.org/odihr/elections/fyrom/40863?download=true, 2016年8月30日閲覧).

―――― [2015] The Former Yugoslav Republic of Macedonia: Early Parliamentary Elections 24 April 2016, OSCE/ODIHR Needs Assessment Mission Report (http://www.osce.org/odihr/elections/fyrom/204441?download=true, 2016年9月8日閲覧).

―――― [2016] The Former Yugoslav Republic of Macedonia: Early Parliamentary Elections Scheduled for 5 June 2016, OSCE/ODIHR Election Observation Mission Final Report, Warsaw (http://www.osce.org/odihr/elections/fyrom/251456?download=true, 2016年9月8日閲覧).

Rešetar, B. and N. Lucić [2015] *National Report: Croatia*, Commission on European Family Law (http://ceflonline.net/wp-content/uploads/Croatia-IR1.pdf, 2017年2月5日閲覧).

SNS [2011] https://www.sns.org.rs/sites/default/files/bela-knjiga_0.pdf (2017年2月3日閲覧).

Snyder, G. [1984] "The Security Dilemma in Alliance," *World Politics*, 36(4).

SPS [2010] http://www.sps.org.rs/documents/PROGRAM%20SPS.pdf (2017年2月3日閲覧).

Strategija [2009] Strategija nacionalne bezbednosti Republike Srbije 2009, (http://www.

vba.mod.gov.rs/strategija_-20nacionalne_bezbednosti_lat.pdf, 2017年1月21日閲覧).
Tadić, B [2009] "Statement," (http://www.un.org/ga/64/generaldebate/pdf/RS_en.pdf, 2017年1月21日閲覧).
The Norwegian Peace Committee [2012] *The Nobel Peace Prize for 2012.* Oslo, 12 October (http://www.nobelprize.org/nobel_prizes/peace/laureates/2012/press.html, 2016年11月3日閲覧).
UNHCR [2016] Refugee Emergency Response in Europe: Supplementary Appeal January-December 2016 (http://www.unhcr.org/partners/donors/57ab37067/unhcr-refugee-emergency-response-plan-supplementary-appeal-january-december.html?query=macedonia, 2016年9月30日閲覧).
Wohlfeld, S. [2016] "Don't Forget the Western Balkans," The Spiegel Online, 8 July (http://www.spiegel.de/international/europe/opinion-after-brexit-vote-fears-balkan-states-will-be-forgotten-a-1102165.html, 2016年11月1日閲覧).

Web 文献（現地語）

Собрание на Република Македонија [2011] Структура на пратеничкиот состав 2011-2014. http://www.sobranie.mk/statistika.nspx, 2016年8月30日閲覧).
Jeremić, V. [2008] http://www.mfa.gov.rs/en/vuk-jeremic-speeches?start=36 ("Vuk Jeremic Speeches," 30, July, 2017年2月3日閲覧).
―――― [2009] http://www.mfa.gov.rs/en/vuk-jeremic-interviews ("Vuk Jeremic Speeches," 9, Nov., 2017年2月3日閲覧).
Институт за социолошки и политичко - правни истражувања [2011] Политичките идентитети во Република Македонија (истражувачка студија). Скопје：Универзитет Св. Кирил и Методиј (http://isppi.ukim.edu.mk/files/politickite-identiteti-vo-rm.pdf, 2016年8月29日閲覧).

官報・新聞・雑誌

Delo (Ljubljana), *Mladina* (Ljubljana), *SJM* (*Slovensko Javno Mnenje*) (Ljubljana), *Statistične informacije* (Ljubljana), *Večer* (Maribor)

Borba (Beograd), *Croatia Monitor* (Zagreb), *24 sata* (Zagreb), *Focus* (Beograd), *Glas Istre* (Pula), *Glas Slavonije* (Osijek), *Globus* (Zagreb), *Jutarnji list* (Zagreb), *Narodne novine* (Zagreb), *Novi list* (Rijeka), *Politika* (Beograd), *Review of International Affairs* (Beograd), *Slobodna Dalmacija* (Split), *Službeni list SFRJ* (Beograd), *Yugoslav Survey* (Beograd), *Večernji list* (Zagreb), *Vjesnik* (Zagreb)

資料1　国別データ

〈スロヴェニア共和国〉

人口（万人）	面積（平方キロ）	首都	主要言語	主要宗教	政体	1人あたりGDP（ドル）
197.8	20,273	リュブリャナ	スロヴェニア語	カトリック	共和制	21,660

〈クロアチア共和国〉

人口（万人）	面積（平方キロ）	首都	主要言語	主要宗教	政体	1人あたりGDP（ドル）
431	56,594	ザグレブ	クロアチア語	カトリック	共和制	12,110

〈ボスニア・ヘルツェゴヴィナ〉

人口（万人）	面積（平方キロ）	首都	主要言語	主要宗教	政体	1人あたりGDP（ドル）
386	51,197	サライェヴォ	ボスニア語，セルビア語，クロアチア語	イスラーム教，セルビア正教，カトリック	共和制	4,880

〈セルビア共和国〉

人口（万人）	面積（平方キロ）	首都	主要言語	主要宗教	政体	1人あたりGDP（ドル）
714	77,474	ベオグラード	セルビア語，ハンガリー語	セルビア正教，カトリック	共和制	5,280

〈モンテネグロ〉

人口（万人）	面積（平方キロ）	首都	主要言語	主要宗教	政体	1人あたりGDP（ドル）
62	13,812	ポドゴリツァ	モンテネグロ語，セルビア語	キリスト教（正教），イスラーム教	共和制	6,970

〈マケドニア共和国〉

人口（万人）	面積（平方キロ）	首都	主要言語	主要宗教	政体	1人あたりGDP（ドル）
210	25,713	スコピエ	マケドニア語，アルバニア語	マケドニア正教，イスラーム教	共和制	4,980

〈コソヴォ共和国〉

人口（万人）	面積（平方キロ）	首都	主要言語	主要宗教	政体	1人あたりGDP（ドル）
188.3	10,887	プリシュティナ	アルバニア語，セルビア語，ボスニア語	イスラーム教，セルビア正教，カトリック	共和制	3,850

(出所) データは2016年現在。The World Factbook (https://www.cia.gov/library/publications/the-world-factbook/), GDPのみAtlas Method換算方式の世界銀行 (http://databank.worldbank.org/data/download/GNIPC.pdf) より作成。政体については、外務省の表記を参照。

資料2 略年表および政治体制

〈SFRJ 関連略史〉

年. 月	項　目
1918.12	セルビア人・クロアチア人・スロヴェニア人王国建国
1929. 1	国王アレクサンダル1世，憲法停止と議会解散
1929.10	ユーゴスラヴィア王国（以後，ユーゴ王国）に改称
1934.10	マルセイユで国王アレクサンダル1世暗殺
1939. 8	スポラズム締結
1941. 3	ユーゴ王国が日独伊三国同盟に加盟（その後に破棄し，ソ連と友好不可侵条約締結）
1941. 4	ドイツの攻撃により，ユーゴ王国降伏
1945.11	王政廃止とユーゴスラヴィア連邦人民共和国（以後，FNRJ）建国宣言
1948. 6	コミンフォルムからユーゴ共産党追放
1952.11	ユーゴ共産党からユーゴスラヴィア共産主義者同盟（以後，SKJ）に改称
1963. 4	FNRJ からユーゴスラヴィア社会主義連邦共和国（以後，SFRJ）に改称
1974. 1	SFRJ 新憲法採択，「1974年憲法体制」成立
1980. 5	チトー，死去
1989. 3	セルビア憲法改正
1990. 1	SKJ 臨時大会でスロヴェニア，クロアチア共産主義者同盟代表退場
1990. 4-12	各共和国議会での選挙の結果，SKJ の全国的支配体制崩壊
1991. 6	スロヴェニア，クロアチア独立，ユーゴスラヴィア人民軍攻撃し内戦化
1991. 7	スロヴェニア「10日間戦争」終了
1991.11	マケドニア独立
1992. 1	クロアチア内戦停戦
1992. 2-3	ボスニアで「国民投票」の実施（セルビア人はボイコット）
1992. 4	ボスニア内戦開始
1992. 4	ユーゴスラヴィア連邦共和国（以後，FRJ）建国
1994. 3	ワシントン協定締結
1995. 8	クロアチア軍の「嵐作戦」
1995. 8	NATO の「セルビア人共和国」大規模空爆
1995.11	デイトン合意成立
1998. 2	コソヴォ内戦開始
1999. 3-6	NATO がコソヴォのセルビア人拠点やセルビアへ大規模空爆
2003. 2	FRJ が国家連合「セルビア・モンテネグロ」に改称
2006. 6	モンテネグロ独立
2008. 2	コソヴォ独立

スロヴェニア共和国

〈略年表〉

年. 月	項 目
1990. 4	複数政党制による自由選挙で DEMOS 勝利，大統領選挙でクーチャンが当選
1991. 6	独立宣言，ユーゴスラヴィア人民軍とスロヴェニア共和国軍の「十日間戦争」発生
1991.12	DEMOS，解散を宣言
1992. 5	自由民主党を中心とする第一次ドゥルノウシェク政権発足
1992. 5	国連加盟
1992.12	議会選挙で自由民主党が第一党となり，翌月に第二次ドゥルノウシェク政権発足
1994. 3	ヤンシャが国防相を解任され，社会民主党が連立離脱
1994.11	議会選挙で自由民主党が第一党となり，翌年2月第三次ドゥルノウシェク政権発足
1997. 4	帰還政治移民のロデがリュブリャナ大司教に就任し，カトリック教会急進化
2000. 6	第三次ドゥルノウシェク政権崩壊，帰還政治移民のバユックが首相に就任
2000.10	議会選挙で自由民主党が第一党となり，翌月に第四次ドゥルノウシェク政権発足
2002.11	大統領選挙でドゥルノウシェクが当選，財務相のロップが後任の首相に
2004. 3	NATO 加盟
2004. 5	EU 加盟
2004. 5	ローマ教皇庁と政教協約を締結
2004.10	議会選挙でヤンシャのスロヴェニア民主党が第一党，翌々月にヤンシャ政権発足
2005.11	ヤンコヴィッチ・メルカトール社 CEO 解任，多くの国公営企業が政権の影響下に
2007. 1	通貨にユーロを導入
2007.11	大統領選挙でトュルクが当選
2008. 1	EU 議長国に就任（-2008. 6）
2008. 9	リーマン・ショック発生，国内経済や対外貿易が急速に悪化し停滞
2008. 9	議会選挙でパホルの社会民主主義者党が第一党となり，翌々月にパホル政権発足
2011. 2	クランベルゲル・マリボル大司教，同大司教区経営の投資ファンド破綻問題で辞任
2011. 9	内閣不信任案が可決されパホルが議会を解散
2011.12	議会解散総選挙でヤンコヴィッチの政党「積極的なスロヴェニア」が第一党に
2012. 2	「積極的なスロヴェニア」が連立から排除される形で第二次ヤンシャ政権発足
2012.12	大統領選挙でパホルが当選
2013. 1	汚職防止委員会がヤンシャとヤンコヴィッチの不透明な資産を公表
2013. 2	議会がヤンシャ内閣不信任案を可決，後任首相に女性のブラトゥシェクを選出
2013. 7	カトリック教会，リュブリャナとマリボルの両大司教が辞任して後任が不在に
2014. 4	高等裁判所，汚職容疑のヤンシャに懲役2年の有罪判決
2014. 7	ブラトゥシェク首相辞任を受けた議会解散総選挙でミロ・ツェラル党が第一党に
2014. 9	ミロ・ツェラル党を中心とするツェラル政権発足
2014.11	憲法裁判所，ヤンシャの仮釈放を決定し，この10カ月後に裁判の時効を決定

〈歴代大統領〉

就任年月	氏名	政党
1990.5	ミラン・クーチャン	SDP (ZKS)
1992.12	ミラン・クーチャン	ZLSD
1997.11	ミラン・クーチャン	ZLSD
2002.12	ヤネス・ドゥルノウシェク	LDS
2007.12	ダニーロ・トュルク	SD
2012.12	ボルート・パホル	SD

〈歴代首相〉

就任年月	氏名	政党	政権の政党構成
1990.5	ロイゼ・ペテルレ	SKD	SKD/SDS/SDZ/SLS/ZS
1992.5	ヤネス・ドゥルノウシェク	LDS	LDS/ZLSD/SDS/DS/SSS/ZS
1993.1	ヤネス・ドゥルノウシェク	LDS	LDS/SKD/ZLSD（1996年離脱）/SDS（1994年離脱）
1997.2	ヤネス・ドゥルノウシェク	LDS	LDS/SLS/DeSUS
2000.6	アンドレイ・バユック	SLS+SKD	SDS/SLS+SKD
2000.11	ヤネス・ドゥルノウシェク	LDS	LDS/ZLSD/SLS/DeSUS
2002.12	アントン・ロップ	LDS	LDS/ZLSD/SLS/DeSUS
2004.11	ヤネス・ヤンシャ	SDS	SDS/SLS/NSi/DeSUS
2008.11	ボルート・パホル	SD	SD/LDS/Zares/DeSUS
2012.2	ヤネス・ヤンシャ	SDS	SDS/SLS/NSi/DeSUS/DL
2013.3	アレンカ・ブラトゥシェク	PS	PS/SD/DeSUS/DL
2014.9	ミロ・ツェラル	SMC	SMC/SD/DeSUS

〈政党・政党連合一覧〉
〈政党〉

略語	政党名	邦文名
DeSUS	Demokratična Stranka Upokojencev Slovenije	年金者民主党
DL	Državljanska Lista	市民リスト
DS (1991-1994)	Demokratska Stranka	民主党
LDS (1990-1994)	Liberalna Demokratična Stranka	自由民主党
LDS (1994-現在)	Liberalna Demokracija Slovenije	自由民主党
Nsi (2000-現在)	Nova Slovenija	新スロヴェニア党
PS	Pozitivna Slovenija	積極的なスロヴェニア
SD (2005-現在)	Socialni Demokrati	社会民主主義者党
SDP (1990-1992)	Stranka Demokratične Prenove (ZKS:Zveza Komunistov Slovenije)	民主変革党（スロヴェニア共産主義者同盟）
SDS (1989-2003)	Socialdemokratska Stranka	社会民主党
SDS (2003-現在)	Slovenska Demokratska Stranka	スロヴェニア民主党
SDZ (1989-1991)	Slovenska Demokratična Zveza	民主同盟
SKD (1989-2000)	Slovenski Krščanski Demokrati	キリスト教民主党
SLS	Slovenska Ljudska Stranka	人民党
SMC (2014-2015)	Stranka Mira Cerarja	ミロ・ツェラル党
SMC (2015-現在)	Stranka Modernega Centra	現代中道党
SMS	Stranka Mladih Slovenije	青年党
SNS	Slovenska Nacionalna Stranka	国民党
SSS (1990-1994)	Socialistična Stranka Slovenije	社会党
SZDL-SSS (1990)	Socialistična zveza delovnega ljudstva Slovenije-Socialistična Stranka Slovenije	スロヴェニア社会主義労働人民同盟―社会党
ZaAB	Zavezništvo Alenke Bratušek	アレンカ・ブラトゥシェク連合
Zares		ザレス党
ZL	Združena Levica	統一左派
ZLSD (1992-2005)	Združena Lista Socialnih Demokratov	社会民主連合リスト
ZS	Zelena Slovenije	緑の党
ZSMS-LS (1990)	Zveza Socialistične Mladine Slovenije Sloven-Liberalna Stranka	スロヴェニア社会主義青年同盟―自由党

〈選挙連合〉

連合名	連合構成政党	邦文名
DEMOS	Demokratična Opozicija Slovenije (SKD, SLS, SDS, SDZ, ZS)	スロヴェニア民主野党連合

クロアチア共和国

〈略年表〉

年．月	項　目
1990. 4	戦後初の複数政党制自由選挙，クロアチア民主同盟（HDZ）が圧勝
1990. 5	トゥジマンが幹部会議長（大統領），メシッチが執行評議会議長（首相）に就任
1990. 7	憲法修正，クロアチア社会主義共和国からクロアチア共和国に改称
1990. 12	「クライナ・セルビア人自治区」設立宣言
1990. 12	新憲法（「クリスマス憲法」）採択
1991. 5	クロアチアの独立の是非を問う国民投票実施，94.17％が賛成
1991. 6	主権・独立宣言（ふたたび同年10月8日に独立宣言）
1991. 8	ヴコヴァルをはじめクロアチア各地で戦闘が激化
1991. 12	「クライナ・セルビア人共和国」（RSK）建国宣言
1992. 1	ECがクロアチアの独立を承認
1992. 2	国連保護軍（UNPROFOR）が活動開始
1992. 5	国際連合の正式加盟国として承認
1992. 8	大統領選挙でトゥジマンが圧勝，議会選挙でHDZが単独過半数の議席を獲得
1995. 8	クロアチア軍による「嵐作戦」開始，RSKが事実上崩壊
1995. 10	議会選挙でHDZが単独過半数の議席を獲得
1995. 11	エルドゥト合意で東スラヴォニアが国連暫定統治機構（UNTAES）の統治下に
1997. 6	大統領選挙でトゥジマンが勝利・再選
1998. 1	東スラヴォニア，バラニャ，西スリイェム地方がクロアチアに復帰し，全土を回復
2000. 1	議会選挙でHDZが下野，社会民主党（SDP）主導のラチャン連立内閣発足へ
2000. 2	トゥジマン没後の大統領選挙でメシッチが勝利
2000. 11	憲法改正
2001. 10	安定化・連合協定に調印
2003. 2	EU加盟申請（翌年6月18日に加盟候補国として承認）
2003. 11	議会選挙でHDZが政権を奪還，サナデル内閣発足へ
2005. 1	大統領選挙でメシッチが勝利・再選
2007. 11	議会選挙でHDZが第一党，第2次サナデル内閣発足へ
2009. 4	NATO加盟
2009. 7	サナデル首相が辞任し，コソルが後任に
2010. 1	大統領選挙でヨシポヴィッチが勝利
2010. 12	議会選挙でSDP率いる「ククリク」が圧勝，ミラノヴィッチ内閣発足へ
2013. 7	EU加盟
2015. 1	大統領選挙でグラバル＝キタロヴィッチが勝利
2015. 11	議会選挙でHDZ率いる「愛国同盟」が勝利，オシュレコヴィッチ内閣発足へ
2016. 9	内閣不信任決議後の議会選挙でHDZ連合が勝利，プレンコヴィッチ内閣発足へ

〈歴代大統領〉

就任年月	氏名	政党
1992. 8	フラニョ・トゥジマン	HDZ
1997. 8	フラニョ・トゥジマン	HDZ
2000. 2	スティエパン・メシッチ	HNS
2005. 2	スティエパン・メシッチ	無所属
2010. 2	イヴォ・ヨシポヴィッチ	SDP
2015. 2	コリンダ・グラバル=キタロヴィッチ	HDZ

〈歴代首相（1990年以降）〉

就任年月	氏名	政党	政権の政党構成
1990. 5	スティエパン・メシッチ	HDZ	HDZ 単独
1990. 8	ヨシプ・マノリッチ	HDZ	HDZ 単独
1991. 7	フラニョ・グレグリッチ	HDZ	挙国一致
1992. 9	フルヴォイェ・シャリニッチ	HDZ	HDZ 単独
1993. 4	ニキツァ・ヴァレンティッチ	HDZ	HDZ 単独
1995. 11	ズラトコ・マテシャ	HDZ	HDZ 単独
2000. 1	イヴィツァ・ラチャン	SDP	SDP-HSLS-HNS-HSS-IDS-LS
2002. 7	イヴィツァ・ラチャン	SDP	SDP-HNS-HSS-LS-Libra
2003. 12	イヴォ・サナデル	HDZ	HDZ 単独
2008. 1	イヴォ・サナデル	HDZ	HDZ-HSLS-HSS-SDSS
2009. 7	ヤドランカ・コソル	HDZ	HDZ-HSLS-HSS-SDSS
2011. 12	ゾラン・ミラノヴィッチ	SDP	SDP-HNS-IDS
2016. 1	ティホミル・オレシュコヴィッチ	無所属	HDZ-Most
2016. 10	アンドレイ・プレンコヴィッチ	HDZ	HDZ-Most → HDZ-HNS

（出所）データはすべてクロアチア共和国選挙管理委員会（http://www.izbori.hr/）の公式データおよび関連資料による．

〈政党・政党連合一覧〉
〈政党〉

略語	政党名	邦文名
ASH	Akcija socijaldemokrata Hrvatske	クロアチア社会民主運動
BM 365	Bandić Milan 365 - Stranka rada i solidarnosti	バンディッチ・ミラン365労働連帯党
BUZ	Blok umirovljenici zajedno	年金生活者統一ブロック
DA	Dalmatinska akcija	ダルマチア運動
DC	Demokratski centar	民主センター
HČSP	Hrvatska čista stranka prava	クロアチア純粋権利党
HDS (-1992)	Hrvatska demokratska stranka	クロアチア民主党
HDS (2009-)	Hrvatska demokršćanska stranka	クロアチア・キリスト教民主党
HDSSB	Hrvatski demokratski savez Slavonije i Baranje	スラヴォニア・バラニャ・クロアチア民主同盟
HDZ	Hrvatska demokratska zajednica	クロアチア民主同盟
HGS	Hrvatska građanska stranka	クロアチア市民党
HKDS	Hrvatska kršćanska demokratska stranka	クロアチア・キリスト教民主党
HKDU	Hrvatska kršćanska demokratska unija	クロアチア・キリスト教民主同盟
HL	Hrvatski laburisti - Stranka rada	クロアチア労働党
HND	Hrvatski nezavisni demokrati	クロアチア独立民主党
HNS (-2005)	Hrvatska narodna stranka	クロアチア国民党
HNS (2005-)	Hrvatska narodna stranka-Liberalni demokrati	クロアチア国民党・自由民主党
Hrast	Hrast - Pokret za uspješnu Hrvatsku	フラスト成功するクロアチアのための運動
HRS	Hrvatska radnička stranka	クロアチア労働党
HSLS	Hrvatska socijalno-liberalna stranka	クロアチア社会自由党
HSP	Hrvatska stranka prava	クロアチア権利党
HSP-AS	Hrvatska stranka prava dr. Ante Starčević	クロアチア権利党アンテ・スタルチェヴィチ博士
HSS	Hrvatska seljačka stranka	クロアチア農民党
HSU	Hrvatska stranka umirovljenika	クロアチア年金生活者党
IDS	Istarski demokratski sabor	イストリア民主会議
JSDS	Jugoslavenska samostalna demokratska stranka	ユーゴスラヴィア独立民主党
Libra	Libra - Stranka liberalnih demokrata	リブラ・自由民主党
LS	Liberalna stranka	自由党
Most	Most nezavisnih lista	モスト独立系候補者リストの橋
PGS	Primorsko goranski savez	プリモリェ＝ゴルスキコタル同盟
RDS	Riječki demokratski savez	リイェカ民主同盟
Reformisti	Narodna stranka - Reformisti	国民党改革派

SBHS		Slavonsko-baranjska hrvatska stranka	スラヴォニア・バラニャ・クロアチア党
SDH		Socijaldemokratska stranka Hrvatske	クロアチア社会民主党
SDP (–1993)		Stranka demokratskih promjena	民主変革党
SDP (1993–)		Socijaldemokratska partija Hrvatske	クロアチア社会民主党
SDS		Srpska demokratska stranka	セルビア民主党
SDSS		Samostalna demokratska srpska stranka	独立民主セルビア党
SKH		Savez komunista Hrvatske	クロアチア共産主義者同盟
SKH-SDP		Savez komunista Hrvatske-Stranka demokratskih promjena	クロアチア共産主義者同盟・民主変革党
SNS		Srpska narodna stranka	セルビア国民党
Živi zid			人間の壁

〈選挙連合〉

連合名	連合構成政党	邦文名
Domoljubna koalicija	HDZ, HSS, HSP-AS, BUZ, HSLS, Hrast, HDS ほか	愛国同盟
Hrvatska raste	SDP, HNS, HSU, HL ほか	成長するクロアチア
Jedina opcija	Živi zid ほか	唯一の選択
KNS (Koalicija narodnog sporazuma)	HKDS, HSLS, SDSH, (HDS, HSS)	国民合意連合
Koalicija rada i solidarnosti	BM 365, Reformisti, BUZ ほか	労働連帯連合
Koalicija za premijera	BM 365, Reformisti, BUZ ほか	首相のための連合
Kukuriku	SDP, HNS, IDS, HSU ほか	ククリク連合
Narodna koalicija	SDP, HNS, HSS, HSU ほか	国民連合
Zeleno-žuta koalicija	HSS, HSLS, PGS ほか	緑黄連合

ボスニア・ヘルツェゴヴィナ

〈略年表〉

年．月	項　　目
1992. 4	ボスニア内戦が勃発
1995.11	デイトン合意が成立
1996. 9	ボスニアで内戦終結後初の総選挙実施
1997.12	PIC ボン会合開催，上級代表に「ボン・パワー」付与
1998. 2	イゼトベゴヴィッチ，両構成体憲法の違憲性について憲法裁判所に提訴
1999. 3	ウェステンドルプ上級代表がポプラシェン RS 大統領を解任
1999. 3	ブルチュコ地域に関する仲裁裁判所が同地域を「ボスニアの主権下にある単一の特別区」とする最終裁定
2000. 7	憲法裁判所が両構成体憲法改正を求める判決
2001. 3	HDZ がボスニア内部でのクロアチア民族評議会の設立とクロアチア人自治を宣言，ペトリッチ上級代表がイェラヴィッチ大統領評議会委員を解任
2002. 4	ペトリッチ上級代表がボン・パワーにより両構成体憲法を修正
2002. 4	ボスニアが欧州評議会に加盟
2003.11	マロヴィッチ，サライェヴォを訪問し謝罪
2004.12	タディッチ，サライェヴォを訪問し謝罪
2005. 3	欧州評議会ベネチア委員会がボスニア憲法に関する意見を発表
2005. 7	タディッチ，スレブレニツァ虐殺の追悼式典に出席
2005.11	ボスニアが SAA 締結交渉開始
2006. 3	ボスニアの主要政党がデイトン憲法の修正案に合意
2006. 4	ボスニア議会が憲法修正案を否決
2006. 7, 8	ボスニア市民のロマとユダヤ人がボスニア憲法を欧州人権裁判所に提訴
2008. 4	ボスニア議会が警察改革法案を可決
2008. 6	ボスニアが SAA 調印
2009. 3	ボスニア議会がブルチュコ行政区に関する規定を追加する憲法改正案を可決
2009.12	欧州人権裁判所がボスニア市民のロマとユダヤ人の提訴を認める判決
2012. 8	ブルチュコの国際的監督が終了
2015. 6	ボスニアの SAA が発効
2015. 7	ヴチッチ，スレブレニツァ虐殺の追悼式典に出席
2016. 2	ボスニアが EU に加盟候補国申請
2016. 9	EU がボスニアの EU 加盟国申請を受理

〈歴代大統領評議会〉

就任年月	ボシュニャク人	クロアチア人	セルビア人
1996.10	アリヤ・イゼトベゴヴィッチ (SDA)	クレシミル・ズバク (HDZ BiH)	モムチロ・クライシュニク (SDS)
1998.11	アリヤ・イゼトベゴヴィッチ (SDA)	アンテ・イェラヴィッチ (HDZ BiH)	ジヴコ・ラディシッチ (SPRS)
2000.10	ハリド・ゲニャツ (SDA)[1]		
2001.3	ベリズ・ベルキッチ (SBiH)[2]	ヨゾ・クリジャノヴィッチ (SDP BiH)[3]	
2002.10	スレイマン・ティヒッチ (SDA)	ドラガン・チョヴィッチ (HDZ BiH)	ミルコ・シャロヴィッチ (SDS)
2003.4			ボリスラヴ・パラヴァツ (SDS)[4]
2005.5		イヴォ・ミロ・ヨヴィッチ (HDZ BiH)[5]	
2006.11	ハリス・シライジッチ (SBiH)	ジェリコ・コムシッチ (SDP BiH)	ネボイシャ・ラドマノヴィッチ (SNSD)
2010.11	バキル・イゼトベゴヴィッチ (SDA)	ジェリコ・コムシッチ (SDP BiH)	ネボイシャ・ラドマノヴィッチ (SNSD)
2014.11	バキル・イゼトベゴヴィッチ (SDA)	ドラガン・チョヴィッチ (HDZ BiH)	ムラデン・イヴァニッチ (PDP)

(注) 1) イゼトベゴヴィッチの辞任を受け，ボスニア下院により選出．
2) ボスニア下院による選出．
3) 上級代表によるイェラヴィッチ解任の決定を受け，ボスニア下院により選出．
4) シャロヴィッチの辞任を受け，ボスニア下院により選出．
5) 上級代表によるチョヴィッチ解任の決定を受け，ボスニア下院により選出．

(出所) ボスニア選挙委員会のウェブサイト（www.izbori.ba）掲載の公式選挙結果ならびにボスニア大統領評議会のウェブサイト（www.predsjednistvobih.ba）掲載の情報をもとに筆者作成．

〈歴代閣僚評議会議長および政権の政党構成〉

就任年月	閣僚評議会議長	政権の政党構成
1997.1	ハリス・シライジッチ (SBiH)，ボロ・ボシッチ (SDS)	SBiH, SDS, HDZ BiH, SDA
1999.2	ハリス・シライジッチ (SBiH)，スヴェトザル・ミハイロヴィッチ (SNS RS)	SBiH, SNS RS, SDA, HDZ BiH, SPRS
2000.6	スパソィェ・トゥシェヴリャク（無所属）	SDA, SBiH, HDZ BiH, SPRS, SNS RS

2000.10	マルティン・ラグジュ (HDZ BiH)	HDZ BiH, SDA, SBiH, SPRS, SNS RS	
2001.2	ボジダル・マティッチ (SDP BiH)	DAP (SDP BiH, SBiH, NHI, Bosanskohercegovačka patriotska stranka, Građanska demokratska stranka BiH, Hrvatska seljačka stranka BiH, Liberalno demokratska stranka, Demokratska stranka penzionera BiH, Republikanska stranka BiH, Stranka penzionera Federacije BiH), PDP RS, SNSD, SPRS, SNS RS	
2001.7	ズラトコ・ラグムジヤ (SDP BiH)	DAP, PDP RS, SNSD, SNS RS, SPRS	
2002.3	ドラヴァン・ミケレヴィッチ (PDP RS)	PDP RS, DAP, SNSD, SNS RS, SPRS	
2002.12	アドナン・テルジッチ (SDA)	SDA, SBiH, HDZ BiH, PDP RS, SDS	
2007.1	ニコラ・シュピリッチ (SNSD)	SNSD, SBiH, SDA, HDZ BiH, HDZ1990, NSRB, PDP RS	
2012.1	ヴィエチェスラヴ・ベヴァンダ (HDZ BiH)	HDZ BiH, SDA[1], SDP BiH, HDZ1990, SDS, SNSD	
2015.3	デニス・ズヴィズディッチ (SDA)	SDA, DF, HDZ BiH, NDP, PDP RS, SDS	

(注) 1) SDAは2012年11月に連立から離脱し、代わってSBB BiHが入閣した。
(出所) 現地新聞報道などをもとに筆者作成。

〈政党・政党連合一覧〉

〈政党〉

略語	政党名	邦文名
DAP	Demokratska alijansa za promjene	変革のための民主連合
DF	Demokratska fronta	民主前線
DNS	Demokratski narodni savez	民主人民同盟
DNZ BiH	Demokratska narodna zajednica Bosne i Hercegovine	ボスニア民主人民同盟
HDZ BiH	Hrvatska demokratska zajednica Bosne i Hercegovine	ボスニア・クロアチア民主同盟
HDZ1990	Hrvatska demokratska zajednica 1990	クロアチア民主同盟1990
NDP	Narodni demokratski pokret	人民民主運動
NHI	Nova hravatska inicijativa	新クロアチア人イニシアティブ
NSRB	Narodna stranka radom za boljitak	改善のために働く人民党
PDP RS	Partija demokratskog progresa Republike Srpske	RS民主進歩党
SBB BiH	Savez za bolju budućnost Bosne i Hercegovine	ボスニアのより良い将来のための同盟

SBiH	Stranka za Bosnu i Hercegovinu	ボスニアのための党	
SD BiH	Socijaldemokrati Bosne i Hercegovine	ボスニア社会民主主義者党	
SDA	Stranka demokratske akcije	民主行動党	
SDP BiH	Socijaldemoratska partija Bosne i Hercegovine	ボスニア社会民主党	
SDS	Srpska demokratska stranka	セルビア民主党	
SK BiH	Savez komunista Bosne i Hercegovine	ボスニア共産主義者同盟	
SNS RS	Srpski narodni savez Republike Srpske	RS セルビア人民同盟	
SNSD (1996.3–2002.5)	Stranka nezavisnih socijaldemokrata	独立社会民主党	
SNSD (2002.5–現在)	Savez nezavisnih socijaldemokrata	独立社会民主同盟	
SPRS	Socijalistička partija Republike Srpske	RS 社会党	
SRS RS	Srpska radikalna stranka Republike Srpske	RS セルビア急進党	
UBSD	Unija Bosanskohercegovačkih socijaldemokrata	ボスニア社会民主主義者同盟，(のち，ボスニア社会民主主義者党と改称)	

〈選挙連合〉

連合名	連合構成政党	邦文名
DAP	SDP BiH, SBiH, NHI, Bosanskohercegovačka patriotska stranka, Građanska demokratska stranka BiH, Hrvatska seljačka stranka BiH, Liberalno demokratska stranka, Demokratska stranka penzionera BiH, Republikanska stranka BiH, Stranka penzionera Federacije BiH)	ボスニア社会民主党，ボスニアのための党，新クロアチア人イニシアティブ，ボスニア愛国者党，ボスニア市民民主党，ボスニア・クロアチア農民党，自由民主党，ボスニア民主年金者党，ボスニア共和党，ボスニア連邦年金者党

セルビア共和国とモンテネグロ

〈略年表〉

年．月	項　目
1986. 6	ミロシェヴィッチ，セルビア共産主義者同盟議長に就任
1987. 9	ミロシェヴィッチ，セルビア最高幹部会議長に就任
1989. 6	「コソヴォの戦い」600年記念集会開催
1992. 4	ユーゴスラヴィア社会主義連邦共和国解体
1992. 4	ユーゴスラヴィア連邦共和国発足
1992. 5	国連によるボスニア紛争に関する経済制裁発動
1995. 8	NATOがボスニアで空爆作戦
1996. 10	国連によるボスニア紛争に関する経済制裁解除
1998. 3	国連によるコソヴォ紛争に関する経済制裁発動
1999. 3–6	NATOがセルビアを空爆
2000. 1	セルビア野党民主連合設立
2000. 10	「ブルドーザー革命」によりミロシェヴィッチ体制終了
2000. 10	コシュトニツァ，大統領に就任
2001. 9	国連によるコソヴォ紛争に関する経済制裁解除
2001. 6	ジンジッチ，コシュトニツァ大統領に諮らずミロシェヴィッチのハーグへの移送を決定
2001. 11	スヴィラノヴィッチ，外交演説でミロシェヴィッチ以後のセルビアの外交政策に言及
2003. 2	セルビア・モンテネグロ発足
2006. 6	モンテネグロ独立
2008. 2	タディッチ，大統領選挙に勝利
2008. 2	ジェレミッチ，予想されるコソヴォ独立宣言に対して警告
2008. 2	コソヴォが独立宣言
2008. 2	アメリカ，イギリス，フランスがコソヴォを国家承認
2008. 3	日本がコソヴォを国家承認
2008. 7	カラジッチ，ハーグへ移送される
2008. 10	セルビア急進党からセルビア進歩党が分離
2009. 9	タディッチ，国連総会での一般演説で2011年9月の非同盟運動50周年式典の開催と参加を呼びかける
2010. 7	国際司法裁判所がコソヴォ独立宣言を国際法違反にあたらないと判断
2011. 5	ムラディッチ，ハーグへ移送される
2011. 9	ベオグラードで非同盟運動50周年記念式典開催
2012. 5	ニコリッチ，大統領に就任
2015. 9	中国の抗日戦勝利70周年記念軍事パレードにセルビア軍が参加

〈セルビア共和国の歴代大統領〉

就任年月	氏名	政党
1991. 1	スロヴォーダン・ミロシェヴィッチ	SPS
1997.12	ミラン・ミルティノヴィッチ	SPS
2004.11	ボリス・タディッチ	DS
2012. 5	トミスラヴ・ニコリッチ	SNS
2017. 5	アレクサンダル・ヴチッチ	SNS

〈セルビア共和国の歴代首相〉

就任年月	氏名	政党
1991. 1	ドラガン・ゼレノヴィッチ	SPS
1991.12	ラドーマン・ボジョヴィッチ	SPS
1993. 2	ニコラ・サイノヴィッチ	SPS
1994. 3	ミルコ・マルヤノヴィッチ	SPS
2000. 1	ミロミル・ミニッチ	SPS
2001. 1	ゾラン・ジンジッチ	DS
2003. 3	ゾラン・ジフコヴィッチ	DS
2004. 3	ヴォイスラヴ・コシュトゥニツァ	DSS
2008. 7	ミルコ・ツヴェトコヴィッチ	Independent, ZES
2012. 7	イヴィツァ・ダチッチ	SPS
2014. 4	アレクサンダル・ヴチッチ	SNS
2017. 6	アナ・ブルナビッチ	Independent

〈モンテネグロの歴代大統領〉

就任年月	氏名	政党
1990.12	モミル・ブラトヴィッチ	DPS
1998. 1	ミロ・ジュカノヴィッチ	DPS
2002.11	フィリップ・ヴヤノヴィッチ	DPS
2003. 5	フィリップ・ヴヤノヴィッチ	DPS
2006. 6	フィリップ・ヴヤノヴィッチ	DPS

〈モンテネグロの歴代首相〉

就任年月	氏名	政党
1991. 2	ミロ・ジュカノヴィッチ	DPS
1998. 2	フィリップ・ヴヤノヴィッチ	DPS
2003. 1	ミロ・ジュカノヴィッチ	DPS
2006. 1	ジェリコ・シュトゥラノヴィッチ	DPS
2008. 2	ミロ・ジュカノヴィッチ	DPS
2010.12	イゴル・ルクシッチ	DPS
2012.12	ミロ・ジュカノヴィッチ	DPS
2016.11	ドゥシュコ・マルコヴィッチ	DPS

〈SRJ, SCG の歴代大統領〉

就任年月	氏名	政党
1992. 6	ドブリツァ・チョシッチ	無所属
1993. 6	ゾラン・リリッチ	SPS
1997. 7	スロボダン・ミロシェヴィッチ	SPS
2000. 1	ヴォイスラヴ・コシュトゥニツァ	DSS
2003. 3	スヴェトザル・マロヴィッチ	DPS

〈SRJ, SCG の歴代首相〉

就任年月	氏名	政党
1992. 7	ミラン・パニッチ	無所属
1993. 2	ラドイェ・コンティッチ	DPS (CG)
1998. 5	モミル・ブラトヴィッチ	SNP (CG)
2000.11	ゾラン・ジジッチ	SNP (CG)
2001. 7	ドラギシャ・ペシッチ	SNP (CG)
2003. 3	スヴェトザル・マロヴィッチ	DPS (CG)

〈セルビア共和国の政党・政党連合一覧〉

〈政党〉

略語	政党名	邦文名
BS	Bogata Srbija	豊かなセルビア
DJB	Dosta Je Bilo	もう十分だ
DS	Demokratska Stranka	民主党
DSHV	Demokratski Savez Hrvata u Vojvodini	ヴォイヴォディナ・クロアチア民主同盟
DSS	Demokratska Stranka Srbije	セルビア民主党
Dveri	Srpski Pokret Dveri	セルビア運動「扉」
G17+	G17 PLUS	G17プラス
GSS	Građanski Savez Srbije	セルビア市民同盟
JS	Jedinstvena Srbija	セルビア統一党
JUL	Jugoslovenska Levica	ユーゴスラヴィア左翼
KZS	Koalicija Lista za Sandžak	サンジャック政党リスト連合
LDP	Liberalno Demokratska Partija	自由民主党
LS	Liberali Srbije	セルビアの自由主義者
LSV	Liga Socijaldemokrata Vojvodine	ヴォイヴォディナ社会民主連合
ND	Nova Demokratija	新民主主義
NDS	Nova Demokratska Stranka	新民主党
NSS	Narodna Seljačka Stranka	人民農民党
PS	Pokret Socijalista	社会主義運動
PUPS	Partija Ujedinjenih Penzionera Srbije	セルビア年金者統一党

SDPS	Socijaldemokratska Partija Srbije	セルビア社会民主党
SDS	Socijaldemokratska Stranka	社会民主党
SDU	Socijaldemokratska Unija	社会主義民主主義統一
SLS	Srpska Liberalna Stranka	セルビア自由党
SNS	Srpska Napredna Stranka	セルビア進歩党
SPO	Srpski Pokret Obnove	セルビア再生運動
SPS	Socijalistička Partija Srbije	セルビア社会党
SRS	Srpska Radikalna Stranka	セルビア急進党
URS	Ujedinjeni Regioni Srbije	セルビア地域連合
USSS	Udruženi sindikati Srbije "Sloga"	セルビア連合労組「調和」
ZES	Zelena Stranka	緑の党

〈選挙連合〉

連合名	連合構成政党	邦文名
DEPOS	Demokratski Pokret Srbije (SPO, DSS, SLS, ND)	セルビア民主運動
DOS	Demokratska opozicija Srbije (DS, DSS, SD, GSS など19党)	セルビア民主野党連合
IZBŽ	Izbor Za Bolji Život (DS, SDPS, LSV, DSHV など6党)	より良き生活のための選択
Pokrenimo Srbiju	Pokrenimo Srbiju (SNS, NS, NSS)	セルビアを動かそう
ZES	Za Evropsku Srbiju (DS, SPO, G17+, LSV など7党)	ヨーロッパのセルビアを目指して
ZPS	Za Pravednu Srbiju (DS, NOVA, DSHV など6党)	正義のセルビアを目指して

〈モンテネグロの政党・政党連合一覧〉
〈政党〉

略語	政党名	邦文名
BS	Bošnjačka Stranka	ボスニャック党
DCG	Demokratska Crna Gora	民主モンテネグロ
DEMOS	Demokratski Savez	民主連合
DNP	Demokratska Narodna Partija	民主人民党
DPS	Demokratska Partija Socijalista	社会主義民主党
DS	Demokratski Savez u Crnoj Gori	モンテネグロ民主連合
DSS	Demokratska Srpska Stranka	民主セルビア党
GP	Građanska Partija Crne Gorea	モンテネグロ市民党
HGI	Hrvatska Građanska Inicijativa	クロアチア市民イニシアティブ
LPCG	Liberalna Partija Crne Gore	モンテネグロ自由党
LSCG	Liberalni Savez Crne Gore	モンテネグロ自由連合
NOVA	Nova Srpska Demokratija	新セルビア民主主義
NS	Narodna Stranka	人民党
PZP	Pokret Za Promjene	変革のための運動
SD	Socijaldemokrate Crne Gore	モンテネグロ社会民主主義者
SDA	Stranka Demokratske Akcije	民主行動党
SDP	Socijaldemokratska Partija Crne Gore	モンテネグロ社会民主党
SDP	Socijaldemokratska Partija	社会民主党
SKCG	Savez Komunista Crne Gore	モンテネグロ共産党
SNP	Socijalistička Narodna Partija Crne Gore	モンテネグロ社会人民党
SNS	Srpska Narodna Stranka	セルビア人民党
SRSJ	Savez Reformskih Snaga Jugoslavije	ユーゴスラヴィア改革勢力同盟
URA	Ujedinjena Reformska Akcija	改革行動連合

〈選挙連合〉

連合名	連合構成政党	邦文名
DF	Demokratski Front (NOVA, PZP, DNP)	民主戦線
DK	Demokratska Koalicija (SDA, DS)	民主合同
DLzECG	Demokratska Lista za Evropsku Crnu Goru (DPS, SDP, GP)	ヨーロッパのモンテネグロのための民主リスト
DŽB	Da Živimo Bolje (DPS, SDP, NS)	よりよい生活を
ECG	Evropska Crna Gora (DPS, SDP, BH, HGI)	ヨーロッパのモンテネグロ
KECG	Koalicija Za Evropsku Crnu Goru (DPS, SDP, HGI)	ヨーロッパのモンテネグロのための合同
Ključ	Koalicija Ključ (SNP, DEMOS, URA)	鍵合同
KNS	Koalicije "Narodna Sloga" (NS, LSCG)	「人民の調和」合同
PJCG	Pobjeda Je Crne Gore (DPS, SDP)	モンテネグロの勝利を
ZZJ	Zajedno Za Jugoslaviju (SNP SNS, NS)	ユーゴスラヴィアとともに
ZZP	Zajedno Za Promjene (SNP, SNS, NS)	ともに変革を

〈SRJ の政党・政党連合一覧〉
〈政党〉

略語	政党名	邦文名
DPS	Demokratska Partija Socijalista	社会主義民主党
DS	Demokratska Stranka	民主党
DSS	Demokratska Stranka Srbije	セルビア民主党
DSVM	Demokratska Stranka Vojvođanskih Mađara	ヴォイヴォディナ・ハンガリー人民主党
DZVM	Demokratska Zajednica Vojvođanskih Mađara	ヴォイヴォディナ・ハンガリー人民主同盟
GSS	Građanski Savez Srbije	セルビア市民同盟
JUL	Jugoslovenska Levica	ユーゴスラヴィア左翼
ND	Nova Demokratija	新しい民主主義
NS	Narodna Stranka	人民党
SD	Socijaldemokrate Crne Gore	モンテネグロ社会民主主義者
SDP	Socijaldemokratska Partija Crne Gore	モンテネグロ社会民主党
SLS	Srpska Liberalna Stranka	セルビア自由党
SNS	Srpska Narodna Stranka	セルビア人民党
SP	Socijalistička Partija Crne Gore	モンテネグロ社会党
SPO	Srpski Pokret Obnove	セルビア再生運動
SPS	Socijalistička Partija Srbije	セルビア社会党
SRS	Srpska Radikalna Stranka	セルビア急進党
SVM	Savez Vojvođanskih Mađara	ヴォイヴォディナ・ハンガリー人連合

〈選挙連合〉

連合名	連合構成政党	邦文名
DEPOS	Demokratski Pokret Srbije (SPO, DSS, SLS, ND)	セルビア民主運動
DOS	Demokratska Opozicija Srbije (DS, DSS, SD, GSS など19党)	セルビア民主野党連合
Zajedno	Zajedno (SPO, DS, DSS, GSS)	ザイェドノ（みんな一緒に）

マケドニア共和国

〈略年表〉

年.月	項目
1990.11	複数政党制による自由選挙実施．VMRO-DPMNE が第1党に．
1991.1	共和国議会，主権宣言採択
1991.1	共和国議会，グリゴロフを大統領に選出．3月にクリュセフ首班内閣成立
1991.9	住民投票で主権・自立国家としての国民の意思を確認
1991.11	マケドニア共和国新憲法採択（12月19日に発効後，独立宣言採択）
1992.3	JNA の撤退完了．ギリシャがマケドニア共和国国境で物資移動を封鎖
1992.8	第一次ツルヴェンコフスキ（SDSM）政権成立
1992.12	安保理決議795，国連保護軍の一部派遣（95年3月以降，国連予防展開軍）
1993.4	暫定名称（Former Yugoslav Republic of Macedonia）で，国連加盟
1994.10	独立後初の大統領選挙．現職のグリゴロフが当選．
1994.10	任期満了に伴う総選挙．12月に第二次ツルヴェンコフスキ政権成立
1995.9	国連の仲介により，ギリシャとの暫定合意調印．
1998.10-11	総選挙で VMRO-DPMNE 連合が勝利．11月にゲオルギエフスキ政権成立
1999.3下旬以降	NATO によるコソヴォ空爆後，マケドニア共和国にも難民が大量流入
1999.10-11	大統領選挙，トライコフスキ（VMRO-DPMNE）が第二回投票で逆転当選
2001.2-6	マケドニア共和国防省治安部隊・警察とアルバニア系武装勢力との武力衝突
2001.8	武力衝突と共和国内アルバニア人の地位向上に関する枠組み合意に主要4政党調印
2002.9	総選挙で，SDSM 連合が勝利．11月に第三次ツルヴェンコフスキ政権成立
2004.3	EU 加盟申請
2004.4	大統領死去に伴う選挙で，ツルヴェンコフスキ（SDSM）が当選
2005.12	EU 欧州理事会，加盟候補国としての地位を付与
2006.7	総選挙で，VMRO-DPMNE 連合が勝利．8月に第一次グルエフスキ政権成立
2008.4	NATO ブカレスト・サミットに，ギリシャとの国名争議により招聘されず
2008.6	総選挙で，VMRO-DPMNE 連合が勝利．7月に第二次グルエフスキ政権成立
2009.3-4	任期満了に伴う大統領選挙で，イヴァノフ（VMRO-DPMNE）当選
2011.6	総選挙で，VMRO-DPMNE 連合が勝利．7月に第三次グルエフスキ政権成立
2014.4	任期満了に伴う大統領選挙で，イヴァノフ（VMRO-DPMNE）再当選
2014.4	総選挙で，VMRO-DPMNE 連合が勝利．6月に第四次グルエフスキ政権成立
2015.1	内務省，「クーデタ未遂」事件を公表．2月，電話盗聴スキャンダルが公に
2015.5	大規模な反政府デモと政府支持者デモの応酬
2015.7	「政治危機」に対する EU による仲介で，再選挙にむけた「プルジノ合意」成立
2015.8	「バルカン・ルート」による大量難民流入・通過に対し，非常事態宣言
2016.1	グルエフスキ首相辞任，ディミトリエフ移行期政権成立
2016.12	2度延期後の総選挙．VMRO-DPMNE 連合が僅差で勝利

〈歴代大統領〉

就任年月	氏名	政党
1991. 1	キロ・グリゴロフ	無所属
1991. 9	キロ・グリゴロフ	無所属
1995. 11	キロ・グリゴロフ	無所属（SDSM/LP/SP 支持）
1999. 12	ボリス・トライコフスキ	VMRO-DPMNE
2004. 5	ブランコ・ツルヴェンコフスキ	SDSM
2009. 5	ギョルゲ・イヴァノフ	VMRO-DPMNE
2014. 5	ギョルゲ・イヴァノフ	VMRO-DPMNE

〈歴代首相〉

就任年月	氏名	政党	政権の政党構成
1991. 1	ニコラ・クリューセフ	無所属	挙国一致
1992. 8	ブランコ・ツルヴェンコフスキ	SDSM	SDSM/PPD/SRSM-LP
1994. 11	ブランコ・ツルヴェンコフスキ	SDSM	SDSM/PPD/LP/SPM
1998. 11	リュプチョ・ゲオルギエフスキ	VMRO-DPMNE	VMRO-DPMNE/PDSH/DA
2002. 11	ブランコ・ツルヴェンコフスキ	SDSM	SDSM/BDI
2004. 5	ラドミラ・シェケリンスカ	SDSM	中継ぎ
2004. 6	ハリ・コストフ	無所属（SDSM 支持）	SDSM/BDI/PDSH
2004. 11	ラドミラ・シェケリンスカ	SDSM	中継ぎ
2004. 12	ヴラド・ブチュコフスキ	SDSM	SDSM/BDI
2006. 8	ニコラ・グルエフスキ	VMRO-DPMNE	VMRO-DPMNE/PDSH/NSDP/LPM/SPM/DOM/PEI
2008. 7	ニコラ・グルエフスキ	VMRO-DPMNE	VMRO-DPMNE/BDI/SPM
2011. 7	ニコラ・グルエフスキ	VMRO-DPMNE	VMRO-DPMNE/BDI/SPM
2014. 5	ニコラ・グルエフスキ	VMRO-DPMNE	VMRO-DPMNE/BDI/GROM
2016. 1	エミル・ディミトリエフ	VMRO-DPMNE	移行期政権
2017. 5	ゾラン・ザエフ	SDSM	SDSM/BDI/Aleansa

〈政党・政党連合一覧〉

〈政党〉

略語	政党名	邦文名
Aleansa/Алијанса	Koalicioni "Aleansa për Shqiptarët"/ Коалиција "Алијанса за Албанците"	「アルバニア人のための同盟」連合
BDI/ДУИ	Bashkimi Demokratik për Integrim/ Демократска Унија за Интеграција	統合のための民主同盟
BESA/БЕСА	Lëvizja BESA/Движење БЕСА	BESA 運動
DA/ДА	Демократска алтернатива	民主的選択
DOM/ДОМ	Демократска обнова на Македонија	マケドニア民主再生
DPM/ДПМ	Демократска партија на Македонија	マケドニア民主党
DPSM/ДПСМ	Демократска партија на Србите во Македонија	マケドニア・セルビア人民主党
DPTM/ДПТМ	Демократска партија на Турците во Македонија	マケドニア・トルコ人民主党
GROM/ГРОМ	Граѓанска опција за Македонија	マケドニアのための市民的選択肢
LPM/ЛПМ	Либерална партија на Македонија	マケドニア自由党
LDP/ЛДП	Либерално-демократска партија	自由民主党
MDSM/МДСМ	Млада демократско-прогресивна странка на Македонија	マケドニア青年民主進歩党
NSDP/НСДП	Нова социјалдемократска партија	新社会民主党
PCERM/ПЦЕРМ	Партија за целосна еманципација на Ромите од Македонија	マケドニア・ロマ完全解放党
PDSH/ДПА	Partia Demokratike Shqiptare/ Демократска партија на Албанците	アルバニア人民主党
PEI/ПЕИ	Партија за европска иднина	ヨーロッパ的将来党［マケドニア人ムスリム政党（筆者注）］
PPD (NDP)/НДП	Partia popullore demokratike/ Народна демократска партија	人民民主党
PPD/ПДП	Partia për prosperitet demokratik/ Партија за демократски просперитет	民主繁栄党
SKM-PDP/СКМ-ПДП	СКМ Партија за демократска преобразба	マケドニア共産主義者同盟―民主再生党
SRSM/СРСМ	Сојуз на реформските сили на Македонија	マケドニア改革勢力同盟
SRM/СРМ	Сојуз на Ромите од Македонија	マケドニア・ロマ連盟
SDSM/СДСМ	Социјал-демократски сојуз на Македонија	マケドニア社会民主同盟
SPM/СПМ	Социјалистичка партија на Македонија	マケドニア社会党
VMRO-DPMNE/ ВМРО-ДПМНЕ	ВМРО-Демократска партија за Македонско национално единство	内部マケドニア革命組織―マケドニア民族統一民主党
VMRO-NP/ ВМРО-НП	ВМРО-Народна партија	内部マケドニア革命組織―人民党

〈選挙連合〉

略語	連合名・連合構成政党	邦文名
KZMZ/КЗМЗ	Коалиција За Македонија заедно (SDSM, LDP, DPTM, DPSM, LPM ほか)	連合「マケドニアのために共に」
KZŽM/КЗЖМ	Коалиција "За живот во Македонија" (SDSM, NSDP, LDP, DOM, PEI ほか)	連合「マケドニアで生きるために」
SKZE/СКЗЕ	Сонце．Коалиција за Европа (SDSM, NSDP, LDP, LPM, PCERM ほか)	「太陽」ヨーロッパのための連合
ZPM/ЗПМ	За подобра Македонија (VMRO-DPMNE, SPM, DPTM, DPSM, SRM, PCERM ほか)	よりよいマケドニアのために

(注) マケドニア共和国議会 HP は，マケドニア語・アルバニア語・英語・フランス語で表記．

コソヴォ共和国

〈略年表〉

年．月	項　目
1989. 3	ミロシェヴィッチ，コソヴォの自治権を縮小
1989	ルゴヴァの指導の下でのアルバニア人の非暴力抵抗運動開始
1989. 12	コソヴォ民主連盟（LDK）が設立される
1996. 2	コソヴォ解放軍（UÇK）が武力闘争を本格的に開始
1997. 1-8	アルバニアで発生したねずみ破綻に伴う混乱により，コソヴォに銃器が流入
1998. 3	「ヤシャリ一族殺害事件」発生
1999. 1	「ラチャクの虐殺」事件発生
1999. 3	NATOが「連合の力」作戦を開始
1999. 6	国連安保理決議1244号採択によりNATOの空爆終了，UNMIK及びKFORによるコソヴォの国際統治開始
2001. 5	UNMIKが憲法枠組みを発布し，暫定自治政府機構（PISG）が設置される
2001. 11	紛争後初の選挙でLDKが第一党になるも，連立協議が難航
2002. 3	LDKとPDKによる大連立政権発足，ルゴヴァが大統領に就任
2002. 4	UNMIKが「地位の前の水準」アプローチを発表
2004. 3	コソヴォ全域での大規模暴動発生
2004. 10	選挙でLDKが第一党となり，LDKとAAKによる連立政権が発足
2005. 10	アイデ，コソヴォの地位決定プロセス推進の必要性を安保理に報告
2006. 2	コソヴォとセルビアの代表者による，コソヴォの最終地位に関する直接交渉開始
2007. 2	「アハティサーリ案」発表
2007. 8	トロイカ・プロセス開始
2007. 11	選挙でPDKが第一党となり，PDKとLDKの連立政権が発足
2007. 12	トロイカ・プロセス終了
2008. 2	EUがEUコソヴォ法の支配ミッション（EULEX）派遣を決定
2008. 2	アハティサーリ案に基づくコソヴォの独立宣言をコソヴォ議会が全会一致で採択
2008. 2	フェイトが国際文民代表（ICR）に就任
2008. 6	新憲法施行
2010. 7	ICJが「コソヴォの独立宣言は国際法に反しない」とする勧告的意見を発表
2010. 12	マーティがUÇKによる臓器密売疑惑を欧州評議会へ報告
2011. 3	EUが仲介する「ベオグラード・プリシュティナ間対話」が開始される
2011. 9	EULEXが，UÇKによる臓器密売疑惑を捜査する特別タスクフォース（SITF）を設置
2012. 9	ISGがICRの任務終了を決定
2013. 4	コソヴォ・セルビア間の関係正常化に関する「ブリュッセル合意」成立
2015. 8	議会がUÇK戦犯特別法廷設置のために必要な憲法改正案を採択

〈歴代大統領〉

就任年月	氏名	所属政党
1992. 5	イブラヒム・ルゴバ	LDK
2002. 3	イブラヒム・ルゴバ	LDK
2006. 1	ネジャト・ダチ	LDK（ルゴバ死去に伴う暫定大統領）
2006. 2	ファトミル・セイディウ	LDK
2008. 2	ファトミル・セイディウ	LDK（独立宣言に伴い再就任）
2010. 9	ヤクプ・クラスニチ	PDK（暫定大統領）
2011. 2	ベフジェト・パツォリ	AKR
2011. 4	ヤクプ・クラスニチ	PDK（暫定大統領）
2011. 4	アティフェテ・ヤヒヤガ	無所属
2016. 4	ハシム・サチ	無所属（大統領就任に伴い PDK を離脱）

（注）網掛け部分については，アルバニアを除くコソヴォ承認国も正統性を認めておらず，現在のコソヴォ政府との直接的な連続性は無いものとみなされている．

〈歴代首相〉

就任年月	氏名	政党	政権の政党構成
1990. 7	ユスフ・ゼイヌラフ	LDK	LDK
1991.10	ブヤル・ブコシ	LDK	LDK
1999. 4	ハシム・サチ	PDK	PDK
2002. 3	バイラム・レジェピ	PDK	挙国一致（大連立）
2004.12	ラムシュ・ハラディナイ	AAK	AAK・LDK
2005. 3	アデム・サリハイ	LDK	暫定首相
2005. 3	バイラム・コスミ	AAK	AAK・LDK
2006. 3	アギム・チェク	無所属	AAK・LDK
2008. 1	ハシム・サチ	PDK	PDK・LDK
2008. 2	ハシム・サチ	PDK	PDK・LDK（独立宣言に伴い再就任）
2014.12	イサ・ムスタファ	LDK	LDK・PDK
2017. 9	ラムシュ・ハラディナイ	AAK	PDK, AAK, NISMA, AKR

（注）網掛け部分については，アルバニアを除くコソヴォ承認国も正統性を認めておらず，現在のコソヴォ政府との直接的な連続性は無いものとみなされている．

〈政党・政党連合一覧〉

略語	政党名	邦文名
AAK	Aleanca për Ardhmërinë e Kosovës	コソヴォ将来同盟
AKR	Koalicioni për Kosovë të Re	新コソヴォ同盟
	Alternativa	オルタナティブ
BSDAK	Bošnjačka Stranka Demokratske Akcije Kosova	コソヴォ・ボシュニャク人民主行動党
GIG	Građanska Inicijativa Gore	ゴーラ[1]市民イニシアティブ
GIS	Građanska Inicijativa Srbija	セルビア市民イニシアティブ
IRDK	Iniciativa e re Demokrarike e Kosovës	コソヴォ新民主イニシアティブ
JSL	Jedinstvena Srpska Lista	統一セルビア人リスト
JGP	Jedinstvena Goranska Partija	統一ゴーラ人党
KDTP	Kosova Demokratik Türk Partisi	コソヴォ・トルコ人民主党
KG	Koalicija za Gora	ゴーラ人連合
KNRP	Kosovaki Nevi Romani Partia	コソヴォ新ロマ人党
	Koalicija "Povratak"	「帰還」連合
KV	Koalicija Vakat	Vakat連合
	Koalicija "Vatan"	「祖国」連合
LDD	Lidhja Demokratike e Dardanisë	ダルダニア民主連盟
LDK	Lidhja Demokratike e Kosovës	コソヴォ民主連盟
LKÇK	Lëvizja Kombëtare për Çlirimin e Kosovës	コソヴォ解放民族運動
LPK	Lëvizja Popullore e Kosovës	コソヴォ人民運動
NISMA	NISMA për Kosovën	コソボのためのイニシアティブ
ND	Nova Demokratija	新民主主義
NDS	Nova Demokratska Stranka	新民主党
ORA	Partia Reformiste ORA	改革者政党「時」
PAI	Partie e Ashkalinjeve per Integrim	統合のためのアシュカリ人[2]党
PD	Partia e Drejtësisë	正義党
PDAK	Partia Demokratike e Ashkanlive të Kosovës	コソヴォ・アシュカリ人民主党
PDAShK	Partia Demokratike Ashkali Shqiptare e Kosovës	コソヴォ・アルバニア人・アシュカリ人民主党
PDK	Partia Demokratike e Kosovës	コソヴォ民主党
PDS	Progresivna Demokratska Stranka	進歩民主党
PLE	Partia Liberale Egjiptiane	エジプト人[3]自由党
PLK	Partia Liberale e Kosovës	コソヴォ自由党
PReBK	Partia Rome e Bashkuar e Kosovës	コソヴォ統一ロマ党
PShDK	Partia Shqiptare Demokristiane e Kosovës	コソヴォ・アルバニア人キリスト教民主党
SDA	Stranka Demokratske Akcije	民主行動党
SDSKiM	Srpska Demokratska Stranka Kosova i Metohije	コソヴォ・メトヒヤ・セルビア民主党
SKMS	Srpska Kosovsko-Metohijska Stranka	コソヴォ・メトヒヤ・セルビア党
SL	Srpska Lista	セルビア人リスト
SLKM	Srpska Lista za Kosovo I Methiju	コソヴォ・メトヒヤ・セルビア人リスト

SLS	Samostalna Liberalna Stranka	独立自由党
SNS	Srpska Narodna Stranka	セルビア人民党
SNSDKiM	Savez Nezavisnih Socijaldemokrata Kosova i Metohije	コソヴォ・メトヒヤ独立社会民主同盟
VV	Vetëvendosje	自決

〈アルバニア人選挙連合〉

連合名	連合構成政党	邦文名
	LDD, PShDK	
	AKR, PD ほか	
	PDK, PD, PShDK ほか	
PAN	PDK, AAK, NISMA ほか	PAN 連合
LAA	LDK, AKR, オルタナティブ	LAA 連合

(注) 1) マケドニア語に近い言語を話すスラブ系イスラム教徒であり，コソボにおいては主に南部のドラガシュ近辺に居住している.
2) 「アルバニア化されたロマ人」とも言われ，アルバニア語を母語とし，主にイスラム教を信仰する人々で，古代ペルシャにルーツがあると信じられている.
3) アシュカリ人と同様にアルバニア語を母語とし，多くはイスラム教徒であるが，古代エジプトにルーツがあると信じられている.

〈国際政治〉

年. 月	項　目
1970. 3	欧州共同体（EC）とユーゴスラヴィアが初の貿易協定を締結
1980. 4	ECとユーゴスラヴィアが通商・協力協定を締結
1983. 3	ECとユーゴスラヴィアの通商・協力協定が発効
1993. 6	コペンハーゲン欧州理事会，中・東欧諸国のEU加盟に関する政治的・経済的・法的基準である「コペンハーゲン基準」について合意
1994. 7	NATO「平和のためのパートナーシップ（PfP）協定」始動
1995. 9	NATO，冷戦終焉後の拡大に関する基本的な方針を示した「NATO拡大研究」発表
1997. 7	欧州委員会，「アジェンダ2000」で，スロヴェニアを含む中・東欧6カ国との間で加盟交渉開始を勧告
1998. 1	EU，スロヴェニアを含む中・東欧の6カ国との間で加盟交渉開始
1999. 4	NATO，「加盟行動計画（MAP）」を採択
2000. 6	フェイラ欧州理事会，西バルカン諸国をEUの「潜在的加盟候補諸国」として認定
2000. 12	コペンハーゲン欧州理事会，スロヴェニアを含む10カ国との加盟交渉妥結で合意
2003. 6	テッサロニキ欧州理事会，EUと西バルカン諸国の関係強化に関する「テッサロニキ宣言」および「西バルカンのためのテッサロニキ・アジェンダ—ヨーロッパ統合に向かって」を採択
2003. 12	EUが欧州安全保障戦略発表
2004. 3	スロヴェニアがNATOに加盟
2004. 5	スロヴェニアがEUに加盟
2004. 6	モンテネグロがセルビアから独立
2008	ユーロ危機
2009. 4	クロアチアとアルバニアがNATOに加盟
2012. 10	EUがノーベル平和賞を受賞
2013. 4	コソヴォ・セルビアの関係正常化に関する「ブリュッセル合意」締結．これに伴い，EUの主導による両者の対話枠組みである「ブリュッセル・プロセス」開始
2013. 7	クロアチアがEUに加盟
2013. 8	西バルカン会議第1回会合（ベルリン）
2014. 1	EUの「拡大総局」が「近隣諸国および拡大交渉総局」に改変
2015. 6	「変化する国際環境の中のEU」公表
2015. 7	西バルカン会議第2回会合（ウィーン）
2015. 6	イギリス，国民投票でEUからの離脱を可決
2016. 6	「EUグローバル戦略」発表
2016. 7	西バルカン会議第3回会合（パリ）

〈経済〉

年．月	項　　　目
1947.12	TAM設立
1984.2	サライェヴォ冬季オリンピック開催
1988.6	ルノーが合弁企業Revozを設立
1992	モンテネグロのGDPがセルビアへの経済制裁の影響により21％下落
1994.7	中欧自由貿易協定（CEFTA）設立
1992-1995	ボスニア・ヘルツェゴヴィナ紛争により80％の生産設備が破壊される
1992-1993	セルビアの経済成長率が経済制裁により年間約30％下落
1993	セルビアのインフレ率が116兆％に
1993	モンテネグロのGDPがセルビアへの経済制裁の影響により25％下落
1996-1998	ボスニア・ヘルツェゴヴィナに37億ドルの支援
1996-2008	マケドニアがプラス成長を継続
1999	セルビアの経済成長率が12.1％下落
1999.6	南東欧安定化協定設立
2000.10	セルビアでミロシェヴィッチ体制終了
2002.1	モンテネグロでユーロ現金使用開始
2004.5	スロヴェニアがEUに加盟
2004	コソヴォの農業就業者シェアが24.4％に
2006.6	モンテネグロ独立
2006.12	CEFTA2006締結
2007.1	スロヴェニアがユーロを導入
2007.5	CEFTA2006発効
2008	グローバル金融危機
2008.2	地域協力会議（RCC）設立
2008.5	フィアットがザスタヴァを買収
2009	スロヴェニアのGDP成長率が－7.8％に
2009	マケドニア経済がマイナス成長
2011.12	クロアチアがEU加盟条約に調印
2012	スロヴェニアの対外開放度が140％を超える
2012	マケドニア経済がマイナス成長
2013	スロヴェニアの財政赤字が15％に達する
2013	コソヴォの貿易収支赤字が20億ユーロ，対GDP比で30％以上
2013	コソヴォへの無償支援が3.4億ユーロ，有償支援が3.5億ユーロ，海外からの送金が8.8億ユーロ，海外から得た第一次所得収支が1.2億ユーロ
2014	クロアチアの財貿易収支が55.6億ユーロの赤字であるにもかかわらず旅行収支が67.7億ユーロに黒字に
2014	セルビアの総輸出中「食料品及び動物」のシェアが15.9％に
2014	マケドニアのGDPにおける鉱業のシェアが2.3％に
2014	マケドニアの貿易赤字が15.1億ユーロ，海外からの送金が15億ユーロ
2014.12	プーチンがガス・パイプライン（サウス・ストリーム）計画の中止を発表

資料3　政党変遷図

図1　スロヴェニア共和

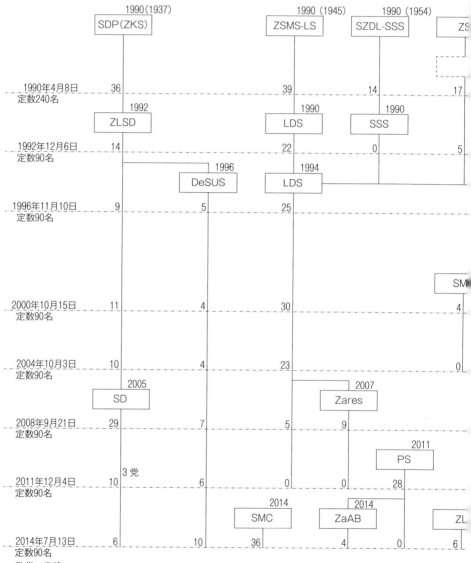

政党：実線
連合：破線

政党図

277

政党変遷図

	1989	1989	1989	1989
	SDZ	SDS	SLS	SKD

1990
DEMOS

30	17	32	23	
1991				1991
DS				SNS
6	4	10	15	12
	16	19	10	4

2000
SLS+SKD

2000 SLS | 2000 NSi

14	9	8	4
2003 SDS			
29	7	9	6
28	5	0	0
2011 DL			
8	26	6	4
0	21	0	5

図2 クロアチア共和

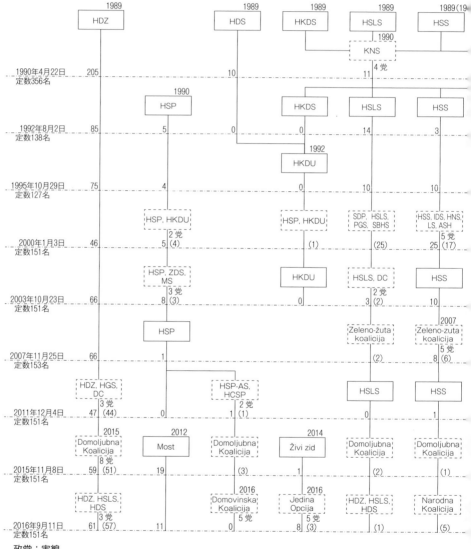

政党：実線
連合：破線

(注) 政党連合・選挙連合の右下にある括弧内の数値は各政党の議席配分を示すが，移籍などもあって実態とは異なること多い．

政党図

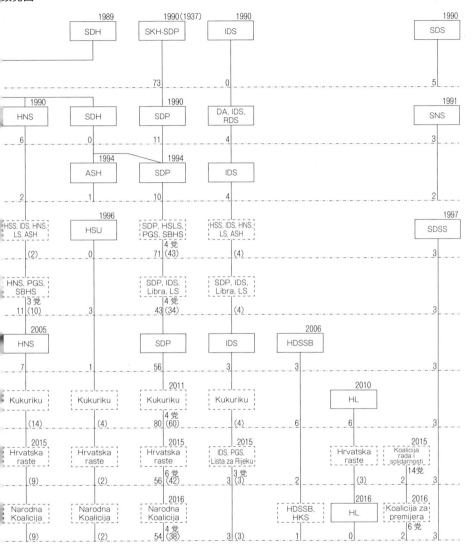

政党変遷図

280

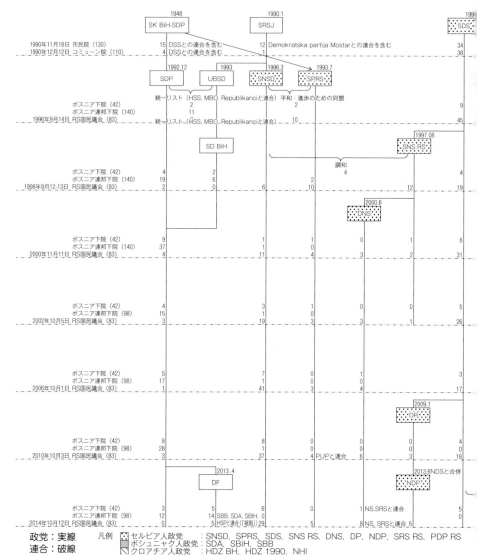

図3 ボスニア

ルツェゴヴィナの政党図

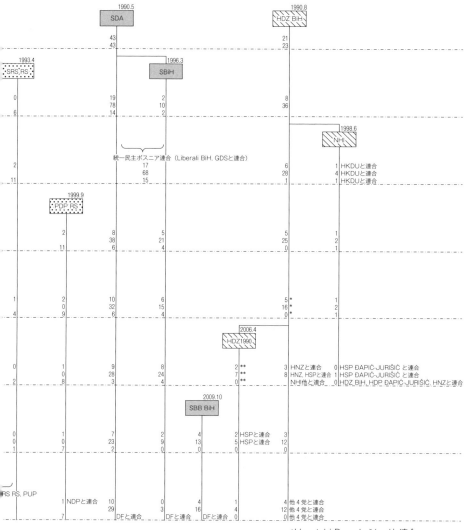

*Hrvatski Demokršćaniと連合
**HSS, HKDU, HDU, HDと連合

図4 セルビ

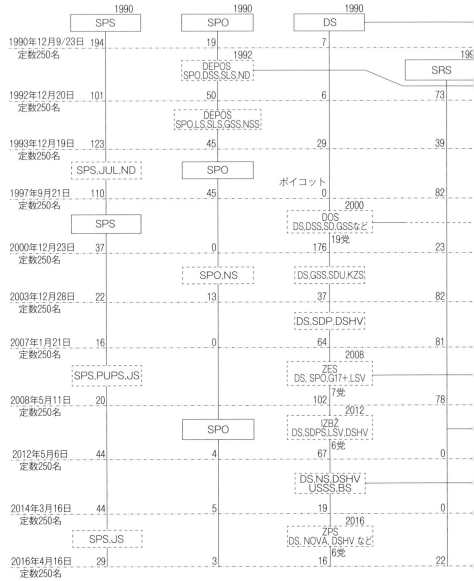

和国政党図

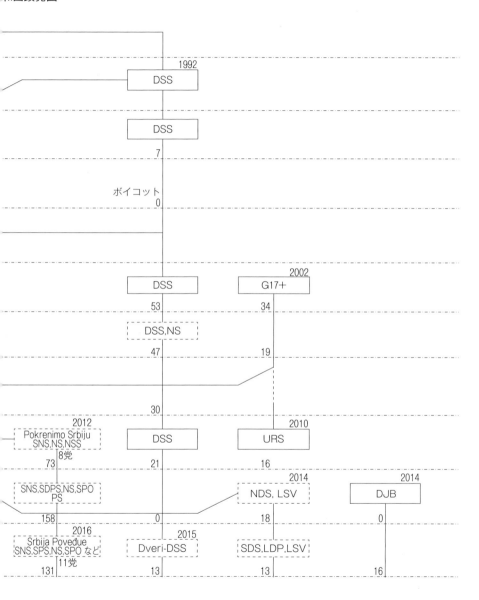

図5 モンテネグ

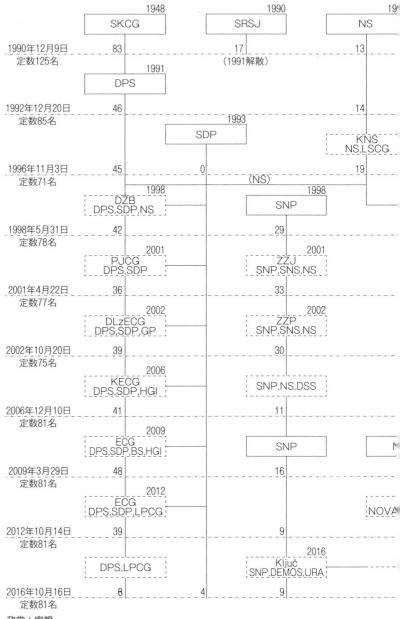

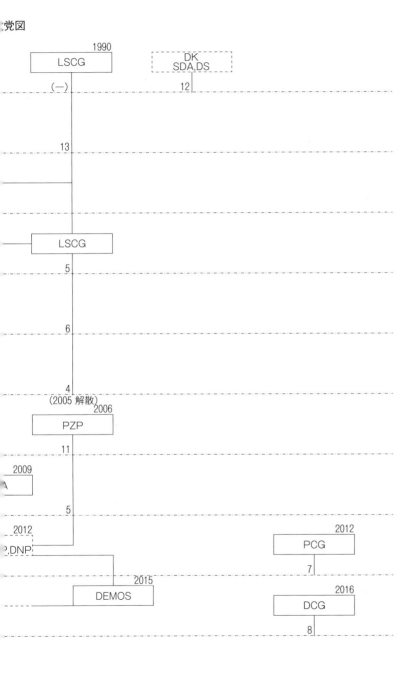

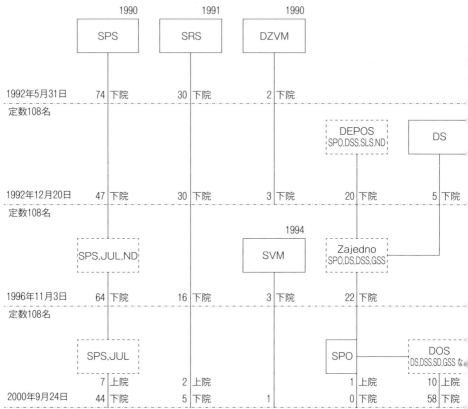

図6 SF

セルビア選出

政党図

モンテネグロ選出

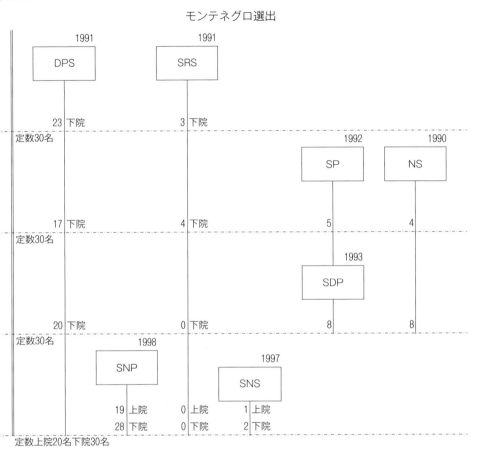

政党変遷図

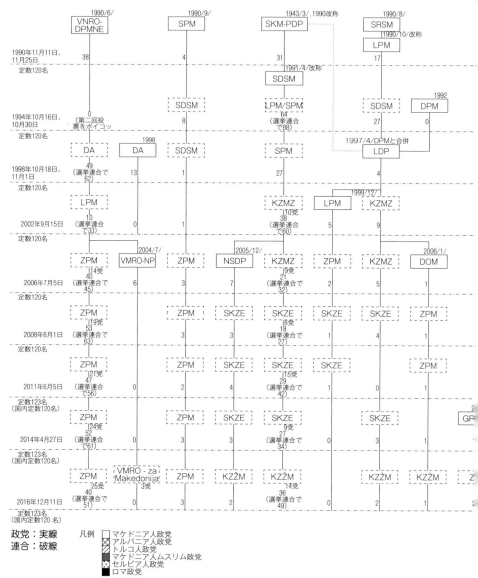

図7 マケドニア共和国

要政党系図

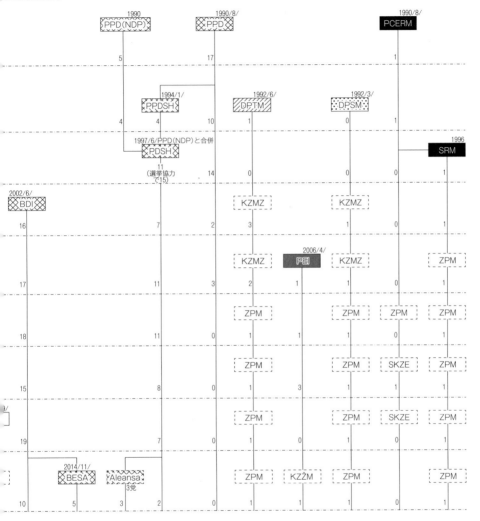

図8 コソヴォ共和

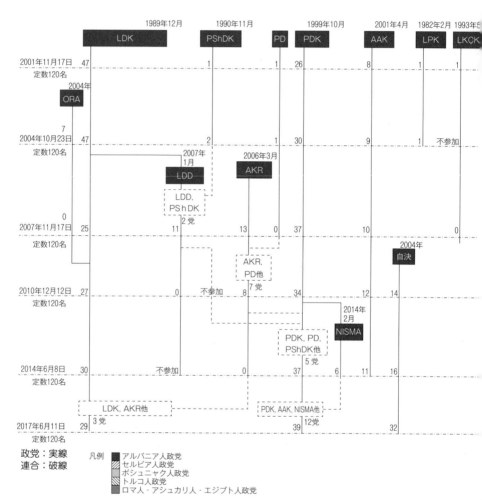

主要政党系統図

                                              1990年7月,
                                              TDKとして設立
                                              2001年6月,   2000年
                                              名称変更

PLK [帰還]   「祖国」 BSDAK KDTP IRDK PReBK PDAShK
 0   22   4   1   3   2   1   2

                 SLKM GIS   SDA GIG   PDAK
                                     KV
 1 不参加   8   2   1 3 1   0   3   2   1   0

                        2006年1月
                 SLS SDSKiM SNS ND SKMS SNSDKiM

加   3   3   1   1   1   2   3 不参加 3   1 不参加 3
                                          NDS   PAI
        JSL
 4   8   1   0 不参加 0   0   0   2   1   1   3   1   1   1

        2014年
        SL PDS   KG   KNRP   PLE
 9   1   0   9   0   1   0   0   2   0   1   1   2   0   1   0   1   1   1
                                          JGK
 9   0   1   0   2   0   1   1   2   0   1   0   1   1   1

人名索引

〈A〉

アブディッチ,F.(Abdić, F.) 76
アフメティ,A.(Ahmeti,A.) 140
アハティサーリ,M. O. K.(Ahtisaari, M. O. K.) 199, 200
オルブライト,M. K.(Albright, M. K.) 193
アレクサンダル → オブレノヴィッチ,A.
アレクサンダル1世(Aleksandar Ⅰ) 10
アシュダウン,P.(Ashdown, P.) 69, 70

〈B〉

バビッチ,M.(Babić, M.) 48, 66
バユック,A.(Bajuk, A.) 36
バンディッチ,M.(Bandić, M.) 56
バルトゥー,J.-L.(Barthou, J.-L.) 11
バウチャル,I.(Bavčar, I.) 30
バヤズィト1世(Beyazıt Ⅰ) 3
ビルト,C.(Bildt, C.) 70
ボグダノヴィッチ,B.(Bogdanović, B.) 61
ブラトゥシェク,A.(Bratušek, A.) 32, 33
ブロリッヒ,S.(Brolich, S.) 52
ブダック,M.(Budak, M.) 58
ブディシャ,D.(Budiša, D.) 49, 51, 53
ブコシ,B.(Bukoshi, B.) 191
ブラトヴィッチ,M.(Bulatović, M.) 19, 107, 109, 110
ブリアーン,I.(Burián, I.) 7

〈C〉

チェク,A.(Çeku, A.) 192, 195, 208
ツェラル,M.(Cerar, M.) 32, 33, 43
ツェサル,I.(Cesar, I.) 49
チョヴィッチ,D.(Čović, D.) 82
ツルヴェンコフスキ,B(Crvenkovski, B.(Црвенковски, Б.)) 133, 134, 140, 143, 266, 267

ツヴィクル,A.(Cvikl, A.) 38

〈D〉

ダブチェヴィッチ=クチャル,S.(Dabčević-Kučar, S.) 47
ダチッチ,I.(Dačić, I.) 123-25, 204
デル・ポンテ,C.(Del Ponte, C.) 205
ジラス,M.(Dilas, M.) 16
ディミトリエフ,E(Dimitrriev, E.(Димитриев, E.)) 146, 267
ドディク,M.(Dodik, M.) 78, 81, 82
ドゥルノウシェク,J.(Drnovšek, J.) 27-30, 34, 35
ジュカノヴィッチ,M.(Đukanović, M.) 95, 96, 107, 109-12, 114, 117

〈E〉

アイデ,K. A.(Eide, K. A.) 199

〈F〉

フェイト,P. C.(Feith, P. C.) 209, 210
フランツ・フェルディナント(Franz Ferdinand) 8
フランツ・ヨーゼフ1世(Franz Joseph I.) 5

〈G〉

ゲオルギエフスキ,Lj.(Georgievski, Lj.(Георгиевски, Љ.)) 131, 133, 136, 143, 266, 267
グリゴロフ,K.(Gligorov, K.) 19, 131, 132, 134, 266, 267
ゴトヴィナ,A.(Gotovina, A.) 56
グラバル=キタロヴィッチ,K.(Grabar-Kitarović, K.) 57, 63
グラニッチ,M.(Granić, M.) 53
グレグリッチ,F.(Greguric, F.) 49

グルエフスキ, N (Gruevski, N. (Груевски, Н.))
　　143-46, 266, 267

〈H〉

ハラディナイ, R. (Haradinaj, R.)　　192, 195-97, 208
ヘブラング, A. (Hebrang, A.)　　56
ヒトラー, A. (Hitler, A.)　　11, 12
ハンチントン, S. P. (Huntington, S. P.)　　2

〈I〉

インノケンティウス11世 (Innocentius XI)　　4
インツコ, V. (Inzko, V.)　　70
イヴァニッチ, M. (Ivanić, M.)　　77, 83
イヴァノフ, Gj. (Ivanov, Gj. (Иванов, Ѓ.))
　　143, 145, 147, 149, 266, 267
イゼトベゴヴィッチ, A. (Izetbegović, A.)
　　18, 19, 74, 75, 82
イゼトベゴヴィッチ, B. (Izetbegović, B.)　　82

〈J〉

ヤコヴチッチ, I. (Jakovčić, I.)　　53
ヤンコヴィッチ, Z. (Janković, Z.)　　31, 32
ヤンシャ, J. I. (Janša, J. I.)　　28-32, 35-37, 40
イェラチッチ, J. (Jelačić, J.)　　58, 65
イェレミッチ, V. (Jeremić, V.)　　120-22
ヨシポヴィッチ, I. (Josipović, I.)　　56, 57, 63
ユンカー, J. C. (Junker, J. C.)　　190

〈K〉

カーライ, B. (Kállay, B.)　　7
カラジョルジェヴィッチ, P. (Karađorđević, P.)　　11
カラマルコ, T. (Karamarko, T.)　　56, 57, 63
カルデリ, E. (Kardelj, E.)　　16
クエン＝ヘーデルヴァーリ, K. (Khuen-Héderváry, K.)　　5, 7
キドリッチ, B. (Kidrič, B.)　　16
クリューセフ, N. (Kljusev, N. (Кљусев, Н.))
　　160, 161, 182, 266, 267
コムシッチ, Ž. (Komšić, Ž.)　　77, 81, 82
コソル, J. (Kosor, J.)　　55, 56
コシュトゥニツァ, V. (Koštunica, V.)　　73, 100-3, 119
クランベルゲル, F. (Kramberger, F.)　　38
クラスニチ, J. (Krasniqi, J.)　　192
クーチャン, M. (Kučan, M.)　　18, 19, 27, 28, 31

〈L〉

ライチャク, M. (Lajčák, M.)　　70
ラザル公 (Lazar H.)　　3
レイプハルト, A. (Lijphart, A.)　　74
リュビッチ, B. (Ljubić, B.)　　76, 81

〈M〉

マノリッチ, J. (Manolić, J.)　　47, 50
マルコヴィッチ, A. (Marković, A.)　　76, 131
マロヴィッチ, S. (Marović, S.)　　73
マーティ, D. (Marty, D.)　　205
マテシャ, Z. (Mateša, Z.)　　51
マトゥロヴィッチ＝ドロプリッチ, M. (Matulović-Dropulić, M.)　　51, 52
メルケル, A. (Merkel, A.)　　200
メシッチ, S. (Mesić, S.)　　47, 48, 50, 53, 55, 63
メッテルニヒ, K. (Metternich, K.)　　4
ミハイロヴィッチ, D. (Mihailović, D.)　　12
ミハノヴィッチ, N. (Mihanović, N.)　　62
ミラノヴィッチ, Z. (Milanović, Z.)　　56, 57, 63
ミロシェヴィッチ, S. (Milošević, S.)　　17, 18, 19, 21, 46, 72, 73, 93-102, 107-11, 117-20, 126-28, 144, 188, 190-92
ムラディッチ, R. (Mladić, R.)　　72
モゲリーニ, F. (Mogherini, F.)　　192
ムラト1世 (Murat I)　　3

〈N〉

ナポレオン3世 (Napoléon III)　　4

ナポレオン (Napoléon I) 4, 41
ナセル, G. A. (Nasser, G. A.) 15
ネルー, J. (Nehru, J.) 15
ニコリッチ, T. (Nikolić, T.) 63, 103, 104, 123, 124
ニーミッツ, M. (Nimetz, M.) 138

⟨O⟩

オブレノヴィッチ, A. (Obrenović, A.) 6
オブレノヴィッチ, M. (Obrenović, M.) 6
オレシュコヴィッチ, T. (Orešković, T.) 57

⟨P⟩

パホル, B. (Pahor, B.) 30–32
パシッチ, N. (Pašić, N.) 9, 10
パヴェリッチ, A. (Pavelić, A.) 12
パブレ公 → カラジョルジェヴィッチ, P.
ペルコヴィッチ, J. (Perković, J.) 56
ペータル1世 (Petar Ⅰ) 10, 59, 65
ペータル2世 (Petar Ⅱ) 11, 12
ペテルレ, L. (Peterle, L.) 30
ペトリッチ, W. (Petritsch, W.) 69, 70, 79
ペトロヴ, B. (Petrov, B.) 57
プラヴシッチ, B. (Plavšić, B.) 72, 78
プレンコヴィッチ, A. (Plenković, A.) 57
ポプラシェン, N. (Poplašen, N.) 78
プカニッチ, I. (Pukanić, I.) 55

⟨R⟩

ラチャン, I. (Račan, I.) 47, 53, 54, 63
ラディッチ, S. (Radić, S.) 10
ラドンチッチ, F. (Radončić, F.) 77
ランコヴィッチ, A. (Ranković, A.) 16
レジェピ, B. (Rexhepi, B.) 197
ロデ, F. (Rodé, F.) 35–37, 43
ロップ, A. (Rop, A.) 28, 30
ロジュマン, G. (Rožman, G.) 40
ルゴヴァ, I. (Rugova, I.) 190, 191, 197

⟨S⟩

サナデル, I. (Sanader, I.) 54–56, 62, 73
シャリニッチ, H. (Šarinić, H.) 50
シャロヴィッチ, M. (Šarović, M.) 79
シュヴァルツ＝シリング, C. (Schwarz-Schilling, C.) 70
セリミ, S. (Selimi, S.) 192
シェシェリ, V. (Šešelj, V.) 98, 105, 115
シライジッチ, H. (Silajdžić, H.) 74, 76
ソラナ, F. J. (Solana, F. J.) 193
シュロット, B. (Šrot, B.) 30
スターリン, J. (Stalin, J.) 15
スタンボリッチ, I. (Stambolić, I.) 17
ステピナツ, A. (Stepinac, A.) 58
ストレス, A. (Stres, A.) 38
シュバシッチ, I. (Šubašić, I.) 13
スレイマン1世 (Suleiman Ⅰ) 4
シュスタル, A. (Šustar, A.) 35
スヴィラノヴィッチ, G. (Svilanović, G.) 117, 118

⟨T⟩

タディッチ, B. (Tadić, B.) 63, 73, 104, 105, 107, 115, 120–22
タチ, M (Taqui, M.) 133
サチ, H. (Thaçi, H.) 192, 196, 197, 200, 202, 204, 205
ターレル, Z. (Thaler, Z.) 30
テオドシウス1世 (Theodosius I) 2
チトー, J. B. (Tito, J. B.) 13–17, 35, 40, 63, 65, 188
トマッツ, Z. (Tomac, Z.) 49, 51
トライコフスキ, B (Trajkovski, B. (Трајковски, Б.)) 136, 140, 266, 267
トルムビッチ, A. (Trumbić, A.) 9
トゥジマン, F. (Tuđman, F.) 18, 19, 45–54, 57–63, 71, 72, 74
トュルク, D. (Türk, D.) 30, 32

人名索引

295

トゥルンシェク, M.（Turnšek, M.） 38

⟨U⟩────────────

ウラン, A.（Uran, A.） 37, 38

⟨V⟩────────────

ヴァレンティッチ, N.（Valentić, N.） 50
ヴァンデルストール, M.（van der Stoel, M.） 148
ヴァンス, C.（Vance, C.） 138
ヴィラント, G.（Virant, G.） 31
ヴチッチ, A.（Vučić, A.） 73, 104, 105, 123

⟨W⟩────────────

ウォーカー, W. G.（Walker, W. G.） 193
ウェステンドルプ, C.（Westendorp, C.） 69, 70, 86

⟨Z⟩────────────

ザエフ, Z（Zaev, Z.（Заев, З.）） 145, 267
ジェリャヴィッチ, V.（Žerjavić, V.） 60, 61
ゾレ, S.（Zore, S.） 38
ズバク, K.（Zubak, K.） 74, 76

事項索引

〈ア 行〉

愛国同盟　57
ICTY → 旧ユーゴ国際刑事法廷
アドリア海ユーロリージョン　53
アハティサーリ案　167-70, 176, 177
嵐作戦　50
RS → セルビア人共和国
アルバニア　14, 30, 129, 139, 158, 172, 183, 184, 188-90, 193, 195
──語　133-35, 149, 152, 153
──人　17, 18, 21, 130-33, 135, 136, 139-44, 146, 147, 149-54
アルバニア人民主党（PDSH）　133, 136, 140, 143, 144, 146, 154, 274, 291
安定化・連合協定（SAA）　53, 76, 139, 185, 186, 195-97
安定化・連合プロセス（SAP）　53, 185, 188, 191, 193, 196
安定成長協定　208
移行指標　215
移行政策　215, 218
EC　20, 49
EU加盟　104, 111, 119, 122, 123, 125, 128
イストリア　52, 53
イストリア憲章　52
イストリア民主会議（IDS）　52-54, 56
イタリア　12, 38-40, 42, 44
稲妻作戦　50
EU → 欧州連合
イリリア諸州　41
イリンデン蜂起　7
ヴァティカン　35, 36
ヴィエスニク　51
ヴィシェグラード4カ国（V4）　30
ヴィドヴダン憲法　10

ヴェチェルニ・リスト　51
ヴォイヴォディナ　16
ヴコヴァル　49, 66
ウスタシャ　11, 12, 58, 59, 61-63
ヴリヤーニク造船所　208
SFRJ → ユーゴスラヴィア社会主義連邦共和国
SKJ → ユーゴスラヴィア共産主義者同盟
FDI → （直接）海外投資
FTA → 自由貿易協定
エルドゥト合意　50
OSCE → 欧州安全保障協力機構
欧州安全保障協力機構（OSCE）　134, 136, 138, 142, 144, 148, 149, 151, 159
──コソヴォ検証ミッション（KVM）　159, 160
欧州評議会　75, 86, 172
欧州歴史教師協会（ユーロクリオ）　87
欧州連合（EU）　27-30, 42, 45, 53-57, 70, 71, 73, 76, 91, 130, 136-39, 142-44, 146-48, 153, 155, 168, 170-72, 183-86, 188, 190-97, 200, 201
──コソヴォ法の支配ミッション（EULEX）　170, 172, 176-78
──特別代表（EUSR）　176, 177
──特別捜査タスクフォース（SITF）　172
──との連合協定締結　27, 28
オーストリア　5, 11
オーストリア＝ハンガリー二重君主国　5
オスマン帝国　2-8
汚染認知度指数　215
オプチナ　52, 53
オフリド枠組み合意　130, 136, 140-42, 144, 148-50, 152, 154, 255
オブレノヴィッチ家　6

〈カ 行〉

海洋境界問題　30
カトリック教会　26, 33-38, 40-44, 87
加盟行動計画（MAP）　189, 191, 197
カラジョルジェヴィッチ家　7
カルロヴィッツ条約　4
カントン　74, 84, 85, 88, 90, 91
北大西洋条約機構（NATO）　21, 28, 42, 45, 55, 68, 70, 136-39, 143, 154, 159, 160, 161, 164, 166, 173, 175, 183, 188-90, 197-99, 255
旧体制派　26, 30-32, 35, 40, 42
　非——　28, 31, 37
旧ユーゴ国際刑事法廷（ICTY）　21, 54, 56, 71, 72, 100, 102, 105, 114, 119, 124, 172
旧ユーゴスラヴィア・マケドニア共和国（FYROM）　138, 153, 255
教育　133-35, 141, 144, 149-53
　——改革　135, 148-52
　——システム　130, 134, 148, 150, 151
教権主義　26, 33, 42
共通財務相　7
共和国　14-16
挙国一致内閣　49, 50
競争力　208, 209, 212-15, 218, 220
嫌われもの国家　98, 109
ギリシャ　8, 12, 15, 129, 130, 132, 134, 137-39, 143, 147, 148, 153, 255
ギリシャ人　7
キリスト教民主党（SKD）　26, 28, 29, 34, 35
クイント　163, 164, 167
ククリク　56, 66
クニン　47, 48, 52
クライナ　47, 48, 50
クライナ・セルビア人共和国（RSK）　19, 20, 49, 50, 52, 66
クライナ・セルビア人自治区　48, 49
グリナ　52
クロアチア　7, 11, 14, 18-21, 30, 45-67, 71, 72
　——人　7, 9, 11, 12, 20, 41, 67, 71-76, 81-85
クロアチア移民協会　57
クロアチア議会　46-50, 52-57, 62-64, 66
クロアチア共産主義者同盟（SKH）　18, 45, 46, 66
クロアチア共産主義者同盟・民主変革党（SKH-SDP）　47, 48
クロアチア・キリスト教民主党（HKDS）　49
クロアチア軍　49, 50, 56, 62
クロアチア憲法　47, 50, 53, 54, 59, 66
クロアチア語　47, 66
クロアチア国営放送（HRT）　51
クロアチア国民党（HNS）　47, 50, 53, 56, 57, 64
クロアチア社会自由党（HSLS）　49-51, 53-55, 64
クロアチア人・セルビア人連合　7
クロアチア人民解放反ファシスト全国評議会（ZAVNOH）　59
クロアチア総督　7
クロアチア独立国　12, 47, 58-63
クロアチア独立民主党（HND）　50, 53
「クロアチアの偉人」広場　59, 62, 65
クロアチア農民党（HSS）　10, 13, 52, 53, 55, 64
クロアチアの春　16
クロアチア民主同盟（HDZ）　18, 20, 45, 47, 49, 50-57, 62-65, 72, 73
グローバル金融危機　206, 208-10
経済（産業）構造
現状打破主義　28
構成体　71, 73-77, 79, 81, 82, 84, 85, 87-90
構成民族　74, 75
公用語　133, 141, 144, 150
国際運営グループ（ISG）　169, 170, 177
国際刑事裁判所（ICC）　22
国際司法裁判所　139, 170, 171
国際通貨基金（IMF）　83
国際プレゼンス　169, 174-77, 179
国際文民代表　167, 169, 170, 176-78

国際連合　　　50, 134, 138, 139, 255
国民合意連合（KNS）　　47, 49
国民党（SNS）　　41
国民投票（クロアチア）　　48, 56
国民連合　　57
国民和解　　58, 59, 61, 63, 64
国名争議　　130, 132, 134, 137-39, 143, 144, 151
国有化資産返還法　　34, 37
国連安保理　　160, 166-69, 173, 177
　　──決議743号　　20
　　──決議1244号　　160, 161, 164, 167, 169, 173, 174, 177
国連コソヴォ暫定行政ミッション（UNMIK）　　161-66, 168-70, 173, 174, 176, 177
国連事務総長　　166, 177
　　──コソボ特別代表（SRSG）　　162, 173
国連難民高等弁務官事務所（UNHCR）　　147, 148
国連東スラヴォニア・バラニャ・西スレム暫定統治機構（UNTAES）　　50
国連保護軍（UNPROFOR）　　20, 49, 50, 134, 255
国連予防展開軍（UNPEDEP）　　134, 255
コソヴォ　　16-18, 80, 82, 129, 133-36, 139, 143, 149
　　──共同暫定統治機構（JIAS）　　161, 163
　　──暫定自治政府機構（PISG）　　161, 165, 169, 174
　　──憲法枠組み　　161, 163
　　──最終地位　　165, 166, 173, 174
　　──独立宣言　　168-71, 173, 174, 176, 177
　　──議会　　164, 166-69, 172
　　──首相　　164, 167, 171
　　──大統領　　164
コソヴォ解放軍（UÇK）　　136, 140, 157-59, 161-64, 171, 172, 175, 178
　　──管区　　158, 159, 162
　　──参謀本部　　159, 162
　　──戦争犯罪特別法廷　　172, 178

コソヴォ国際安全保障部隊（KFOR）　　161, 162, 164-66, 168, 174-76, 178
コソヴォ将来同盟（AAK）　　163, 164, 166, 171, 172
コソヴォ人民運動（LPK）　　157, 159, 162
コソヴォの会戦　　3, 8
コソヴォ紛争　　130, 136, 210
コソヴォ防護隊（KPC）　　162, 163, 175
　　──調整官（KPCC）　　162
　　──地域任務群（RTG）　　162
コソヴォ民主党（PDK）　　162-64, 166, 167, 171
コソヴォ民主連盟（LDK）　　157, 163, 164, 166, 167
コソブスカ・ミトロビツァ　　165, 168
国家建設　　173, 176-78
コペンハーゲン基準　　185
コミンフォルム　　14
コルドゥン　　48, 49
コルフ宣言　　9
コンコルダート（政教協約）　　36, 37
コンタクト・グループ　　166, 168
コンディショナリティー　　70, 71

〈サ 行〉

ザイェドノ　　99, 109, 126, 127
財政
　　──健全化　　31
　　──再建　　32
ザグレブ　　48, 51, 52, 56, 58, 61, 65
ザグレブ危機　　50-53
ザグレブ・サミット　　53
ザグレブ市議会　　51, 52
ザスタヴァ　　210, 212, 213
ザダル　　50
サライェヴォ合意　　49
サライェヴォ事件　　8, 20
ザレス党（Zares）　　31, 32
サン・ステファノ条約　　6
産業（経済）構造　　206-13

299

事項索引

サンジャック地方　6
暫定合意（Interim Accord）　134, 138, 139, 255
三帝同盟　5
JNA → ユーゴスラヴィア人民軍
G8　160
自主管理　215
市場経済移行　206, 208, 215, 218, 220
自治州　16
自治州ヴォイヴォディナ　18
自治州コソヴォ　21
市民リスト（DL）　31, 32
社会党（SSS）　26
社会保障制度改革　31
社会民主主義者党（SD）　30, 33
社会民主党（SDS）　26-28, 35, 36
社会民主連合リスト（ZLSD）　26
宗教改革　41
　反――　41
宗教教育
　公立学校における――　34, 36, 37
宗教自由法　37, 44
十字架の道　60, 61
自由貿易協定（FTA）　211, 220
自由民主党（LDS）　26-30, 34-36
住民投票（クロアチア）　48, 49, 52
主権・独立宣言（クロアチア）　49
上級代表　69-71, 75, 78-80, 86, 88
上級代表事務所（OHR）　69-71, 78, 86, 89, 91
小協商　11
少数民族の権利に関する憲法的法律（クロアチア）　54
小選挙区比例代表併用制　27, 29
新スロヴェニア党（NSi）　29
神聖同盟　4
神聖ローマ帝国　4
人民解放戦線　40
人民解放闘争　57-59, 62
人民戦線　14

人民党（SLS）　26, 28, 29, 35, 36
スイス　157, 172
スコピエ2014　143
ズデーテンラント　11
スポラズム　11
スラヴォニア・バラニャ・西スレム・セルビア人地区　48, 66
スレム（スリイェム）　48-50, 66
スロヴァキア　12
スロヴェニア　14, 18, 19, 21, 48, 49, 55, 66, 132, 155
スロヴェニア共産主義者同盟（ZKS）　18, 27, 34, 40, 41, 44
スロヴェニア共産党（KPS）　40
スロヴェニア語　41, 42
スロヴェニア社会主義青年同盟（ZSMS）　34
スロヴェニア人　33, 35, 38, 40-42
　――郷土防衛軍　40
　――の民族アイデンティティ　41, 42
スロヴェニア民主党（SDS）　28-31, 37, 41
制裁　97-100, 108, 124, 127
政治移民　35, 36
成長するクロアチア　57
青年トルコ革命　7
世界競争力指数　214
世界経済危機　30, 37
「積極的なスロヴェニア」（PS）　31-33
セルビア　8, 9, 12, 14, 16-19, 21, 26, 31, 46-49, 56, 60-63, 66, 67, 71-73, 84, 87, 91, 129, 132, 134, 139, 144
　――語　149
　――議会　164, 166, 168
　――治安部隊　157-60, 164, 175
　――正教会　165
セルビア人　7, 17, 19, 20, 26, 41, 47-50, 52, 54, 59-62, 66, 67, 71-76, 78, 79, 81, 83, 84, 131, 137, 142, 150
セルビア・モンテネグロ　21
セルビア王国　3, 4, 6

セルビア急進党　10
セルビア共産主義者同盟（SKS）　17, 18
セルビア共和国 → セルビア
セルビア自治公国　6
セルビア社会党（SPS）　18, 72
セルビア人・クロアチア人・スロヴェニア人王国　9
セルビア人共和国（RS）　20, 21, 61, 73-84
セルビア正教会　89
セルビア民主党（SDS）　10, 20, 47, 48, 66, 76, 78-80, 83, 89, 91, 92
セルビア民族評議会（SNV）　48
総督　5
祖国戦争　49-51, 54, 56, 62-64
ソ連　12, 14, 15
ソ連＝ユーゴ論争　14

〈タ　行〉

第1回ユーゴスラヴィア人民解放反ファシスト会議　13
第2回 AVNOJ　13
第一次ウィーン包囲　4
第一次世界大戦　9, 38-40
第二次世界大戦　35, 36, 38-44, 47, 57, 58, 60, 63
対枢軸国軍協力　35, 36, 38, 40
大セルビア主義　49, 66
第二次ウィーン包囲　4
多極共存型民主主義　74
ダルマチア　48-50
地域協力　220, 221
地域協力会議（RCC）　220, 221
地位の前の水準　165, 166, 173, 178
チェコスロヴァキア　11
チェトニク　12, 61, 66
チトー体制　95, 108
地方自治（クロアチア）　51, 53
地方自治　135, 140-42
中欧自由貿易協定（CEFTA）　56
中欧自由貿易協定（CEFTA）2006　220, 221
中国　168
直接海外投資（FDI）　207, 210, 212-15, 218-21
ディアスポラ　58
デイトン憲法　67, 71, 74, 75, 80, 90, 91
デイトン合意　21, 67, 69, 71-74, 76-80, 84, 88, 90, 91, 156, 158, 159
ティムール　3
テズノ　66
テトヴォ大学　135, 149
ドイツ　11, 12, 157, 163, 168
同一校舎二学校　85, 88
統一の進歩の委員会　7
東欧の激動　18
10日間戦争　19
統合のための民主連合（BDI）　140, 143-47, 149, 154, 273, 291
ドゥブロヴニク　49, 50
独墺同盟　6
独立記念日（クロアチア）　49
独立社会民主同盟（SNSD）　76-83
独立宣言（クロアチア）　49
独立民主セルビア党（SDSS）　55
ドーニャ・グラディナ　61, 63
トルコ　148
——語　149, 150
——人　142, 150, 151
トロイカ・プロセス　168

〈ナ　行〉

内部マケドニア革命組織　7, 11
内部マケドニア革命組織——マケドニア民族統一民主党（VMRO-DPMNE）　130, 131, 133-36, 138, 140, 143-47, 154, 255, 274, 290
ナショナリズム　45, 47, 57, 63
ナチス・ドイツ　38-40, 44
ナツィオナル　55
NATO → 北大西洋条約機構
NATO空爆　101, 102, 110, 111, 116, 122, 126

南東欧　1
南東欧2020戦略　220
南東欧安定化協定　220
南東欧大学　149
南東欧における民主主義と和解のためのセンター
　　（CDRSEE）　87
難民　51, 54, 136, 147, 148, 255
　シリア――　147
西スラヴォニア　48, 49
西バルカン　183, 184, 186-89, 191-94, 196-200
西ローマ帝国　2
2004年暴動　165, 166, 173, 175, 178
日独伊三国同盟　12
妊娠中絶の禁止　34, 36, 37
年金者民主党（DeSUS）　29-31, 33

〈ハ 行〉

バッド・バンク　32
バノヴィナ　48, 49
ハプスブルク帝国　3-9
バブル
　――景気　29
　――経済　30, 31
　不動産――　30, 37
バラニャ　48, 50, 66
バルカン　1, 7, 8
バルカン化　2
バルカン協商　11
バルカン戦争
　第一次――　8
　第二次――　8
バルカン地域　1-4
バルカン同盟　8
バルカン半島　1
バルカン連邦　14
パルチザン　12-14, 17, 35, 40-42, 44, 57-61, 66
ハンガリー　4, 5, 7, 11, 12, 14, 39
反官僚主義革命　96, 97, 106, 107, 126
反共主義　28, 33, 35

反ファシズム　58, 59, 62
東スラヴォニア　48-50
東ルーメリア　6
ビザンチン帝国　3
ビジネス環境（DB）ランキング　214, 220
非同盟　93, 120, 121, 124, 127
非同盟諸国会議　15
ビハチ　13
ピラン湾　54, 55
ヒンデンブルク　11
「ファシズムの犠牲者」広場　58, 59, 62, 65
フィンランド　160, 166
普墺戦争　4
武装解除　161, 162
ブダペシュト協定　6
普仏戦争　4
ブライブルク　45, 59-64
ブライブルクの悲劇　60-63, 66
ブラトゥシェク連合（ZaAB）　33
フランス　160, 163, 168
ブリオニ宣言　49
プリトヴィッツェ事件　49
ブリュッセル合意　171
不良債権　30, 32
　――問題　32, 37
　――処理　33
ブルガリア　6, 8, 11, 12, 14, 129, 137
　ブルガリア人　7, 137
ブルガリア自治公国　6
ブルジノ合意　146, 154, 255
ブルチュコ　74, 76, 88-90
プロイセン　4
プロテスタント　41, 42
分極化　30
文明の衝突　2
並行制度　157, 164
米国　130, 132, 136, 138, 142, 144, 146, 154, 158,
　　159, 163, 168, 172, 175
ベオグラード宣言　15

ベオグラード・プリシュティナ間対話　171
ベネチア委員会　75
ヘルツェグ・ボスナ・クロアチア人共和国　20, 72, 74
ヘルツェゴヴィナ　72, 88, 91
ベルリン条約　6
変革のための民主連合（DAP）　79, 80
ベンコヴァツ　48
母国からの招集基金　157
ボシュニャク人　50, 54, 74-77, 80-82, 84, 85, 91
ボスニア　6-8, 13, 14, 18-21, 50, 56, 60, 61
ボスニア人　142
ボスニア・ヘルツェゴヴィナ　5, 131, 132, 155, 156, 158, 170
　――紛争　158
ボスニア共産主義者同盟　76
ボスニア・クロアチア民主同盟（HDZ BiH）　76, 78-83
ボスニア社会民主党（SDP BiH）　76-82
ボスニア内戦　20, 21
ボスニアのための党（SBiH）　76-80, 82
ボスニア紛争　210
ボスニア連邦　20, 21, 73-79, 83, 91
ボヘミア　12
ポーランド　12
ボン・パワー　69, 70, 75, 78-80

〈マ 行〉

マケドニア　6, 7, 14, 18, 19, 21, 132, 137, 138, 144, 145
　――王国　137, 153
　――共和国　129-41, 143-49, 151-54
　――語　133, 134, 137, 141, 144, 148-50, 152
　――人　130, 132, 135-38, 140-43, 150-52, 154
マケドニア社会民主同盟（SDSM）　130, 131, 133, 134, 136, 140, 141, 143, 145-47, 149, 154, 255, 274, 290

マジャール人　5
マリボル大司教　38
　――区　37, 43
丸太革命　48
緑の党（ZS）　26
南スラヴ人　8, 9, 13
南スラヴ統一主義　9
ミロ・ツェラル党（SMC）　32, 33
民営化（クロアチア）　51
民主行動党　18, 20
民主行動党（SDA）　76-80, 82, 83
民主党（DS）　26
民主同盟（SDZ）　26, 27
民主野党連合（DEMOS）　26-28, 34
民族主義　28, 31, 40
民族的科目群　84, 85, 87, 89
ムスリム人　18, 50
モスト　57, 64
モハーチの戦い　4, 5
モラヴィア　12
モンテネグロ　8, 14, 18, 19, 21, 132, 139
モンテネグロ共産主義同盟（SKCG）　18
モンテネグロ自治公国　6

〈ヤ 行〉

ヤイツェ　13
ヤシャリ一族殺害事件　158
ヤセノヴァツ　13, 45, 59-64
ヤセノヴァツ収容所　60, 61
ヤセノヴァツ神話　60
UNHCR → 国連難民高等弁務官事務所
UNPEDEP → 国連予防展開軍
ユーゴスラヴィア委員会　9
ユーゴスラヴィア王国（ユーゴ王国）　9, 10-14, 38, 39
ユーゴスラヴィア共産主義者同盟（SKJ）　15, 17, 18, 57
ユーゴスラヴィア共産党（ユーゴ共産党）　12-15, 17

ユーゴスラヴィア軍（VJ）　72, 157, 158, 160, 164, 175
ユーゴスラヴィア国民解放委員会　13
ユーゴスラヴィア社会主義連邦共和国（SFRJ）　15-19, 21, 26, 27, 36, 45, 46, 48, 49, 58-61, 70, 91, 129-35, 137, 139, 144, 151-53, 165
　──後継諸国　27, 30, 33, 42
ユーゴスラヴィア社会主義労働者党　13
ユーゴスラヴィア人民軍（JNA）　17, 19, 20, 25, 28, 49, 57, 131, 157, 159, 255
ユーゴスラヴィア独立民主党（JSDS）　48
ユーゴスラヴィア連邦幹部会　47, 48
ユーゴスラヴィア連邦共和国（SRJ）　21, 156, 157, 160, 164
ユーゴスラヴィア連邦人民共和国（FNRJ）　14, 40
ユーロ（通貨）　29, 207, 210, 212
　──危機　30, 31
4つの軸　121-23, 125, 128

〈ラ 行〉

ラジオ101　51
ラチャクの虐殺　159, 160
ランブイエ交渉　160, 162
ランブイエ和平案　160
リカ　48, 49

リーマン・ショック　30, 37
リュブリャナ大司教　35-38
　──区　37, 43
緑黄連合　55
ルター派　41, 42
ルーマニア　6, 8, 14
ルワンダ国際刑事法廷（ICTR）　22
レウォズ　206
歴史修正主義　45, 58, 59, 62, 64
歴史政策（クロアチア）　45, 57-59, 62-64
レパント沖の海戦　4
連邦幹部会　16, 18, 19
労働者自主管理　15
労働者評議会　15
6人サミット　19
ロシア　5, 6, 8, 115, 118, 121-25, 160, 167, 168
露土戦争　5
ロマ　54, 60
ローマ帝国　2
ロンドン条約　8

〈ワ 行〉

ワシントン協定　20
ワシントン合意　74
和平履行評議会（PIC）　69, 71, 78, 89

《執筆者紹介》

齋藤　厚（さいとう　あつし）[第1章]
　　慶應義塾大学大学院法学研究科博士課程単位取得退学
　　現在，外務省在ボスニア・ヘルツェゴビナ日本国大使館一等書記官
主要業績
「ボスニア語の形成」『スラヴ研究』（北海道大学スラブ研究センター），48，2001年．「現代クロアチアの文化ナショナリズム」『ロシア研究』（日本国際問題研究所），34，2002年．「スロヴェニアにおける政党政治とポピュリズム——スロヴェニア社会民主党の右派政党化をめぐって——」『スラヴ研究』（北海道大学スラブ研究センター），52，2005年．

石田信一（いしだ　しんいち）[第2章]
　　筑波大学大学院博士課程歴史・人類学研究科中退．博士（文学）（筑波大学）
　　現在，跡見学園女子大学文学部教授
主要業績
『ダルマチアにおける国民統合過程の研究』刀水書房，2004年．『東欧地域研究の現在』（共著），山川出版社，2012年．『クロアチアを知るための60章』（共著），明石書店，2013年．

久保慶一（くぼ　けいいち）[第3章]
　　1975年生まれ
　　2007年ロンドン政治経済学院（London School of Economics and Political Science）政治学部博士課程修了．Ph.D.
　　現在，早稲田大学政治経済学術院教授
主要業績
『引き裂かれた国家——旧ユーゴ地域の民主化と民族問題——』有信堂高文社，2003年．*Secessionism and Separatism in Europe and Asia: To Have a State of One's Own*（共著），Routledge，2013．『比較政治学の考え方』（共著），有斐閣，2016年．

定形　衛（さだかた　まもる）[第4章]
　　1953年生まれ
　　神戸大学大学院法学研究科博士課程単位取得退学
　　現在，名古屋大学大学院法学研究科教授
主要業績
「旧ユーゴスラヴィアと境界線問題の諸相」『名古屋大学法政論集』245，2012年．『人間存在の国際関係論』（共著），法政大学出版局，2015年．

大庭 千恵子（おおば　ちえこ）[第5章]
　　津田塾大学大学院国際関係学研究科博士後期課程修了
　　現在，広島市立大学国際学部教授
主要業績
『多文化・共生・グローバル化——普遍化と多様化のはざま——』（共著），ミネルヴァ書房，2010年．『変貌する権力政治と抵抗——国際関係学における地域——』（共著），彩流社，2012年．『世界の眺め方——理論と地域からみる国際関係——』校倉書房，2014年．

小山 雅徳（おやま　まさのり）[第6章]
　　1981年生まれ
　　神戸大学大学院国際協力研究科博士前期課程修了
　　現在，外務省在セルビア日本国大使館専門調査員
主要業績
『平和構築へのアプローチ』（共著），吉田書店，2013年．

東野 篤子（ひがしの　あつこ）[第7章]
　　1971年生まれ
　　英国バーミンガム大学大学院政治・国際関係研究科博士課程修了．Ph. D（Political Science）
　　現在，筑波大学大学院人文社会科学研究科准教授
主要業績
「ヨーロッパ統合研究への『安全保障研究のコペンハーゲン学派』の適用をめぐる一考察　EU拡大を事例として」『法学研究』82（5），2009年．『コンストラクティヴィズムの国際関係論』（共著），有斐閣，2013年．"A partnership postponed? Japan—EU cooperation in conflict resolution in East Asia," Asia-Europe Journal, 14（4），2016．

吉井 昌彦（よしい　まさひこ）[第8章]
　　1958年生まれ
　　神戸大学大学院経済学研究科博士課程後期課程退学．博士（経済学）
　　現在，神戸大学大学院経済学研究科教授
主要業績
『ルーマニアの市場経済移行——失われた90年代？——』勁草書房，2000年．『ロシア経済論』（共編著），ミネルヴァ書房，2011年．『ＥＵ統合の深化とユーロ危機・拡大』（共編著），勁草書房，2013年．

《編著者紹介》

月村 太郎（つきむら たろう）［序章］
　1959年生まれ
　東京大学法学部卒業
　現在，同志社大学政策学部教授

主要業績
『ユーゴ内戦――政治リーダーと民族主義――』東京大学出版会，2006年．
『民族紛争』岩波書店，2013年．
『地域紛争の構図』（編著），晃洋書房，2013年．

シリーズ 転換期の国際政治　6
解体後のユーゴスラヴィア

2017年11月20日　初版第1刷発行	＊定価はカバーに表示してあります

	編著者	月　村　太　郎 ©
編著者の了解により検印省略	発行者	川　東　義　武
	印刷者	藤　森　英　夫

発行所　株式会社　晃洋書房
〒615-0026　京都市右京区西院北矢掛町7番地
電　話　075(312)0788番(代)
振替口座　01040-6-32280

装丁　尾崎閑也　　印刷・製本　亜細亜印刷㈱
ISBN978-4-7710-2894-4

JCOPY 〈(社)出版者著作権管理機構 委託出版物〉
本書の無断複写は著作権法上での例外を除き禁じられています．
複写される場合は，そのつど事前に，(社)出版者著作権管理機構
（電話03-3513-6969，FAX 03-3513-6979, e-mail:info@jcopy.or.jp）
の許諾を得てください．

大串和雄 編著
21世紀の政治と暴力
――グローバル化、民主主義、アイデンティティ――
A5判 272頁
本体3,800円(税別)

酒井啓子 編著
途上国における軍・政治権力・市民社会
――21世紀の「新しい」政軍関係――
A5判 328頁
本体4,000円(税別)

菅 英輝 編著
冷戦変容と歴史認識
A5判 318頁
本体4,500円(税別)

玉田芳史 編著
政治の司法化と民主化
A5判 290頁
本体4,000円(税別)

増島 建 著
開発援助アジェンダの政治化
――先進国・途上国関係の転換か?――
A5判 314頁
本体3,800円(税別)

葛谷彩・小川浩之・西村邦行 編著
歴史のなかの国際秩序観
――「アメリカの社会科学」を超えて――
A5判 258頁
本体3,000円(税別)

菅 英輝 編著
アメリカの核ガバナンス
A5判 318頁
本体4,500円(税別)

月村太郎 編著
地域紛争の構図
A5判 312頁
本体3,000円(税別)

井内敏夫 編著
ロシア・東欧史における国家と国民の相貌
A5判 244頁
本体3,800円(税別)

アラン・ハンター 著／佐藤裕太郎・千葉ジェシカ 訳
人間の安全保障の挑戦
A5判 226頁
本体2,500円(税別)

―― 晃洋書房 ――